現代社会のグローバル化に伴う国際私法原則の研究
ー当事者意思の位置づけ試論ー

木棚 照一=著

Private International Law Issues Arising from Grobalization in Modern Societies
Theoretical Analysia on the Positioning of Party Autonomy
KIDANA, Shōichi

日本評論社

はしがき

　私は自動車が通ることができる道もない奥能登の山村で、あまり裕福ではない農家の長男として生まれた。1960年に金沢大学法文学部法学課程に入学した。入学した大学は60年安保闘争の渦の中にあり、世界における日本を意識せざるを得ない時代でもあった。私が国際私法に興味を持ったのは、専門課程に進んで最初に受講した大阪市立大学法学部教授実方正雄の国際私法の集中講義においてであった。国際私法を万民社会の法として捉えるジッタ（Daniel Josephus Jitta, 1854-1925）の見解に従って、「国際私法を適用するわが国の裁判官は、わが国の裁判官であってもわが国の裁判官にとどまってはならない、万民社会の裁判官として判断しなければならないのである」と述べられた講義には、これまで私が知らなかった世界に連れて行かれる微かな不安とこの学問の夢を強く感じた。法律学を学問としてやるとすれば、国際私法学を勉強してみたいと思う契機となった。

　私は、幸運にも名古屋大学の大学院生、助手として法学研究科教授山田鐐一の厳しくも温かい指導のもとで、恵まれた環境の中で国際私法学の研究を始めることができた。その後も、筆舌に尽くし難い指導、支援を賜わった。また、立命館大学、早稲田大学、名古屋学院大学で良好な環境の中で研究を進めることができた。とりわけ、立命館大学在職中は、京都大学教授溜池良夫を中心とする関西国際私法研究会で学ぶことが多かった。早稲田大学在職中は、早稲田大学21世紀COE《企業法制と法創造》総合研究所（上村達男所長）の活動の中で、国際知的財産法研究を担当し、韓国、中国、米国、ドイツとの国際的な研究交流を経験させて頂いた。

　私が選択したのは、19世紀末から20世紀の初頭に伝統的に形成されてきた、家族法は属人法、財産法は属地法を原則とする中で、属人法と属地法が交錯する国際相続法の分野と、属地法が支配的であった国際知的財産法に関する分野であった。伝統的な国際私法原則は、法規分類学派の物法と人法の観念の影響を残しつつ、新たな国民国家の成立とともに確立され

た領土主権と対人主権に関する国際法上の原則の国際私法的展開であるようにも思えた。しかし、国際私法上の法律関係は私人間の関係であり、私人の積極的役割をより広く認める方が、妥当な解決に導くことができることがあるのではないか、例えば属人法に関する本国法主義と住所地法主義の対立のように一見調整不可能にみえる場合であっても、当事者の「自治」を認めることにより調整することができ、当事者間の将来の財産関係を安定したものにする原則を見出すことができるときがあるのではないかと思われた。アメリカ抵触法革命も個別事例に着目して利益分析をする点で魅惑的ではあったが、自邦法適用の利益の分析（governmental interest analysis）を基礎とする点で、自分の中ではなんとなくすっきりしない感じが残った。そのような時に出会ったのが、デレ（Hans Dölle, 1893-1980）のラーベル雑誌の論文（Die Rechtswahl im internationalen Erbrecht, 30 Rabels Z.305（1966））であった（この論文については、木棚照一『国際相続法の研究』〔有斐閣、1995年〕176頁以下参照）。この論文は、相続と契約の法律状態の類似性を強調し、伝統的な見解に対してより柔軟な解釈の可能性があることを示した、大胆な問題提起であった。日本の当時の法例旧7条1項、25条、26条は、少なくともこの点においてはドイツ民法施行法旧24条及び25条と比べても、より一層柔軟に解釈することができる文言になっているように思われた。その後、この問題を当事者自治の根拠との関係で検討する中で、当事者自治の原則を国際私法の基本原則として国際私法全体を見直してみたらどのようになるか、そのような見直しを単に立法論としてだけではなく解釈論としても展開することができないか、もし、展開するとすればどのようになるか、に関心が移って行った。

　しかし、このような問題を正面から取り上げ、本格的な論文をまとめることは容易ではなかった。伝統的な国際私法においては、当事者自治の原則はあくまで他に適切な解決方法が見付からない場合の、例外的な当座の、やむを得ない解決方法でしかないとする位置づけがあった。この壁は非力な自分一人ではとても乗り越えることができないように思われた。もっとも、1980年代末頃から次第にグローバル化の進行に伴って社会の変化が感じられた。東西の壁の崩壊に伴う種々の規制緩和、格安航空（LCC）な

どを利用した国際交通手段の発展、インターネットの発展・携帯端末機器などの普及に伴う国際通信制度の改革、インターネットを利用した新しい資産の登場等である。これらにより先人が観念的、理論的に提唱してきた、万民社会ないし普遍人類社会として捉えてきたものが質的に変化し、身近に私たちの前に現れて来たようにも思われた。とはいえ、厳しい反論が考えられるだけに、この問題を本格的に取り上げることに躊躇した。そうこう迷っているうちに、国内的には、中野俊一郎や西谷祐子等の一連の論文、小池未来『国際家族法における当事者自治』(信山社、2019年)などが公表され、国際的にも、バセドー(Jürgen Basedow 1949-2023)の著書、The Law of Open Societies ― Private Ordering and Public Regulation in the Conflict of Laws (The Hague Academy of International Law Monographs Vol.9, 2015)をはじめ多くの注目すべき著書、論文が公表されてくる。私もすでに83歳となり、最後の力を振り絞ってこれまでの研究について何等かのまとめの著作を完成しなければならない状況に追い込まれている。

　当事者自治を国家以前の自由権に根源を求め、できる限り制限を少なくしてその拡張を推進しようとする見解に対し、自らのユートピアの世界を描き、その中に遊ぶものにすぎないとか、個人主義の徹底はかえって混乱を招くおそれがあり、慎重であるべきとする批判等があることは承知している。これらの点については私なりに検討を加えてみたい。また、EUのもとで展開される国際私法原則については、EUという政治的、経済的連合に特殊なものとして、極東の島国である日本に直ちに影響を及ぼすものではないとみる見解もあり得よう。しかし、世界の秩序を巨視的にみれば、地域的に生じる問題を各地域共同体において話し合いで解決し、これを国連などの世界的な国際機関に反映することを通じて、21世紀の新しい世界秩序を形成して行く以外には、人類の未来はないようにさえ思える。アジアにおいては、政治体制や国家観を異にする国家が併存しており、なお道は遠くとも、その方向を探っていく必要がある。その際に、EUにおける国際私法の展開はいずれ日本にも重要な範例として参考にされなければならなくなるであろう。しかし、より重要なことは、現代社会のグローバル化は、EUのみならず全世界的に広がっていることである。EUに現わ

れていることは、他の地域でもいずれ解決を迫られる問題でもある。その意味で、現代社会のグローバル化の下での国際私法原則の在り方を追求していきたいと考えている。

　ただ、私についていうと「日暮れて道遠し」の感が強い。本書を執筆することを決意した当時は、もう少し充実した、緻密なものとすることを期していた。しかし、この問題の一部しか扱っておらず、不十分なところが多いことを認識しながら、敢えて私としてはこの本を公表せざるを得ない。それでも、この研究がいずれ、少しは参考とされ、これが乗り越えられ、この学問がさらに豊かな成果を残しながら発展して行くことを信じたい。

　本書の校正の段階で、早稲田大学法学部教授種村佑介の労を煩わせ、種々貴重かつ適切な助言を賜わった。また、本書の出版に当たり日本評論社法律編集部長上村真勝、取締役柴田英輔にいろいろとお世話になった。これらの方々の助力、支援がなければ、本書を完成させることは難しかったであろう。記して心から感謝の意を表したい。なお、本書においてはすべて敬称を略することにした。誠に恐れ多いことではあるが、お許し願いたい。

私の研究を指導し、支援し、または見守り続けた皆様への感謝を込めて

　2024年1月30日　所沢松が丘の旧居にて

木棚　照一

目　次

はしがき i

第1章　現代社会のグローバル化に伴う国際私法上の課題　1
第1節　序説　2
第2節　近代国民国家における国際私法の特徴と問題点　6
第3節　グローバル化された現代社会における国際私法原則　22
　1　グローバル化と規範形成　22
　2　ハーグ国際私法会議における活動　27
　3　当事者自治の原則の浸透と拡張　29
　4　当事者による非国家法指定の効力　35
　5　公法の適用と国際私法　42
　（1）　概説　42
　（2）　国際刑法　54
　（3）　国際競争法　59
第4節　現代のグローバル化の下での解釈試論　63

第2章　国際私法の学説史における当事者意思の取り扱い　69
第1節　序説　70
第2節　バルトルス（Bartolus de Saxoferrato）の理論　73
第3節　ディムーラン（Charles Dumoulin）の理論　80
第4節　サヴィニー（Friedrich Carl von Savigny）の理論　87
第5節　マンチーニ（Pasqual Stanislao Mancini）の理論　96
　1　概説　96
　2　被相続人の国籍　100
　3　被相続人の住所　100

4　遺言の有効性に関する準拠法　101
　　5　マンチーニの当事者自治論　103
　第6節　ツィーテルマン（Ernst Zitelmann）の当事者自治否定論　107
　第7節　ハウデック（Wilhelm Haudek）の当事者自治否定論批判と
　　　　その理論　117
　第8節　ヴェングラー（Wilhelm Wengler）の特別連結論　122
　第9節　まとめ　138

第3章　国際債権契約法における当事者自治の原則　141

　第1節　序説　142
　第2節　国際債権契約における当事者自治の原則　143
　　1　比較法的概観　143
　　　(1)　はじめに　143
　　　(2)　中南米諸国における当事者自治の排除　145
　　　(3)　中東諸国における当事者自治の原則　150
　　　(4)　コモン・ロー諸国における当事者自治の原則の展開と現状　151
　　　(5)　日本の近隣諸国における当事者自治の原則　158
　　2　当事者自治の国際的法典化　166
　　3　まとめ　178
　第3節　当事者自治の原則を巡る論点からみた整理　180
　　1　当事者の明示的準拠法選択がある場合　181
　　2　当事者の黙示的な選択がある場合　188
　　3　当事者の準拠法選択がない場合　190
　　4　まとめ　194
　第4節　当事者自治の理論的、実際的根拠の再検討　196
　　1　はじめに　196
　　2　当事者自治の原則に対する反対論ないし懐疑論　197
　　3　当事者自治の原則の理論的根拠の再検討　200
　　　(1)　「法と経済」の観点からの効率性の議論　201

（2）　自由な意思とその拘束的効果　203
　　（3）　国家以前の権利としての当事者の選択の自由を強調する学説　204
　　（4）　国家の変質と現代のグローバル化に伴う法現象に対する
　　　　　国家の役割の変化　205

第4章　国際的な契約外債権に関する当事者自治の原則　207
　第1節　国際不法行為法の発展　208
　　1　概説　208
　　2　コモン・ロー諸国における国際不法行為法の展開　212
　第2節　国際不法行為法における当事者自治の原則　216
　　1　概説　216
　　2　事後的な準拠法選択　217
　　3　事前の直接的準拠法選択　221
　　4　事前の直接的法選択：ローマⅡ規則　222
　　5　特殊な不法行為についての当事者自治の原則の制限　225
　　　（1）　製造物責任　226
　　　（2）　不正競争行為及び自由競争を制限する行為　227
　　　（3）　環境侵害　228
　　　（4）　知的財産権侵害　229
　　　（5）　産業的活動　230
　　6　ローマⅡ規則における当事者による準拠法選択の時期、方法、強
　　　　行規定との関係の整理　231
　第3節　不法行為の準拠法における当事者自治の原則の是非及び
　　　　　正当化事由　232
　第4節　不当利得及び事務管理の準拠法と当事者自治の原則　239
　第5節　まとめ　244

第5章　当事者自治の原則が新しく拡張して適用されている分野——財産法を中心に　247

第1節　人に適用される法と当事者自治の原則の導入の可能性　248
　1　人に関する法とその適用範囲　248
　2　地域的不統一法国法の指定　251
　　(1)　地域的不統一法国と当事者による準拠法選択　251
　　(2)　債権契約法　253
　　(3)　契約外の債権関係　255
　　(4)　離婚及び法定別居　255
　　(5)　扶養法　257
　　(6)　相続法　258
　　(7)　夫婦又は登録パートナーシップの財産関係　259
　　(8)　まとめ　260
　3　能力及び能力を欠く成人の保護　262
　4　性の配分と名前の選択　265
第2節　契約の第三者に対する関係　267
　1　はじめに　267
　2　代理　268
　3　債権譲渡　273
第3節　財産権の準拠法と当事者自治の原則の許容性及び範囲　280
　1　はじめに　280
　2　所在地法への展開と問題点　281
　3　解決策の一つとしての当事者自治の原則の導入　284
　4　流通証券　288
　5　知的財産権　294
　6　信託　301
第4節　まとめ　304

第6章　家族法における当事者自治 307

第1節　国際家族法序説 308

第2節　夫婦財産制及び登録パートナーシップの財産制 310

1　夫婦財産制 310

(1)　夫婦財産制の諸類型 310

(2)　夫婦財産制に関する当事者自治の導入 311

(3)　夫婦財産制の準拠法に関するハーグ条約の成立とその影響 313

(4)　EUにおける夫婦財産制に関する規則 318

2　登録パートナーシップの財産関係 322

第3節　離婚 326

1　婚姻及び離婚の意義の社会的変化 326

2　抵触法上の3つの類型とその後の展開 327

3　離婚準拠法における当事者自治の原則の導入 329

4　ローマⅢ規則 330

第4節　扶養 334

1　親族間扶養の諸類型 334

2　扶養に関する法選択規則の諸類型 336

3　EU扶養規則とハーグ改正議定書 338

第5節　個人の姓名 344

1　個人の姓名に関する法選択規則の諸類型 344

2　ドイツ国際私法における個人の姓名 345

3　ドイツ及びスイスの草案の議論のためのローザンヌ会議 348

4　ドイツ民法施行法における個人の姓名の準拠法 351

5　個人の姓名の準拠法に関するEU試案 358

6　今後の展望 362

第6節　相続 364

1　相続法の歴史的変遷 364

2　当事者自治への傾向 365

3　当事者自治と強行的な相続権による制限 370

4　欧州相続証明書の創設　378
　　　5　考察　379
　　第7節　当事者自治の拡張的推進とその検討　390

第7章　わが国の法適用通則法7条の意義の再検討と解釈試論　405
　　第1節　はじめに　406
　　第2節　法適用通則法7条の立法史的考察　409
　　第3節　学説における解釈　415
　　第4節　比較法的考察から生じる暫定的結論　422
　　第5節　試論としての解釈論　429

人名索引……454

事項索引……456

著者略歴・主要業績……468

第1章

現代社会のグローバル化に伴う
国際私法上の課題

第 1 節

序説

　国際私法は、伝統的に対等に尊重されるべき主権国家を基礎として、裁判管轄権を公正に分配し、自国実質法の立場にとらわれない価値中立的な観点から、各国私法秩序の等価値性、交換可能性を基本として、場所的に最も適切な関係を有する法を探求し、これを適用することによって、国境を越えた私法生活関係の安全を保障する法と考えられてきた。このような国際私法の考え方は、ヨーロッパにおける近代民族国家の成立の前後に、法規の性質によりその法規の場所的適用範囲を決定した法規分類学派の理論を克服した、サヴィニー（Friedrich Carl von Savigny 1779-1861）やマンチーニ（Pasquale Stanislao Mancini 1871-1888）などの普遍主義的国際私法理論を基礎として形成されたものとされてきた。しかし、近代国民国家の成立とともに国際私法も各国家が独自に立法すべき法領域とされ、現在では少なくともヨーロッパ大陸法系諸国の殆どの国が国際私法に関する法典を持ち、それぞれの規定の解釈として運用されている。国家は、主として自国法をどの範囲で、どのような法律関係に適用されるべきかに関心を示し、自国民に関して生じた法律関係や自国で生じた法律関係にどのような範囲で自国法を適用すべきかに関する規定を定め、その国の国際私法の立法趣旨等を考慮して、独自に解釈、適用してきた。例えば、国際私法の任務は最も密接な関係を有する地を探求し、その国の法を適用することといわれ、法典にこれを規定する場合がある（平成元年改正法例14条、15条1項、28条1項、3項、法適用通則法25条、26条1項、38条1項本文、31条1項、2項、40条1項、2項参照）。この概念はサヴィニーの法律関係の本拠を別の言葉で表したものといわれることがある[1]。しかし、現実には各国の裁

1）Ernst Rabel, The Conflict of Laws, Vol.1 (1945) p.88 は、同じ方向に向けられた言い換えにすぎないとみている。

判所は、あくまで法廷地の立場からみて最密接関係国法を決定している。サヴィニーの本拠のように普遍性を持った概念とは言い難い[2]。例えば、日本でいう最密接関係法とドイツでいう最密接関係法は、それぞれの国の国際私法の解釈として決定されるので、同一でない可能性が高い。ここに国際私法の理念と現実の乖離がみられるのであり、国民国家の下で国家法の抵触という観点から形成されてきた国際私法原則の限界があるともいえるように思われる[3]。

　ところで、本章では、国民国家の成立に伴い法典化された国際私法が前提としていた原則が現代社会のグローバル化によりどのような変容を迫られているか、どのような課題があり、それがどのような方法により解決されるべきであるかを考えてみたい。近代国家の成立時においては、私人（個

---

[2] サヴィニーの法律関係の本拠説は、当事者の自由意思による服従という普遍的基準を提示して、法廷地がどこであれ同一となるような準拠法を探求し、これによって判決の国際的調和を達成しようとしたものであった。しかし、ドイツ民法施行法（EGBGB）の立法過程においては、血統を基礎とした国民国家の成立後の立法であることが強調され、この点に関するサヴィニーの見解によることは否定されている。とりわけ1886年の第18回ドイツ法曹会議の議論（Verhandlung des 18. Deutschen Juristentages, Bd. II（1887）S.82ff.。；多喜寛『近代国際私法の形成と展開』（法律文化社、1979年）115頁以下、木棚照一「国際私法における当事者意思の位置づけについて─サヴィニーの法律関係の本拠説から現代国際私法理論への展開」国際私法年報16（2014年）186頁以下）等参照。

[3] カリー（Branerd Currie 1912-1965）などによって始められた判例法国である米国における抵触法革命も、裁判所の国際私法適用課程を伝統的方法、とりわけビール（Joseph H. Beale 1861-1943）と異なった観点から分析し、まず表見的関連邦のうち自邦法適用の利益（govermental interest）を持つ邦がどこかを問い、自邦法適用の利益を持たない邦がある場合には、虚偽の抵触（false conflict）とみて、真に自邦法適用の利益を持つ国の法の適用を主張したのも、裁判過程の現実主義的な分析を基礎としているものといえよう。しかし、このような手法は、米国においても交通事故等の不法行為や消費者契約等の契約の分野では妥当するとしても、すべての法分野に適用することができるかについては疑問がある。例えば、連邦法上規定される知的財産権をめぐる問題についてこの方法に従った判例みられないように思われる。また、例えば遺言や夫婦財産制の分野では、この方法によって当事者が予測でき、当事者のアイデンティティーを保護するために最も適切な法を選択することができるかは疑問である。

人と会社やNGO等の国家以外の組織体を含むものとして使用する）の社会・経済活動は個々の国家内に留まるのが原則であった。国境を超えた活動はあくまで例外的なものであり、各主権国家の国際私法によって解決できるか、それが困難な時は国家間の国際条約により解決されるべき問題とされてきた。19世紀末からの蒸気機関、船舶、鉄道、電信、電話などの普及によって国境を越えた法律関係は次第に増加し、第一次的グローバル化ともいえる現象を生じさせたが[4]、国家単位の法秩序の下で形成されたこれまでの原則を変えるまでには至らなかった。しかし、とりわけ東西冷戦終了後の1980年代末頃から始まった国連や国際貿易機関（WTO）のような地球規模の国際機関の下における現代社会のグローバル化は、人、物、金、役務、情報の自由移動を保障する自由主義的国際法秩序の成立、発展によって引き起こされ、私人の国境を越えた社会、経済活動は活発化し、私人の地球規模の活動を保障するような規整を法律に強く要請している。また、インターネットや衛星放送、さらには携帯端末機器などの発達、普及のような情報通信技術革命によって、コンピュータ・ネットワークを利用した権利侵害や暗号資産のような新しい法律関係が生じており、伝統的な行為地や財産所在地といった連結点では妥当な準拠法を見出すことが困難になっている。このような情報通信技術革命は、単に個人間ばかりではなく、従来国家主権の名目のもとで各国独立に行われ各国の権限を有する当局間においても情報の交換について劇的変化がみられている。さらに、スポーツの分野では、国内の競技団体ばかりではなく国家を超えた国際的競技団体が成立しており、そのような団体の規則や慣例の適用に関する争いが独自に設立されたスポーツ仲裁廷で解決されており、スポーツ法という独特な法分野が形成されている。

　他方では、グローバル化に伴って地球環境問題、外国人労働者の集団的

---

4) Cf. Jürgen Basedow, The Law of Open Societies — Private Ordering and Public Regulation in the Conflict of Laws（2015）p.505. なお、本書で"Basedow, op.cit."とのみ表示する場合はこの書物を指すものとする。

移動や難民問題、多国籍企業の行動規制、国際的なテロ行為や地域的紛争における人道に反する犯罪、最近における新型コロナ（COVID-19）の世界的蔓延[5]などグローバル化の弊害ともいうべき現象が国際問題化している。これらの問題は、各国民国家がそれぞれ形成、発展させてきた伝統的な国際私法の原則からバラバラに解決しようとしても適切に解決できず、伝統的な各主権国家による自国中心主義的方法での解決ではなく地球規模の連携による解決が必要とされている。ハーグ国際私法会議等の国際機関における条約、ガイドライン等のソフト・ロー、国連やその関連機関の決議、勧告などを通して、諸国間の協働、連帯により解決すべきことが少なくない。また、紛争解決方法についても裁判によって勝ち負けを明らかにするよりも、対話を基礎として仲裁や調停などのような紛争解決手段を活用し、紛争解決における私人の積極的役割が期待されることも増加している。主権国家のみが法規範の制定権、解釈・適用権を独占するとする従来の原則は変容を迫られることになる。国連国際商取引法委員会（UNCITRAL）などの国連の関係組織やWTO、ハーグ国際私法会議などの国際機関においても、条約だけではなく組織内部の指針などの形式における規範も重要となっており、国際商業会議所（ICC）のような民間国際機関によるインコタームズや信用状取引規則など種々の規範が生じていることは否定することができない。このような多元的な規範や多様な紛争解決方法が存在する中で、国境を超えて自由に移動し、活動する私人から積極的役割を引き

---

[5] 例えば、最近の国際法外交雑誌120巻1=2合併号（2021年8月）でCOVID-19に関する特集号が編集され、国際法、国際私法、国際政治の観点からこの問題が総合的に扱われている。従来の戦争中心の国際法から感染症の脅威を含めた国際法への転換が求められ、グローバル社会の共通の利益実現を図るために、国家のみならず国際機関の組織及びNGOなど非国家主体を含めた協力と連携が不可欠であると指摘されている。また、2022年6月11、12日の第135回国際私法学会においても、「ポスト・コロナ時代における国際私法の新たな課題と展望」と題してシンポジュウムが行われた。国際家族法、国際ビジネス法、環境保護と気象変動訴訟の問題が人権保護と関連して議論された。もっとも、これらの課題が従来の国家中心の国際私法を見直す契機となるかどうかについては、報告者間で見解を異にしているように思われた。

出すためには、行為者となる当事者の予測可能性を最大限に保障し、国境を移動することによってできる限り従来の法律関係に変更を迫られることがないようにする観点から、従来の国際私法原則を見直す必要を生じさせているように思われる。もっとも、これらの問題を総合的に研究するためには、国境を越えている活動ないし現象というだけではなく、学問領域を超えた総合研究を必要とするだけにここで深く検討する余裕はない。本章では、現代社会のグローバル化によって国家単位の社会において形成された国際私法の原則がどのように変化、修正されるべき課題が存在するかに、できる限り限定して検討するにとどめたい。

　まず、近代国民国家においてどのような国際私法上の原則が成立していたかを、その前提とした社会との関連で明らかにする。つぎに、現代社会のグローバル化によってそれがどのように変容されるべき課題を内包するかを明らかにしたい。最後に、その課題を解決するとしたら、どのような方向で、どのように解決すべきかに関する手掛かりを得るため若干の試論を述べてみたい。

第2節

近代国民国家における国際私法原則の特徴と問題点

　「社会あるところに法あり（Ubi societas ibi ius）」という格言がある。田中耕太郎は、この格言を引用しながら[6]、世界社会、普遍人類社会の法として、国際法や統一法とともに国際私法を挙げ、国際私法を世界法の重要

6）田中耕太郎『世界法の理論　第2巻』（岩波書店、1933年）96頁、153頁、同『法と宗教と社会生活』（改造社、1926年）55頁以下等参照。

な部分として位置づけた。そして、社会と法の関係について社会学的考察による方法と形而上学的方法による方法があることを指摘しつつ、法が社会生活の規範としての任務を全うするためには、社会理想の示す方向に社会生活を進めていくものでなければならないとして、主として後者の方法によって国際私法の本質を考察した。国家主義的精神にとらわれ、法と社会的事実との間に国家主権を介入させる見解に対して不健全な要素を包蔵すると批判する[7]。しかし、他方では、世界法であるといっても実定法である以上は、その実定法で定められた関係を規律対象とするのみであるとする[8]。ここに普遍人類社会の法としての国際私法理論と国家の実定法としての国際私法の微妙な関係性を読み取ることができるように思われる。国際私法につき哲学的方法を駆使して理論的に分析、解明することは、少なくともその書かれた当時の時代背景を考慮するとすれば大変意義のあることであった。しかし、現代的観点からみれば、先に挙げた格言を動的側面から捉えて、「社会が変われば法も変わらなければならない」とする意味を含めたものとみて、実定法とその背後に存在する原則をいわば公理のように自明の前提としてよいものかどうかを検証する視点を欠落させてはいけないのではなかろうか。つまり、実定法とその背後にある原則についてその実定国際私法の解釈、適用において果たして来た機能、役割をその前提とする社会の変化との関係で現実的に捉え、社会の変化に伴い伝統的に形成されてきた原則がどのように修正、補強する必要が生じているかを理論的に考察する必要があるのではあるまいか。そのためにまず近代国民国家において成立した実定国際私法とその背後にある原則を明らかにし、現代のグローバルな社会との関係で問題点をみておきたい。

　近代に成立した国民国家は、理念型としてみれば、言語・人種・文化・習俗・法制などを共有し、民族意識により支えられている国民によって構成されている国家であり、殆どの国民がその領域内に居住し、移動、移住

---

[7] 田中・前掲書第2巻152-155頁参照。
[8] 田中・前掲書第2巻155-157頁参照。

の自由も制限され、その経済的、文化的活動の多くもその領域内で行われる社会が前提とされていた。このような国家における国際私法は、わが国の明治31年（1898年）の法例で主な典拠の一つとして参照されているドイツにおいては、国民国家からみた自国の利益を考慮して合意することができた範囲で法典化が行われた。例えば、1896年8月18日のドイツ民法施行法（EGBGB）の国際私法に関する規定についてみると、人の属人法については、従来の学説が主張してきたような住所地主義ではなく本国法主義を原則とし（7条1項、17条1項参照）、ドイツ人が関わり、ドイツ法が適用される場合についてのみ規定する一方的抵触規定とし（14条、15条1項、17条3項、18条、20条、22条、24条）、特定の問題について準拠法が外国法であってもドイツ国家の公序の観点から法廷地法であるドイツ法を適用するべきものと定めた（7条3項、15条2項、17条3項、18条2項）ほか、国境を超えた経済活動に重要な役割を果たすべき債権契約の準拠法については全く規定を欠いていた[9]。

9）1881年のゲープハルト第1次草案11条1項は「債権契約により生じる債権は契約締結者が合理的に他の法律の適用を予定するべき事情がない限り契約締結当時債務者がその住所を有した地の法律による」としていた。1887年のゲープハルト第二次草案でも、11条1項で「生前の法律行為によって生じる債務関係は、債務者が法律行為を行った当時住所を有した地の法律、住所を有しないときは居所地の法律による。契約締結者がそれ以外の地の法の適用を予定としていたとすべき事情がある場合には、この地の法律に準拠する」とされていた。1895年11月23日のプロイセン王国国務省の国際私法委員会に提出された外国法の適用に関する第6次案2266条は、1項で「生前の法律行為から生じる債務関係は、その法律行為が締結された地の法律による」とし、2項で「当事者により他の場所の法律によることを予定すべき事情が認められる場合には、この地の法律に準拠する」としていた（Oskar Hartwieg u. Friedrich Korkisch, Die geheimen Materialien zur Kodifikation des deutschen Internationalen Privatrechts 1881-1896 (1973) S.253）。しかし、バイエルン州などから、第1項について当事者の本国又は住所、場合によっては履行地がドイツにある場合にもドイツ法によることが可能なのではないかという意見書が提出された（ibid., S.268ff.）。リューベック、ブレーメン、ハンブルクからは、契約締結当時契約者の一人が内国に住所を有し、又は当事者の一人の履行地が内国に所在する場合にもドイツ法による、第2項について、両当事者が他の特定の国の法の適用を合意したことが明らかになった場合には、その法が適用される、とする意見書

国際私法は、近代国民国家の成立以前に、イタリアにおける都市法、ローマ普通法、教会法の規範の抵触解決から始まり、その後フランスにおける地方慣習法についての抵触解決原則が展開され、さらにオランダ、ドイツなどのヨーロッパ諸国においてどの国においても普遍的に妥当する原則を求める学説法として成立し、発展した。国際私法理論の構築に携わった学者は、鑑定意見書などで裁判所にも影響を及ぼしただけではなく、自らの意見を各地の大学等で講義、講演するなどの活動を通じて、自国だけではなく他のヨーロッパ諸国にもその理論を普及させようと活動し、国際私法の法典化にも重要な役割を果たした。例えば、サヴィニーは、法規の性質によってその法規の場所的適用範囲を確定しようとした法規分類学説を否定して、法律関係の性質に応じてその本拠を探求し、その本拠がある国の法を適用すべきことを説き、「近代国際私法の父」と呼ばれた[10]。しかし、ドイツにおける国際私法の法典化においては、上述したように、国民国家としてのドイツ国家の利益を考慮した規定を置き、必ずしもサヴィニーのような普遍主義的国際私法学説に従ったわけではなかった。

　近代国民国家の成立に伴い、主権国家の観念が生じ、主権国家が立法、司法、行政の中心的行動者つまり主役となり、種々の実定法を国家法として制定し、私人はそのように制定された実定法の規律対象として捉えられるに過ぎなかった[11]。国際私法の本質については国際法説と国内法説の対立があった。わが国においてはかつて理論的に国際法としての性質を有す

　　が提出され、議論された。1895年11月27日の会議で法務省の担当者からこの規定をなくてよいものとして削除すると提案された（ibid., S.338）。当事者自治否定論に関しては、1887年9月14日の第一民法典委員会で準拠法を決定する法律要件の一つとして当事者意思を考慮することは認めてよいとされ、すでに克服されていた（ibid. S.95）。草案の規定が削除された経緯については、詳細に研究できていない。しかし、敢えて言えば、当事者自治が契約自由との関係で根拠づけられ、当事者が外国法に言及している場合にも、実質法的指定と解されることが多かった帝国裁判所（Reichsgericht）の判例などから、従来の実務に委ねる方が妥当と考えられ、この規定が削除されたのではないかと考えられる。

10) 溜池良夫『国際私法講義〔第3版〕』（有斐閣、2005年）49頁
11) 国際私法のこれまでの方法を主としてアメリカ法の観点から検討して、双方的な

る国際私法原則が存在し得ることを認めながらも、現在のところ各国を拘束する国際私法原則が存在することを認めることができないとする見解が有力であった[12]。国際法説がその例として出されたのは、ハーグ国際私法諸条約又は「場所は行為を支配する」という原則（平成元年（1989年）改正前法例8条2項参照）や物権とりわけ不動産物権は目的物の所在地法に従う」（同10条1項参照）であった。しかし、ハーグ条約の加入国は一定数の国家にすぎず、少なくとも大多数の国家を拘束するものではない。法律行為の方式に関する行為地法の原則や物権に関する所在地法の原則も多くの諸国で認められているとしても、それは単に諸国の国際私法が事実上一致しているにすぎないからであった。このような見解は、主権国家の共存を前提として各国がそれぞれの国際私法典で国際私法に関する原則を定め、それらの実定国際私法の原則を尊重し合いながら、表見的に関連する国の実質法のうち、いずれの国の法を適用するのが最も適切かを規定しているという当時の実情を説明するものであった。

それでは、そのような時代においてどのような国際私法上の原則が行われていたか、本書の立場から重要となる原則の特徴を確認し、学説上それに対してどのような意義を認め、どのような限界が指摘されてきたかを、主として明治31年（1898年）の法例との関係でみてみよう。

① いずれかの国の実質法にとらわれることなく中立的立場から、概括的で広い適用範囲の単位法律関係ごとに連結点を媒介として準拠法を決定する方法が採られていた。とりわけ、財産的法律関係につい

方法を採る古典的な学説と一方的方法を採る現代学説にも共通する方法として国家間の自国法適用のための競争を解決するという点で共通の性質を有するとみて、このことが当事者の準拠法選択を認めることが遅れる原因となっていることを指摘するものとして、例えば、Cf. Matthias Lehmann, Liberating the Individual from Battles between States: Justifying Party Autonomy in Conflict of Laws, 41Vanderbilt Journal of Transnational Law 381, p.403ff.

12）江川英文『国際私法—改訂』（有斐閣、1967年）11-12頁、溜池良夫・前掲書20頁以下、山田鐐一『国際私法〔第3版〕』（有斐閣、2004年）13頁以下等参照。

ては、「法律行為の成立及び効力」(7条1項)、「物権その他登記すべき権利」(10条)「事務管理、不当利得又は不法行為により生じる債権の成立及び効力」(11条)というように家族をめぐる法律関係と比較してより大まかな、広い適用範囲を持つ規範を中心とされていた。このような立法態度は、国際私法原則をできる限り単純化し、国際私法の考え方を広く普及させる観点から一定の意義を有していたといえよう。しかし、渉外的私法関係が増加し、複雑化するに伴い、これでは適切な解決を求めることが難しくなるとして、単位法律関係をより細分化して多様な連結方法を取り入れて一層精緻な規則を形成する動向がみられることが指摘されている[13]。また、複数の国家法への客観的連結を積極的に利用しようとする連結方法を実質法上の政策目的達成のために利用する選択的連結や累積的連結をこのような例として位置づけることができる。例えば、平成元年法例改正17条（法適用通則法28条)）1項、同18条（同29条）1項、2項、同19条（同30条）の選択的連結を、子の利益にという実質法的政策の実現と位置づけて、子の本国法が同意・承諾等の要件を規定する場合に関する改正法例18条（法適用通則法29条）1項ただし書、同20条（同31条）1項ただし書のいわゆるセーフガード条項による累積的連結もそのようなものとして例示できる[14]。

② 客観化した連結点を一つだけ選んで、その連結点のある国の法を準拠法とする方法（単純連結）が採られるのが原則とされた（3条1項、10条1項、11条14条、15条、16条、17条、20条、23条1項、25条、26条1項)。これも国際私法原則の適用を単純化するのに役立つであろう。しかし、複数の関連する連結点を選んで、選択的連結、累積的連結など多様な連結方法を採る方が渉外事件をより適切に解決

---

13) 松岡博『国際私法における法選択構造論』（有斐閣、1987年）155頁以下参照。
14) この問題を法規範の多元性という観点から整理するものとして、中野俊一郎「国際社会における法規範の多元性と国際私法」国際法外交雑誌116巻2号とりわけ3頁以下参照。

できるとする指摘があった[15]。近代国民国家の制定した国際私法原則をみると、ドイツ民法施行法のように主観的連結つまり当事者による準拠法の指定を認める規定を含めて、そもそも契約関係の成立及び効力に関する明文の規定を置かない立法もあった。契約準拠法についてはいろいろな類型の契約があり、契約締結地法、債務者の住所地法や本国法、履行地などのうち一つの法だけを明文上決定することが難しい。かつ、当事者に準拠法を決定する自由を認めるような規定にすることは、私人である当事者に法規範を作り出すことを認め、実際上法律回避を認めることに通じる。したがって、国家主権の立場から望ましくないとする意識が残っていたからではないかと思われる。かつてのドイツでは、当事者自治を認めるのは最も密接な関係を有する国を一義的に定めることができない場合に認める「窮余の策（Verlegenheitslösung）」とする見解が有力な学者によって主張されていた[16]。平成元年改正前の法例が7条1項によって当事者自治を認めたのは幸運であったとする指摘がある[17]。客観的連結が原則であり、主観的連結はあくまで例外的に認められるに過ぎないという伝統的な見解[18]に対し、当事者の準拠法選択権を国家

---

15) 松岡・前掲書156頁。
16) キューネ（Gunther Kühne）によると、この言葉を最初に使用したのは、ケーゲル（Gehart Kegel）といわれている（Kühne, Die Parteiautonimie im inaternationalen Erbrecht（1973）S.30）。なお、Kegelの見解については、vgl. Kegel, Internationales Privatrecht, 7. Aufl.（1995）S.483; Kegel/Schurig, Internationales Privatrecht, 8. Aufl.（2000）S.569f.。
17) 西谷裕子「当事者自治の現代的意義—『国際商事契約の準拠法選択に関するハーグ原則』をめぐって」国際私法年報17（2015年）5頁参照。これは、1898年法例7条制定当時、ベルギーやドイツが立法に失敗しており、ヨーロッパの学説上当事者自治否定論が隆盛化しつつあったこととの関連で述べられている。もっとも、これは、1889年の法例制定がボアソナード（Gustave Boissomade, 1825-1910）が起草したといわれている旧法例の改正という形で行われたこと、当時の日本においては幕末に締結された不平等条約で治外法権が認められていたこともあって未だ当事者自治に関する実務的蓄積があまりなかったことによるものとみることができる。
18) 例えば、道垣内正人「国際私法の新たな課題と展望」上智法学論集49巻3・4号

以前の権利若しくは憲法上の権利として位置づける見解から、主観的連結を原則とみようとする見解[19]も生じている。

③ 国際私法により指定され得る準拠法は、原則として国家の法に限られた。法を制定するのは主権を有する国家であり、国際私法は主権国家が独自に立法した法の場所的抵触を回避するための法とみるとすれば、国際私法によって指定される法も、原則として国家の法に限られる。世界の法を広くみると、法と宗教の区別が明確ではないイスラム法系諸国があり、グローバル化の中でこのような諸国の国民が移住して本国から家族を呼び寄せ、独自の文化的共同体を形成するようになると、そのような人たちの本国法としてどのような規範が法規範として指定されるのか、とりわけ、当事者が本国法を準拠法としてそのような規範を指定することが許されるかどうかが問題になる。また、グローバル化された社会では、企業や国際民間団体、NGOなどの組織体を含めて国家ではなく私人が中心になってとなって法規範を構築することがある。このようにして構築された法は、国際取引法の分野では商人法（lex mercatoria）と呼ばれることがあるが、その法的性質をどのようにみるか議論の余地がある。現代社会においては、国家法だけではなく、私人の行動を指導し、拘束し、紛争解決に役立っている非国家法が存在し、国家法と非国家法の多元的併存を認める見解も有力に主張されている[20]。例えば、インターネット関連団体により形成されるインターネット法、業界団体の作成する国際標準書式、国際機関による各種のガイドライン、

25頁以下、同『ポイント国際私法各論〔第2版〕』（有斐閣、2014年）221頁以下参照。澤木敬郎＝道垣内正人『国際私法入門〔第9版〕』（有斐閣、2024年）は、当事者自治の原則を「異質なルール」とし（156頁）、当事者による指定を実質法的指定にとどまると解する（163頁）。

19) 例えば、Basedow, op.cit., p.146ff. p.505ff.；中野俊一郎「国際親族・相続法における当事者自治の原則」神戸大学法学雑誌65巻2号1頁以下、とくに52頁参照。

20) 中野俊一郎「国際社会における法規範の多元性と国際私法」国際法外交雑誌116巻2号1頁以下参照。

各種の国際的競技団体により形成されるスポーツ法などがある。国家法のみが準拠法としての適格性を有するという原則は、これらの観点から見直しが必要となっている。

④ 外国の公法は適用されないという原則が認められていた。近代における主権国家の共存という前提に立ってみれば、国家主権にかかわる権力的な関係を規律し、各国の政策的事項のかかわる度合いが強い公法については、外国の公法を適用しないとする原則を主権国家相互間で認め合うことが国家間の衝突を回避するためにも必要であった。公法の属地的適用を原則とし、例外的に自国の領域外で生じた事実に自国法を適用する場合には、そのための合理的理由を説明できる事例につき、例外的に域外適用として認められるに過ぎなかった。もっとも、ドイツ法学の影響のもとに権力関係を公法関係と捉え、私法関係と異なる独自の法体系とみる公法・私法二元論は、第二次世界大戦前まで有力であったが、戦後日本においては行政裁判所が廃止され、公法関係にも私法原理が適用されるようになり、弱体化した。現在では、権力関係以外の行政活動も広く含んだものが行政法学の対象と理解されている[21]。グローバル化した社会の中で公法と私法の関係をどのように捉えるべきかについて新たに問題点が指摘されている。一方では、社会のグローバル化にもかかわらず政策実現・執行の権限の大半は国家に残されており、公法は各国家の独自の政策と結びつくものであり、私法のように一定の共通性があり、交換可能性を持つものではないから、属地的適用の原則は維持されるべきとする見解がある[22]。他方で、19世紀末の国際行政連合などを背景として行政法に関する抵触法的解決が展開されて

---

21) 原田大樹「グローバル化時代の公法・私法関係論―ドイツ『国際行政法』論を手がかりとして」浅野有紀＝原田大樹＝藤谷武史＝横溝大編『グローバル化と公法・私法関係の再編』（弘文堂、2015年）17頁以下参照。
22) 原田・前掲論文、浅野＝原田＝藤谷＝横溝編、前掲書34頁、早川吉尚「準拠法の選択と『公法』の適用」国際私法年報5号（2003年）212頁以下参照。

きた[23]。EU のような国際機関の下での権限の調整、各国の協働、連携を基礎として、グローバル化した社会にふさわしい抵触法的解決の可能性を模索する見解がある[24]。国際私法の対象を純粋に私法関係のみに限定して対象とすべきか、実質法上公法の私法化、私法の公法化といわれる現象が生じ、公法と私法の限界が不明確になってきていることも考慮して、そのような限定、峻別の方法を採らない方がよいのか、が問われている。

⑤ すべての渉外的法律関係について場所付けが可能であるとする原則によっていた。国民国家成立期の国際私法においては、個人の行動は現実の空間で行われ、問題となる財産や利益も現実に所在する有体物に関連することを想定していたので、人の行為や物をめぐる法律関係は、密接な関係を有する場所が必ずあるはずであることを前提としていた。しかし、知的財産権のように無体物を対象とする財産権が重要となると、そのような無体物の場所的関係を表す連結点が必要となる。しかし、知的財産のような無体物は場所的関連性を示す所在地を持たない。そこで無体財産に所在地を擬制する見解が生じる。しかし、本来所在地を持たない知的財産について所在地を擬制すると、それがあたかも有体物のように所在地を持つものと考えられ、本来限界づけが必要であるのにそれが忘れ去られてしまう傾向が生じる。そこで、保護国という新しい連結点に基づく準拠法の決定方法が見出されている[25]。インターネットの発達、普及によってサイバー・スペース上の個人の行為や財産の準拠法が問題とされることになる。サイバー・スペース上の証券やその取引、サイバ

---

23) 代表的なものとしては、Karl Neumeyer, Internationales Verwaltungsrecht, Bde. I~IV (1910-1936) がある。
24) 原田・前掲論文 35 頁参照。「国際人権規範のような政策目標の共通化ないし国際的利害関係の収斂があれば、交換可能性の基盤が形成されることになる」とする。
25) 木棚照一『国際工業所有権法の研究』(日本評論社、1989 年) 82 頁以下、同『国際知的財産法』(日本評論社、2009 年) 311 頁以下参照。

ー・スペース上の知的財産権侵害、営業妨害行為や名誉毀損などの不法行為などのほか、暗号資産のような独自の財産が登場し、これについてどのような国際私法上の原則が適用されるべきかが新たに問題となる。このようなサイバー・スペース上生じる法律関係について、どのような連結点を媒介とした、どのような抵触規定を見出すべきかを考察する必要が生じている。

⑥　国民国家における個人の能力や家族関係、相続関係については、本国法によるべきとする前提に立っていた。この点は、明治23年旧民法とともに公布された旧法例3条が、1項で「人ノ身分及ヒ能力ハ其本国法ニ従フ」とし、2項で「親族ノ関係及ヒ其関係ヨリ生スル権利義務関係ニ付テモ亦同シ」としていた。旧法例はボアソナードがフランス語で起草したものを翻訳して原案が作られたといわれている。この原案は「人の身分及び能力に関する法律は、外国に居所を有する者であってもフランス人を規律する」とした1804年のフランス民法3条3項や「人の身分、能力及び親族関係は、その人の属する国の法律による」とした1865年のイタリア民法6条などの影響を受けたものであった。マンチーニによると、国家は人種、言語、習俗などを共通にする民族共同体でなければならず、このような国家は本国法がその人民に常に付随して適用されることを認める国際法上の義務を負うことになる。1865年のイタリア民法の6条の規定は、マンチーニによって提唱されたといわれている。マンチーニのその後の国際法協会などにおける活躍もあって次第に国際的支持を集めるようになった。明治31年の法例は、ドイツにおけるゲープハルト草案を参考にして、3条1項から「身分」を削除し、2項については当事者が国籍を異にする場合などを考慮した、より精緻な規定を13条から26条に置くことにした。ドイツにおいて本国法主義を採るに際し、外国に散在するドイツ国民に国民意識及び同族感情を呼び覚ますために、重要な意義を有することが強調され

ていた[26]。法例における本国法主義にも法例制定当時は未だ在日外国人が比較的少ないことを基礎として、在外日本人の家族関係に日本法を適用する機能が期待されていたといわれている[27]。

　ところで、本国法主義を現在の時点で考察してみるとすれば、その後の国籍法の改正をめぐる状況やグローバル化の進行に伴う社会的、法的変化を考慮しなければならない。明治32年（1899年）に公布された旧国籍法は国籍を国家の利益の観点から国家により一方的に与えられるものとして捉えられ、国籍離脱の制度は規定されてはていなかった。しかし、第二次世界大戦後の国籍法は、憲法22条2項で国籍離脱の自由が認められ、外国の国籍を有する日本国民は届出によって日本国籍を離脱できるものとした（昭和25年国籍法10条、昭和59年改正国籍法13条）。とりわけ、女子差別撤廃条約の批准に向けた昭和59年5月25日公布の改正国籍法は、両性平等の観点から従来の父系優先血統主義から父母両系血統主義に改正し、複数国籍となる場合に関する規定を設け、本人の意思を考慮する国籍選択制度を導入している（改正国籍法14〜16条）。しかし、他方では、自己の志望による外国籍の取得に関する国籍喪失条項（同11条1項）や外国で出生したことによる国籍留保の制度（同12条）については、そのまま又は拡張して残されている。これらについては違憲として争われている訴訟が提起されている[28]。2021年度のノーベル物理学賞を受賞した真鍋淑郎氏について日本国籍を喪失させ

---

26) Vorhandlung des 18. Deutschen Juristentag, Bd. II (1887) S.82ff.；多喜・前掲書115頁以下等参照。
27) 櫻田嘉章＝道垣内正人編『注釈国際私法第1巻』（有斐閣、2011年）111頁（早川吉尚）参照。属人法の決定基準については、山田鐐一・前掲書123頁以下に掲げる文献参照。
28) 東京地裁に提起された事件と東京地裁令和3年1月21日判決の紹介とその批判については、木棚照一『逐条国籍法―課題の解明と条文の解説』（日本加除出版社、2021年）552頁以下参照。この事例とは別に、新たに国籍剥奪条項違憲訴訟が福岡や大阪の地裁等に提起されている。

ておきながら「日本人」として称賛する日本政府の態度に違和感が述べられている[29]。

　ヨーロッパ諸国をみても血統主義を維持し血統を中心とした民族国家という考えを維持することが難しくなっている。フランスにおいては、1889年の改正民法上の国籍規定において加重的生地主義、つまりフランス国籍を有しない者の孫について、その孫がフランスで出生し、かつ、親もフランスで出生している場合には、フランス人となる（改正民法8条3項）。フランス以外の国において出生した両親からフランスで出生した者は、フランスで居住している限り成年（21歳）に達したときに自動的にフランス国籍を付与されるが、成年に達した後1年以内にフランス国籍を放棄することができる（改正民法8条4項）[30]。また、フランスは1973年の国籍法改正で父母両系血統主義を採ると同時に複数国籍を許容することにした[31]。ドイツにおいても1999年の国籍法改正で従来の血統主義による国籍付与を転換し、ドイツ民族性を持たない者に出生によりドイツ国籍を付与する生地主義を採用することにした[32]。つまり、一定の条件を満たしてドイツに居住する外国人の両親からドイツで生まれた子は、親のいずれかが8年以上合法的にドイツに常居所を有した場合及びEU構成国間並びにスイスとの協定によって無期限の滞在権を有する場合には、ドイツの国籍を取得するものとされた（国籍法4条3項）。外国で居住するドイツ人から1999年12月31日以降外国で生まれた子は、出生の時から1年以内にドイツの在外公館に届出をしない限り、ドイツ国籍を取得しないものとした（同4条4項）。このように国籍法自体が近代初期における血統を中心とする民族国

---

29) いろいろな新聞等で採り上げられているが、2022年1月11日の読売新聞朝刊11面では、安田龍郎記者が「国籍とは　日本人とは」と題して記事を掲載している。
30) 木棚・前掲逐条国籍書81頁以下参照。
31) 木棚・前掲逐条国籍書85頁参照。
32) 木棚・前掲逐条国籍書96頁以下参照。

家から変化してきていることに注目しておく必要がある。

　また、社会のグローバル化が進み、国際的な自由移動が保障されるようになると、一国内に多様な文化を持つ人が居住し、数代にわたり住み続ける事例が増加し、多文化共存社会が生じる[33]。そのような状況変化に対応した国際私法原則を考えると、家族関係についても本国法が常に人がどこに行こうともその人に随伴して適用すべきものといえるのか、改めて検討する必要が生じている。

⑦　国際私法上の公序（法例30条）における概念については、公序の趣旨が内国の私法秩序を維持することにあるとみて、外国法適用の結果が内国の公序に反するからその適用が排斥されるものとみる見解が通説になっている[34]。通説によると内国的関連性が重要な公序適用要件の一つになる。もっとも、国際私法上の公序は、普遍的公序、普遍人類社会の公序を意味するという見解もあるが[35]、普遍人類社会の公序とは具体的にどのようなものをいうのかに関する中核的要素を十分抽出できないとされ、多数の支持を得るに至っていない。しかし、例えば、異人種間の婚姻を禁止する外国法の規定や異教徒間の婚姻を禁止する外国法の規定が国際人権法に違反し、憲法98条2項を介して国際私法上の公序の内容になるとみることができるとすれば、部分的に普遍的公序論の主張を取り入れ、内国的関連性のいかんにかかわらず、公序に反するとみることもできるように思われる[36]。また、グローバル化した社会において多国籍企業が重要な行動者として活動し、場合によっては、労働問題等の人権問題や

---

33) 日本における課題については、木棚・前掲逐条国籍書111頁以下参照。
34) 江川・前掲書116頁以下、山田・前掲書142頁以下、溜池・前掲書212頁以下、中西康＝北澤安紀＝横溝大＝林貴美『国際私法〔第3版〕』（有斐閣、2022年）112頁以下等参照。
35) 田中・前掲書2巻275頁以下、折茂豊『国際私法の統一性』（有斐閣、1955年）411頁以下、山内惟介『国際公序法の研究―抵触法的考察』（中央大学出版部、2001年）3頁以下参照。
36) 例えば、烘場準一は、判例解説の中で「判断基準や結果にある程度の普遍性があ

公害問題等の環境問題等を引き起こすことがある。この点については国際人権法や国際環境法が発展してきた。これが国際人権法や国際環境法に違反すると判断することができる程度に達するとすれば、同様に内国的関連性の要件のいかんにかかわらず、公序に反するものとして外国法の適用を排斥することができるであろう。さらに、現代のグローバル化された社会の中で、グローバル化の弊害を減少させ、グローバル化の利益を活かし実際に生じている問題の解決に反映させていこうとするために、加盟国が協力、連携し合う制度を整備しようとする子の奪取に関するハーグ条約等やそれらの条約の実施と関連した国際慣行が確立しつつある。これらの中核的部分が公序の内容として採り入れられる必要が生じるであろう。その意味では、法廷地国を中心とした公序概念を原則としては維持しつつ、新たな普遍的公序概念が形成されつつあるように思われる。このような公序概念を認める立場からみれば、そのような公序概念の適用の際には、内国的関連性を必須要件とするべきではないであろう。つまり、このようにみることが許されるとすれば、伝統的にみられてきたような普遍的公序か、国内的公序かという公序に関する見解の択一的対立として捉えるべきではなく、国内的公序に先行、優位する普遍的公序を慎重かつ明確な基準で認め、このような公序には内国的関連性は適用要件としないものと解することになるであろう。

⑧ 従来準拠法は主として裁判による解決を念頭に置いた原則であった。裁判においては、特定の国の裁判所に問題となり得る紛争の裁判管轄権が専属するように合意することができることがある。しかし、各国がばらばらに国際民事訴訟法上の合意管轄規定を定めたので、

る以上、その限度では内国的関連性の存在を不可欠の条件であるかは疑わしい。例えば、女性差別撤廃条約などと明らかに抵触する結果を生じると判断されるようなときである。」と指摘されている（池原季雄＝早田芳郎編『渉外判例百選〔第3版〕』（有斐閣、1995年）33頁）。この見解をさらに徹底して一般化したものとして、木棚照一編『国際私法』（成文堂、2016年）124頁以下（木棚）参照。

国際裁判管轄合意の要件が国ごとに一致しておらず、合意の効果をどのようにみるか、例えば、専属的管轄合意とみるか、付加的管轄合意とみるかなどの基準も必ずしも一致していない。そこで、ハーグ国際私法会議において1994年から2005年裁判管轄プロジェクトとして進められてきた「管轄合意に関する条約」が、2005年6月30日に採択された[37]。

　さらに、裁判による紛争解決のほか、近時仲裁や国際調停などADRによる解決が促進されている。国際仲裁については、1958年国連で採択された「外国仲裁判断の承認及び執行に関する条約」（ニューヨーク条約）があり、同条約5条によると、締約国が外国仲裁判断の承認、執行を拒否することができる理由を限定しているので、渉外的な紛争解決方法として利用されることが少なくない。仲裁による解決の場合には、裁判による解決より当事者が積極的役割を担えるように柔軟な原則が行われている。例えば、仲裁廷は、当事者が合意した法に従って紛争に関する実体判断を行う。ここで当事者が指定することができる法は、必ずしも国家法に限られず、国際民間機関が作成した規則や未発効の条約の規定なども含まれると解釈されている。化石化条項によって過去の法律上の規定を指定することもできるものと解される。仲裁や国際調停による渉外的紛争の解決に積極的に利用されるようになると、裁判による解決もそのような解決との調和ができる限り求められるべきと考えられる。最近注目されるのは、2020年9月12日の調停の国際的承認、執行に関するシンガポール条約である。アジアの諸国における紛争解決をみると、裁判、仲裁のほか、調停における紛争解決も少なくない。シンガポールは、従来アジアにおける国際取引を巡る紛争解決の中心地となることを目指して制度を整備してきた。この条約は、調停による解決も重要な一つとみてその国際的承認・執行を強化し、その利

---

37) 道垣内正人『ハーグ国際裁判管轄条約』（商事法務、2009年）参照。

用を促進しようとするものである。日本も 2023 年 10 月 1 日に加入手続をとり、この条約は 2024 年 4 月 1 日から日本においても発効している。この条約の実施に関する法律（令和 5 年法律第 15 号）を制定し、仲裁法など関連法律規定の一部を改正している。

第 3 節

グローバル化された現代社会における国際私法原則

1　グローバル化と規範形成

　グローバル化といわれる現象はどのような特徴を持つかを明らかにする必要がある。そのうえで、若干重要と思われるものを例示的に取り上げる。国際私法はそのような現象にどのように対応するべきか、つまり、国民国家の下で発展してきた従来の国際私法原則がどのように変更、補充することが求められているかを確認しておきたいと思う。

　グローバル化はどのような視点から分析するかによって多義的に使われることがある。その最も中心的内容をできる限り短くまとめて述べるとしたら、「人・物（商品）・役務・金（資本）・情報等が国境の枠を超えて地球規模で流動化し、またはその可能性が付与されることによって生じる社会現象」ということができるであろう。このような抽象的な定義だけからみると、最近 30 年の間に現れた現代社会のグローバル化のほかに、それ以前からグローバル化という現象はあったといわれる。バセドー（Jürgen Basedow）によれば、最初のグローバル化は、19 世紀の 4 半世紀（1875 年以降）に現れたといわれる[38]。鉄道の建設や鉄船の運航ばかりではなく、蒸気機関や電信・電話の発明、普及によってもたらされた人や物等の移動性や情報の伝達性に関するすさまじい進歩に着目したものである。

このような人、物の移動、情報の伝達に関連して、国内的のみならず国際的にも保護されるべき権利として工業所有権（産業財産権）と著作権がある。これらの権利は、発明や著作のようなその所在地を人が感知することを得ない無体財産を客体とする権利であるが、主権国家の併存を前提に形成された属地主義の原則によると、各主権国家の領域で問題となる限りはその国の法が適用されるものとされ、その場所的効力はその国家の主権の及ぶ範囲に限られるものと考えられた。各国は、それぞれ自国産業の発達状況からみて妥当と考えられる産業政策に基づいて特許法などの工業所有権法を制定し、その独自の文化政策に基づいて望ましいと考えられる著作権法を制定することが認められた。しかし、社会のグローバル化が生じると、従来のように属地主義的にそれぞれの主権国家が保護要件や効果等をばらばらに規律するとすれば、権利侵害者がその権利が保護されないか、保護が不十分の国で特許製品等を製造販売し、著作物を複製拡布することにより、これらの権利の保護による産業発展の促進や公正な競争秩序の維持、発展という法目的が達成されないような結果を導くおそれを生じさせることになる。このような状況に対処するように作成された統一法条約が、工業所有権の保護に関する1883年3月20日のパリ条約（以下、「パリ条約」と略する）と文学的及び美術的著作物の保護に関する1886年9月9日のベルヌ条約（以下、「ベルヌ条約」と略する）であった。これらの条約は、最初の世界的な規模での私法統一条約といわれている。そのほかに、この時期に蒸気機関を備えた鋼鉄船が普及し、20世紀にはいると無線通信が導入され、国際海上運送が飛躍的に発達した。1897年にベルギーで創設された万国海法会（Comité maritime international: CMI）は、ベルギー政府の各国政府への強力な支援を得て、1910年の船舶衝突に関する統一条約、海難救助に関する統一条約、1924年の船荷証券統一条約などの、いわゆるCMI条約を成立させるために重要な役割を担った。

　もっとも、この時代におけるグローバル化に伴う法の制定権は各主権国

---

38) Jürgen Basedow, op.cit., p.505f.

家のみが有し、統一法条約を制定する権限ももっぱら国家のみに帰属するという基本的原則自体は変わらず、実際は国家間の条約という形式が採られた。現代の国連のような地球規模の国際機構は未だ存在しなかった。統一法条約に民間国際機関の動きは重要な役割をはたしていたとはいえ、あくまでそれは、各国家の立法だけでは国際的に生じる問題に十分対処することができない場合における、各国家の法規の最小限度の統一への動きを促すための民間の国際的専門団体の活動として位置づけられていた。工業所有権についてはAIPPI（国際工業所有権保護協会）、著作権についてはALAI（国際文芸美術協会）、海法についてはCMI（万国海法会）のような現在も存在する国際民間団体が重要な役割を果たした。しかし、それらの団体の結成は、統一法条約を締結する各国政府の活動を促すために必要な基本問題に関する認識の一致を得るための議論を行うことにより、各国政府の活動を支持し、促進しようとするものと考えられていた。国内法が国家によって制定されると同様に、統一法を制定するための国際条約は、国家間の合意によって成立するという意味では国家が規範形成の主体になるのは当然と考えられていた。未だ各主権国家がグローバル化から生じる問題を解決できると考えられており、広い意味における私人である国際民間団体が、統一法条約の規則の制定に参加する権利を有するという認識にまでは至っていなかったのである。また、グローバル化という言葉を使用するにしても、主としてヨーロッパ諸国とその植民地が念頭に置かれ、必ずしも全地球規模というには至っていなかった。例えば、国際私法統一のためのハーグ国際私法会議は、マンチーニ、アッセル等の努力によって1893年9月13日に開始されたが、当初の加盟国は、ドイツ、オーストリア・ハンガリー、ベルギー、デンマーク、スペイン、フランス、イタリア、ルクセンブルク、オランダ、ポルトガル、ルーマニア、ロシア及びスイスの13カ国であり、すべてヨーロッパ大陸諸国であった。日本が初めて参加したのは1904年の第4回会議からであったが、その他のヨーロッパ以外の諸国が参加したのは、1950年代になってからであった。

　それに対して、現代社会のグローバル化は、国連の各種組織や世界貿易機関（WTO）の下で文字通りの地球規模での現象として意識されている。

グローバルな現象によって生じる問題をそれらの機関により制定される規則等の法規範が適用され、解決されており、個別的な国家により達成することができる成果は限られている。私人である非政府間組織（NGO）、国際的な民間団体、多国籍企業などが規範づくりに積極的な役割を果たすことが認められ、私人に規範形成に参加する権利が認められるべき場合があるといわれている[39]。とりわけ、1995年1月に発足したWTOは、1986年から開始されたGATTウルグアイ・ラウンド交渉の結果として設立された独立の国際機関である。その設立協定の付属書に重要な協定がある。例えば、付属書一のAに「物品の貿易に関する多角的規定」、Bに「サービスの貿易に関する一般協定」、Cに「知的所有権の貿易関連の側面に関する協定（TRIPs）」がある。また、付属書二には、「紛争解決に係る規則及び手続に関する了解（DSU）」がある。TRIPsは、医薬品についても物質特許の対象としており（27条1項）、感染症の拡大的伝染のような国家の緊急事態がある場合などには、強制実施によって特許権者の許諾なく医薬品を製造し、国内市場に供給することができる（31条(f)）。しかし、そのような医薬品を製造する能力を有しない開発途上国においては、そのような医薬品の価格が高価であることもあり、医薬品を使用することができないことが少なくない。この点はとりわけ国境なき医師団のようなNGOが強く働きかけたことにより明確にされた。TRIPs理事会への通報があり、再輸出防止策を講じた場合に、開発途上国がその医薬品製造能力を有する国で製造された医薬品を購入することも、強制実施の一つの態様として認める規定を2005年の改正により挿入した（31条の2）[40]。また、

---

39) 間宮勇＝荒木一郎「WTOのルール・メイキング―過去20年間の活動を振り返って―」日本国際経済法学会年報25号（2016年）11頁以下参照。

40) 2006年から2007年にかけてのタイ政府のエイズ薬等の強制実施権の発動の際には、タイ政府やNGOは「命の薬」へのアクセスを保障する責任があると説明した。しかし、開発途上国からすれば実際上インド、中国からの原薬輸出に頼らざるを得ず、結局価格交渉に使われるにすぎなかった。タイ、ブラジルのような開発途上国でも中程度に発展し、自国のジェネリック産業の発展を目指す国の強制実施権の発動が低開発途上国の薬価を吊り上げるという指摘もあり、低品質医薬による耐性菌の発生

WTOの多角的貿易交渉においても、例えば2003年に西アフリカ旧フランス領のベナン、ブルキナファソ、チャド、マリの4国が中心となって、先進国による綿花への補助金が綿花の国際価格を下げ、途上国の綿花生産に大きな打撃を与えていると主張し、先進国の綿花への補助金の段階的撤廃、撤廃までの期間の保障措置を要求した「綿花イニシアテイブ」も、OxfamのようなNGOが積極的役割を果たしたといわれている。さらに、WTOの紛争解決機関の勧告や裁定が対象協定に定める権利、義務に新たな権利、義務を追加し、又はそのような権利、義務を減じることができないとされているにもかかわらず（DSU3条2項）、WTOのパネル及び上級委員会はその一貫性を維持する観点から事実上判例法ともいうべきものを形成している[41]。これは、WTO加盟国間の紛争の解決という形を取りながら、実際上は、そのWTO加盟国の背後に私人である企業等が影響力を有しており、また意見書や弁論において当該国の政府職員以外の外国の法律家が参加していることが多く、その影響も大きいと考えられる。要するに、個別国家を超えたWTOというような国際機関を組織することによってグローバル化を促進し、それによって生じる紛争をその国際機関の紛争解決機関で解決しようとすれば、従来のような国家のみによる規範形成という原則が変化せざるを得ず、NGOやその他の国際民間組織を含む私人の積極的な役割が認められるようになってくる。

　WTOのもとで物品およびサービスの生産及び貿易を拡大することによ

　　も懸念されている。輸入された薬品の患者へのアクセスは、その国の医療と保険制度の発展如何に関わる。これらの点を踏まえてグローバルなジェネリック産業の途上国への誘致を含め、グローバルな知的財産保護が低開発国の産業にも恩恵をもたらすようなビジネスモデルを確立する課題がある。この点については、山根裕子『知的財産権のグローバル化―医薬品アクセスとTRIPS協定』（岩波書店、2008年）365頁以下参照。
41）玉田大「WTO紛争解決手続における先例拘束原則」日本国際経済法学会年報27号（2018年）116頁以下参照。なお、WTOに関するパネル、上級委員会の解釈とグローバル化の観点からみた問題点については、Martin Nettesheim=Gerald G. Sander（Hrsg.）, WTO-Recht und Globalisierung（2003）参照。

って、加盟国における生活水準を高め、完全雇用を実現し及び実質所得を高めることによって有効需要を生み出そうとすれば、私人の自由で活発な経済・社会活動が認められなければならない。そのために加盟国における法的相違があるとしても、できる限りその活動行為の法的効果が私人である当事者にも予測可能であるような法的枠組みを定立しなければならない。しかし、実際には、先進資本主義国、社会主義国、開発途上国など加盟国の状況に応じて利害が対立し、WTOのラウンド交渉は必ずしも進展してはいない。そこで、地域的な状況に応じて締結される自由貿易協定、経済連携協定、共同市場設立協定などによって前進されることが期待されている。その最も典型的なモデルといえるのは、欧州連合（EU）であり、1997年のアムステルダム条約によりEUに国際私法に関する立法権が与えられた。そして、契約債務準拠法に関する2008年第593号規則（ローマⅠ）、契約外債務の準拠法に関する2007年第864号規則（ローマⅡ）、離婚及び別居の準拠法に関する2010年第1259号規則（ローマⅢ）のほか、扶養規則（2009年第4号規則）、夫婦及びパートナーシップの財産制規則（2016年第1103号及び第1104号規則）、相続規則（ローマⅣともいわれる）（2012年第650号規則）などを制定している。準拠法規則という観点からみれば、いずれも無制限の又は量的に制限された当事者による準拠法選択を認めている。

2　ハーグ国際私法会議における活動

　国際私法の統一の役割を担っている機関としてハーグ国際私法会議がある。前述したように設立当初はヨーロッパ大陸諸国を構成国としていたけれども、現在では89カ国と一団体（EU）となり、次第に地球規模に広がりつつあるように思われる。この会議の下で多数の条約が採択された。しかし、わが国は7つの条約を批准したにとどまる。この会議も現代社会のグローバル化に対応すべく種々の活動を行っている。そのうち、準拠法に関する近時の活動をみると、当事者自治の原則を取り入れたハーグ条約に着目したい。というのは、当事者自治による方法は、単に各国国際私法規

定の相違を調整するのに役立つからというだけではなく、グローバル化しいろいろなレベルにおける多元的な法が複雑に絡み合う社会において当事者の予測可能性を確保できる法原則を取り入れることが、私人の活動を活発化するためにも必要不可欠なものだからである。

　当事者自治を条約上採り入れた 1978 年の夫婦財産制の準拠法に関する条約のように、わが国は条約を批准してはいないが、平成元年改正法例 15 条 1 項やそれを受け継いだ法適用通則法 26 条 2 項のように、当事者による準拠法選択を認めた部分を受け入れている例もある。しかし、最近では準拠法に関する統一条約は必ずしも成功してはいないようにもみえる。例えば、1989 年の「死亡による財産の相続の準拠法に関する条約」（以下、「相続準拠法条約）という）をみてみよう。グローバル化によって内国人が外国において財産を残して死亡し、また外国人が内国に財産を残して死亡する例が増えている。この条約は、相続の原則的準拠法を次のような 3 つの類型に分けて規定するとともに、被相続人の選択時又は死亡時における国籍保有国又は常居所地国のいずれかを選択することができるものとしている。つまり、被相続人の死亡時における常居所地が国籍保有国にあった場合にはその法により（第一類型、3 条 1 項）、被相続人が死亡時までに 5 年以上居住した常居所地があった場合にはその常居所地法により（第二類型、3 条 2 項本文）、その他の場合には被相続人の死亡当時の本国法による（第三類型、3 条 3 項本文）。ただし例外的事情につき規定されており、第二類型の場合に被相続人が死亡当時の本国とより密接な関係を有したことが明らかな場合にはその本国法により（3 条 2 項ただし書）、第三類型の場合に被相続人が他の国とより密接な関係を死亡時に有していたときはその国の法による（3 条 3 項ただし書）。しかし、これらの原則的準拠法は、選択時又は死亡時の被相続人の国籍保有国法又は常居所地法を被相続人が有効に準拠法選択をしたときには適用されない（5 条）。つまり、当事者の有効な準拠法選択がある場合には、当事者により選択された法が準拠法となり、上述の客観的連結の規定は適用されない。オランダはこの条約を批准しており、国内抵触法に取り込んでいる。また、フィンランドのようにこのような規定を部分的に取り込んだとみられる国内法を制定した国もある（2002

年3月1日時点の相続法26条6項)。しかし、このような複雑で理念的に説得力を持たない準拠法決定方法は「手抜きによる妥協」であると批判されることもある。そのこともあってか現在のところ未発効である。確かに、客観的連結に二段階の例外的事情を認めるために複雑すぎるところがある。EUの中で考えれば、客観的連結は被相続人の常居所地法とすべきであり、国籍保有国法は被相続人が選択した場合にのみ準拠法となるとすれば足りることになろう。しかし、日本のように、戸籍その他の身分登録を相続人の決定の資料とする国からみれば、国籍保有国法を中心に客観的連結を考えることも根拠のないことではない。もっとも、この条約を含めて、狭い意味における国際私法の統一法条約は近時においては成功しているとはいいがたい。とはいえ、この条約がEU相続規則に与えた影響は大きいので、後に詳しく第6章第6節で紹介する。

　最近ではむしろ1980年の国際的な子の奪取の民事上の側面に関する条約(以下、「子奪取条約」と略する)のように、各締約国の司法、行政当局の国際的協力の枠組みを構築することにより、グローバル化によって生じる問題を実効的に解決しようと条約の法が成功しているようにみえる。子奪取条約は、締約国がすでに100カ国を超えており、2014年4月1日よりわが国でも発効している[42]。類似の条約として、1993年の「国際養子縁組に関する子の保護及び国際協力に関する条約」があり、締約国も99カ国になるが、わが国はこの条約に加盟していない。

3　当事者自治の原則の浸透と拡張

　債権契約の成立及び効力が当事者の指定した準拠法によるとする原則に

---

[42] この条約の実施に向けた国内法の整備、実施状況、実務上の問題点などについては、大谷美紀子＝西谷祐子『ハーグ条約の理論と実務―国境を越えた子の奪い合い紛争の解決のために』(法律文化社、2021年)、西谷祐子「子の奪取に関するハーグ条約の運用をめぐる課題と展望」二宮周平代表編集、渡辺惺之担当編集『国際化と家族(現代家族法講座5)』(日本評論社、2021年)57頁以下等参照。

ついて、ローマⅠ規則3条1項やラテンアメリカ諸国間のメキシコ・シティ条約7条によって、強行法規を含めて当事者の指定した法によることは広く世界で認められている。もっとも、当事者自治の原則が排斥されているのではないかと思われる国はなお残っていた。例えば、ウルグアイ民法2399条は、法的取引を契約履行地法によることを定めていた。これは、1889年のモンテビデオ国際私法条約34条に由来した。ウルグアイ民法2403条は、立法的、司法的権限の観点からみて、準拠法選択の当事者による目的達成を阻害していた。確かに、国際的動向に合わせて当事者自治を認めようとするウルグアイ外務省の一般国際私法の提案は効力を生じないままになっていた[43]。

しかし、2016年9月7日にウルグアイ議会下院の審議を経て、上院で漸く63カ条からなる立法として可決され、官報における公布の90日後に施行された（同法63条）[44]。同法45条に国際契約に当事者の同意による準拠法選択が認められている。同条1項によると、国際契約は当事者により選択された法により規律することができる、同条2項によると、いずれかの国家の現行法への指定はその国の抵触規定を除くものと解されなければならない、と定めている。2項は当事者による準拠法指定の場合に原則的に反致を排除するための規定と考えられる。同条3項によると、準拠法選択に関する当事者の合意は、明示的であるか、又は、契約条項全体からみて明らかに推定されなければならない、このような合意は契約全体又はその一部についてすることができる、とされている。同条4項によると、準拠法選択は何時でも行われ、修正されることができ、それが契約締結後である場合には、その効力は第三者の権利及びすでに行使された権利の留保のもとで、契約の成立時に遡及する、とされている。この規定は、当事者自治を広く容認するものとなっている。

---

[43] Basedow, op.cit., p.118f.
[44] 笠原俊宏「ウルグアイ東方共和国国際私法の方役と解説（上）（中）（下）」戸籍時報744号9頁～16頁、755号17頁～23頁、756号44頁～53頁参照。

また、中東地域に目を転ずれば、1935年のイラン民法968条は、契約から生じる債務は契約締結地法によることを原則とし、契約当事者の双方がいずれも外国人で明示的又は黙示的にそれ以外の法に服させた場合にのみその法によるものとする[45]。さらに、1948年のエジプト民法10条は、契約から生じる債務は契約当事者に共通住所があればその住所地法により、それがない場合には契約締結地法により、不動産に関する契約は不動産所在地法によるものとする。もっとも、同条ただし書において当事者による明示又は黙示の準拠法指定を認めている[46]。類似の規定は、イエメン、ヨルダン、イラク、アラブ首長国連邦、オマーンでもみられる[47]。他方、旧社会主義国のロシア、中国では当事者自治の原則が認められている。

　ハーグ国際私法会議は、2015年3月15日に「国際商事契約の準拠法選択に関するハーグ原則」（以下、「原則」と略する）を法的拘束力のないソフト・ローとして採択した[48]。これは、グローバル化の進展に伴い商事契約につき当事者自治の原則を採る国が増加することを踏まえて、当事者自治採用に関する法的モデルを示そうとするものである。当事者は何時でも契約の全体及びその一部分について、また、契約の異なる部分について異なる法を選択し、変更することができる（原則2条2項、3項）。選択された法と当事者又はその取引との関連性は要求されない（原則2条4項）。つまり、部分指定、分割指定を認め、選択される法に関する量的制限を課さないものとしている。さらに、法廷地法がこれと異なる規定を定めていない限り、当事者は、国家法に限らず、「中立的かつ公平な体系的規範として、国際的、超国家的又は地域的に広く受け入れられた法の準則」も指定する

---

45) Basedow, op.cit., p.119f.
46) Basedow, op.cit., p.120
47) Basedow, op.cit., p.120；笠原俊宏「オマーン民法典（2013年）中の国際私法規定・翻訳と解説」戸籍時報783号8頁以下参照。
48) 西谷裕子「国際商事契約の準拠法選択に関するハーグ原則」NBL1072号23頁以下、同「当事者自治の現代的意義―『国際商事契約の準拠法選択に関するハーグ原則』をめぐって」国際私法年報17号2頁以下参照。

ことができる（原則3条）。これに明確に含まれるのは、国際物品売買契約に関する国際連合条約（以下、「CISG」という）などの本来条約の適用外となるような契約、とりわけ CISG の非締約国に営業所を持つ商人間について、条約の規定が契約の準拠法として指定される場合である。また、私法統一国際協会（UNIDROIT）の「国際商事契約原則（UPICC）」、学者グループによる「ヨーロッパ契約法原則（PECL）」などがこれに当たるであろう。さらに、ユダヤ法やシャリア法などの宗教規範、国際商業会議所によるインコタームズ、信用状統一規則などは、原則3条の要件を広く解するとすれば対象に含められるであろう。この規定は当事者自治の発展の一つの方向性を示すとする評価がある[49]。当事者による準拠法の選択には、当事者がこれと異なる合意をしない限り、いかなる方式要件も課せられない（原則5条）。当事者が明示的に別段の合意をしない限り、準拠法の選択は当事者が選択した法の国際私法の規定を含まない（原則8条）。原則は、当事者自治を制限する原理として絶対的強行法規及び公序を規定する。裁判所は、当事者の指定した法のいかんにかかわらず法廷地の絶対的法規を適用することを妨げず（原則11条1項）、裁判所がいかなる場合に法廷地以外の絶対的強行法規を適用すべきかどうかは、法廷地の国際私法により決定する（原則11条2項）。裁判所は、当事者が選択した法の特定の規定の適用結果が法廷地の公序と明らかに相容れない場合にのみ、その適用を排除することができる（原則11条3項）。仲裁廷が義務を負い又は権限を有するときは、公序を適用又は考慮すること並びに当事者が選択した法以外の法の絶対的強行法規を適用又は考慮することを妨げないものとする（原則11条5項）。

　当事者自治の原則は、第三者にかかわる契約関係、代理や債権譲渡でも主張されている。不法行為、事務管理及び不当利得、動産物権、知的財産権、成年者の能力及び保護のほか、家族法の分野においても夫婦財産制、離婚、扶養、姓名、相続などでも主張され、拡張されている。どのような

49）西谷・前掲 NBL 論文 32 頁参照。

法律関係にどのように当事者自治の原則を取り入れるべきかについては、第3章以下に譲ることにする。

　このような当事者自治の議論状況ともかかわり、改めて当事者自治の正当化根拠が改めて問われている。従来から主張されてきた正当化根拠は、私的自治によって当事者が自由に形成する行為であるから当事者による準拠法指定を認めるべきであること（積極的理由）、契約関係は客観的に最も密接な関係を有する場所を一義的に決定することができないので、「窮余の策」として当事者による準拠法の指定を認めること（消極的理由）であった。これに対して、より積極的な正当化根拠を示し、当事者自治を出発点として国際私法原則を見直そうとする試みが行われている[50]。渉外的事例における仲裁、調停などいわゆるADRが増加しているところから、裁判における解決方法との調整の必要性、合意管轄、仲裁の合意を含んだ総合的検討を試み、仲裁法の世界法化を支え、ともに発展させる国際私法原則を提唱する見解（中野俊一郎）がある。[51]、また、グローバル化の中でいかに国際家族関係を規律すべきかという視点から、個人のアイデンティティーの維持を反映するために家族関係に当事者自治の導入を提唱する見解がある（西谷祐子）[52]。さらに、国家以前の権利又は憲法上の権利（ドイツについていえば基本法2条1項の「人格の自由な発展」がこれに当たるであろう）

---

[50] このような研究の例として、中野俊一郎「当事者自治原則の正当化根拠」立命館法学339=340合併号（2012年3月発行）301頁以下、同「国際親族・相続法における当事者自治の原則」神戸法学65巻2号（2015年9月）1頁以下、とくに26頁以下、同「国際社会における法規範の多元性と国際私法」国際法外交雑誌116巻2号1頁以下等がある。

[51] 中野俊一郎『国際仲裁と国際私法』（信山社、2023年）はそのような研究の成果の一部と言えよう。

[52] 西谷祐子「国際家族法における個人のアイデンティティー（1）（2）」民商法雑誌152巻3号1頁以下、4=5号28頁以下参照。もっとも、ここでいう「個人のアイデンティティー」という表現は、常居所地法主義を採るEUにおいて使用されるものであり、本国法主義を原則とする日本においては、異なる表現、例えば、「個人のアイデンティティーの維持又は環境への適応の願望の選択的実現」が必要になるのではないかと思われる。しかし、これでは説明的で標語としての説得力が弱くなるので、この用語をそのまま使用する。

として、当事者の準拠法選択権を位置づける権利が主張されている（ジェイム（Erik Jayme）、バセドー等）[53]。要するに、個人の自由移動が保障されるグローバル化の環境の中で個人の活発な活動を促すための保障として、準拠法の予測可能性と従来の法律関係の維持や居住環境への適応の願望が保障されるべきとする見解などから、当事者自治の理論的根拠はより積極的、多角的に論じるようになっている。

　誤解をおそれず敢えて言うとすれば、現代社会のグローバル化によって当事者自治による解決がより広く要請されていることを、どのような視点から、どのように正当化すべきかにかかわるように思われる。つまり、従来の当事者自治に関する例外的なやむを得ない解決方法という消極的な位置付けではなく、個人の準拠法選択の自由を社会契約によって国家が形成される以前から有していた自由権あるいは憲法上保障されている「人格の自由な発展」の権利からより積極的に位置づけ、当事者自治の原則を例外的に認められるやもを得ない解決方法ではなく、国際私法の基本原則としての位置づけが与えられるべきとする主張である[54]。もっとも、当事者自治の原則は、必ずしも理論的な説得力により推進されてきたけではなく、現代社会の要請を反映して実務上形成されてきた側面を持つことも否定することができない。これらの点については、第3章第3節、第4節、第4

---

53) 個人が国家以前に有していた権利から当事者自治を正当化しようとする見解は、ジェイムの1991年万国国際法協会における報告（Jayme, Die Parteiautonomie im internationalen Vertragsrecht auf dem Prüfstandes — 65. Sitzung des Institut des Droit International in Basel, 11 IPRax 1991 Heft 6, S.429f）やバセドーのラーベル雑誌論文（Theorie der Rechtswahl oder Parteiautonomie als Grundlage des Internationalen Privatrechts, 75 Rabels Z.32（2011）にみられる。これを憲法上の規定によって根拠づけようとする見解としては、Beitzke、Grundgesetz und Internaionalprivatrecht（1961）S.16; Abbo Junker, Die freie Rechhtswahl und ihre Grenzen – Zur veranderten Rolle der Parteiautonomie im Schuldvertragsrecht, 13. IPRax（1993）S.2, Heft 1, S.1ff. がある。

54) 例えば、Stefan Leible, Parteiautonomie im IPR – Allgemeines Anküpfungsprinzip oder Verlegenheitslösung? Festschrift für Erik Jayme Bd.1（2004）S.485ff. 参照。

章第 3 節、第 6 章 7 節でより詳しく検討する。

　さらに、国際私法の目的に厚生（welfare）を導入すべきとする見解がみられる（加賀見一彰『国際社会における私的自治の規律と紛争解決—国際私法の経済分析』（三菱経済研究所、2009 年）145 頁以下）。個人の厚生、国民社会の厚生、世界全体の厚生に分け、法的安定性や具体的妥当性もこれに組み込んで理解すべきとする。この理論に基づく試論として判例を分析する試みもなされている（河野俊行「国際私法解釈論に関する若干の考察—判例分析をとおして」民商法雑誌 154 巻 5 号（2018 年）104 頁以下）。黙示意思を認定した 26 の判例を上記の視点から分析し、個人の厚生に限定される事例は法適用通則法 7 条によって黙示意思を探求し、社会や国家の厚生に関わる場合には、8 条によって最密接関係法を探求すべきとする（河野・前掲論文 120 頁）。また、州際取引を念頭に置きつつ、法秩序間の競争が当事者自治の原則によって立法の効率化をもたらすとする経済分析を、当事者自治の導入による効果の一つとして指摘するものがある[55]。しかし、これらは当事者自治の原則の機能を指摘するものではあるが、その原則を正当化するような重みをもつものとまでは言えないように思われる[56]。

4　当事者による非国家法指定の効力

　現代社会においては国連の下でグローバル化を促す国際機関がそのための法的枠組みを形成しており、国連と独立した WTO のような専門機関も設立されている。また、EU のような地域的な統合機関も存在する。これらの機関は、条約という形だけではなく、規則、宣言、ガイドラインなど様々な形式の規範を制定している。さらに、国際商業会議所、各種の国際的な業界団体なども、インコタームズ、信用状取引規則、国際的な標準的

---

55) 森大輔「準拠法選択における当事者自治の経済分析— Larry E. Ribstein」ジュリスト 1350 号 72 頁以下参照。
56) 中野・前掲立命館法学論文 323 頁参照。

契約書式や行動指針などを定めており、国際的な商業上の取引においてこれらが使用されることも少なくない。また、私法統一国際協会（UNIDROIT）の国際統一契約原則や学者によって作成されたヨーロッパ契約法原則（PECL）は準拠法指定の対象となるか。これらは、準拠法上の任意法の枠内で考慮されるに過ぎない援用可能統一規則にすぎないか、それとも当事者が準拠法として指定することができる法規範とみるべきか、少なくともその一部は反復的に使用される国際的な規範としての法的確信が取引界にすでに形成されているものとみて一種の国際慣習法として国家の機関を拘束する規範とすべきか、が問題になる。前述の国際商事契約の準拠法に関するハーグ原則3条によれば、法廷地法が別段の規定を定めていない限り、「中立的かつ公平な体系的規範」として「国際的、超国家的又は地域的に広く受け入れられた法規範」であれば、当事者の準拠法選択の対象となり得るものとする。これに当たる例としては、「国際物品売買条約に関する国際連合条約（CISG）」が非締約国に営業所を有する商人間の売買契約のように条約の適用対象外の契約に準拠法として指定される場合や国際開発契約における化石化条項のように、過去の国家法が準拠法として指定される場合が挙げられる。それに対し狭義の商人法（lex mercatoria）としての商慣習、標準契約条件などは体系性の条件を欠くので3条の要件を満たさないとされる[57]。

　リーマンショック後、いわゆるイスラム金融を認め、日本の銀行の子会社及び兄弟会社間に限り商品取引を媒介とした資金供与を可能とする実務が行われている（2008年銀行法関連改正）。イスラム教国では、利息禁止の教義から、売主と銀行が物品売買契約を締結し、客体である物品を銀行に引き渡し、その後銀行が同じ物品の売買契約を買主と締結し、物品を買主に引渡し、その売買代金を受け取ると、銀行はその仲介の手数料を差し引いた金額を売主に支払うシステム（ムラーバハ、murabahaと呼ばれる短期貸付制度）を取って金融を行うことが多い。その場合にこのような金融システ

---

57) 西谷・前掲 NBL 論文 26 頁参照。

ムがイスラム法に適合するものであるかどうかをイスラム法学者によって構成されている諮問機関（シャリーア・ボード）の認証を得て行われる[58]。このようなイスラム金融の効力が争われた事例としては、Shamil Bank of Bahrain EC v. Beximco Pharmaceuticals Ltd and others 事件判決がある。薬剤の製造、輸出、輸入を行っていたバングラデッシュの Y_1 社と Y_2 社は、バーレーンに所在する X 銀行とムラーバハ契約を締結した。それを 2001 年と 2002 年の合意で改訂した契約が 2002 年 4 月 4 日より効力を生じた。Y_3（Y_1 社の取締役）、Y_4（Y_2 社の取締役）、Y_5（両社の親会社）は、改訂された契約により保証人となった者である。Y_1、Y_2 は、X との合意に基づき商品を手元において商売に使っており、適切な時期に X に支払えば足りるものとしていた。X は、2002 年 8 月 18 日に総額 4700 万米ドルの支払いの遅延があると Y_1 及び Y_2 に通知した。この契約には、ロンドンの裁判所に国際的合意管轄を認める条項があり、かつ「偉大なシャリーアの原則に従い、本契約はイングランド法に準拠し、同法に従って解釈されるものとする」とする準拠法条項があった。Y_1 社が支払を遅延したので、X 銀行が Y_1 及びこの金融保証人となっていた Y_2 〜 Y_5 をロンドン高等法院へ訴えた。X 銀行は、イスラム金融を扱う銀行として定期的にシャリーアボードの審査を受け問題がないないとの報告を受けていたが、Y 社は、本契約がシャリーアの原則に反し無効であると抗弁した。ロンドン高等法院は、イギリス法上国内法化されたローマ I 条約 3 条 1 項に法という言葉が単数で用いられていることから複数の法の選択は認められないこと、同条約 1 条 1 項に「異なる国の法の選択」とすることから非国家法の選択は認

---

[58] この点については、2021 年 11 月 17 日の早稲田大学比較法研究所共同研究会における加藤紫帆「我が国裁判所におけるイスラム金融をめぐる国際民事紛争の解決」と題する報告を参照した。この報告を基礎とした論文が法学会雑誌（東京都立大学）63 巻 1 号（2022 年）231 頁以下に掲載されている。岩本学「イスラム金融業における準拠法」商事法務 46 巻 9 号 1261 頁、森下哲郎「国際商取引における非国家法の機能と適用」国際法外交雑誌 107 巻 1 号 15 頁以下等参照。なお、イスラム金融については、長岡慎介『現代イスラーム金融論』（名大出版会、2011 年）、国際協力銀行＝海外投資情報財団『イスラム金融の概要』（2007 年）などがある。

められないこと、当事者の意思解釈として争いのある宗教原則に紛争の解決を委ねたとは考え難いこと等を理由として、Y_1等の抗弁を斥け、4970万米ドルの支払を命じた[59]。控訴審は、抵触法的指定ばかりではなく実質法的指定の存否についても検討し、シャリーア原則への一般的言及はシャリーア原則の特定を欠くために実質法的指定もなかったものとみて、第1審判決を維持した[60]。この判決によると、非国家法の指定を認める立場に立ったとしても、シャリーア原則の内容は、イスラム諸国において同一ではないから、それが特定できるような言及がない限り、準拠法条項として不十分であるだけではなく、実質法的指定としても認められないことになる。

　国際家族法との関係では、ヨーロッパをはじめとする諸国において社会がグローバル化し、民族的、宗教的、文化的、倫理的に多様化した多文化社会が形成されるようになると、個人の共同体への帰属も複層的になり、宗教規範や慣習規範などの非国家法が重要となる場合が生じる。例えば、ユダヤ教徒の離婚の扱いが問題となってきた。ユダヤ教徒の男性は、民事上の離婚をすれば宗教上も自由に再婚することができるのに対し、ユダヤ教徒の女性は、民事上の離婚をしてもユダヤ教の宗教裁判所で夫であった男性が離婚状（ゲット）の交付を拒否すれば、宗教上の婚姻に拘束され、いろいろと不利益な扱いを受けることになる[61]。他にも、イスラム系移民の本国で行われた一夫多妻婚やタラーク離婚の効力をいかなる範囲で承認すべきかが問題となる。このような問題が生じる中で、ヨーロッパ諸国においては当事者の常居所地法を原則としながら、例外的に当事者が本国への帰属意識を維持し続けている場合には、本国法の選択を認め、量的に制限された当事者自治を導入することが個人のアイデンティティーを維持す

---

[59] ロンドン高等法院2003年8月1日判決；〔2003〕2All ER (Comm) 849
[60] ロンドン控訴院2004年1月28日判決；〔2004〕1W.L.R. 1784 (C.A.)
[61] 西谷祐子「国際家族法における個人のアイデンティティー(1)」民商法雑誌152巻2=3号232頁参照。
[62] 西谷・前掲論文(2)、民商法雑誌152巻4=5号371頁以下参照。

るためにも相当であるとされる[62]。

　日本においても第二次世界大戦の時代から日本に居住する在日韓国・朝鮮人を念頭に置き、立法論的に原則として本国法主義を維持しつつ、一定範囲で常居所地法の選択を認めることによってそれらの人々のアイデンティティーに沿う形で家族関係を形成することになり、妥当であるとする見解がある[63]。当事者自治を認めることで準拠法の決定の柔軟性、確定性、予見可能性を保障し、人の移動を促進することができる。当事者自治を認め合うことによって、判決の国際的調和を達成し、準拠法の一貫性を保障するのに役立つ。また、法廷地法の選択を認めることで外国法の適用を回避し、外国法の職権的適用を原則とする大陸法系諸国と外国法の適用を当事者の主張・立証に委ねる英米法系諸国の相違を克服することができる[64]。重国籍の場合にも当事者に本国法の選択を認めることによって妥当な規律が可能になる[65]。ヨーロッパにおいて家族関係についても当事者自治を認める立法が増えているのは、家族関係に関する国家の支配が次第に弱まり、家族関係が徐々に契約的に捉えられるようになったという事情もあるといわれている[66]。

　商事契約については、非国家法の準拠法指定を認める見解が一定の支持を得ている。しかし、同じ連結政策を国際家族関係に導入しようとする見解は、日本でも諸外国でもまだ見当たらない[67]。これは、家族法においては実質法上当事者の処分権が制限され、強行法規による規律が中心となり、抵触法上も当事者自治を認める場合にも選択することができる準拠法に量的制限が課されていることによるものであろう、とされる[68]。しかし、当事者自治が認められる場合に、実質私法上強行法による規律が中心である

---

[63] 西谷・前掲論文（2）372頁参照。
[64] 西谷・前掲論文（2）373頁参照。
[65] 西谷・前掲論文（2）373頁参照。
[66] 西谷・前掲論文（2）373頁参照。
[67] 西谷。前掲民商（2）論文388頁参照。
[68] 西谷・前掲民商（2）論文388頁参照。

ことが非国家法の準拠法指定を認めない理由になるであろうか。確かに、国家が唯一の規範制定権限を持つと考えられた時代には、国家法以外の法規範相互間での法の抵触は生じないが、現在ではそのような解釈は克服されている。少なくとも取引法の分野では、取引社会の要請による国際民間団体や国際機関の二次的規範等がみられ、これについては準拠法指定を認める見解が有力になっている。従来家族法に当事者自治を認めないことの理由の一つとして強行法による規律が中心となることが挙げられてきた。ところが、当事者自治を認めておきながら非国家法の準拠法指定を一般的に奪うとすれば、論者の当事者自治の肯定の主要な理由である個人のアイデンティティー、つまり従来の法律関係の安定的維持の要請を保護しようとすることと矛盾する結論を導くことになるのではないであろうか。確かに、準拠法の適格性として規則の存在、裁判所のようなその規則を解釈し、適用する機関の存在、執行機関の存在を要件とする見解が存在する[69]。他方で、そのような要件のうち執行機関の存在までは必要としないとする見解も存在する[70]。また、グローバル化による法多元性を広く認める見解からは法規範とみるべきものが成立しており、その規範内容が明確にできる以上、準拠法適格性につきそれ以上諸種の条件を加えるべきではないとする見解も存在する[71]。現代社会において多元化した複雑な法規範の存在を念頭に置き当事者自治の原則を導入しようとするのであれば、最後の見解が妥当というべきではなかろうか。当事者自治を認めておきながら当事者の指定した非国家法の選択を準拠法適格性のないものとして無効とするこ

---

69) 例えば、横溝大「抵触法の対象となる『法』に関する若干の考察―序論的検討」筑波ロー・ジャーナル6号21頁に紹介されたP. Mayerの見解参照。
70) 横溝・前掲24頁における筆者の見解参照。
71) 横溝大「グローバル法多元主義の下での抵触法」論究ジュリスト20号（2017年）81頁以下参照。法規範としての実効性のほか、正統性を要求することも考えられるが、国際私法の準拠法適格性を論じる際に抵触法としての性質からみてそのような要件を課するべきではないと考える。法廷地の絶対的強行法規に関わるときは強行法規の特別連結により、またその適用結果が法廷地の公序に反するときはその適用を排斥すれば足りる。

とは、個人のアイデンティティーを一貫して保護しようとする見解と矛盾するだけではなく、当事者の予測可能性、法的安定性を害する結論を導くように思われる。

　国際私法上指定することができる準拠法を国家法に限ったのは近代国民国家が成立し、国家のみが法を制定することができた時代の残映ともいうべきものである。国際私法の歴史からみれば、19世紀における近代国民国家の成立以前には、むしろ都市法や地方慣習法、ローマ普通法、カノン法のような非国家法の抵触を中心に扱っていたことに留意すべきである。現代のグローバルな社会においては、国家法や国家間の合意で締結する条約のみが法源となるとみなすべきではない。国連関連機関やWTOのような国際機関自体だけではなく、ICCのような国際民間団体も法規範を形成しているのであり、現在では非国家法の準拠法指定を一般的に否定することは妥当ではなくなっている。もっとも、宗教と法が完全に分離しているとはいえないイスラム社会の規範を準拠法として指定している場合に、宗派などによる規範内容について争いが存在するときは、どの規範を準拠法として指定するのかに関する当事者の意思が明確になるように注意深く指定する必要があるであろう[72]。その結果、法廷地の国際私法からみて放置できないような不合理な結果がその非国家法の指定によって生じるとすれば、強行法規の特別連結論や公序を理由としてその適用を否定すれば足りるように思われる。この方法を採る方が準拠法指定の要件を厳格に解する方法よりも妥当であるように思われる。

---

72) 準拠法としての外国法の性質について外国法法律説に立ったとしても、イスラム法のような宗教的教義の解釈に関連する法律については、そのような法規範が存在していると主張する当事者が規範の存在、内容、争点に関わる解釈等について裁判所の職務執行に支障が生じないように明確に証明する必要がある。裁判所は、当事者の主張に拘束されることなく、これらの事項を職権で調査することができる。この場合には裁判所が外国法の内容不明と判断することが生じ得る。もっとも、宗教的規律がその国の国内法に組み入れられているときは、外国法の適用・解釈の中でそのような問題を扱わなければならないことになる。

5　公法の適用と国際私法

(1)　概説

　国際行政法といわれる分野がある。19世紀末から20世紀初頭にかけてカール・ノイマイヤー（Karl Neumeyer、1869～1941）などが開発し、体系化した研究分野である。ノイマイヤーは、一般国際法においては行政事務に関する各国の権限配分に関する特別な基準が定められてはいないとした。各国は、自国の活動範囲を画定する必要があり、国際私法にならって各国の行政法、行政行為の適用範囲を国内法である法適用規範によって画定する[73]。むろん、各国が特定の権能について国際協力を行うことはある。しかし、行政法の分野においては、自ら処理する権限がない場合には、各国は、他国の行政事項を規律する義務を負わないのが原則である。各国の協力は、例えば、国際法上の禁止を自主的に解除して自国の領域内に外国の秘密警察の活動や外国の領事の行政事務を許すような場合や外国の行政行為を承認する場合に関する。その意味では国際行政法は、各国が自国の行政法の適用範囲に関する限界確定を画定する抵触法としての性質が強い。この見解は、19世紀後半の国際行政連合、例えば、1874年に締結された国際郵便条約により設立された万国郵便連合、1886年の国際測量連合、1876年の国際度量衡事務局、1893年の知的財産保護合同事務局などに着目し理論化されたものである。当時の行政連合の基本条約は、特定の行政目的のために団体を結成するまでであり、締約国は必要な国内措置をとる国際法上の義務を負うだけであると考えることができた。それは、締約国の国内法令に直接に影響を与えず、その国民に直接公権力を行使するのではないので、締約国の主権侵害の問題は生じなかった。執行は締約国の国内法上の行政執務にすべて委任される。この見解からみれば、自国公法規定の域外適用という一方的抵触規定が中心的な役割を担うことになる[74]。

---

73) Neumeyer, op.cit., IV Bd. S.19ff.
74) Neumeyer, op.cit., IV Bd. S.115ff.

外国の行政法が指定されるのは、原則として内国行政法の適用の際の外国行政法に係わる先決問題の解決に限られる[75]。もっとも、このような連合や行政協定の目的達成のための国際的連携、協力関係の展開を予測して、複数の国の行政の協働のための調整原理が用意されていた[76]。また、共同事務所を設立する場合における準拠法の問題も論じられていた[77]。

それに対して、山本草二は、国際法学の立場から国際行政が実在しないとするノイマイヤーの 1925 年までの論文の見解[78]を批判して、国内行政と異なる国際的公共事務が実在し、複数の国に関係する、人類社会の生活の相互依存関係に基づいて出現した国際的利益が存在するようになったとし、それに関連する法規範が展開されており、国際法の一分野として国際行政法が成立すると主張した[79]。とりわけ、19 世紀後半以来の巨大産業と交通通信手段の発展を契機として、人・財貨・役務・情報等の世界規模

---

75) Neumeyer, op.cit., IV Bd., S.174ff.
76) Neumeyer, op.cit., IV Bd., S.368ff.、ノイマイヤーは、未だ少ないとしながら、国際的協力関係が国家間で定められる場合に、当事国が要求するときは、複数の国の協働的活動が生じ、それぞれの国の法により補完、協力する行為が相互的に必要になるとして、2 つの類型に分けて説明する。外国の利益にかかわる事項をその国に通知する場合と単なる通知に留まらず何らかの共助行為が予定されている場合である。一般国際法上のそのような義務付けは存在しないから、国家間の条約や国際的連携決定に基づいてのみ生じる。そのような共助的行為は、条約等に特別な定めがなければ、その条約等の目的を達成するために、外国の行政行為の承認を行うとともに、必要な共助行為を被要請国の国内行政法により定めるものとする。つまり、条約上しばしば問題になる相互主義にも言及しつつ、被要請国は、その要請が条約上の要件を満たすと判断すれば、原則として外国の行政行為を一定の範囲で承認し、条約等の目的を達成するために、それを補足する共助行為を自国の法に従って行うことになる。
77) Neumeyer, op.cit., IV Bd., S.401ff.
78) 主として、Neumeyer, Le droit administrative international, 18 Revue Générale de droit international public（1911）pp.492-497; Neumeyer, Les unions internationaes, 3 Revue de droit international, de sciences diplomatiques et politiques（1925）pp.102-108 が引用されている。
79) 山本草二「国際行政法の存立基盤」山本草二著、兼原敦子＝森田章夫編『国際行政法の存立基盤』（有斐閣、2016 年）3 頁以下、同「国際行政法」兼原＝森田編・前掲書 61 頁以下参照。

の交流・交換が可能となり、この新しい人類社会の生活利益を法的にどのように保護すべきかが具体的問題として生じた[80]。そのために、各国が行政法規の統一と各国機関の組織化をする必要に応じて、多数国条約で同意できる範囲内で国際行政機構（固有の執行機関を持たない場合も含む）に権限を配分したので、このような機構を通じて国際行政行為が行われるようになったとした。

　そのうえで、山本は国際行政行為を次のような3つの種類に分類する[81]。①特定の行政事務に関し条約により一般的基準を定めているが、その法規範の実行について各国の国内法で必要な措置を取る国際法上の義務を課し、その国の判断に委ねものである。関係国の行政機関は国内的行政事務を行うとともに、国際的行政行為を行うという二重の機能を有することになる。国際行政連合の多くはこの類型であった。②国際行政機構の常設機関が資料や情報の公開、審査、査定などの一部の事務を継続的に実行し、これによって国内行政事務の修正を目指すことがある。各国が提供した情報を国際機構において定期的に討論する場合には、各国の現実的行動に影響を及ぼすことになる。疑問があれば当該国に釈明を求め、十分な釈明がなければ全加盟国に注意を喚起し、最終的には当該国に勧告できる場合がある。③国際機関が特定の行政事務を直接実行する行為がある。この行為には、とりわけ、国際機関が国内行政事務の国際的効力を認定又は付与する場合と国内行政事務を代替し又は排除する場合がある。これらの場合に、国際社会に固有の行政行為があることになり、国際法の規律対象になるとして、国際法の一部として国際行政法を論じている[82]。

　山本の引用するノイマイヤーの見解は、あくまで1920年代までの行政連合の実態を捉えて理論化したものであり、最近のグローバル化の中における国際的な行政の連携・共助の実態と適合しない部分があることは否定

---

80) 山本・前掲書9頁参照。
81) 山本・前掲書53頁以下参照。
82) 山本・前掲書62頁以下参照。

することができない[83]。しかし、条約やその運用実態から国際行政行為に特有な国際法上の法規範を見出すことが困難なことも少なくない。その限りにおいて、行政的な国際的連携・共助の展開を促進するためには、ノイマイヤーの視点に立って、行政法上の抵触規定を探求することも必要になるように思われる。

　最近のグローバル化に伴う国際行政法の特徴をみてみよう。①国際行政について国内行政と異なる規範による場合には、条約上明文でその取扱いを定め、国内法で特例法を制定するのが通例である。例えば、2011年に日本が加入した「租税に関する相互行政支援に関する条約」に関わり、「租税条約等の実施に伴う所得税法、法人税法及び地方税法の特例等に関する法律」（以下、「租税条約等実施特例法」と略する。）が制定されている。しかし、実際には、条約の目的、基本原則、義務の決定手続や組織に関してのみの大枠を定め、詳細を付属書、締約国会議等の議定書などに委ねる場合も少なくない。世界貿易機関を設立するマラケッシュ協定、地球環境や原子力の安全規制に関する条約にこの類型に属するものがみられる[84]。②国際法の主体ではない各国の行政機関が情報交換に関する協力の仕組みを取り結び、各国行政機関の代表者等により構成される組織を形成している[85]。例えば、このようなネットワークは、競争法[86]、租税法[87]、金融市場法などの分野において形成されている。このような情報交換自体は、直接国際行政に関する規範を形成することはないようにみえる。しかし、このよ

---

83) ノイマイヤーの後の国際行政法の抵触法的考察については、例えば、Christoph Ohler, Die Kollisionsordnung des Allgemeinnen Verwaltungsrechts – Strukturen des deutschen InternationalenVerwaltungsrechts（2005）S15ff. 参照。
84) 原田大樹「政策実現過程のグローバル化と日本の将来」浅野有紀＝原田大樹＝藤谷武史＝横溝大編『政策実現過程のグローバル化』（弘文堂、2019年）357頁参照。
85) 原田・前掲論文357頁以下、
86) 国際競争ネットワーク（International Competition Network, ICN）が2001年10月に各国競争当局を中心に結成されており、2021年12月現在130カ国・地域の141競争当局がこれに参加している。運営委員会が活動全体を管理し、そのもとにカルテル作業部会、企業結合作業部会など6つの作業部会がある。各作業部会の成果報告、次年度のワークプラン策定のために、年次総会が開催されている。

うな組織の年次的な会合が開催され、各国の当局の意見が交換され、それがまとめられれば、国内行政の取り扱いと異なる国際行政に関する事実上の規範形成が行われることになる。自動的な情報交換制度を利用した新しい原則が形成される可能性が生じている。

　例えば、この点で典型的な租税に関するネットワークについてみておこう。二重課税の除去、国際的脱税の回避などを目的として租税条約が締結されており、OECDが作成したモデル租税条約や国連モデル租税条約に準拠して締結されてきた。OECDモデル租税条約には、1963年の策定当初から情報交換条項が含まれており、その後の改訂で自動的情報交換を強化し、提供可能な情報の範囲を拡大してきた。2005年の改訂では、国際的に合意された租税基準の定立に「必要な」情報に制限していたのを「関連すると予見される」情報に緩和し、その範囲を拡大した。また、自国の課税利益要件を情報提供要件とすることの撤廃し、銀行秘密を理由とする情報提供拒否の禁止することをモデル条約で明らかにした。日本が締結する租税条約の情報交換条項もOECDの改訂を基本的に取り入れている[88]。また、タックスヘイブン国との関係においても、日本は、2009年以降、2002年のOECDの租税情報交換協定のモデルに従って、バミューダやケイマン諸島等11の国・地域と情報交換協定を締結している[89]。また、多国間の

---

87) 租税法に関する最近の動向については、増井良啓「非居住者に係る金融口座情報の自動的交換―CRSの意味する者」論究ジュリスト14号218頁以下、田中良「租税執行における情報交換―FATCAを契機とした新たな構想」法律時報86巻2号20頁以下、とくに21頁参照。2021年の国際租税規則の見直しの一つにGAFAなど上位100社を念頭に置いたデジタル・プラットフォームビジネスに関する10％を越えた売上高について市場国に配分するという新しい規則の導入が検討されている。例えば、増井良啓「GAFAと国際課税ルール」法律時報94巻1号1頁以下参照。これらを含む包括的な国際課税の見直しが、2022年中多国間条約を策定し、2023年から実施することを目指して行われている（ジュリスト1567号14頁以下の「特集　国際課税の歴史的な合意」とりわけ、増井良啓「経緯」(14〜20頁、南繁樹［デジタル課税―主権国家間の『協調の体系』形成への試み］(21〜28頁）など参照。

88) 田中・前掲87）論文21頁参照。

89) これらの情報交換協定については、増田克博他著『令和2年版　租税条約関係法規集』（清文社、2020年）1485頁以下参照。

相互的な情報交換や徴収共助を目的とする税務行政執行共助条約が 1988 年に欧州評議会と OECD で作成され、2010 年に改訂されているが、この改訂された条約は、2013 年 10 月 1 日から日本においても発効している[90]。

租税条約等に基づく情報交換は、①要請に基づく情報交換、②自発的情報交換、③自動的方法交換がある。①、②については、国税庁から外国課税当局に要請する場合と外国課税当局に国税庁から提供した場合があるが、現在のところ前者の事例が多いようである。③の場合は、件数としては一番多いようであるが、外国課税当局から国税庁に提供される件数と国税庁から外国租税当局に提供される件数は、2014 年に 13 万 2000 件と 13 万 7000 件であったが、2019 年 11 月末までの累計によると、日本の居住者に関する外国当局からの情報提供は 189 万件、85 の国・地域から受領し、日本の非居住者に関する外国税務当局への情報提供は、47 万件、64 の国・地域に提供している[91]。しかし、これらの情報交換やそのための実地調査をしても、納税者に対する通知義務は定められていない。調査段階では処分段階と異なり納税者のかかわる余地がないこと、不誠実な納税者に対するものであるから通知をして新たな対策、工夫をさせる機会を与える必要はないこと、国際協調のためであるから通知をしないのもやむを得ないことなどが理由として挙げられる。他方、通知をすることを求める法制もあり、2015 年 12 月 17 日の日独租税条約議定書 11（e）は通知義務を定めている。納税者保護の観点からできる限り通知をするように改めるべきとの主張がある[92]。③の場合には、定型的に収集された大量の情報を共有する制度であるから個別的に通知することは難しいとしても、ある国との自動的情報交換の予定が生じたときは、その事実を納税者に通知することができるように制度を改めるべきとの主張がある[93]。また、相手国の課税当局

---

90) 田中・前掲 87) 論文 21 頁参照。
91) 前者については、増井良啓「租税手続法の国際的側面」宇賀克也＝交告尚史編『現代行政法の構造と展開（小早川光郎先生古希記念）』（有斐閣、2016 年）199、203 頁参照。後者の数字については、増田他著・前掲 89) 書 549 頁参照。
92) 増井・前掲 91) 論文 206 頁以下参照。

によって刑事手続に流用される可能性がある場合には、情報提供を拒否しなければならないとする見解がある[94]。情報交換の促進にのみ目を奪われることなく、納税者の保護、不服申立の制度をどのように整備するかの課題があることが指摘されている[95]。

　以上は、条約により外国の同意を得て納税者情報を把握する仕組みであるが、さらに外国の同意を得ることなく自国の国内法により外国の金融機関から事実上強制的に納税者を把握するシステムがつくられている。直接の契機となったのは、2010年3月に米国で成立した外国口座税務コンプライアンス法（Foreign Account Tax Compliance Act、以下「FATCA」と略す）[96]であった。課税における属地主義の原則によると外国の金融機関に課税情報の報告の義務を課することができない。そこで、外国金融機関に米国の国内投資から受け取る配当等の支払に30％の源泉徴収税を課するが、その金融機関が口座を有する非居住者の情報を提供する契約（以下、「FFI契約」と略す）を米国課税当局と締結した場合には、この課税を免除するとすることによって、外国金融機関がFFI契約を締結するように誘導し、その外国金融機関に契約上の義務として米国人の課税情報を報告させるものとした。FFI契約には、FFI契約を締結していない外国金融機関のFATCA源泉徴収の支払に起因する限度における支払に関し30％の源泉徴収をして米国課税当局に支払う義務を定める条項があるために、FFI契約を締結していない金融機関は、FFI契約を締結している金融機関と

---

93) 増井・前掲論文208頁以下参照。
94) 原田大樹『行政法学と主要参照法域』（東京大学出版会、2015年）87頁参照。
95) 情報交換要請に対する司法統制が問題となった事例として、東京地裁平成29年2月17日判決がある。この問題については、藤谷武史「課税目的の情報交換制度のグローバル化と国内裁判所の役割」前掲84)の共著本39頁以下、とりわけ45頁以下参照。
96) 2008年の世界的金融危機の後の2010年に米国議会で成立した雇用促進対策法（Hiring Incentives to Restore Employment Act）の一部分の通称である。米国の全世界所得課税に服すべき米国納税者が国外の金融口座を利用して所得を蓄積し、外国の銀行秘密等に守られて米国課税当局の捕捉を免れて脱税することを抑止することを目的としていた。

FATCA に関わる取引をすることが困難になる。このため、世界各国の金融機関は、それぞれの政府に対応を要請した。そこで、その国の政府と米国との間の政府間協定を締結し、その国の金融機関が自国の課税当局に米国人口座を申告し、米国の課税当局はその国の課税当局との自動的情報交換によって情報を得るものとされた。ヨーロッパ諸国や EU は、当初米国の一方主義的方法に懸念を示したが、結局、米国と協力しながら望ましい情報交換制度を整備する戦略をとった[97]。2014 年 2 月の G20 で租税情報交換に関する共通報告基準（Common Reposting Standard、通称 CRS）が承認され、各国の税務行政の相互連携がすすめられた。わが国においては、2015 年 3 月の租税条約案実施特例法 10 条の 5 から 9 に必要な情報収集に関し規定されている[98]。これらは、金融機関と税務当局の FFI 契約と自動的情報交換のネットワークを通じて、実際上は租税に関する属地的性質の強い従来の原則が見直され、国際的な連携に基づくグローバルな社会に対応した新しい国際租税法が形成される方向性を示すものとみることができる。さらに、最近では GAFA をはじめとする巨大 IT 企業のデジタル・プラットフォームビジネスを念頭に置き、新しい課税権を市場地国つまりユーザーの居住地国に与えようとする方向での国際課税原則の見直しも行われようとしている[99]。2000 年代からの国際租税手続法の急激な展開について主権国家を単位とする国家間の相互連携という伝統的なアプローチから、主権国家から自立した規範形成過程、OECD などの国際機関の見直しの事実上の拘束力等を通じて、ある種の国際的公共利益の主張を伴う

---

[97] 増井良啓「非居住者に係る金融口座情報の自動交換—CRS が意味するもの」論究ジュリスト 14 号 218 頁以下参照。

[98] この法律は、昭和 44 年法律第 17 号であるが、2016 年（平成 28 年）3 月 31 日法律第 15 号により改正され、CRS に適合する情報が収集・保存されるための規定を置く。報告金融機関の報告事項の提供（10 条の 6）、記録の作成及び保存（10 条の 7）、報告事項に関する担当職員の質問・検査権（10 条の 8）などを規定している。

[99] 例えば、増井良啓「GAFA と国際課税ルール」法律時報 94 巻 1 号 1 頁以下、関税・外国為替審議会　外国為替等分科会令和元年 8 月 22 日配布参考資料 3（財務省国際局）等参照。

政策実現過程のグローバル化がみられるとの指摘がある[100]。

ところで、最近の当事者自治を積極的にむしろ国際私法の原則と主張する見解においては、公法的問題を除外し、私法上の問題に限り国際私法原則を適用しようとする見解がある[101]。これは、私法の場所的適用原則と公法の場所的適用原則は全く異なるものであるから、国際私法の適用範囲を私法的法律関係のみに適用されるものとして純化したうえで、私法関係に当事者自治の原則を導入しようとする見解である。行政法等の公法は、それぞれの国家の利益を実現しようとして各国が独自に立法される法規範であるので、互換性を前提とする私法の場所的適用範囲に関する国際私法的な手法を取り入れることができないからであるとする。

しかし、公法の私法化、私法の公法化といわれる現象が現代では生じている。例えば、行政法規の違反について行政罰等の措置だけでは期待される効果を導くことができない場合には、個人による損害賠償請求が認められる場合がある。また、本来私法的な法律関係である労働契約や消費者契約についても、社会的弱者保護の観点から公法的な介入を認める場合がある。そのような状況の中で果たして法の場所的適用範囲を公法と私法を峻別して論じることが適切な方法であろうか。そもそも現代において公法と私法の峻別は可能であろうか。たとえ可能であったとしても、それは妥当であろうか。例えば、グローバルな活動によって最大限の利益を確保しようとする多国籍企業を規律するために、国際人権法や国際環境法などの研究が

---

100) 藤谷武史・前掲注84) 共著書掲載の論文41頁参照。
101) 例えば、Mattias Lehmann, op.cit., p.385ff.；また、Ralf Michaels =Nils Jansen, Private Law Beyound the States? Europeanization, Globalization, Privatization, 54 The American Journal 0f Comparative Law 843, in particular p.868ff. にも国際私法における私法化（privatization）の問題について述べられている。また、伊藤敬也「国際私法の私化と当事者意思―主観的連結思想の確立のための予備的考察」国際私法年報23号83頁以下、とりわけ91頁以下参照。しかし、私は私法に純化しなければ当事者自治が基礎づけられないとは考えていない。公法的規律も直接私人である当事者に影響を及ぼす限りで、当事者自治の原則の対象となり得るが、例えば、法廷地の絶対的強行法規の特別連結や公序による外国法の適用排除のような当事者自治の制限として問題となることがあるだけである。

すすめられ、国際機関においてもいろいろな規制方法が試みられており、国民国家が成立した19世紀当時と異なって、各国が独自にその国家的利益のみを考慮して全く自由に法規範を形成することができる状態にあるわけではない。少なくとも、このような最低限の国際的規範が形成されている分野については、各国の法に共通の要素を見出すことは可能であり、相互に互換性を持ち、抵触法的手法に馴染む要素を持つ。要するに、社会のグローバル化の進展に応じて公法と私法の規定の在り方、その場所的適用範囲の決定の方法も異なってくるのであって、どのような方法が最も適切であるかは、グローバル化が進行している社会の中では個別的な法分野ごとに、その時代の社会的要請やその関連する地域の規定の公的な政策との関連での重要性・普遍性、その政策執行の国内での承認可能性や国際的規範の発展状況などを考慮しながら、丹念かつ慎重に考察する必要がある。この問題を抵触法的視点からみれば、法廷地において絶対的強行法規とみるのはどのような法規であるか、外国の絶対的強行法規が法廷地においてどの範囲で適用を認められるべきかという問題とも関連する。

　伝統的な観点から説かれてきたのは、公法の属地的適用とその例外としての域外適用である。域外適用の基準となるのは何であろうか。国際取引法や国際競争法の分野では、効果理論と呼ばれる見解が有力である。これは、行為がその国の領域内で行われたのではないとしても、その行為の効果が自国内に及ぶとすれば自国法を適用することができるとする見解である。しかし、効果理論によれば他国の主権と衝突する可能性が生じる。このような場合、当該の他国では対抗立法が制定されその適法性が争われてきた。これまでも、米国の競争法等の域外適用は、欧州諸国との間で対抗立法が制定されるなど、その国際法上の適法性が争われてきた。そこで、より慎重な基準とするように、1987年の米国対外関係第3リステイトメント403条[102]は、他国と関連する人又は行為について規律管轄権[103]を行

---

102) アメリカ対外関係法研究会訳「アメリカ対外関係法第三リステイトメント（1）（2）」国際法外交雑誌88巻5号80頁以下、同6号60頁以下参照。

使することが相当（reasonable）でない場合には、その規律管轄権を行使することができないものとし（1項）、事案に応じて斟酌すべき要素を列挙する（2項）。すなわち、(a) 行為とそれを規律する国家の領域との結びつき、つまり行為が国家の領域内でなされる程度又は行為が領域に対し若しくは領域内で実質的、直接的かつ予見可能な効果を生じさせる程度、(b) 国籍、居所又は経済活動のような、規制する国家と規制される行為に主として責任を負う人との関連又は国家とその規制により保護されるべき人との関連、(c) 規制される行為の性質、規制する国家にとってその規制が有する重要性、他国がその行為を規制する程度及びその規制が一般に望ましいとして受け容れられる程度、(d) その規制によって保護され又は損なわれる正当な期待の存在、(e) その規制が政治的、法的又は経済的国際秩序にとって有する重要性、(f) その規制が国際秩序の伝統と一致している程度、(g) 他国がその行為を規制することに対して有する利害関係の程度、および (h) 他国の規制と抵触する蓋然性、である。二つの国家が人又は行為を規制することが不当といえない場合、国家は自国と他国の利益を同じように斟酌する義務を負う。国家は、他国の利益が明らかに大きいときは他国に譲歩しなければならない（3項）。第3リステイトメントのこの規定は、裁判所が公法的規制法の域外適用の是非を検討する場合には参考になるであろう[104]。

---

103) 米国法上規律管轄権とは、裁判管轄権に対する言葉であり、法の効力が及ぶ地理的範囲を示す用語として使われる。

104) この点について2018年に公刊された対外関係法第4リステイトメントは、第3リステイトメント403条の事件ごとの利益衡量アプローチを廃止し、405条で条項ごとに文言、文脈、起草過程等を考慮して当該法規の法解釈により地理的適用範囲を定めるアプローチを採用している。これは、事例ごとの利益衡量という方法の複雑性を回避し、判断の統一性をできる限り確保しようとするのであろう。もっとも、このアプローチは、1989年以来連邦最高裁によってとられてきた域外適用に対する反対の推定（404条）、F. Hoffmann-LaRoche v. Empagran S. A., 542 U.S. 155 (2004) において規範的礼譲の原則として述べられた解釈上の相当性の原則（405条）によって補充されている。柔軟性を維持しながら判断の統一性の確保を目指すものといえよう。なお、このリステイトメントの改訂については、不破茂「合衆国対外

公法についても抵触法的解決を目指した方が国家間の協働・協力のシステムを構築するために有益とみて、古典的な法律関係から出発する方法と法規から出発する方法を併用する見解がある[105]。しかし、これを二重の法性決定とみて、たとえ私法的効果を規定するとしても公権力性の高い法規については、国際私法の指定範囲から除外し、外国の公法は適用しないとする原則を維持しつつ、立法上明文で明らかにされていない限り、例外的に域外適用を認めるにとどめようとする見解がある[106]。現行法の解釈としてみれば、この見解も一定の妥当性を有する。しかし、グローバル化の今後の進展の方向を見極めつつ、国家間の協力・協働を引き出し、社会に適合する規制方法を探求しようとする観点からみれば、中間的通過点ともいうべき抵触法的方法も捨てがたい[107]。問題となっている法規がどちらの範疇に属するかを決定する基準も公権力性が高いというのも程度問題であるので、必ずしも明確な基準ということはできない。公権力性というのは公法といってもそれぞれの分野で同一ではないので、若干の分野につき例示的にみておきたい。

　　関係リステイトメントの改訂と民事請求─大陸法における準拠法選択を背景として」国際取引法学会6号35頁以下参照。しかし、個別的な事例ごとに域外適用を利益衡量で判断する従来の方法も解釈方法として参考になると考え、第3リステイトメントの原則への言及を残すことにした。
105) 特別連結論をとり、かつ公法と私法を峻別しない見解がこれに当たることになるであろう。
106) 早川吉尚「準拠法の選択と『公法』の適用」国際私法年報5号（2003年）206頁以下、とりわけ220頁参照。
107) 国際行政法と行政法の協働という視点から、「山本草二の国際行政法の理論は、抵触法説を退けた時点で、あくまでも国際法の理論でしかあり得なかった」と指摘する見解がある（興津征夫「行政法からみた国際行政法─山本草二の論文を読む」浅野有紀＝原田大樹＝藤谷武史＝横溝大編著『政策実現過程のグローバル化』（弘文堂、2019年）301頁）。つまり、国際法説に立てば、国際的公共事業と国際的公権力説に分かれる。専門分野ごとに分化した国際公共事業については、国際法全体に妥当する一般的利益を見出されることなく、専門化が進むと国際公益の抵触が生じる場合があり、国際社会、国際法秩序の分断をもたらしかねない。この場合の調整方法が用意されていない点に問題があると指摘する。

(2) 国際刑法

　まず、公権力性が最も強い分野の一つである刑法からみてゆきたい[108]。刑法については、刑法の場所的適用範囲を定める規定を刑法1条から8条に規定している[109]。すべての者の行為を国外犯として処罰する犯罪（刑

---

108) 国際刑法に関する古典的書物としては、例えば、Edward S. Stimson, Conflict of Criminal Laws（1936）; Dietrich Oehler, Internationales Strafrecht（2d. ed. 1983）がある。前著は、主として英米法上の国際刑法を扱い、属地主義の原則が最も重要な原則としながら殺人罪、生活妨害罪、遺棄罪、共謀罪、未遂罪等の犯罪類型ごとに、どの法が適用されてきたか判例を参照しながら明らかにしている。後著は、属地主義の原則から隔地的な犯罪について行為地理論、結果地理論、偏在理論があることを紹介して、偏在理論によるとどのようになるかを詳しく論じている。本稿では、最新の議論状況を知るために、主として Kai Ambos, Internationales Strafrecht（4. Aufl., 2014）を参照した。なお、わが国におけるこの分野についての研究としては、森下忠著の国際刑法研究シリーズ、全15巻が有名である。国際刑事法に関する国内法上、国際法上のあらゆる問題を研究した豊富な成果がまとめられている。本章の興味からすれば、『刑法適用法の理論（国際刑法研究第9巻）』（成文堂、2005年）が重要な関連文献になる。この書物は、古代から近世に至る刑法適用法の歴史を概観し属地主義、属人主義、保護主義、世界主義などについて種々分析したうえで、その現状と問題点を解説している。森下は、外国刑法の適用を認める1937年のスイス刑法221条が新しい傾向を示すものと着目しつつ、基本的に内国刑法の国際的適用を問題とし、内国の主権に属するから、他国への配慮は必要でないとする（2頁以下参照）。この点で森下は、本書の立場と異なり、伝統的な見解に基づいて説明しているように思われる。思い出されるのは、私が院生の時に交わした名古屋大学教授柏木千秋との会話である。柏木は、田中耕太郎の『世界法の理論』に関心を持ち、国際私法が万民社会の法とするジッタの見解に興味を抱かれていた。なぜそのような見解に興味を抱かれたのかをお聞きする機会があった。その際柏木は、「若い時にいずれは国際私法の抵触法的発想が必要になる時代が刑法にも来ると思って勉強した」と言われた。柏木の若い頃の時代を考えれば、私にとっては驚きであり、そのように先を見通した見解をお持ちになったことは、さすが一流の研究者になる方であると感心した。そういえば、山田鐐一と共訳でロベルト・アゴー（Roberto Ago）の「実定法と国際法（1）（2）」を名古屋大学法政論集14号、19号に掲載されていたことを思い出す。本稿では、そのような考えを採り入れ、国際刑法を研究されていると思われる中京大学名誉教授愛知正博の見解を中心に取り上げることにした。刑法学会で国際刑法と言えば、国際条約による犯罪を中心に考察されているように思われる。

109) これらの規定を国際私法の立場からどのように考えたらよいかを論じるものとして、山内惟介「刑法との対話―適用法規性の有無」『国際私法の進化と発展』（信山社、2016年）319頁以下がある。

法2条)、国民の国外犯（刑法3条)、国民以外の者の国外犯（刑法3条の2)、公務員の国外犯（刑法4条）のほか、条約による国外犯（刑法4条の2）がある。刑法の規定は、日本国内で犯罪を犯したすべての者に適用するとしているので（刑法1条)、属地主義により日本刑法の適用を原則とし、その例外として自国の利益保護が強く働く犯罪類型については、刑法の規定を域外適用するものとし、国外犯を処罰している。

　国外犯として日本の刑法を適用して処罰するのはどのような場合であろうか。このような刑法の場所的適用に関しては、各国が独自に犯罪処罰を実現する立場から自国固有の利益の観点から決定すればよいとする考え方がある。わが国でもこのような傾向を示す偏在説が有力であり、犯罪行為又はその結果の一部でもわが国で発生していれば国外犯を処罰の対象としてよいとされている。この見解によれば、刑事犯罪に処罰について他国との主権の抵触が生じることが予測されるけれども、それは外国判決の承認理論（刑法5条参照）によって調整すればよいということになる。それに対して、グローバル化の進展や渉外的事例の増加を考慮し、犯罪処罰を世界の共通の関心事とみて諸国の国際協力・国際協働によりその実現を図るべきとする考え方がある[110]。昭和62年の刑法改正で条約により国外犯としている場合について日本国外での犯罪行為につき処罰する旨を定めた規定を追加した。この規定は、日本刑法の規定以外の規定の適用を定め、ハイジャックや国際的テロなどの世界法的犯罪[111]にも、条約で定められている限りで対応できるようにしている点で注目される。これは、刑法の場所的適用問題を国際協力の視点を加えて解決しようとする傾向を示すもの

---

110) 愛知正博「刑法の場所的適用における双方可罰の要件」福田雅章＝名和鉄郎＝村井敏郎＝篠田公穂＝橋本正博編『刑事法学の総合的検討（上)』（福田平、大塚仁古稀記念論文集）352頁参照。

111) 国際犯罪を国際法の立場から体系的、理論的に論述するものとして、山本草二『国際刑事法』（三省堂、1991年）がある。条約上直接構成要件が規定されている例が挙げられている（7頁以下参照)。また、国際刑事法の国内的履行については、343頁参照。刑法学者の立場からこの問題を扱ったものとして、森下忠『現代の国際刑事法（国際刑法研究第15巻)』（成文堂、2015年）がある。

である[112]。

　刑法における外国法の適用を類型化すると、①日本の刑法ではなく、あるいは日本の刑法とともに外国刑法を場所的に適用する類型（刑法管轄型）と②構成要件の個々の要件又は要素への該当性につき外国法を場所的に適用する類型（該当性判定型）がある[113]。①の類型については、バルトルスなど近代国民国家成立前の学説でみられ、現在でも、国際的な観点から管轄権の適正な配分を説く学説がみられる。しかし、外国の刑法を適用することは日本の刑法では認められていないので、あくまで立法論として論じられることが多い。

　しかし、双方可罰の要件については、他国との協調を重要とみて外国刑法の適用を解釈論として展開する見解がある。これは、内国の刑法適用の要件を決定する際に一種の先決問題として外国法を適用し、その外国法でも可罰的であることを要するものである。例えば、わが国が外国より国際刑事司法共助の要請を受けた場合に、わが国においてもその行為に可罰性があることが要件とされる（逃亡犯人引渡法2条3～5号、国際捜査共助法2条2号）。自国で処罰されないような者を捕らえて処罰のために他国に引き渡すことは国内公序に反する。逆に日本が外国に共助を求める場合にも、それはその外国法上可罰性を有する行為についてでなければならない[114]。この場合は、外国刑法を適用して双罰性の要件の有無を判断しなければならない。結局、双罰性が認められる範囲で共助の必要性と正当性

---

112) 愛知・前掲論文346頁参照。
113) 愛知正博「刑法における外国法適用の諸形態」中京法学20巻1号114頁以下参照。
114) 相互主義に基づくとそのようになる。しかし、相互主義を厳格に貫こうとすれば、請求国法と被請求国法において犯罪成立要件阻却事由の不存在のほか、告訴、時効、恩赦などの双方訴追可能性の要件も必要ということになる。このような要件については、国によって異なる可能性があり、これを厳格に要求すると不均衡が生じる場合がある（森下忠『犯罪人引渡法の理論（国際刑法研究第8巻）』（成文堂、1993年）16頁以下参照）。そこで、被請求国における双罰性の要件の審査を緩和する傾向がみられる。例えば、国外犯については、請求国の刑法が適用されるかどうかの審査にとどめるべきと説かれる（森下・前掲書55頁参照）。

があることになる[115]。とはいえ、グローバル化の進展の中で将来的には、外国法の方が軽い刑罰を規定する場合には、その外国法を適用することも含めて検討すべきとする理論である。この理論を展開してゆくと可罰性だけではなく、構成要件に関する規範的同一性、違法性阻却事由や有責性などを含めて、どこまでどのように外国法によるべきかを検討する必要が生じる[116]。その意味においてその理論は、①の類型に関わるともいえるのではあるまいか。

　②の類型については、刑法上の解釈問題として論じられる。例えば、海外駐在員である日本人が駐在地の人に特定の動産を売却し、引き渡さないうちに日本に帰国し、その動産を他の日本人に売却した場合に、刑法252条の横領罪として処罰されるかが問題となったとしよう[117]。その場合に、その動産が「他人の物」に該当するかどうかについては刑法上規定がないから、解釈問題となり、最初の売買契約だけで所有権が他人に移転しているかどうかが問題となり、それは売買当時の動産所在地の外国法によるものとみることができる。このような刑法上の先決問題のうち、私法上の評価が問題となる場合は少なくない。財産犯における他人の財物又は他人の物（235条、236条、252条、253条等）重婚罪における婚姻（184条）などである。国家的法益に対する罪であっても、犯人蔵匿罪（103条）、証拠隠滅罪（104条）に関しては、親族間犯罪に関する特例（105条）との関係で「親族」が問題となる。

　国内犯か、国外犯かは犯罪地が国内にあるかどうかで決定される。犯罪地の決定については、行為地説、結果発生地説、偏在説がある。最後の見解がわが国の通説、判例である。要するに、行動地又は結果発生地かのいずれかがあれば、犯罪地が国内にあり、国内犯とみなす見解である。この点についても自国利益保護の観点からみれば、それ以上論じる必要がない

---

115) 愛知・前掲論文福田平、大塚仁古稀記念論文集354頁参照。
116) 愛知・前掲論文（古稀記念論文集）367頁参照。
117) 愛知・前掲中京法学論文111頁参照。

かもしれない。しかし、犯罪行為の主な行為が行われた地と従たる部分的行為が行われた地を同列に並べるべきであろうか。ドイツの国際刑法に関する典型的教科書でも、偏在理論によりながら主な行為の行為地と部分的行為地を分けて論じている[118]。国際協力、協働を促進すべきとする立場からみれば、結果発生地と行為地が常に同じ比重を持つか疑問である。偶然により事件の処理に巻き込まれただけの結果発生地は、行為地に比し比重が低いとみる見解からは、行為地の事情を調査する必要があると主張される。これに対し、刑法における結果無価値論から結果地が重要とする見解もある。未遂犯の犯罪地については、既遂の結果の発生が見込まれ、意図された地と解する見解があるが、ただそれだけで犯罪地とみるのは、刑法が属地主義の原則を採ることや証拠の所在地などの観点からみても妥当ではない。少なくとも構成要件的結果と外形的に近接する深刻な影響が現に発生しているときに、はじめて未遂犯の犯罪地とみるべきでなかろうか。

　インターネットを利用した知的財産権侵害罪についてどうであろうか。属地主義を厳格に解するとすれば、サーバーを外国に置いて少なくとも侵害行為の一部が外国で行われることによって刑罰を免れるとみるもできるであろう。しかし、サーバーを外国に置いたとしても、国内からコンピュータの操作によって国内の顧客に向けた発信が自動的に行われるようにプログラムが組まれており、それを国内から操作して国内の顧客に送信している場合には、それによって知的財産権侵害製品を国内で新たに生産することになるので、国内で侵害行為が行われたものとみなすべきであろう（生産地法の原則）[119]。この点について刑事事件に関する判断ではないが、知的財産高等裁判所合議部の令和5年5月26日判決（令和4年（ホ）10046号）（裁判所HP）が参考になるであろう。

　以上、国内法上の犯罪に関し、その渉外性のため国際協力が必要な場合を念頭において、それを促進する手段としての抵触規定の役割をみてきた。

---

118) Kai Ambos, Internationales Strafrecht, 4. Aufl.（2014）S.8ff.
119) Kai Ambos, op.cit., S.11f.

最近では、国際社会の一般的利益を侵害する犯罪について多数国間条約でその犯罪の構成要件を定め、その防止や処罰の権限を付与し、義務を課する場合が増えてきたといわれている。海賊行為に対し犯人の身柄を抑留した国に起訴・処罰の権限を付与するもの（公海条約 14-21 条）や奴隷売買、麻薬取引、海底電信線の損壊などの犯罪のように各締約国に犯罪事実の確認などの警察権の行使を認めるものの、その起訴及び処罰の義務は、違反船の旗国、犯罪行為地国、又は犯罪人の本国に集中させるものがある[120]。このように、国際刑法について国際法の積極的介入の傾向がみられる。要するに、グローバル化の進行に対応するように、刑事司法の国際協力、協働を促進する立場から、自国の利益という観点からだけではなく、関連する他国の法を適用、考慮する手法を探る必要が強まるであろう。

(3) 国際競争法

つぎに、競争法上の問題をみてみよう。独占禁止法などの競争法上の国内法をどのような要件の下で、外国で行われた行為に適用することができるであろうか。この点について従来様々な学説が主張されてきた。自国の領域内で行われた行為についてのみ自国の競争法を適用するという属地主義を主張する学説、違反行為の一部分が自国の領域内で行われた場合に、その行為全体に自国法の適用を認める客観的属地主義を支持する学説、自国の領域外で行われた違反行為であっても自国市場への効果が生じていれば自国法の適用を認める効果主義を支持する見解、外国の領域で行われた行為であっても自国の独禁法の構成要件を満たす限り自国独禁法を適用して規制する見解[121]、属地主義や効果主義を持ち出すことなく、独禁法の要件を解釈する中で独禁法適用の要否を決定すればよいとする見解などが主張されてきた。独禁法がそうであるように公法の域外適用に関して明文

---

120) 山本草二著、兼原敦子＝森田章夫編『国際行政法の存立基盤』（有斐閣、2016 年）82 頁参照。
121) 公正取引委員会事務局編『ダンピング規制と競争政策　独禁法の域外適用』（独占禁止法渉外問題研究会報告書）67 頁以下参照。

の規定を欠く場合が多い。学説も上記のように分かれているので、議論の余地がある。ここでは、外国で行われたカルテル契約について我が国の独禁法の域外適用を初めて肯定した最高裁平成29年12月12日第三小法廷判決（民集71巻10号1958頁）があるので、この判例を素材として若干の考察を試みたいと考える。

わが国のテレビ製造販売業者（5社）は、日本国外で合意された契約に基づきテレビ用ブラウン管（以下、本件製品という）の販売価格、数量等重要な取引条件を交渉し、その交渉に基づきインドネシア、マレーシア及びタイの需要者側の現地子会社や関連会社に購入先、価格及び数量等の条件を指示していた。この合意に参加していたのは、韓国に本店を置くA社、日本に本店を置くB社、台湾に本店を置くC社、韓国に本店を置くD社、タイに本店を置くE社であり、4半期ごとにそれらのうち1社又は複数の事業者を購入先として指定されていた。指定された場合にそれらの会社又はその子会社等で生産された本件製品を指定された条件に従って需要者側の現地子会社に納入させていた。このように納入された本件製品は、現地子会社の購入額全体の約83.5%であった。需要者側の現地子会社は、出来上がったテレビをその国の内外で販売していた。この合意は平成19年3月30日C社とその子会社が競争法上の問題から不参加を決定し、事実上消滅した。A社のマレーシアの子会社Xは、平成22年2月12日、日本国外で引き渡された製品の売上高を含めて、わが国の独禁法7条1項所定の売上高に当たるとして13億7362万円の課徴金を課する公正取引委員会の課徴金納付命令を受けた[122]。Xは、平成25年改正で審判制度が廃止される前の事件であったから、納付命令の取消を求める審判を請求したが、Xの請求が棄却されたので、東京高裁に審決取消訴訟を提起した。

東京高裁は、平成28年1月29日の判決（平成27年（行ケ第37号）において、わが国のテレビ製造販売との交渉等が本件合意の実行行為に当たるとみて、自由競争を制限する実行行為には独禁法の規定が適用されるとし

---

[122] 平成22年2月12日（平成22年（納）第23号）

て、Xの請求を棄却した。Xは、①単に交渉等を行っただけの者が所在する場所は効果が発生した場所とはいえず、原審の判断は外国における経済活動に不当に干渉するもので、独禁法の解釈を誤った違法がある。②カルテル合意により価格が吊り上げられた商品の引渡が日本の領域内で行われた場合に限り、独禁法7条の2、1項の「当該商品」に当たると解すべきである。類似の上告受理申立てが3件あったが、Xの上告受理申立てだけが認められた。

本件最高裁判決は、Xの上告を棄却し、次のように述べている。①について「国外でなされたカルテルであっても、それが我が国の自由競争秩序を侵害する場合には、同法の排除措置命令及び課徴金納付命令に関する規定の適用を認めていると解するのが相当である」「本件のような価格カルテルが国外で合意されたものであっても、当該カルテルが我が国に所在する者を取引の相手方とする競争を制限するものであるなど、価格カルテルにより競争機能が損なわれることとなる市場に我が国が含まれる場合には、当該カルテルは、我が国の自由競争経済秩序を侵害するものということができる。」②については、「独禁法の定める課徴金の制度は、……カルテルの予防効果を高めることを目的として、既存の刑事罰の定め（同法89条）やカルテルによる損害を回復するための損害賠償制度（同法25条）に加えて設けられたものであり、カルテル禁止の実効性を確保するための行政上の措置である」ところ、「本件ブラウン管の引渡が国外で行われていたとしても、その売上額が課徴金の算定基礎となる当該商品に含まれないと解すべき理由がない」として、独禁法7条の2第1項所定の当該商品の売上額に当たるとした[123]。

本判決は、従来有力であった効果理論に立ってみても、わが国に効果を及ぼした具体的事実を認定していないとして批判する見解がある[124]。他

---

123) この判決の最高裁調査官の立場からの解説としては、池原桃子・重要判例解説 L&T80号79頁以下がある。
124) 根岸哲・判例批評、民商法雑誌154巻5号1072頁以下、とくに1082頁参照。

方で、最近の公正取引委員会にみられる域外適用積極説の方向を是認したものとみる見解もある[125]。現地の競争当局が動きそうではない事情の下で、わが国の公正取引委員会が敢えて抑制的な態度を採ることが妥当かどうかについても議論の余地はある。本件判決は、外国に所在する外国会社が日本のテレビ製造販売会社と不可分一体となって行動している場合には、わが国の市場への実質的影響が生じている場合があると認定したものといわれている。このように本件判決は、独禁法の域外適用について積極説を取った事例とみるべきであるが、この判例の射程距離をあまりに広くみることにも問題がある。現地競争当局が動きそうな気配がみられない事例に限定して、本件判決の意義を認めることもできる。ただ少なくとも域外適用に積極的な態度をとる場合には、外国の主権との抵触が生じる場合を念頭に、慎重に、その外国と情報交換したうえで、妥当な結論を見出すような柔軟な姿勢やそのための十分な準備が必要になる。

　企業犯罪に関するわが国の姿勢に関連して、米国、英国、ドイツの諸国と比較してあまりにも寛容になっているのではないかという指摘がある[126]。企業犯罪における共謀罪に関する規定がなく、企業代表者の刑事責任を追及する姿勢が充分に定着しておらず、企業代表者、役員のコンプライアンス教育もあまり進んでいない中で、国際的捜査協力体制も不十分なわが国の状況では、企業の贈収賄に関する規制が不十分となり、日本が他の先進諸国では犯罪とされる行為を組織的に実行することができる天国とみられる危険性が生じると指摘されている[127]。グローバルな現代の社会において、この点も無視することができない論点ではないかと考えられる。

---

125) 西岡和晃・渉外判例研究、ジュリスト1526号144頁参照。なお、独禁法の域外適用に関する日本政府の対応については、小寺彰「独禁法の域外適用・域外執行を巡る最近の動向—国際法の観点からの分析と評価」ジュリスト1254号64頁以下、とくに67頁以下参照。
126) 白石忠志「ブラウン管事件最高裁判決の検討」NBL1117号（2018年）4頁以下、とりわけ、17頁以下参照。
127) 白石・前掲論文27頁参照。

第4節
現代のグローバル化の下での解釈試論

　以上述べてきたように、現代社会のグローバル化に伴い生じる課題にどのように対応すべきであろうか。この点についてはいろいろな方法が考えられるであろう。従来当事者自治の原則との関連でこの問題を論じる見解の多くは、立法論的検討のためのものであった。しかし、ここでは、グローバル化の下での国際私法上の最も重要な課題は、当事者の準拠法予測可能性が保障され、人・物などの移動にもかかわらず従来の法律関係の安定性が確保され、かつ個人のアイデンティティーを維持できるようにすることにあると捉え、当事者の意思を国際私法上の主要な連結点として位置づける見解から、法適用通則法の解釈論として私なりの試論を試みることにしたい。

　かつては債権契約における当事者自治の原則すら、客観的連結が決定できない場合におけるやむを得ない手段として控えめに主張されたに過ぎなかった。しかし、現在では、従来当事者自治の原則を認めるのに消極的であった中南米諸国、中東やアフリカのイスラム系諸国においても次第にこれを積極的に認める傾向が生じているとみられる。また、当事者自治の原則は、債権契約だけではなく、これまでは認められなかった多様な法分野で広く認められるようになってきた。事務管理・不当利得などの契約外債権関係、夫婦財産制のように我が国の国際私法典でも認められている法律関係だけではなく、代理、債権譲渡、動産に関する物権、証券取引、知的財産、離婚、相続など多くの法律関係について認められる傾向がみられる。また、渉外的紛争の解決手段として裁判による解決方法のほか、仲裁・調停その他の ADR による解決も広く行われており、これらの方法による場合には裁判による場合よりも広く、柔軟な当事者による準拠法指定が認められている。この点を踏まえて、裁判による解決の場合にも、より柔軟な準

拠法指定を認めることにより調整すべきとする見解も提起されている[128]。

ところで、このような試論は、あくまで将来を見据えた立法論的検討にとどめるのが従来の議論であった。しかし、ここでの私の試論は、強力な反対論に直面することを予想しつつも、敢えて解釈論として展開する可能性を追求してみたい。

法適用通則法7条は、法律行為の成立及び効力は、当事者が選択した地の法によるものとすることを規定する。この規定における法律行為を債権的法律行為に限る見解があるほか、一般的法律行為全体を指すものと解しつつ、物権的法律行為、親族・相続的法律行為の成立及び効力についてはそれぞれ特則が定められているから、本条の法律行為から排除されるとする見解がある[129]。平成元年改正前の法例8条の法律行為の方式の準拠法に関する規定ついては、物権的法律行為や親族・相続法上の法律行為を含むものとされていた。物権的法律行為については、法例10条の解釈上法例8条の法律行為から排除され、婚姻の方式については法例13条2項、3項に特則があり、遺言の方式については、法例旧26条3項、1964年ハーグ遺言方式準拠法条約への加盟に伴い制定された遺言の方式の準拠法に関する法律が施行された後は、この法律により法例8条の法律行為から排除された。しかし、その他の親族法上の法律行為の方式については、ほかに規定がなかったので、法例8条の規定が適用ないし準用されるものと解されていた。法例7条および8条の法律行為の意義を整合的に解釈するとすれば、後説の方が自然であった。平成元年法例改正により親族関係に関する法律行為の方式に関する22条が新設され、平成18年の法適用通則法10条5項、34条にそれぞれ特則が定められたので、法適用通則法7条の法律行為を債権的法律行為と制限的に解しても、平成元年法例改正以前のような不自然さはなくなっている。

---

[128] 中野俊一郎「国際社会における法規範の多元性と国際私法」国際法外交雑誌118巻2号1頁以下、とりわけ16頁以下参照。
[129] 小出邦夫『逐条解説 法の適用に関する通則法〔増補版〕』（商事法務、2014年）79頁参照。

しかし、私は、法適用通則法7条を法律行為全体に適用される一般規定と捉えたうえで、この規定が適用されるかどうかをその法律行為の性質等からみて当事者自治の原則を認めるべきかどうかを慎重に検討し、当事者自治の原則を適用することが妥当とすれば、この規定の解釈として当事者自治を認めるべきであると考えている。例えば、親族相続法上の法律行為については、法適用通則法26条2項のように特別規定がない場合に、婚姻、離婚、扶養、姓名、相続などに関する法律行為について当事者自治を認めるべきと解されるときは、このような法律行為の性質からみて密接に関連する可能性のある法とりわけ当事者の常居所地法、本国法などの中から当事者に準拠法選択を認めるべきと考える。親子関係についても、認知や養子縁組のように法律行為を含んでいるので、一見当事者自治が妥当するようにみえる。しかし、親子関係を血縁の存在やその擬制に関する制度とみるとすれば、これらは私的自治に基礎づけられない法律関係とみることになる。したがって、当事者自治は妥当せず、子の保護というような実質的利益を実現することができる保護連結、選択的連結やいわゆるセーフガード条項にみられるような累積的連結など別の方法を採る必要がある。当事者自治の原則がどの範囲で、どこまで認められるべきであるかは、第3章以下の章でより詳しく検討することになる。

　法適用通則法7条は、法律行為の成立及び効力の準拠法として、当事者が当該法律行為の当時に「当事者の選択した地の法」と定めている。この点では、明治31年の法例7条1項が当事者の意思に従い、その「何れの国の法律」によるべきかを定めるとしていたのと文言を異にする。少なくとも条文の文言上は、当事者が選択することができる法が「国家の法律」であることを要求してはいない。これは、米国のように地域的不統一法国の場合には、国際私法が指定することができる法の範囲は国家単位ではなく、各法域単位で決定されることを考慮して、それを正確に表現するために「国の法律」を「地の法」に変更したのであり、内容的変更を含むものではないと説明されている（小出邦夫編著『逐条解説法の適用に関する通則法』〔商事法務、2009年〕96頁注5参照）。しかし、当事者が指定することができる法が「国の法律」でなければならないとする条文上の制約を削除して

いる点で、当事者の選択できる法の範囲を柔軟に解釈することができるようになっていることは否定することができない。非国家法の準拠法指定の有効性については議論の余地が残されている。しかし、私は、当事者自治の原則の趣旨をできる限り活かす観点から、その地において法として認識されており、現実に行われている規範であれば、国家的執行機関の有無等にかかわらず、当事者が準拠法として選択することを認めるべきであると考える。

競争法のような公法についても罰則だけではその目標とする効果を上げることができない場合には、損賠賠償のような私法的効果を定める場合がある。伝統的には外国公法の不適用の原則が行われてきた。他方で、外国で行われた行為であっても自国に効果が及ぶ場合には、域外適用によって自国公法を適用してきた。確かに、現状ではなお外国公法の不適用の実務が存在する。各国は、公法をめぐる問題については自国の利益保護という観点から個別的に検討し、判断してきた。しかし、グローバル化が進んでいる現代社会で生じている問題を解決するためには、当局間の国際的情報交換だけではなく、国際的な連携・協力が不可欠であることも少なくない。そのためには、各国が自国の利益の観点からバラバラに決定し、執行するのではなく、少なくとも国際的な統一法ができるまでの過渡期においては、抵触法的な解決により相互的信頼関係の形成を目指すべきである。国際連携、協力によって各国間の信頼が相互に高まり、共通した利益の実現のために必要と考えられる場合に、外国法の指定の範囲内容を明確化したうえで、自国の適用規範によって外国法の適用を認めることは公法の属地性に反するものではない[130]。

私は、かつて法例7条1項の法律行為について遺言による相続上の行為を含むものと考え、同条1項の規定の当事者自治の原則を解釈上遺言の内容となっている相続法上の行為にも適用できるとする見解を展開した[131]。

---

130) 斎藤誠「グローバル化と行政法」磯部力＝小早川光郎＝芝池義一編『行政法の新構想Ⅰ―行政法の基礎理論』（有斐閣、2011年）339頁以下、とくに356頁参照。

しかし、議論が相続に関する研究という点で断片的であり、立法史や学説史の検討も十分でなく、理論的に未だ充分成熟しておらず説得的でなかったこともあってか、ほとんど顧みられなかったか、根拠がないとして斥けられてきた[132]。本書においては「国際私法における当事者意思の位置づけ」をより総合的に考察する中で、もう一度この点に関する解釈論に挑戦してみたいと思っている。

法適用通則法7条は、「当事者の選択した地」の法とする。これはおそらくいろいろな事情からわが国が国家として承認していない地域の法が適用される場合のことなどを考えてこのような文言が採られたのであろう。しかし、それだけではなく当事者が指定した非国家法の準拠法適格性については条文上の障害は取り除かれているとみるべきである。その地で法として認識され、現実に行われている非国家法であれば当事者により準拠法として指定することも有効と認められるべきである[133]。

また、伝統的には外国公法不適用の原則が行われてきた。しかし、公法の私法化、私法の公法化という現象が生じている。競争法のような公法についても罰則だけではその目標とする効果を上げることができない場合には、損賠賠償や差止請求のような私法的効果を定める場合がある。他方で、

---

131) 木棚照一『国際相続法の研究』（有斐閣、1995年）230頁以下参照。
132) 一方では、「法律行為の表現は、単独行為を含む趣旨であるが、」「意思自治の作用する他の法律関係に拡大すべしとの見解に途を開きうる」（西賢『比較国際私法法の動向』（晃洋書房、2002年）65頁とする見解もあった。しかし、例えば西谷祐子「Mancini und die Parteiautonomie im internationale Privatrecht (Hridelberg,2000) S.351 の注158で拙見を引用されているが、証明がないと斥けられている。
133) この点において最近の文献として、Daniel Gruenbaum, From Statehood to Effectiveness: The Law of Unrecognised States in Private International Law. 86 Rabels Z. (2022) S.577ff. がある。従来の伝統的なアプローチにおける未承認国家法の不適用の原則の例外をみたうえで、未承認国家法の適用を認めるべき積極的理由を挙げ、当事者自治の原則に基づく未承認国家法の指定について積極的に解すべきとする事実的アプローチを主張するだけではなく、独立国家から有用性への観点からシャリーアのようなイスラム法などの非国家法の指定についても検討を加えている。

各国は、外国で行われた行為であっても自国に効果が及ぶ場合には、自国の公法の域外適用を認めてきた。これらは、自国の利益保護という観点から個別的に検討され、判断されてきた。しかし、グローバル化が進んでいる現代社会で生じている問題を解決するためには、国際的な連携・協力が不可欠であることも少なくない。国際連携・協力によって各国間の信頼が相互に高まり、共通した利益の実現のために必要と考えられる場合に、外国公法の指定の範囲内容を明確化したうえで、自国の適用規範によって外国公法の適用を認めることも公法の属地性に反するものではないので、理論的には可能である[134]。公法と私法の関係を社会のグローバル化の進展に従って発展的に捉える立場からは、公法と私法の峻別ではなく、場合によっては社会関係の進化に対応し、むしろそれを促すような研究が必要になると思われる[135]。

　しかし、ここで扱ったすべての問題について本書で解明しようとするものではない。本書は、現代社会のグローバル化に伴う国際私法上の課題を当事者意思の位置づけとの関連で研究し、検討した結果をまとめようとするものである。ここで少し広く問題を扱ったのは、本書で扱うことができない課題を含めて、広く現代社会のグローバル化に伴う今後の国際私法の課題を指摘するために過ぎない。

---

[134] 斎藤誠「グローバル化と行政法」磯部力＝小早川光郎＝芝池義一編『行政法の新構想 I ―行政法の基礎理論』（有斐閣、2011年）339頁以下、とくに356頁；Christoph Ohler, Die Kollisionsordnung des Allgemeinen Verwaltungsrechts（2005）S.43ff. 参照。

[135] この点については、須網隆夫「グローバル法秩序の形成と抵触法―抵触法的アプローチの可能性」早稲田法学95巻3号55頁以下、とりわけ93頁参照。また、横溝大「レギュレーションと抵触法――EU抵触法の質的変化を中心に」国際私法年報17号（2015年）113頁以下は、グローバルガバナンスの観点から社会構造の変化において抵触法がその目標実現のために一定の政策的機能を果たしていることを自覚したうえで、私法的関係か公法的関係かにとらわれることなく個別的に検討されるべき課題を解明する必要があることを指摘されている。このグローバルガバナンスのための抵触法という主張を受け容れたうえで、国境を越えた文化財の不正取引の抵触法問題を具体的に論じたものとして、加藤紫帆『文化財の不正取引の抵触法』（信山社、2024年）がある。

第2章

国際私法の学説史における当事者意思の取り扱い

第1節

序説

　近代の国際私法においては、ある法律関係の準拠法を決定する際に、当事者の意思を連結点として準拠法を決定する原則を当事者自治の原則という。契約については両当事者の合意により指定した準拠法により、単独行為については、行為者の指定した準拠法によることになる。この原則によると当事者の意思という主観的要素を重視して準拠法を決定するので、主観主義ともいい、法律関係の当事者の意思以外の客観的要素、例えば、行為地、履行地、当事者の本国などにより準拠法を決定する客観主義と対比される。

　近代国際私法理論の基礎を築いたサヴィニー（Friedrich Carl von Savigny）は、法律関係の本拠を探求し、本拠のある国の法を適用すべきことを提唱して、当事者の自由意思による服従という観点から、法律関係の客観的要素を取り出して準拠法を決定したので、サヴィニーの理論を基礎とする国際私法理論からみると、当事者自治は「鬼子的存在」とみる見解が有力であった[1]。確かに、サヴィニーは、自治という用語自体については、ドイツでは貴族や宗教団体等で内部関係に関する規律は自ら決定するという意味で使われてきたことから、かえって当時盛んになりつつあった産業資本主義における自由な活動を阻害するものとみて、当事者自治を積極的に提唱するには至っていない。しかし、これをどのように捉えるかに関しては議論の余地もあるように思われる。サヴィニーの任意的服従による国際私法原則の体系化は、推定的意思を類型化したものと評価するこ

---

[1] 日本でこの点を指摘する文献として、道垣内正人「国際私法の新たな課題と展望」上智法学論集49巻3=4号25頁以下がある。

ともできるように思われる。例えば、債権契約の準拠法については原則として履行地法によるべきものとしているが、当事者が明示的に反対の意思を表示している場合には、その当事者の意思によることを認めている。つまり、当事者の意思が明らかになる場合には、推定意思によるのではなく、明示された当事者の意思によって準拠法を決定することを認めているからである。このようにみると、サヴィニーによって形成された近代国際私法理論においても、当事者意思をどのように位置づけられるべきかについても議論の余地があるように思われる。しかし、ドイツをはじめとするヨーロッパ大陸諸国においては、少なくとも1960年代までは、当事者意思を中心として準拠法を決定する理論への言及は、極めて控えめに、慎重に行われていたように思われる。

　しかし、このような法状況は、その後大きく変化していることも事実である。1980年代後半から交渉が始まって1995年年1月に発足したWTO（世界貿易機関）、EU等の地域共同体の発展などの中で、従来国民国家の枠内でいわば「閉ざされた社会」（国民国家の枠内での経済・社会活動を主眼とする法規制が行われる社会）が形成されてきたのに対し、国境を超えたグローバルに展開する「開かれた社会」（国民国家の境界を超えた経済・社会活動を考慮して、グローバルな観点から法規制が行われる社会）となるに伴って、新しい国際私法原則が形成され、発展している事実も否定できない[2]。一方では、債権契約について弱者保護の観点から、とりわけ消費者契約や労働契約について実質法上の強行法規が規定されることが多くなるだけではなく、国際私法上もこのような強行規定の特別な連結を規定されることが増えている。他方では、債権契約に関する当事者自治の原則は世界のほとんどの地域で広く認められるとともに、契約外債権の準拠法だけではなく、

---

[2] この点について、総合的に考察した文献としては、Jürgen Basedow, The Law of Open Societies — Private Ordering and Public Regulation in the Conflict of Laws (2015) がある。この書物は、バセドーが、2012年にハーグアカデミーの国際私法一般コースで行った講演原稿 (Recueil des Cours, T.360 (2013) pp.13-515) に修正、補充を加えたものである。

従来属人法の適用範囲とみられてきた家族法の分野の法律行為についても、例えば、婚姻、離婚、夫婦財産制、扶養や相続などについて、当事者自治の原則を取り入れた法原則が展開されるようになってきた。また、コンピュータ、インターネットや各種のソフトウエア等の発展や普及によって、国境に係わりなく資産や情報が取引され、コンピュータを利用した独自の資産が誕生し、それを活用した有価証券の集中管理等が行われている。これらについてはその本源となる契約の条項において合意されている法が重要な役割を果たしている。さらには、世界的、地域的な国際機関により、多くの条約のほか、勧告、規則、指針等として示されるルール、民間国際機関によるモデル・ロー、規則等もみられるようになってきた。この点では、国際私法上準拠法として指定される法を各国の国家法とみる見解に対する見直しが必要になっている。これらの現象をどのようにみるべきかに関しては議論の余地があるとしても、極めて大雑把にいえば、グローバルな社会で個々の経済主体がより自由で活発な活動を保障する、より適切な法の規律を受けるための工夫の一つとして、準拠法決定の際に当事者の意思を中心に据えて従来の国際私法原則を見直そうとする傾向がみられるようになってきたということであろう。

　当事者意思を重要とみる見解の展開は、グローバル化に伴う社会の変化に対応する現象と捉えるだけでは一面的であるように思われる。これまでの国際私法理論の展開の中で当事者意思がどのように位置づけられ、発展してきたかをみておくとともに、国際私法理論の展開の現状をできる限り正確に理解し、そのような理論を現在の法的状況に適用すればどのような意義や問題点が生じるかを明らかにしておく必要がある。本章においては、まず、国際私法理論の形成、展開の歴史の中で当事者意思がどのように位置づけられてきたか、そのような理論がどのような時代背景の下で形成されたかをみるとともに、そのような理論が現代国際私法にどのような影響を与えているか、現代国際私法理論にどのように反映されているか、を考察することを通じて、当事者意思の位置づけをできる限り正確に理解することにより、当事者意思を中心的な連結点とみる見解の意義と問題点を明らかにする手掛かりを得たいと考える。もっとも、このような考察を行う

のに私が適任であるとは思っていない。私は、ラテン語、イタリア語、フランス語などの語学力を欠いているからである。あくまで私の理解した範囲内で書いているので、思わぬ誤解が生じる危険性があることは、自覚しており、この点についてはあらかじめお許し願いたい。私の理解が他の研究者により修正され、深められることを願っている。

第2節

バルトルス（Bartolus de Saxoferrato, 1313-1357）の理論

　バルトルスの国際私法理論をみる前にバルトルス以前の法状況とバルトルスの活動についてみておきたい。
　12世紀以来、古代ローマ法とりわけユスティニアヌス法典を重要な中世の法源（普通法）とみて、イタリアの都市条例の効力を承認しないとする見解が形成されていた。しかし、皇帝領であった北中部のイタリアの諸都市については、1183年のコンスタンツ和約により、教会領の中部イタリアの諸都市にあっては1357年の聖母教会例により、都市の自治権が認められた。このような都市の条例が積極的に制定されるようになると、このような条例の効力を認めざるを得ないものとなった[3]。都市が他都市の市民に裁判権を行使するようになると、都市条例間の抵触問題が生じるようになった。13世紀の末頃までに、都市の自治権と矛盾しない法規として法廷地法が外国人にも適用されるとする見解が有力になった[4]。他方で

　3）森征一「バルトルス・デ・サッソフェラート『条例抵触理論』概観—《中世イタリア法学 Mos Italicus》研究序説」法学研究（慶応大学）55巻3号2頁以下参照。
　4）森・前掲論文5頁以下参照。

外国人も自己の所属する都市の法規を維持することができるようにすべきとする見解が生じていた[5]。

バルトルスは、1313年中部イタリアのマルケ地方の農家で生まれ、修道士による初等教育を授けられたことにより、14歳頃からペルージアの大学でローマ法を学び始め、20歳で学士の学位を取得し、21歳で博士号を取得し、25、6歳の時にピサ大学のローマ法の教授に任ぜられたが、数年間でペルージアの大学に移り、そこで「法の最高の註解者」という名声を獲得した[6]。それで、バルトルスの下に多数の学生が集まり、一つの学派を形成するようになる[7]。また、14世紀になると裁判官が自己の判断で又は訴訟当事者の要請により法学者に助言を求める制度（consilium sapientis）が確立し、民事事件については法学者の助言に従って裁判しなければならないことが増加した[8]。バルトルスはこの助言者としても重要な役割を果たした。

バルトルスは、そのような中で、ボローニア市民がモデナ市で訴えを提起された場合に、被告が服さないモデナ市の条例に従って裁判されるべきかという問題[9]に関連して、次のような二つの問題を区別すべきと提唱し[10]、後の学者から「国際私法学の祖」と呼ばれる独特の理論を提示した。つまり、第一に、ある条例の効力はその条例の適用領域を越えてその条例

---

[5] 森・前掲論文8頁以下参照。
[6] 佐々木有司「中世イタリアにおける普通法（ius commune）の研究（1）―バルトールス・デ・サクソフェラートを中心として」法学協会雑誌84巻1号17頁以下参照。
[7] 佐々木・前掲論文21頁参照。
[8] 佐々木・前掲論文（3）法学協会雑誌84巻8号1027頁以下参照。
[9] この問題は、Codex1.1.1の注釈としてアックルシウス（Accursius, 1263年没）の著名な追加註釈「ボローニア市民がモデナ市において訴えを提起されたとすれば、自らが服さないモデナ市の条例によって裁判されなければならない」に関連して提起されている。この点については、森・前掲論文14頁参照。Codex1.1.1.のバルトルスの注釈については、トリノ版（1574年）とバーゼル版（1589年）がある（森・前掲論文37頁参照）。
[10] 森・前掲論文14頁参照。

に服さない外国人に及ぶかという問題（都市条例間の抵触問題）である。第二に、その条例の効力は、条例制定者の支配領域を越えて及ぶかという問題（都市条例の域外的効力問題）である[11]。

　第一の問題については、バルトルスは、いずれの法によるかを問い、外国人がある都市で訴訟が提起された場合には、原則として行為地法によるべきとする。そのうえで、契約、不法行為、遺言、その他の事項に分けてより詳細に説明している。この時代には、民事上の法規と刑事上の法規の性質の相違について明確に認識されておらず、犯罪行為に関する条例の適用についても説明しているが、ここでは、契約、不法行為、遺言、財産に関する部分のみを紹介する。

　契約については、まず、契約の方式と契約から発生する権利の問題を区別する。契約の方式については、契約締結地の条例又は慣習により、外国人にも適用され、その契約に関する訴訟や契約自体につき規定した履行に関する管轄権についても適用される[12]。つぎに、契約から発生する権利については、訴訟手続と訴訟の実体の問題が分けられる。訴訟手続については方式の問題と同様に、行為地法としての法廷地法が適用される。契約の性質上生じる権利については、訴訟の実体に関するものとして、契約締結地法により、契約後に生じる権利、例えば、履行における過失や遅滞から発生する権利については履行地法による。履行地については、契約に特定の履行地を定めている場合には、その地の法が適用され、原告の選択した

---

11) バルトルスの註解の翻訳本として Joseph Henry Beale, Bartolus on the Conflict of Laws (1914) p.17ff. を参照した。ビールの訳では、「ボローニア市民がモデナ市で契約を締結するとすれば、モデナ市の条例により裁判されるものとする」とされているが、これを誤訳とするエーレンツワイク（Albert A. Ehrenzweig）の指摘を考慮した。Cf. Ehrenzweig, Comments; Beale's Translaion of Bartolus, The American Journal of Comparativ Law 12 (1963) p.384f. なお、ビールの翻訳は、サヴィニーの現代ローマ法体系8巻の英訳本 (Translated by William Guthrie, A treatise on the conflict of laws, 2nd ed. (1880)) の付録1 (pp.433-452) 前掲バーゼル版を翻訳したものである。

12) Cf. Beale, op.cit., p.19ff.

地と定められている場合及び履行地が特定されていない場合には、履行が請求される地の法が適用される。もっとも、妻が子を産まずに死亡した場合の婚姻持参財産契約の効力について、婚姻持参財産契約の締結地であるアッシジ市の条例によれば、持参財産の3分の1が夫の財産としており、夫の出身地であるベルージア市の条例によればその財産の2分の1が夫に帰属するとしている場合には、夫の住所地の条例により、2分の1が夫の財産になるものとしている[13]。

不法行為については、何れかの条例によれば不法行為となるが、普通法によると不法行為とならない場合に、その外国人が条例若しくは慣習法を知っていると考えられるのに十分なほど長い期間その地に滞在するときは、行為地の条例又は慣習法を適用することができる。その外国人がそれほど長い期間その地に滞在していなかったときは、その行為が穀物の域外持ち出し禁止のように、あらゆるイタリアの都市又はその地方全域において禁止されているとすれば、その条例又は慣習法によって不法行為になる。これが一律に禁止されていない行為とすれば、これを知っている者にのみ適用され、不法行為となる。その不知が行為者の怠惰によるときは、不知を主張することができない[14]。

遺言に関する条例の外国人への適用について、その条例の文言上その都市の市民に限り適用されるものとしている場合には、外国人には及ばない。それに対し、その条例上一般的かつ不確定的に定めている場合には、外国人に及ぶ。普通法としてのローマ法によれば、少なくとも5人の証人の面前で作成することが求められるが、2人若しくは3人の面前で有効に遺言を作成できるとするヴェネツィア市の条例は、遺言の方式に関し遺言者及び証人としての立場からみても有益であるから、外国人にも及ぶ。父権の免除がない子も遺言をすることができるというように、人の能力を緩和する条例については、外国人がこの条例に基づき遺言をした場合には、その

---

13) Beale, op.cit., p.20
14) Beale, op.cit., p.23f.

遺言は有効ではないとする[15]。人の能力はいずれの地においても同一でなければならず、どの条例であれ、自己に服しない者の能力を扱うことができないからである。

　ベルージア市に家屋を所有する外国人がその家屋の高さを高くすることができるかは、財産そのものから発生する権利に関するから、外国人も財産所在地の慣習及び条例を守らなければならない[16]。

　第二の問題、つまり、条例の域外的効力の問題については、禁止的条例と許可的条例に区別して論じられる。禁止的条例に関しては、行為の方式に関する条例、物に関する条例、人に関する条例に分けて論じられる[17]。方式に関する条例は行為地法によることになるが、域外には及ばないので、その条例を制定した都市の支配領域外で行為した場合にはその条例は適用されない。物に関する条例、例えば、共有持分の共有者以外への譲渡禁止に関する条例は、その条例を制定した都市の域内で行われた場合において及ぶことになる。人に関する条例である場合には、利益的条例と不利益的条例に分けて説明されている。利益的条例、例えば、未成年者への欺罔防止のために25歳未満の者に遺言を禁止する条例、夫婦間で一方の愛情を利用して他方の財産を詐取することを防止するための夫婦間の贈与の禁止に関する条例、無能力者を保護するための禁治産宣告に関する条例などは、条例を制定した都市の領域外にも及ぶ。それに対し、不利益的条例、例えば、女子に相続分を主張することを禁止する条例は、域外に及ばないので、その都市に所在する財産以外には及ばない。

　許可的条例については、二つの問題が区別される。①許可された行為を許可した都市の領域外で行うことができるか、②その行為が許可した都市の領域内で有効に行われた場合に、その都市の領域外で何らかの効力を有するか、である。例えば、公証人としての行為は、①許可した都市の領域

---

15) Beale, op.cit., p.25ff.
16) Beale, op.cit., p.29
17) Beale, op.cit., p.30ff.

外では行いえないが、②公証人により有効に作成された証書は、すべての地で十分な信頼を得るべきである。つぎに、普通法によって許可されている事項について普通法より緩やかな要件で認めるという意味で許可的な条例は、①領域外にある市民について及ぶものではないが、②軍務中に行われた遺言の効力はすべての地にも及ぶべきである。また、普通法上相続人として指定することができない庶子を相続人として指定することを許容する条例により能力を付与された者がその条例の適用される領域内でした遺言ないし相続開始の効果が他の都市に所在する財産に及ぶべきか。これについては、遺言は、判決ともいえる効果を与えられるべきであるから、他の地に所在する財産にも及ぶべきとする見解がある。しかし、バルトルスは、そのような条例がその領域に属していない者に能力を付与することはできないとみるので、領域外にある財産には及ばないとする。

第一の問題と第二の問題を総合的に考察するイギリス人の相続問題[18]に関するバルトルスの見解をみてみよう。普通法の下では、被相続人の子である兄弟は均分に相続する権利を持つ。しかし、イギリスの慣習法によると、長子のみが相続権を有することになる。そこで、イタリア人がイギリスに所在する財産を残して死亡した場合に、イギリスの慣習法が適用されるのか、大陸の普通法が適用されるのかが問題となる。この場合に、イギリスの慣習法を人法に関するものとみるか、物法に関するものとみるか、議論が分かれていた。バルトルスは、問題となる法規の文言を注意深く検討する必要があることを強調したうえで、イギリスの慣習法を「長子が死者の財産を相続する」ものとみて、主語が人であるから人法に関するものであるから、イギリスに所在するイタリア人の相続には適用されないとした。他方で、イギリス人がイタリアに所在する財産を遺して死亡した場合については、このイギリスの慣習法は、長子以外の相続を排除するという

---

18) Beale, op.cit., p.44ff. なお、バルトルス以前にフランスの法学者がフランスとイギリスの例を用いて財産相続の問題を論じていた。バルトルスはフランスをイタリアに置き換えてその例を論じているとされる（森征一・前掲論文43頁注9参照）。

意味で人に関する禁止法規であり、他の兄弟の相続権の主張を認めないという意味で不利益な法規であるから、イタリアでは適用されない。また、イギリスの慣習法は長子の相続上の障害を取り除くという意味で許容法規であり、イタリア法の適用を排除しないから、大陸の普通法が適用され、被相続人の兄弟には均分相続が認められることになるというのである。

この点については、条例ないし慣習法の法規の主語によって人法であるか、物法であるかを決定する見解であるから、文法学派と批判されている。もっとも、バルトルスのこの見解は、法規の文言には立法者の意思が宿ると考えて、その文言を通じて立法意思を探求すべきとするものであるから、このように文法的と形式的に捉えて批判するのは妥当ではないとする見解もある[19]。

要するに、バルトルスは、その法規が人法であれば、その地にある外国人には適用されないが、物法であれば、その地にある外国人をも拘束するとする。人法と物法の区別及び領域外の効力については法規の解釈問題であるので、法規自体に明文で定められていない場合には、補助的にユスティニアヌス法典の学説彙纂（Digesta）、勅法彙纂（Codex）、法学提要（Institutiones）を神聖ローマ帝国の普通法（ius commune）[20]として参照し、たえずその解釈を補強し、根拠づけるために使用している、といえよう[21]。

国際私法の観点からバルトルスの見解をみると、従前の都市の条例と帝国の普通法に関する分かりにくい関係を理論的に整理し、諸都市の条例の

---

19) 森征一・前掲論文41頁参照。
20) バルトルスが ius commune というのは、基本的にはユスティニアヌスの Corpus iuris を考えていることは明らかであるが、その法文の文言に依拠しながら、自由に発展させ、場合によっては新しい法を創造したものとされる（佐々木・前掲論文（4完）法学協会雑誌85巻8号1147頁以下参照）。また、Corpus iuris のほかに、カノン法を含むものと解される（佐々木・前掲論文（4）1171頁）。
21) 本稿では煩雑になるのでいちいち引用することを避けた。ビールの前掲翻訳書においては、引用されているユスティニアヌス法典の部分及びカノン法の部分に関する英訳が付けられ掲載されている（Beale, op.cit., p.71ff., Appendix）。より正確にみようとされるのならこれを参照して欲しい。

抵触問題を独立した問題として採り上げ、その場所的適用について従前と異なる新しい方法で解決を試みている点に特徴がある。また、条例の域外的適用の問題については、帝国の普通法との関連を考慮しながら、その条例が禁止法規に関するか、許容法規に関するか、物に関するか、人に関するか、人に関する場合には利益的条例か、不利益的条例かに分類して、その条例の域外的適用をめぐる問題を解決している。

　いずれにしても、バルトルスにおいては、法規の場所的抵触の解決について当事者の意思に着目する見解は主張されていない。バルトルスが活躍した当時は、未だ債権契約は余り発展しておらず、その種類は限られており、社会的に重要な役割を果たしていたとまではいえなかったことも関連するであろう。しかし、15世紀になると、債権契約の準拠法としての契約締結地法を根拠づけるために、当事者がその法の適用を暗黙的に合意していることに着目する学説が生じた。次に述べるディムーランの見解はこれを発展させたものとみる見解がある[22]。

第3節

ディムーラン（Charles Dumoulin, 1500-1566）の理論

　ディムーランの理論を述べる前に、その時代の国際私法に関する法状況と活動を簡潔にみておこう。ディムーランは、トルーズの司教であり、パリの評議員でもあった高級官僚の祖先をもち、1500年末にパリで生まれ、パリの弁護士であった父から初歩的な法学教育を受けた後、16歳でオルレアンに行き、1517年から1521年まで法学を学び、1522年にパリで弁護

---

22) 折茂豊『当事者自治の研究』（創文社、1970年）11頁参照。

士の仕事に就いた。23 歳で後に述べる Cosilium53（de Ganey 事件とも呼ばれる）に関する弁護を担当するが、生れ付きの言語障害のために、弁護士としてはあまり成功しなかったため、鑑定書の執筆で満足し、後に弁護士活動をやめ、1535 年に初版の、1541 年の第 2 版の原稿を完成させたパリの慣習法（Pariser Coutume）の注釈書等の執筆などを行ない、質素な研究者としての生活を選んだ[23]。

当時のイタリアをはじめとする法規分類学派の法学者たちは、その評価を高め、活動範囲を広げるために、イタリアの諸都市間だけではなく、広く神聖ローマ帝国のいろいろな地域を移動した。ディムーランも、1552 年以降、いろいろな邦で住居を移転しながら役職を務め、大学等での講義を担当した。ジュネーブ、ノイエンブルク、ストラスブルクなどに住み、役職に当たり、ザクセンなどのドイツの諸邦を訪れた後、1554 年 2 月から 9 月にかけてチュービンゲンに居住して、その地の大学でローマ法や抵触法にかかわる講義を担当した[24]。

16 世紀になると、封建的な諸邦の主権の概念を強調し、属地的要素が強いフランス学派が、イタリア学派と交代して有力になる。このようなフランス学派の中心的な人物は、ブルターニュ出身のダルジェントレ（Bertrand d'Argentré, 1519-1590）であった。ダルジェントレは封建的な地方分権主義の擁護者であり、王権による法の統一を主張したディムーランの見解と対照的であった。

ダルジェントレの見解によると次のようになる。契約においてであれ、遺言においてであれ、不動産についてはすべて所在地法により、動産についてのみ所有者の住所地法による。人法は厳格に制限され、年齢による能力、禁治産宣告、宗教上の破門宣告、認知など特定の人的能力や資格に関する問題に限られ、人全体に関わるものではないとされた[25]。人法的要素

---

23) Franz Gamillschag, Der Einfluss Dumoulins auf die Entwicklung des Kollisionsrechts (1955) S.1f.
24) Vgl. Gamillschag, op.cit., S.7ff.
25) Vgl. Gamillschag, op.cit., S.68f.

を有するが物法的要素をも有する法規を混合法として認めたけれども、混合法はその物的要素に従い、属地的であるとした。例えば、準正は不動産の相続に係わるので、不動産の所在地法により、夫婦間の贈与の禁止は、不動産の要素を持つ家族財産の維持の利益に係わるので、不動産所在地法によるものとした[26]。

　ディムーランは、当時のフランス学派の封建的な属地性を肯定する理論に果敢に挑んで、当事者の合意に着目した独特の見解を展開した。契約に適用される法を定める当事者間の明示的な合意は、人的性質を有し、その領域内にある人だけではなく、領域外にある人をも拘束する。また、明示の合意がなくても黙示の合意を探求すべきとした。黙示の合意は、明示的には婚姻の当時夫婦財産契約を締結されておらず、一見法定財産制に服しているように認められる場合においても、個々の事例における具体的な事情によっては、黙示的契約が認められるとしたのである。このような黙示的契約に適用すべき法については当事者の黙示的意思が探求されるべきであり、このような黙示意思は、明示の意思と同様に領土外的効力を有するとした。

　ディムーランは、Consilium53 と呼ばれる de Ganey 事件に関する1524年の鑑定書においてこの点に関わる自らの意見を明らかにしている[27]。パリに居住するリヨン出身の de Ganey 夫婦が相互に死因贈与契約を締結し、すべての不動産につきお互いの相続人となるとしていたが、夫婦財産制については特別な契約をしていなかった。夫は、生前に、夫婦財産制につきパリと異なり夫管理制を定めるリヨンに所在する不動産を取得していた。夫が先に死亡し、その後に妻が死亡して、妻の甥達が夫婦の遺産の相続人となっている事例において、夫婦共同財産制を定めるパリの慣習法は物に関する法規であるから、リヨンに所在する不動産には適用されないと主張し、夫の相続人達が妻の相続人達に対する訴訟をパリの裁判所で提起した。

---

26) Vgl. Gamillschag, op.cit., S.68ff.
27) Vgl. Gamillschag, op.cit., S.42ff.

第 3 節　ディムーラン（Charles Dumoulin, 1500-1566）の理論　83

その後で、夫の相続人達は、その請求権をベルン市に居住するスイス市民に譲渡した。妻の相続人達はディムーランに法律情報に関する鑑定を依頼した。ディムーランは、その鑑定書において次のような三つの問題を扱っている。

① パリの慣習法による夫婦共同財産制の法規は、リヨンに所在する不動産に及ぶか。
② パリで締結された死因贈与は、あらゆる場所で効力を生じるか。
③ この不動産の贈与契約によって妻の相続人は、所有権又は用益物権を取得することができるか。

　このうち、①が主としてパリの慣習法の内容にかかわる。ディムーランによると、明示的な当事者意思の合致による契約だけではなく、具体的な事情によって認められる黙示的な契約も、明示的な契約と同様に、契約締結地の領域外においても効力を有する。慣習は、両当事者の合意の内容となるときは、それによって公の法規としての性質を備えることになる。このような場合に、裁判所において何らかの権利を主張しようとする者は、法規によるのではなく、契約による訴訟であることを主張する必要がある。もっとも、当事者が慣習と異なる内容の合意をしたと認められる事情がある場合には、慣習は契約の内容とならない。de Ganey 夫婦が相互的な死因贈与契約を締結しているという具体的な事情からみると、パリの慣習に従って夫婦共同財産制によることを黙示的に合意しているとみるべきである。たとえ婚姻締結時に夫婦財産契約をしていない場合であっても、この夫婦は、夫婦の共通住所地であるパリの慣習を取り入れた黙示的な契約をしたとみるべきである。このような黙示的契約は、明示的意思による契約と同様に、人的性質を持ち、契約締結地であるパリの領域以外においても効力をもつとした。
　つぎに、ディムーランがより一般的に契約締結地法の問題を論じた"Conclusiones de statutis et consuetudinibus Localibus" と題する論文（1604年）をみておこう[28]。

ディムーランは、まず、方式に関する法規と法律事件の内容に関する法規を分類した。前者については、当時のイタリア学派やフランス学派の多くの学説に従って、現在でいう法律行為の方式のみならず、訴訟手続、判決その他の証書の方式、執行可能性や執行の方式も含むものと広く解されている。後者については、（A）当事者の意思に係る問題と（B）法規のみによる問題を分類する。
　（A）については、当事者の明示的意思に基づく明示的契約のほか、黙示的な契約の概念を認めたうえで、法規の適用ついては当事者の明示的意思に関してはもちろん黙示的な意思（ここでは、推定意思を含む広い意味で使用されている）をも探求するべきことになる。適用されるべき法に関する当事者の意思の解釈上問題となる要素として、契約締結地、当事者の従前又は現在の住所、履行地などを考慮すべきものとする。例えば、土地の面積に関する単位は、場所によって異なるけれども、常に契約締結地の単位とみるべきではなく、むしろ測量が行われた地、履行が行われる地の単位が基準となるべきである。被相続人が特定の土地ではなく一般的に「1000ヨッホ」の土地と遺言で指定した場合に、被相続人の住所を有した場所の計算単位とみるのには疑問があり、「ヨッホ」という計算単位を指定している以上、その計算単位を使用している地を重視すべきである。
　契約については、都市条例や慣習法に基づいて直接主張される例はあまり多くない。むしろ都市条例に基づいて締結された契約や慣習法に基づく黙示の契約によることが多い。売主の責任は、契約締結者の共通住所地法による。例えば、ジュネーヴに居住するチュービンゲン市民がジュネーヴに所在する土地をその隣人に売却する場合には、売主の瑕疵担保責任は、偶然的に定まる契約締結地法によるのではなく、売買両当事者の共通住所地法であるジュネーヴの法による。それに対して、チュービンゲンの市民

28）Vgl. Gamillschag, op.cit., S.19ff. この論文は、1604年ハノヴァーで出版されているが、その後一つの用語のみを変更して1681年に出版されている（Gamillschag, op.cit., S.19 Anm.1 参照）。

がイタリアに旅行し、そこでチュービンゲンにある家屋を売却した場合に、売主は、明示的にイタリア法によることを指定し、かつそれを撤回しないときでなければ、イタリア法に服さない。売主の瑕疵担保責任は、人的給付に関し人法に係わる性質を有するから、売主の住所地法か、共通の住所地法による。このように共通住所地法が存在しない場合には、売主がその住所地法以外の法に服さないことを書き添えることがある。

　婚姻持参財産契約については、夫の本国法による。夫が婚姻締結後に住所を移転した場合にはどうか。一方では、子を産まないで死亡した妻の持参財産について、夫に全く権利を認めないか、4分の1のみ権利を与える条例があり、他方では、トゥールーズの慣習法のように、このような場合に夫に妻の持参財産のすべての権利を認めるものがある。夫の変更した住所地法によることができるか。この点については争いがある。しかし、ディムーランは、このような変更後の夫の住所地法の適用を否定する。夫が有利となるような領域への住所の変更は認められるべきではないからである。彼は、この結論をローマ法その他による一般的理由付けでは満足せず、配偶者の黙示的意思を援用することにより根拠づける。つまり、夫の最初に知られている住所の法によることを両当事者は黙示的に合意していたとみるべきだからというのである。黙示的合意をそのように解すると、夫の最初の住所地の法が、その領域に所在する不動産だけではなく、動産や債権についても適用される。このような場合に結局婚姻住所地法によるのは、法規により直接にではなく、契約に基づくものである。

　(B) 法規のみに基づく場合については、次のように整理できる。①その法規が物に関するときは、その物の所在地法が外国人にも適用される。②法規が人に関するときは、その人的側面については領土外的効力を有する。もっとも、その法規が不動産に関するときは、属地的である。しかし、それが普通法と一致する場合には、領土外的効力を有する。その場合であっても、それが極端となるときは、領土内的効力を持つにすぎない。その法規が直接的には人に関するけれども、間接的に物に関するときは、それが人的禁止に関わり、普通法と一致しているときは、領土外的効力を有し、その法規が新しい使用権を認めるような場合には、その法規は属地的効力

しか有せず、その法規が自然的正義と一般的福祉に合致する場合には、領土外的効力を有する。

　まず、法規分類学者としてのディムーランをバルトルス理論の承継者とみるべきかどうかについては議論の余地がある。ディムーランをバルトルス理論の最後の承継者とする評価もある。確かに、ディムーランは、ダルジェントレを中心とするフランス学派のように法規の属地性を前提とするのではなく、法規の性質に基づく法規の場所的適用範囲を普遍主義的な立場から探求したという点では、バルトルスの見解と同じ基本的立場を取っていたとみることができる。しかし、バルトルスの法規の領域内的効力と領域外的効力という二つの問題を峻別して、それぞれ異なる考察方法によって論じる見解を必ずしも採っていないという点では、ディムーランの見解はバルトルスの見解と同じではない。この二つの考察方法が、別々なものとして併存させることを合理的とみていないからであろう。

　つぎに、ディムーランの理論を、国際私法理論の発展にどのような貢献があったと認めるかは、議論のあるところである。とりわけ、夫婦財産制の準拠法についてその後のフランスの判例や学説への影響が大きかったこと、それがフランスの周辺諸国にも影響を及ぼし、1978年3月14日の夫婦財産制の準拠法に関するハーグ条約6条による当事者自治の原則導入の基礎を築いたことなどを重視して、当事者自治の原則の最初の提唱者とみる見解がある[29]。しかし、他方で、ディムーランの見解は、あくまで法規分類学派の一つであり、自己が導いた結論を後から正当化するために実質法的な自由を主張したに過ぎず、契約締結地法の原則を制限・緩和し、当事者の共通住所地法や履行地法の適用を認めたに過ぎないから、当事者自治の最初の提唱者と位置付けられるべきではないという見解も有力である[30]。確かに、現代の国際私法理論から評価すれば、この後者の見解に説得力がある。しかし、それは当時の国際私法理論発展の状況からみた限界

---

29) Max Gutzwiller, Geschichte des Internationalprivatrecht (1977) S.78ff.
30) Gamillschag, op.cit., S.112ff., S.118

なのであって、当事者意思に着目して、黙示的契約を認めて当事者意思を広く考慮して適用される法を決定する理論を導いたという意味では、重要な役割を果たしたとみることができるように思われる。

第 4 節

サヴィニー（Friedrich Carl von Savigny, 1779-1861）の理論

　サヴィニーの理論をみる前に、ほぼ同時代に活躍し、近代国際私法理論の形成において重要な役割を果たしたヴェヒター（Carl Georg von Wächter, 1797-1880）の見解に触れておこう。ヴェヒターは、従前の法規分類学説、既得権説、礼譲理論などを検討したうえで、次のような三つの原理を提唱した（§9）[31]。①裁判官は、法廷地の実定法上明示的な規定がある場合には、それが制定法に基づくものであれ、慣習法に基づくものであれ、その規定に従うべきである。②裁判官は、補助的に、問題となっている関係を対象とする法廷地法の意義と精神の中にその決定を求めなければならない。③法廷地実質法からはっきりした決定を導くことができなかった場合に、裁判官は、疑わしいものとして法廷地法によるべきである、とする。ヴェヒターは、従来のドイツ法規分類学説等を厳しく批判し、第一及び第二の原理で実質法と独立した抵触規定を導こうとした点は評価されるけれども、第三原理で法廷地実質法の優先を説いた点でサヴィニー、フォン・バール（Ludwig von Bar）等により厳しい批判を受けた。

---

31) Wächter, Über die Collision der Privatrechtsgesetze Verschiedener Staaten, Sammelband von Beiträgen zum Kollisionsrecht aus 19. Jahrhundert, IPR21 (2006) S.35ff.；24AcP（1841）S.261ff.

ヴェヒターは、第二原理との関係で、実定法上当事者の意思に委ねられている契約については、私人間の自治（Autonomie der Privaten）により、当事者の意思を探求し、外国法を準拠法として適用すべきことを論じる（§20）[32]。これは、デュムーランと異なり、抵触法上の自治を意味するものと解する見解がある。夫婦財産契約については、部分的には婚姻締結の際の夫婦の総財産との関係における当事者の意思に委ねられるが、部分的には特定の婚姻契約の締結に関する法規により補充される。そこで、夫婦は、明示的に準拠法を指定していない場合には、婚姻締結時の夫の住所地法によると補充的に扱ってよいものとする（§21）[33]。

　次に、サヴィニーの国際私法理論をみる前に、その人生について簡潔に触れることにする。サヴィニーは、1779年2月21日にフランクフルト・アム・マインにおいて貴族の家で生まれた。母から幼い頃からフランス語の教育を受け、"Non mihi sed alills"（私のためではなく他の人のために）という家訓の下で育てられた。1791年と1792年に親を失い、身寄りがなくなり、帝国財務裁判所に勤める後見人の下で後見人の子として育てられた。15歳で法学教育を受け始め、1795年に教授と学生、学生間の関係が緊密なマールブルク大学に入学した。1800年に同大学で「同一の行為による複数の犯罪法規違反」に関する論文で法学博士号を取得した。1801年の冬学期からマールブルク大学の私講師となり、1802年12月から占有論を執筆し始め、6カ月余でこれを完成させた。この本は6版まで版を重ね、英語、フランス語、イタリア語などに翻訳された。1804年に結婚し、ハイデルベルク、シュトゥッガルト、チュービンゲン、ストラスブルクを経て、同年12月にパリを訪れ、門下生のJacob Grimm等と落ち合い、サヴィニー夫人とその姉妹の協力も得て、多くの文献を複写する。1808年5月バイエルンのランドフート大学ローマ法正教授を経た後、1810年にベルリン大学の創設に関わり、1847年まで同大学の教授を務めた。ベルリ

---

32) Wächter, op.cit., 25AcP (1842) S.35ff.
33) Wächter, op.cit., 25AcP (1842) S.47ff.

ン大学の最初の学長選挙でフィヒテ（Fichte）11 票、サヴィニーは、10 票であったが、フィヒテが学務に関わることを希望せず、辞退したので、初代の学長を務めることになった。1814 年から数年間、プロイセン王国の皇太子にローマ法、刑法、プロイセン法を教えた。

　サヴィニーは、ヴェヒターにみられるような自由意思の一般的作用を「自治」という用語を使用して表現することに反対する[34]。「自治という用語（Autonomie）」は、ドイツにおいては自己に関わる法律関係を内部で定めた規則により独立に規律する権限を有する、という意義の独特な関係を表す言葉として使用されてきた。当事者の自由意思を尊重しようとする学説からみて、この用語を用いないと困るものではなく、むしろ意図するところと異なる関係への適用を導き、その見解の主張を弱めることになる。この用語を使用することによって少しも明確性と確実性が得られるわけではない。従来使われてきたように「自治」という言葉を使用するとすれば、当事者の住所の自由選択も「自治」に当たることになる。しかし、住所の選択を「自治」の効果とみる見解は存在しない、と批判し、これによると、場所的法への任意的服従について、「自治」という名称を使わないのが得策である、とした[35]。

　サヴィニーは、まず、ローマ法体系第 8 巻「第三編　法律関係に対する法規の支配」において、法規の性質からではなく法律関係の性質に応じた法規の支配という観点から、当事者の自由意思を尊重する学説に立ちながら、「自治」という用語を使用しないで、法律関係の本拠（Sitz）の探求を通じて明らかにしている。つまり、当事者の自由意思により任意的に所属し、服従している法域に法律関係の本拠があるものとし、その本拠のある地の法を探求しなければならないとする定式を提示する。他方で、原則として内国人と外国人に平等な権利能力を認め、内国人と外国人は完全な法

---

34) Savigny, System des heutigen Römischen Rechts, 8. Bd. (1849) S.112f.；小橋一郎訳『サヴィニー　現代ローマ法第 8 巻』（成文堂、2009 年）99 頁
35) Savigny, op.cit., S.112f.；小橋・前掲訳書 99 頁

的平等の承認に向かっているとし、法律関係の本拠のある場所の法が内国法であれ、外国法であれ、平等に適用されるべきとする。サヴィニーは、これを互いに交流する諸国間の国際法的共同体という一般慣習法により基礎づけ、異なった実質法の抵触の取り扱いにおける相互的対等化を試みている。ここでいう一般慣習法は、古代ローマから脈々と受け継がれ、形成されてきた慣習法を意味するが、サヴィニーは、それを中世のローマ法学者の媒介なくして明らかにされるものではないとして、学説法の側面が強いものとみている[36]。

つぎに、サヴィニーは、個々の法律関係についての特定の本拠を探求し、先に述べた理論的部分に対して、実際的部分と位置付ける。この部分は、(1)人それ自体の状態、(2)物権法、(3)債権法、(4)相続法、(5)家族法の5つに分け、最後の(5)については、婚姻、父権、後見に分けて論じている。

(1)は、法律関係から出発する以上、誰が法律関係の当事者となるかを明確にしておく必要がある。この場合、人の特性とりわけ一般的な権利能力や行為能力だけではなく、その法的効果を含めて、その人の住所地法によるべきものとする[37]。ただし、例外的に法廷地の絶対法と抵触する場合には、法廷地法が適用されることがある[38]。例えば、住所地法が一夫多妻婚を締結する能力を当事者に認めるとしても、キリスト教国の裁判官はこの住所地法を適用せず、法廷地法を適用するであろう。同様に、宗教的異端者として住所地法によって権利能力を否定されている者がその異端者の宗教に好意的な国で権利を取得しようとする場合には、その国の裁判官は住所地法でなく法廷地法を適用するであろう。住所地法が民事死を規定していたとしても、民事死を知らない国の裁判官は、この住所地法を適用してはならないであろう。ドイツのいくつかの邦（ラント）では、貴族に土

---

36) Savigny, op.cit.,S.29；小橋・前掲訳書31頁参照。なお、木棚照一「国際私法における当事者意思の位置づけについて―サヴィニーの法律関係の本拠説から現代国際私法への展開」国際私法年報16号（2014年）177頁、とりわけ198頁注7参照。
37) Savigny, op.cit., S.143；小橋・前掲訳書119頁
38) Savigny, op.cit., S.160ff.；小橋・前掲訳書131頁以下

地所有権の取得や相続に独特の特権を与えている。また、教会、修道院あるいは国庫に破産に関する特権を与えている。しかし、これらの特権を享受ですることができるかは、権利能力一般の問題ではなく、特権を与えている法律関係の準拠法によるべき特殊な問題である[39]。

(2) については、感覚的に知覚することができる物の所在する場所がそれを客体とする物権関係の本拠とみるべきである。ある物に関する権利を取得し、所有し、行使しようとする者は、その目的のために物の所在地に赴き、物権に関する法律関係に関し所在地で行われている法に任意的に服従する。それゆえ、物権が物の所持地法により判断されるべきとする主張は、人の状態に関する住所地法の適用と同じ理由によるのであり、いずれも当事者の自由意思による服従に基づき生じるのである。動産についても不動産と同じ原則を適用する。動産については、所在地の変動が顕著に表れる例として、急行郵便馬車や鉄道で動いている旅行者の所持品や商人の運送中の商品が挙げられる。このような場合には、何らかの静止点を探求しなければならず、このような静止点は、場合によっては所有者のはっきりした意思から明確に読み取れることがあり、そうでない場合には、所有者の住所地と重なることになる、とする[40]。

(3) の債権関係については、債権関係の本拠を当事者の任意の推定的な服従に求め、次のように述べる[41]。

① その債権について確定された履行地がある場合には、その履行地の法による。当事者の期待が履行に向けられているから、まず、履行地に債権関係の本拠があるとみるべきである、とされる。
② その債権が債務者の継続的な業務遂行から生じた場合には、この業務遂行が永続的に本拠を有する場所の法による。

---

39) Savigny, op.cit., S.163ff.；小橋・前掲訳書 133 頁以下
40) Savigny, op.cit., SS.178 〜 179；小橋・前掲訳書 143 〜 144 頁
41) Savigny, op.it., S247f.；小橋・前掲訳書 193 頁以下

③　その債権が債務者の住所における個別的な行為から生じる場合には、債務者の住所地法による。
④　債権が債権者の住所以外の場所における個別的行為から生じ、その場所で履行を期待させるような事情がある場合には、その行為地の法による。
⑤　以上の何れにも当たらないような場合には、債務者の住所地法による。

これらの規則は、債務者の特定の場所の法への推定される任意的服従により導かれる。この規則の適用については、若干の例外的場合があるとされる。例えば、当事者の明示的なこれと異なる意思表示によって排除される場合に、任意の服従の推定は妥当せず、前述の債権関係に関する準拠法は適用されないものとされている[42]。その場合には、当事者が明示的意思で定めた法による。

しかし、その法が法廷地の強行的で厳格に実定的な法規と矛盾する場合には、裁判官は法廷地の強行法規を適用しなければならない。このような場合には、そもそも当事者の自由意思は何ら影響を有しないからである。つまり、裁判官は、自己にとっての強行法規を、債権の本拠がある地でそのような法規が行われていないとしても適用しなければならず、同様に、債権の本拠で行われている法規であっても法廷地に法規として存在しないものを適用してはならないからである。このような例外は契約においてだけではなく、不法行為にも現れるとする。契約については不当高利を禁止する法律を挙げ、不法行為に基づく債権には一般的に適用されるものとしている[43]。これが不法行為について法廷地法が適用されるのは、不法行為に関する法が常に強行的で厳格に実定的であるとみなされるべきだからとする。

---

[42] Savigny, op.cit., SS.248～249；小橋・前掲訳書194～195頁、木棚照一「国際私法における当事者意思の位置づけについて―サヴィニーの法律関係の本拠説から現代国際私法理論への展開」国際私法年報16号（2014年）175、180頁参照。

[43] Savigny, op.cit., S.276；小橋・前掲訳書215頁以下参照。

(4) の相続関係については、その性質上、財産所有者の影響力の、したがってまた、その意思の生命の限界を超えた時間的な延長にあるのであって、その影響し続ける意思は、時には遺言において明示的に現れ、時には法定相続において黙示的に現れる[44]。したがって、相続財産の構成部分の所在地の法いかんにかかわらず、法律関係の本拠を被相続人の住所地にあるものとみて、被相続人の死亡時における被相続人の住所地法による。より詳しくいうと、法定相続は、被相続人の最後の住所地における相続財産の帰属時に存する法律に従う[45]。遺言者の人的能力は、遺言者の住所地法によるが、遺言者の住所地が遺言作成時と死亡時で異なるときは、両方の住所地法により遺言能力を有することを要する。しかし、遺言者の年齢のような身体的特性による場合には、遺言作成時の遺言者の住所地法によればよく、その後の住所地の変更は考慮されない。遺言の内容は、遺言者の最後の住所地で行われていた法律に従う。相続契約については、死者の住所地のみが相続契約の履行地とみられるから、被相続人の住所地で行われている法律による。

(5) の親族関係については、まず、婚姻の場所的法を婚姻の成立地ではなく婚姻の履行地が重要となり、婚姻の履行地は夫の住所地であることが確実である、とする[46]。婚姻障害については、妻については妻の住所地法によることもできそうであるが、ここで問題とされている法律は、道徳的配慮に基づき、厳格に実体法的性質を持つから、夫の住所地で行われている婚姻障害が拘束力を持つ、とする[47]。夫婦財産制については、婚姻締結時の夫の住所地法による。夫がその後住所を変更したとしても、その新しい住所の場所的法に服従する意思は当事者間に存在しないから、夫婦財産制の準拠法は変更しない[48]。離婚については、その道徳的性質や厳格な実

---

[44] Savigny, op.cit., S.276ff.；小橋・前掲訳書 215 頁以下参照。
[45] Savigny, op.cit., S.311ff.；小橋・前掲訳書 239 頁以下参照。
[46] Savigny, op.cit., S.326；小橋・前掲訳書 249 頁参照。
[47] Savigny, op.cit., S.326；小橋・前掲訳書 250 頁参照。
[48] Savigny, op.cit., S.331；小橋・前掲訳書 253 頁参照。

体的性質により法廷地法によるべきであるが、それは通常夫の住所地で行われている法律と一致するであろう、とする[49]。

父権については、父がその子の出生当時に住所を有した場所の法によって判断されるべきである。また、準正は、婚姻当時又は子の出生当時の父の住所地法による、とする[50]。

後見については、後見の設定、後見の事務、後見人の人的法律関係に分けて論じられる。後見の設定については、被後見人の住所地法によるべきであり、これは死亡した父の最後の住所地と重なるのが通例である。設定された後見は、被後見人の外国に所在する財産にも及ぶのが原則であるけれども、例外が問題になる。例えば、被後見人の不動産が外国に所在する場合である。子の財産部分については特別の後見が設定されることがあり、被後見人が場所的に異なる法域の複数の後見人を有することが生じる[51]。後見の事務はその後見を設定した裁判所の法廷地法による。例えば、被後見人の住所地の裁判所で選任された後見人が、被後見人の財産の後見人による譲渡を公の競売や裁判所の命令によってのみ認められるとしている財産所在地の法により規律されるかが問題となる。この問題は、保護を要する被後見人のためのものであり、被後見人の住所地法によるべきであって、それぞれの財産の所在地法によるべきものではない[52]。また、後見人が後見を引き受ける義務及びその許される辞退については、後見人の住所地で行われている法律による、としている[53]。

サヴィニーは、少なくとも旧神聖ローマ帝国領域内のどの国で訴訟が提起されようとも、同一の法が適用され、同一の判決が得られるような国際私法規則を探求したのであり、その意味において普遍主義的国際私法学を追求したものといえる。そのような規則を導く手段として法律関係の本拠

---

49) Savigny, op.cit., S.337；小橋・前掲訳書257頁参照。
50) Savigny, op.cit., S.339；小橋・前掲訳書258〜259頁参照。
51) Savigny, op.cit., S.342f.；小橋・前掲訳書260頁以下参照。
52) Savigny, op.cit., S.344；小橋・前掲訳書262頁以下参照。
53) Savigny, op.cit., S.347；小橋・前掲訳書264頁参照。

第 4 節　サヴィニー（Friedrich Carl von Savigny, 1779-1861）の理論

を法律関係の当事者の自由意思による任意的服従に求め、客観的連結を見つけ出し、国際私法規則の明確化、体系化を図ったとみることができる。しかし、その手段としての当事者の任意的服従というのは、当事者の自由な黙示的、推定的意思を探求し、それを明確化し、体系化したものに過ぎないとみることもできる。確かに、サヴィニーの場合には、当事者自治という用語を使用することは封建的な貴族や宗教団体の自治法を認め、産業資本主義の発展に弊害をもたらすおそれも生じるとみて、積極的ではなかった。とはいえ、少なくとも債権契約について探求された客観的連結規則に反対する当事者の明示的意思が認められる場合には、例外的に当事者のその意思に従うことを認めている[54]。これも必ずしも積極的に当事者の意思によることを認めたものではなく、あくまで消極的、例外的な規則に過ぎないともいえるかもしれない。しかし、当時の社会生活関係の発展段階からすれば、当事者が準拠法に関する明示的意思を表示することが極めて稀であったことの反映とみることもできるのであり、国際私法原則の発見において当事者の意思を積極的に評価していた部分がみられる。ドイツにおいては、サヴィニーのこの部分について積極的に取り上げようとする見解は少数説といえるかも知れなかった。しかし、ディムーラン等の主観主義の影響が強く存在したフランスなどの諸国の学者の評価からみると、サヴィニーを当事者自治の形成に積極的な役割を果たした学者として評価する見解がある。ドイツにおいては、国民国家の確立のためにも、新たに制定法としての本国法主義を採用した国際私法原則を定める観点から、サヴィニーの法律関係の本拠説を媒介とした普遍主義的国際私法原則を継受するというよりは、独立国家の観点から客観的連結を中心とした新しい国際私法原則の確立が目指されたことも関連するであろう。1896 年のドイツ民法施行法（EGBGB）における国際私法原則においては、債権契約の準拠法に関する明文の規定を欠いていたことは、このことを示すともいえるのではあるまいか。

---

[54] 木棚・前掲論文 180 頁、200 頁注 29 参照。

サヴィニーの見解を現代的な法律状況に適合するように理論構成すれば、当事者意思を中心に据えた国際私法原則への展開も可能な理論と解することができる。当事者の任意的服従は、見方を変えてみれば、当事者の黙示的、推定的意思を広範に探求しようとするものであり、当事者意思を中心とした国際私法原則を探求しようとする先駆的な理論ということもできるのではあるまいか。当時の社会生活関係の発展の状況からみれば、サヴィニーのように、当事者自治という用語は慎重に使用する必要があり、消極的表現にとどまるのは、ある程度やむを得ないところもあったのではあるまいか。確かに、サヴィニーは当事者自治の原則の根拠や内容について理論的に展開し、深めることは述べてはいない。その意味では当事者自治の原則を発展させることに積極的に貢献しているとはいえないかもしれない。しかし、少なくともサヴィニーの見解は、当事者意思を中心に据えて国際私法原則を体系的に明らかにしているのであって、当事者意思を鬼子的な位置に追いやるような理論であるとみるべきではないように思われる。

第 5 節

マンチーニ（Pasqual Stanislao Mancini, 1817-1888）の理論

1 概説

マンチーニは、1817年に代々法律学に携わってきた貴族の家で生まれ、早くから高度の教育を受け、12歳からナポリで法学を学び始め、18歳で弁護士になり、ナポリで、後にはイタリア全土で著名な弁護士になった[55]。彼は、若い人達への自由主義思想に基づく教育に関心を持ち、初めは自宅で講義をしていた（1843-47）が、1847年からはナポリ大学の自然法の教授となった。

第 5 節　マンチーニ（Pasqual Stanislao Mancini, 1817-1888）の理論　　97

　トリノ大学で国際法講座開講 1 年後の 1851 年に、マンチーニが記念講演として行った「国際法の基礎としての民族性」は、当時のイタリアが多くの小さな王国が分立し、フランスやオーストリアなどの関与を受けていたこととも関連して、イタリアにおける民族的共同体としての統一国家建設の重要性を説いたものであった。また、民族の法としての本国法を原則とし、それに関する例外を規定する 1865 年のイタリア民法典中の国際私法規定の起草にも係わった。

　マンチーニは、1872 年にローマ大学の教授に就任し、1872 年の万国国際法協会（Institu de Droit International）の設立に尽力し、初代会長に就任するとともに、1874 年のジュネーブ会期で、「種々の民事及び刑事立法間の抵触の統一的解決を可能とするため、若干の一般の国際私法規則を国際条約の形式の下に、すべての国家に対して拘束力あるものとすることの有用性」と題する講演を行った[56]。また、イタリア政府の法務大臣（1876 年 3 月 25 日から 1878 年 3 月 11 日）、外務大臣（1881 年 3 月 25 日から 1885 年 3 月 29 日）も務め、政治家としても活躍した。国際条約による国際私法統一の必要性を説き、そのための国際機関の設立を提唱した。彼の死後、その考え方はオランダのアッセル（Tobias Michael Carel Asser, 1838-1918）により引き継がれ、1893 年にハーグ国際私法会議が設立された。

　マンチーニの国際私法理論は、国際法上基礎づけられる次のような 3 つの柱からなっている。すなわち、(1) 属人法の原則、(2) 個人の自由の原則、(3) 国家主権の独立性の原則である[57]。

---

55) マンチーニの生涯については、Yuko Nishitani, Mancini und Parteiautonomie im Internationalen Privatrecht（2000）S.33ff. のほか、Jürgen Basedow, Giesela Rühl, Franco Ferrari, Pedro de Miguel Asensio ed., Encyclopedia of Private International Law（2017）Vol.2, p.1194ff.（Yuko Nishitani）を参照した。
56) マンチーニのこの論文については、早田芳郎「種々の民事及び刑事立法間の抵触の統一的解決を確保するため、若干の一般的国際私法規定を、一個または数個の国際私法条約の形式の下に、すべての国家に対して拘束力のあるものとすることの有用性」比較法（東洋大学）4 号 45 頁以下、5 号 68 頁以下に翻訳がある。
57) Nishitani, op.cit., S.69f.

（1）マンチーニによると、国家は言語・習俗などの客観的要素を共通にする民族的共同体でなければならず、このような国家は相互に属人法としての本国法を適用する国際法上の義務を負うものとされる。このような国際法上の義務を、グロチュウスのような自然法的な社会契約に基づき遵守されるべきものというよりは、国際的平和を実現するための国家の共存、国家主権の相互承認などを基礎とした現実的に必要とされる原則として主張された。これによると、本国法への完全な双方的連結、内国人と外国人の平等な取扱いが国際法上の義務として要求されることになる。本国法の原則によるのは、人の人的属性、行為能力、権利能力及び個人の家族関係とされる。相続については、財産法と家族法の結合領域であると認めながら、相続統一主義を肯定し、被相続人の本国法によるものとする。本国法の適用範囲とされるときであっても、反致による場合、当事者が重国籍、無国籍で国籍への連結が拒絶される場合、行為能力について行為地法の適用が認められる場合には、本国法適用の例外となることを認めている。

（2）国家は、相互に個人の法律関係形成の自由を認める国際法上の義務を負う。外国人にも内国人と同じような自由を認めるのが原則とされる。このような自由は、19世紀に支配的影響力を持ったカント（Immanuel Kant, 1724-1804）の哲学思想に基づくものといわれる。その具体的な現れとして国際契約の成立及び効力については、当事者の準拠法選択の自由を認めている。ディムーランと異なって、マンチーニは明確に抵触法上の原則の中に当事者意思を位置づけているので、当事者自治の原則の最初の提唱者とする見解がある[58]。もっとも、その根拠づけを私的自治に求めたので、十分なものではなかったこともあり、後に検討するように当事者自治否定論が生じている。当事者が契約準拠法に関する明示、黙示の意思を表示した場合には、その法により、そのような意思表示がない場合には、当事者の共通本国法により、それもない場合には、契約締結地法によるものとする。契約の方式については、契約締結地または作成地の法による。動

---

58) Nishitani, op.cit., S.213

産物権に関しては所有者の本国法により、不動産物権については物の所在地法によるものとする。物権に関する当事者自治の原則の適用はまだ考えられてはいない。

（3）主権に関する国際法上の一般原則から、公法の属地的適用や国際私法上の公序の原則を導いている。公序則の適用例として、奴隷制度、一夫多妻婚、民事死、家族世襲財産制度を挙げている。後のイタリア学派で有力になる積極的公序論はいまだ明確に展開されるには至っていない。

つぎに、マンチーニの理論における当事者意思の位置づけを考察するためにも、被告である遺言相続人の代理人としてかかわり、控訴審の鑑定書を作成している Samama 事件とその鑑定意見書をみておくことにしよう[59]。

チュニジアに居住していたユダヤ人 Caid Nissim Samama は、チュニジア王に嫌われたので、1864 年にその生命と財産を維持するためにパリへ移住した。彼は、イタリアの王ヴィトリオ・エマヌエレ2世から、イタリアのリボルノに住所を移動し、忠誠誓約書を提出し、イタリアに帰化することを条件として、Conte という爵位を与えられことになり、1871 年にリボルノに移住した。Conte Samama が 1873 年にリボルノで死亡したときに、1868 年 9 月 22 日付のパリで作成された自筆証書遺言が残されていた。Conte Samama の法定相続人である原告は、被相続人がチュニジアの国籍を有することを前提にして、チュニジアで適用される慣習法によると、ユダヤ法が適用され、ユダヤ法によるとその遺言は無効であり、法定相続が開始すると主張して、遺言相続人に対してリボルノの民事裁判所に訴えを起こした。遺言相続人とマンチーニが弁護士として代理した遺言執行者は、遺言の実質的有効性についてはイタリア法により、遺言の方式についてはフランス法により、いずれも有効であると主張した。リボルノの民事裁判所は、原告の訴えを棄却したので、原告達はルッカの裁判所に控訴した。マンチーニは、1882 年に控訴審に鑑定意見書を提出した。

マンチーニの鑑定意見書は、理論的部分と実務的部分を含むが、遺言の

---

59) Nishitani, op.cit., SS.194-206

有効性を検討するために必要な範囲内でその内容を紹介する[60]。

2　被相続人の国籍

　Conte Samama がチュニジアの国籍を持つか、イタリアの国籍を持つか、それとも両方の国籍を持つか、無国籍であるかが問題となる。Conte Samama は、イタリアの国籍に関する勅令により、イタリアの国籍を取得し、リボルノへの移住によって、その意思によりイタリアの市民となった。たとえ、Conte Samama がイタリアの市民となっていなかったとしても、二度と戻らない覚悟で外国に移住することにより、チュニジアの国籍を失っており、無国籍となるであろう。マンチーニによれば、個人の移住の自由及び国籍離脱の自由は、国際法の普遍的原則であるから、関係国の禁止規定が存在しない限り、常に保障されなければならない。チュニジアの実定法は、このような自由を制限することを規定していない。原告は、それに対して、個人が他の国の国籍を取得しないで、その国籍を喪失することはないと主張した。しかし、マンチーニによると、イタリアやフランスの実定法においても外国の国籍を取得するかどうかにかかわらず国籍の喪失を認めた事例があるとし、Conte Samama がチュニジア国籍の離脱により法律回避をするようなもくろみを持たず、チュニジアの国家的利益の侵害もしていなかったのであり、かつチュニジアに再び戻る意思を有してはいなかったのであるから、その国籍を放棄する意思が法律上認められるとした。

3　被相続人の住所

　Conte Samama がその死亡時に無国籍であったとすれば、属人法としての本国法に代わり、住所地法が適用される。Conte Samama が 1864 年に

---

60) Nishitani, op.cit., S.195ff.

第5節　マンチーニ（Pasqual Stanislao Mancini, 1817-1888）の理論

チュニジアを離れるまでは、チュニジアに住所を有し、1871年から彼の死亡時である1873年まではリボルノに住所を有したことは明らかである。問題となるのは、彼が遺言を作成した当時、未だチュニジアに住所を有していたか、パリに住所を移転していたかである。フランス民法によると、二つの要件、つまり、ある場所に居住していた事実とそれを根拠づける意思が問題となるが、Conte Samamaは、この二つの要件を満たしているから、フランスに住所を有したことが認められる。したがって、遺言作成時には、彼はパリに住所を有していた。

4　遺言の有効性に関する準拠法

　マンチーニは、この問題を①遺言者の行為能力、②終意処分の事項的効力、③遺言の方式上の有効性、の3つの問題に分けて論じている。
　①については、Conte Samamaがイタリアの国籍を持つとすれば、1865年のイタリア民法8条により、遺言者の本国法であるイタリア民法が適用される。ユダヤの経典にあるタルムードは、法律的性質を有しないものとみなされるから、Conte Samamaがユダヤ人の血統に属していたとしても本国法として適用されるべきではない。彼がイタリア国籍を取得していないとすれば、死亡時に無国籍となるが、この場合には、一般国際法の原則に従い、住所地法の適用が支持されることになる。Conte Samamaの住所は、終意処分の時にフランスにあり、遺言能力については、フランス法が適用されるから、遺言能力を有したことになる。
　②遺言の事項的な効力は、1865年のイタリア民法8条によって、遺言者の本国法であるイタリア民法が適用される。Conte Samamaのイタリア国籍が認められないとすれば、国際法上の一般原則により、被相続人の住所地法によるべきである。何時の時点の住所地法によるかについては、従来遺言作成時の住所地法による見解と遺言者の死亡時の住所地法によるべきとする見解が対立していたが、遺言の撤回や要件補充の可能性を考慮すれば、死亡時の住所地法によるのが妥当とする。Conte Samamaが死亡時にイタリアに住所を有していたことは疑いの余地がないので、遺言の内容

的効力についてはイタリア法が適用され、その効力が認められる。

　③遺言の方式は、「場所は行為を支配する（Locus regit actum）」の原則に従い、作成地法によるが、遺言者はその本国法の定める方式によって遺言を作成する権限を有する。遺言者が遺言を本国法上の方式によって作成するとする推測は、本国法がその遺言を方式上無効とする場合には妥当としない。この場合は、むしろローマ法以来認められてきた「遺言保護（favor testamenti）」の原則に従うべきであり、フランスの学説もこれを認めている。フランス民法999条によると、フランス人が外国でフランス法により作成された自筆証書遺言を方式上有効と定めるが、この規定の解釈上、外国人がフランスで作成された自筆証書遺言が有効とされるのは、その属人法により自筆証書遺言が方式上有効とされる場合に限られるという見解も成り立ち得る。しかし、フランスの確定的な判例によると、外国人がフランスで作成した遺言は、フランス法により方式上有効である限り、本国法によりその方式上の有効性が認められるかどうかにかかわらず、例外なく有効としている。したがって、Conte Samama の遺言は、作成地法であるフランス法により方式上有効とされる。

　1880年1月9日のルッカ控訴裁判所の判決によれば、次のようにマンチーニの鑑定書を殆ど全面的に取り入れ、控訴を棄却した[61]。Conte Samama は、生来的にチュニジアの国籍を有したが、移住の自由の行使によってチュニジアの国籍を喪失している。彼のイタリアへの帰化は、忠誠の宣誓、帰化の適法な期間内の登録の要件を欠き効力を有しないので、彼は死亡時に無国籍となる。無国籍者の属人法は住所地法となり、遺言作成時に住所を有したフランス法か、死亡時に住所を有したイタリア法のいずれかになる。遺言の事項的有効性については、イタリア法が適用され、方式上の有効性についてはフランス法による。それゆえ、遺言は有効に作成され、効力を有する。

　しかし、1881年4月25日のフィレンツェ破棄院の判決によると、

61）Nishitani, op.cit., S.204f.

第 5 節　マンチーニ（Pasqual Stanislao Mancini, 1817-1888）の理論　103

Conte Samama のチュニジア国籍の喪失はチュニジアのみが判断することができ、控訴審のチュニジア法の解釈はチュニジア政府の公式見解と一致していないとして、フィレンツェの控訴裁判所に差し戻した[62]。

　1883 年 7 月 31 日のフィレンツェの控訴裁判所によると、チュニジア法上、チュニジアの国籍離脱には許可が必要であり、移住による国籍離脱はあらかじめ規定されておらず、個人が外国の国籍を取得することなくその生来の国籍を放棄することを認めていないので、Conte Samama の死亡時の本国法はチュニジア法となり、Conte Samama の遺言にはチュニジアでユダヤ人に適用されたタルムード法が適用されるとしたうえで、タルムード法によると Conte Samama の遺言は有効になるとされ、遺言相続人の勝訴とされた[63]。

5　マンチーニの当事者自治論

　マンチーニが、この鑑定書において相続準拠法に関する準拠法選択について直接的にはほとんど触れられてはいない。この問題については、マンチーニにおける当事者自治学説の項で、マンチーニの当事者自治原則がなぜ債権契約のような双方的法律関係についてのみ認めていたのかとも関連するので、つぎに検討することにする。
　まず、マンチーニが当事者意思を国際私法原則の形成においてどのような位置づけを与えていたかは、1864 年にイタリア民法典 6 条から 12 条の国際私法規定[64]の起草委員とりわけ調整委員会小委員会の 3 人の委員[65]

---

62) Nishitani, op.cit., S.205f.
63) Nishitani, op.cit., S.206
64) これらの規定については、川上太郎『国際私法の法典化に関する史的研究』（（有信堂、1963 年）付録 1 頁以下、久保岩太郎『国際私法概論』（厳松堂、1954 年〔改訂版〕）付録 21 頁に翻訳が掲載されている。
65) マンチーニのほか、Bonacci, Niutta が委員になっていた。序編の最終的な起草はこの小委員会に委ねられた。

の一人として関与し、重要な役割を果たしているので、そこでの議論をみておこう。1865年イタリア民法典8条は、法定相続であると遺言相続であると、財産の種類又は所在地の如何を問わず、相続を被相続人の本国法による、相続統一主義が規定されている。同9条2項は、贈与及び終意処分のような一方的法律行為の準拠法を処分者の本国法によるものとする。また、同項は外国人が契約の締約者になる場合に、同一の国に所属する者であるときは、その本国法によってなされたものとみなすと定める。これらの規定は、当事者の推定意思を根拠として定められたものであり、当事者がこれと異なる法の適用を望んでいることが明らかにされる場合には、その法によるという留保が付けられていると考えられていた[66]。

しかし、問題となるのは、このような当事者による法の指定があくまで法廷地法の任意法の枠内で認めるのか、法廷地の強行法の規定を含めて指定を承認するのかである。1865年のイタリア民法典12条は、どのような法律行為もイタリアの禁止法規、公序良俗に関する法規を排除することができないものとする。マンチーニによると、個人の自由は公序を侵害しない範囲内で保障されるべきと考えられていた。もっとも、ここでいう公序がどのようなものであるのかは、1874年のジュネーブ講演においても柔軟で必ずしも明確ではない[67]。公序が援用される内国の法規がいかなる範囲で当事者の指定自由を制限するかについては直接答えられていない。国内のすべての強行法規を公序に関わるものとし、イタリア法が適用されなければならないとすれば、これを拡張しすぎることになる。人の家族関係、相続関係など多くの法律関係につき本国法等として外国法の適用を規定していることと相容れない。マンチーニを支持するイタリア学派の学者たちは、これを解釈問題とみて合理的に制限しようとする[68]。

つぎに注意すべきであるのは、マンチーニによると、個人の法律関係形

---

66) Nishitani, op.cit., S.212, Anm.136; Gianzana (Hrsg.), Codisce civil, Vol. III, S.492
67) Nishitani, op.cit., S.207
68) Nishitani, op.cit., S.218ff., S.222

第5節　マンチーニ（Pasqual Stanislao Mancini, 1817-1888）の理論　105

成の自由が国際法的共同体においても保障されなければならないとし、国際債権法における準拠法選択権限が個人に帰属させることによって、当事者自治を抵触法上の原則として位置付けられていることである。当事者は実質法上の債権契約において任意法の規定と独立にその内容を決定する権限が認められる。任意法規は当事者が特別の意思表示をしない場合にのみ適用される。もし、これを当事者による準拠法決定と他の客観的抵触法規定の関係と同じようなものとみるとすれば、抵触法上定められた指定は当事者が準拠法を決定しなかった場合にのみ認められることになるであろう。しかし、このような考えを一般的に主張する見解は、1865年のイタリア民法典12条の内容と明らかに相反する結論を導くことになる。マンチーニが当事者自治の根拠を実質法上の私的自治に求める以上、当事者の準拠法指定は当該法律関係に適用される法が任意法である限りで認められるものにすぎないと考えることができる。

　しかし、問題となるのは、そこでいう任意法をどのようにして決定するかである。法廷地ないし指定された外国の国内法における任意法と国際的共同体における任意法が同じ意義を有するかどうかである。法廷地の国内法の強行法規のすべてが1865年イタリア民法12条の公序に関する法規ということができないとすれば、任意法の意義も国内法秩序におけると国際法秩序におけるとで異なると考えることができそうである。また、当事者自治を抵触法上の原則として提唱する以上、実質法的指定と全く同じように考えるのは適切ではないであろう。もしそのように解するとすれば、当事者自治を抵触法上の原則として位置づけることと整合しないように思われる。1865年のイタリア民法典の6条から8条の規定をみても、当事者の本国法としての任意法だけではなく強行法を含む外国法の指定を認めているのであるから、当事者による準拠法指定の場合に、厳格に法廷地の任意法規に限るとみることには疑問があるように思われる。

　ここでSamama事件におけるマンチーニの意見鑑定書に立ち戻って考えてみよう[69]。マンチーニは、実質法上の私的自治を根拠として典型的に任意法に委ねられているとみられる法律関係、あくまで債権に関する当事者間の双方的法律関係、つまり債権的法律関係の準拠法に限り、当事者自

治の原則を認めていると解される。Samama の相続問題が死亡当時の本国法によるべき問題であるとしながら、無国籍者の本国法を住所地法によるべきことを前提として、Samama がイタリア国籍を取得していないとしても、無国籍となり、住所地法であるフランス法が準拠法になるとして、遺言の事項的有効性を肯定して、遺言相続人の権利を認める鑑定書を提出した。つまり、Samama の国籍や住所の決定においては、当事者意思を重視する議論を展開しながら、相続そのものを積極的に当事者の準拠法選択に委ねる見解を展開していない。これは、この事件において Samama 自身が法律上定められる準拠法以外の法の適用を求める意思を有していなかったこととも関係するが、マンチーニの当事者自治の許容と公序との関係に関する見解からみれば、相続や動産物権については当事者自治を否定し、被相続人若しくは所有者の本国法によるとする見解に立っていたものとみなすのが適当であるように思われる。

　マンチーニは、国際法の観点から当事者の意思自由を基礎として当事者自治を明確に抵触法上の原則の中で位置づけ、国際債権契約に妥当する原則と主張した[70]。当事者自治の原則の根拠を実質法上の私的自治を根拠として認め、国際私法上の指定と実質法上の指定の相違が十分に分析されていないなど未だ不十分な部分はあるが、少なくとも国際債権契約については、単に窮余の策としてではなく、広く妥当するものとして主張された点で、マンチーニを当事者自治の原則の最初の、原初的主張者として位置づける見解がある[71]。

　マンチーニと比べればなお一層不明確な点が残るにせよ、それ以前の学説、例えばヴェヒターが私的自治の原則を根拠として抵触法原則の中で当事者自治を位置づけていた点も忘れてはならないし、マンチーニがサヴィニー等の影響を受けて、抵触法の規定を当事者の推定的意思で根拠づける

---

69) Nishitani, op.cit., S.241ff.
70) Nishitani, op.cit., S.S.244ff.
71) Nishitani, op.cit., S.245

ことがあるのも否定できないように思われる。当事者自治の原則を誰が最初に提唱したかに関する問題は、その学者がいろいろな個所で述べているところから総合的に読み解かねばならず、近代国際私法学が形成される過程においては、その当時の社会関係や国際私法学の発展段階ともかかわるところだけに、決定が難しい側面があることも否定できないように思われる。

第6節 ツィーテルマン（Ernst Zitelmann 1852-1923）の当事者自治否定論

　ツィーテルマンは、1852年8月7日にシュテッティン（現在のポーランド北西部の港湾都市、1945年までドイツ領）で生まれ、1876年にゲッチンゲン大学でローマ法の教授資格取得、ロストック、ハレの大学教授を経て1883年にボン大学の教授となる。19世紀末から20世紀初めにかけて活躍したパンデクテン法学、ドイツ民法、国際私法の代表的な学者である（国際法学会編『国際関係法辞典』（三省堂、1995年）542頁（五十嵐清）参照）。

　とりわけ、1879年に『法律行為と錯誤（Irrtum und Rechtsgeschäft）』という大著を公刊し、心理学的意思主義の立場を徹底した錯誤論を展開し、その後もドイツにおける通説的とみなされる見解を著した。また、1888年にウィーンで「世界法の可能性（Die Möglichkeit eines Weltrechts）」と題する講演を行い、比較法的観点から世界（実際上は欧州世界）における私法の統一の可能性を示し、田中耕太郎『世界法の理論』全3巻（岩波書店、1932年〜1934年）にも大きな影響を与えたと評価されている[72]。

　国際私法については、『国際私法（Internationales Privatrecht, 2. Bd』（1897〜1912年）を著した。ここではツィーテルマンの国際私法理論の特徴を概観する。その理論的特徴は、それまで承認されてきた国際法上の原則、

とりわけ対人主権と領土主権の原則から演繹的に導かれる超国家的国際私法と各主権国家が自主的に制定する国内的国際私法の併存を認めつつ、超国家的国際私法は各主権国家を国際法上義務付ける規範であり、各国の国際私法立法を方向付ける意義を有するという点にある。国内的国際私法は、国内の裁判官等の法の適用に関わる国家の官吏を拘束する命令的機能を有するが、その効力はその国家の領土内に留まる。ただ、各国家は他の国家と条約や国際的慣習によって国内国際私法の適用範囲を他の国家の領域に拡張することができる。したがって、超国家的国際私法原則は、国家間の条約や国際慣習によって修正、変更されることがある。超国家的国際私法は、国内国際私法の規定があるときは直接規律することはなく、あくまで第二次的法源に留まる。しかし、国内国際私法に規定がないときは、それを補充する規範として機能し、国内の裁判官等に対し命令する規範となる。さらに、当事者が外国法の適用を指定した場合にその意義をどのようにみるかについて、実質法的な条項としての当事者指定（die Parteibestimung als materiallrechtlicher Satz）と抵触法的規定としての当事者指定（die Parteibestimung als Kollisionsnorm）とに分けて、詳しく議論を展開する[73]。当事者が外国法に言及した合意を定める条項を契約中に定める場合にも、実質法的な指定条項とのみみるべきであるとする、いわゆる当事者自治否定論をそこで展開する。

　この問題を考察する前に、ツィーテルマンの超国家的国際私法の内容を概観しておきたい。17世紀の終わりから18世紀にかけて国家の法秩序が人に対して何らかの義務を負っているという意識がグロティウス及びその門下の研究者達に芽生え、国家主権とその制限に関する国際法原則が形成

---

72) なお、ツィーテルマンの国際私法理論の意義を全体的に考察した最近の論文として、竹下啓介「Zitelmann 国際私法理論の『実証』(1)～(5)」法学協会雑誌122巻3号73頁以下、10号64頁以下、11号104頁以下、123巻6号1頁以下、8号99頁以下、同「Zitelmann の国際私法理論と『法人』論」国際私法年報9号196頁以下がある。
73) Zitelmann, op.cit., Bd.1, S.274ff.

されてきた[74]。ツィーテルマンは、このようなこれまで承認されてきた国際法の国家主権原則から超国家的国際私法原則を演繹しようとした。

　その要旨を簡潔に説明するとすれば、次のようになるであろう。国際私法の問題は、ある法律関係につきいずれの国の法律をすべきかについて生じるものであって、この問題は実際には常に人の権利関係について生じる。つまり、当事者の一方が果たしてその相手方に対して主張する権利を有するかという問題に関連して生じる。権利は国家の法によって与えられた法律上の力である。ある国家が当事者に法律上の力を付与し、これを剥奪するためには、その国家がこの法律上の力の規律を受ける者に対して法律上の力を有することが必要である。それで、このような国家の法律上の力がなお有効であるためには、その力が国際法上承認されるものでなければならない。したがって、国際法上有効に人に権利を授与し、剥奪することができるのは、国際法上承認された法律上の力を有する国家のみでなければならない。国際法上国家主権は対人主権と領土主権によって定まる。国家は、対人主権によってその国民に対して積極的、消極的行為を命ずることができる。また、国家は、領土主権により人を規律する内容を有する一切の行為を許容し、禁止することができる。ただし、これによって他国の国民及び領土に関する規律権を侵害することはできない。例えば、国家は、その領土内にある外国人を含めた一切の人に対し、積極的、消極的行為に関する命令を発することができるけれども、この命令はその人の本国の命令によって制限される。すなわち、国家が一定の外国人に一定の行為を命令することを得るけれども、それは不法行為により生じる損害賠償請求に関する場合に限られる。国家は、その領土主権によってその領土内に存在する動産を支配することができるので、その領土上の動産を支配する一切の行為を許容し、禁止することができる。

---

74) Vgl. Karl-Heinz Ziegler, Völkerrechtliche Verpflichtung zur Anwendung order nur "freundliche Beachtung" fremden Rechts? Die comitas-Lehre heute (Btrachtungen eines Rechtshistorikers) Stefan Leible=Matthias Ruffert (Hrsg.), Völkerrecht und IPR (2006) S.43ff., insbesondre S.48f.

このような根本原則から演繹して各種の権利について適用すべき法を次のように定める[75]。

(1) 人に関しある行為をすることができる権利、より詳しくいうと、自己自身に対すると他人に対するとを問わず人を直接に支配する権利及び特定の人にある給付を命じる権利については、これらの権利の支配を受ける人が所属する国、すなわちその本国の法によって定めるべきことになる。何故ならば、人についてはその人に対人主権を有する国、すなわちその人の本国が規律する権利を持つべきであるからである。この権利は、家族法上の権利、例えば夫婦間の権利、親子間の権利、後見に規定されている[76]。債権は債務者にある給付を命じるものであるから債務者の本国法による[77]。もっとも、その給付を外国でなすべき場合にその外国がその給付の内容である行為を禁止するときは、その給付は不能となる。この場合において、債権を無効とすべきか、他の内容を有する債権に変更するものとすべきかは、債務者の本国法による。

(2) 不法行為による損害賠償の債務は不法行為が行われた国の法による。何故ならば、不法行為者の居住国は、国際法上その領土主権により外国人に有効な私法上の命令を発する権利が認められるからである。有体の動産、不動産を直接に支配する権利は、その物の存在する領土の属する国の法律による。何故ならば、有体物についてはその物の存在する領土上に領土主権を有する国が支配権を行使することが認められるからである。この部類に属する権利は、無体財産権がある。自己の意思によらずに撮影された自己の写真の陳列、販売を阻止する権利の有無は、自己の本国法によるのではなく、陳列、販売

---

75) Zitelmann, op.cit., Bd.1（1897）SS.42-71, 119-141；跡部定次郎『国際私法論上巻』（弘文堂、1948年）192-196頁参照。
76) Zitelmann, op.cit., S.126ff.
77) Zitelmann, op.cit., S.126

の行われている国の法律に従う。また、自己の身体を支配する人格権を除けば、一般人格権とみられることになる。ある特別の事実に基づき人に属する特別人格権、例えば姓名権、紋章権、貴族号権等が私権として成立するかどうかは、その領土法による。
(3) 有体財産は、もともとその各財産の所在地法によるけれども、人の種々の権利関係を一体として考える場合がある。例えば、相続財産は、被相続人が死亡の時所在した場所に存在するものとみなされる。このような財産は財産所有者の本国法による。

さらに、当事者が契約において外国法に言及している場合に、このような当事者指定を実質法上の指定とみるべきか、適用規範に係わる指定つまり抵触法的指定とみるべきかは重要な問題である。法規はその性質によって強行法規と非強行法規に分類される。後者の法規はさらに二種類に分けられる[78]。その一つは、法律行為の際の当事者の不完全な当事者意思を補充する法規である。この法規は、補充法規（ergänzendes Recht）と呼ぶのがよい。その二は、法律行為の外にあって当事者の関係を規律し、矛盾する当事者の行為を排除する特徴を持つ法規である。この場合には、不完全な当事者意思を補充するのではなく、独立にその関係を規律する法規であって、後に変更できる法（nachgiebiges Recht）と呼ぶのにふさわしい。これらの法規は広く任意法規（dispositiven Rechtssatz）と呼ばれる。任意法規について次のように言われている。法律関係は当事者がその内容や効力を決定することができるように規律されるべきである。当事者の明示的又は黙示的な指定がない限り任意法規の適用は生じない。当事者は任意法規と異なる内容を合意することができる。このような合意は個別的事項について行われることもある。当事者間で、以前に行われていた旧法規を指定し、外国法の適用を指定することによっても行われ得る。このような個別的事項に詳細に触れることなく行われる簡略化された法の指定は、債権契

---

78) Zitelmann, op.cit., S.270

約だけではなく、家族財産法、相続法、物権法においてすら、任意法規については効力を有する[79]。

　しかし、問題となる法秩序が当事者の指定を制限し、禁止することがある。例えば、ドイツ民法典1433条1項は、適用されなくなった旧法の規定又は外国の法律を援用して夫婦財産の現状を定めることができない旨を定めている。その場合における当事者の外国法の指定は実質法的に外国法を指定するのであって、抵触法的に指定するものではないから、裁判官はまず、その国の抵触規定によってその事例に適用すべき準拠法を見い出す必要がある。つぎに、基準となる法秩序からみて、とりわけ、当事者による指定が可能かどうか、その指定がその制限された要件の下で有効となるかどうかを読み取らなければならない。

　例えば、夫婦がその財産関係を外国法に基づいて決定したとすれば、裁判官は、まずいずれの法が適用されるかという国際私法問題を決定すべきである。その際に、ドイツの裁判官は、夫がドイツ人であった場合にドイツ民法施行法15条によりドイツ法の適用が命じられているという結論に達するであろう。裁判官がこれによってドイツ法が適用されると判断すれば、ドイツ民法1433条1項の規定を適用しなければならなくなる。裁判官が特定の第三国法が適用されると判断した場合には、ドイツ民法1433条1項は適用されない。裁判官は、むしろこの外国の法秩序によって外国法の指定が合法であるかどうかを検討しなければならない。とりわけ、準拠外国法が適用されるとすれば、準拠法上の強行規定をも変更させ得るか、準拠法のどの規定が強行法規になるのかを判断しなければならない。法廷地法によると、特定の規定が強行規定でないとしても、準拠法がそれを強行規定としていれば強行法とみなければならない。当事者指定の法律行為上の要件、例えば、行為能力、錯誤、合意要件も準拠法によって決定すべきである。当事者による省略を制限、禁止する法規は実質法規であり、当事者の指定も実質法上の指定であるので、実務上もそのように扱われるべ

---

[79] Zitelmann, op.cit., S.272

きである、とする[80]。

　それでは、当事者による外国法の指定を抵触法上のものとみる余地はないであろうか。当事者の指定の対象となる法が任意法である限り、当事者が準拠法を決定できるとする条項は、それ自体個々の法秩序の実質法上の対象であるから、その条項はこの法秩序が当事者の任意に委ねることによってそのようになる。このような実質法上の法規は、法における特別な方式による承認を全く必要としないけれども、抵触規定が生じることによって存在することをやめるものではない。それで、その法秩序は、当事者の指定があったとすれば形成される実質法上の法規を既に含んでいる。

　それ故、実務的取り扱いは次のようになる。つまり、その国の裁判官は、特殊な国際私法原則によって当事者の指定によることを禁止する場合においてすら、このような抵触法規を根拠のあるものと考え、当事者が任意的に指定する法を適用する。それにもかかわらず、外国の裁判官は、それとは逆に、まず自国の法のあり得る抵触規定に従って当事者指定の効力を定め、その他の点では国際私法上準拠すると認めるその実質法規定によって当事者指定の効力を定めるであろう。このように適用されると承認した法自体がある抵触規定による当事者指定の効力を行うとすれば、裁判官は、このような抵触規定を抵触規定としてではなく、その中に存在する又はそれと並んで存在する実質法上の規定として認識する。

　しかし、直ちに示されるのは、このような抵触規定が一種の循環論を含み、むしろそれ自体では準拠法を決定するに至らないことである。その抵触法規定における準拠法決定は、当事者の任意的服従に依存すべきである。ところが、その場合、当事者の任意的服従がそれ自体有効であるかどうか、法について何が決定されるか、それゆえ、この場合に、行為能力、錯誤、合意要件のみを考えるとしても、とりわけ有効な当事者の任意的服従の要件は何であるか、また、強行法規にどのような制限があるのか。この場合においてこれらの問題を決定する法は、その抵触法規定が命令する限りで

---

80) Zitelmann, op.cit., S.274

は、当事者の指定によって指示された法であり得る。それについては、稀な関係がこれに残る。また、どのような場合にも論理的な循環の問題が残る。つまり、当事者の指定した法とすれば、当事者指定が有効でなければ当事者の指定した法律が準拠法とならないのに、当事者指定の有効性を当事者が指定した法によることは、論理的に先に決定されなければならない問題の解決に後で決定される法律によることになる点で、論理的に成り立たない忌まわしい循環論に導くものとなる。もっとも、全ての関係において当事者指定の有効性及び制限については準拠法が決定するという見解はなお問題となり得る。しかし、それでも疑わしいのは、当事者の任意的服従の要件及び制限についていずれの法が適用されるべきかについて全く触れられておらず、また、このような解決を抵触規定によらず、実質法上の規定によるとされる場合である。

さらに、ツィーテルマンにより当事者自治否定の根拠として挙げられるのは、これを客観的に定まる準拠法、例えば債務者の本国法によるものとすると、当事者意思に基づき準拠法を決定すること自体と矛盾することになること、及びこの点について抵触法が欠缺するとみて補充しようとしても、これを補充するような超国家的な国際私法規定は見当たらないことである。

したがって、ツィーテルマンは、当事者による抵触法的指定は認められず、実質法的指定のみが問題となるとした。学説上は当事者自治否定論が克服された後も、ツィーテルマン学説の影響は続き、長い間実質法的指定のみを認める実務がドイツ帝国裁判所の判例においてみられたと言われている[81]。

ツィーテルマンの理論の特徴は、まず、国民国家の成立時にあって、各国家が自国の利益を考慮してそれぞればらばらに国際私法を立法化しようとしている時期に、従来承認されてきた国際法上の原則から私人の権利を保障するための国際私法原則を演繹し、超国家的国際私法原則、各国の国

---

81) Wolfgang Mincke, Die Pantei autonomie; Rechtswahl oder Ortusahl? 5. IPRax (1985) Nr.6, S. 313, Fußnote 3

第 6 節　ツィーテルマン（Ernst Zitelmann 1852-1923）の当事者自治否定論　115

際私法立法に国際法の立場からも承認されるような原則を明らかにし、各国の国際私法立法がばらばらにならないように国際法の観点から一定の枠組みを与えている点が注目される。このような超国家的国際私法原則は、国家を義務付け、各国家の国際私法規定に一定の方向性を与え、将来の国際私法の統一が可能になるよう配慮されている。他方では、国内国際私法に規定がない場合には、裁判官は超国家的国際私法に従って事件を解決すべきことを主張する。さらに、当事者が外国法を指定する場合に関連して、権利はもっぱら国家法によって付与されるとする見解に従って、このような当事者の指定の根拠となる法を厳格に追及し、当事者指定に実質法上の指定と抵触法上の指定があることを明らかにし、実質法的指定についてはその契約の準拠法によるべきものとして、その有効性に関する実質法上の規定が形成されている。ところが、抵触法的指定はその指定の有効性を当事者の指定した法によるとすれば循環論を導き、結局その指定の有効性を決定する法原則が導き出せないから、理論的に成り立たないものとみて、当事者による外国法の指定は実質法上の指定とみるべきことを主張する。これがいわゆるツィーテルマンの当事者自治否定論である。

　もっとも、その当時の社会においては未だ当事者による明示的指定がなされることが稀であり、契約の具体的内容との関係で当事者の黙示的指定を推測し、当事者指定の範囲を拡張する傾向がみられた。例えば、契約の債務履行地と契約締結地が同じ国に存在する場合には、当事者の黙示意思としてその国の法が指定されたものとみるべきであるとする見解があった。ツィーテルマンの当事者自治否定論は、現実に準拠法指定に関する当事者の意思が存在したかどうかが明確でない場合にまでも、当事者の黙示意思を拡張的に解釈して、契約準拠法を決定する見解に対する疑問や批判を含んでいたとみることができる。

　同時にツィーテルマンの理論の重層性に関連してみられる発展可能性にも着目しておかなければならない[82]。国際法原則から演繹される超国家的

　82）ツィーテルマンの国際私法における重層性については、竹下・前掲法学協会論文

国際私法は、世界全体で通用するけれども、各国が制定する国内国際私法が存在する場合は、それは国内の国際私法に規定がないときに補充的に適用される第二次的法源に過ぎない。国内国際私法は、その領土内でのみ適用されるべき性質のものであるけれども、他国との条約や国際慣行によってその場所的適用範囲を拡張することができるものである。現在のグローバル化された社会においては、少なくとも契約準拠法に関する当事者自治の原則は世界の殆どの諸国において認められており、国際慣習法になっているとさえ言えそうである。このような状態になると、ツィーテルマンの理論からみても、当事者自治の原則は一国の国内国際私法から出発したものであっても、このような原則は他国との条約によってあるいは国際慣習によって他国の領域において妥当する原則とすることができるのではあるまいか。本書でも明らかにしているように、契約に関する当事者自治の原則は世界で広く殆どの国において認められ、普遍性を獲得しているので、先に述べた超国家的国際私法の一般規定に優先する特別規定が成立しているとみることができ、当事者自治が広く認められるべきことになるのではあるまいか。ツィーテルマンの理論は一見非常に硬直的なようにみえるが、このようにみると、後世における社会の発展を考慮することができる柔軟性を備えた理論とみることもできる。

（五・完）123 頁以下、竹下啓介「Zitelmann の国際私法理論と『法人』論」国際私法年報 9 号（2007）196 頁以下参照。もっとも、竹下は「当事者自治の原則が、現代において、特別法たる超国家的国際私法として実際に成立していると言えるかは別問題である」とされている（竹下・前掲法学協会論文（五・完）123 頁）。ツィーテルマン自身、当事者自治を否定し、かつ、そのような超国家的国際私法規範は存在しないとしているからである。しかし、時代的制約を加味して、理論的可能性を推測すると、これと異なる解釈も可能であるように思われる。

第 7 節

ハウデック（Wilhelm Haudek）の当事者自治否定論批判とその理論

　ハウデックは、これまで取り上げてきたような国際私法学説史で取り上げられるような国際私法の大家ではない。しかし、当事者自治否定論に対し適切に反論し、少なくともドイツの学界における当事者自治の理論的成立を支持する契機を与えたという点で、1931 年に公表された彼の博士号取得論文は重要である[83]。ここでは、この論文を基礎としてその理論を紹介しておくことにする。

　まず、不真正な指定、実質法上の指定、抵触法上の指定について定義し、ツィーテルマンによって築かれた抵触法上の指定に関する認識を紹介したうえで、抵触法的指定が論理上可能であることを主張する。契約は、その内容を明示的な又は実質法的な指定により規律されるにせよ、特定の法の規律に服している。それにもかかわらず、契約を規律する法の規定についても当事者意思を活用することができる。当事者意思を活用することができるとすれば、当事者意思の内容は国籍、住所又は物の所在地と同じように連結方法として抵触法の構成部分になる。抵触法上の指定によって適用される法は、当事者の表示によって決められるというよりは、むしろ当事者の表示のあり得る内容を法規範によって決定されるものである。当事者の意思による準拠法決定は、当事者意思自体から引き出されるものではなく、客観的な法の効力のみがその法的効果を発生させることができるとみなければならない。このような効力を認める超国家的な国際私法規則はそ

---

[83] Wilhelm Haudek, Die Bedeutung des Parteiwillens im internationalen Privatrecht（Berlin, 1931）.

の存在を証明することができない。しかし、当事者の指定の有効性は法規から導き出されるものであって、その法規は循環論に陥ることなく見い出すことが可能なものでなければならない。

　実質法上の指定は準拠実質法が当事者の任意的処分に委ねる問題にのみ関連する。準拠実質法が強行的に介入する場合には、当事者は他のいずれかの法によることを当事者の合意で回避することはできない。例えば、方式に関する規定は原則として強行的であるので、実質法上の指定でこれを回避することはできない。それ故、二人のドイツ人がドイツで無方式の保証契約を締結し、保証契約を無方式で締結できる国の法を実質法上指定したとしても、ドイツ民法 766 条の「保証契約は書面をもって保証の意思を表示することによりその効力を生じる」とする規定の遵守から解放されることはない[84]。それに対して、抵触法上の指定が許容される場合には、そのような方式を要求しない国の法を指定することにより、その強行法規の適用から解放される。このように実質法的指定は実務上重要な意義を有することがあるけれども、ある場所で行われている法を場所付けの観点から当事者間の合意によって指定する抵触法上の指定は、実質法上の指定と異なる効果をもつ。このような当事者による抵触法上の指定は、法廷地抵触法の構成部分をなすものであるから、その指定の有効性は、原則として法廷地法による。外国の抵触法が適用されるのは、反致及び転致の場合に限られるので、これについては別に考えればよい。

　二人のドイツ人がスイスに所在する物について売買契約を締結し、抵触法的指定でスイス法を指定した場合、スイス法によると危険負担の移転は契約締結時に既に生じることになるが（スイス債務法 185 条 1 項）、買主がドイツ法と異なる規律をされることを知らなかったとしても、買主はその指定に錯誤があることを理由として取り消すことができない。その場合の当事者による指定は、抵触法上の指定である限り、当事者の表示の内容によって法的効果が与えられるのではなく、その意思と独立にドイツ民法

---

84) Haudek, op.cit., S.7

446条の規定を排除して、スイス民法によることを指定したものと解釈されるからである。

　ところで、当事者自治についてより広く認める外国法の状況を簡単にみておこう[85]。オーストリアの判例においては、広範な範囲の婚姻締結に関する抵触法的指定を認めたものがみられる。フランス法においては、夫婦財産制の抵触法的指定について夫婦が婚姻締結の際に現実に又は推定的に服していた国の法によることを認めている。もっとも、その場合に当事者意思を考慮するのは、原則として当事者の本国法又は将来の婚姻住所地法に限られる。フランスの夫婦財産契約には同時に相続契約的要素を含ませることができる。イタリア法においては、民法典序説6条の規定によって家族関係をその属人法によって規律することを定めている。しかし、同国の判例上は、原則として契約地法によらしめているけれども、当事者意思を考慮する余地を残している。イギリスにおいては、婚姻契約を契約のプロパー・ローによらしめており、現実的な当事者意思や状況から読み取れる当事者意思を考慮して準拠法を決定している。1922年のByzanion事件においては、船舶抵当権の抵触法的取り扱いについて当事者の指定を考慮している。

　つぎに、当事者はその契約に関する異なる事項を異なる法の規律におくことができるかを検討し、これを肯定したうえで[86]、当事者間の抵触法上の指定条項を仲裁条項と同様に主な契約と相対的に独立した指定契約と捉えて、その準拠法を論じている。

　当事者による抵触法的指定が有効であるかどうかは、法廷地法によればよいのであるから循環論とはならない。法廷地法は、原告の訴えが受理された国の法になるから、その契約と全く関わりのない国であるおそれがあり、妥当ではないという見解があり得る。この見解は、法廷地の法を実質法の意味に理解することによって生じる。しかし、ここでいう法廷地法と

---

85) Haudek, op.cit, S.13ff.
86) Haudek, op.cit., S.61ff.

いうのは、法廷地の国際私法を意味するのであるから、この批判は当たらない。ツィーテルマンの指摘した指定行為の有効性の要件の中、行為能力に関しては、ドイツ民法施行法7条1項に規定があり、その規定が定める準拠法によって決定すればよい。錯誤や合意要件については、法廷地の国際私法の立場から独自に決定すべきものである。したがって、当事者の抵触法的指定行為の有効性は、循環論に陥ることなく法廷地国際私法の立場から決定することができる。当事者が場所的法を指定する場合に、方式等の強行法規が存在することが考えられるが、これを回避するために当事者が抵触法的指定をすることがなぜ認められないのか、その理由は明確にはならないように思われる。

さらに、国際契約における準拠法の問題を明らかにしたいとする要望があり、その契約準拠法に関する明示的な合意が常に増加する傾向にあることを指摘する[87]。むしろ優勢であるようにみえるのは、その内容が知られており、その営業の要求を広く含んでいる自らの住所地で行われている法を表示したいとする当事者の意図がそうさせているがように思われる。とりわけ重要となるのは、有力な販売組織によって仕上げられカルテル的な圧力の下に契約の相手方を置くような海上取引の典型契約である。米国とのヨーロッパの穀物取引においては、ロンドンの穀物取引協会の La Plata Grain Conract が支配的であるが、それは当事者をイギリスの仲裁廷とイギリス法に服させ、外国の当事者への文書の送達を広く軽減するものであった。この契約は、イギリスにおいてだけではなく、ヨーロッパ大陸の取引においても使用されている。戦争の勃発後、米国からヨーロッパへの穀物輸出は、貨物運賃条項や保険条項の急速な跳ね上がりによって採算が取れなくなったとして、米国の供給者がドイツの顧客との契約関係を断とうと試みた。それは、ラプラタ（La Plata）契約と呼ばれたものであった[88]。当事者は、イギリスにおける敵国との取引を禁止する政治的な法律をその契約の準拠法としてイギリス法を明示的に指定することによって、取り込

---

87) Haudek, op.cit., S.101ff.

もうとした。La Plata 契約に類似する準拠法指定条項は、ロンドン生ゴム協会、ロンドン採油種子協会、ロンドン穀物仲買人協会、ロンドンコプラ（ヤシ油の原料）協会、ロンドン家畜食料協会、リパプール綿花協会の契約にも含まれていた。

　黒海及び東ロシア海の港を使用する穀物供給に関するドイツとオランダ間の条約は、特定の国の法を指定するのではなく、穀物取引業者のベルリン協会の仲裁廷に基づくことを規定していた。指定条項の欠缺はしたがって仲裁廷が現行法を考慮することなしに自由裁量のみで判断しなければならなかった。その際に、仲裁廷は一定の範囲で強行法により拘束され（ドイツ民事訴訟法1042条1項2文参照）、その契約の取消訴訟については地方裁判所により判断されなければならなかった。ドイツの会社が買主であれば、その契約がドイツの法域に関連する連結点を全く持たなかった場合を除き、ドイツ仲裁廷における合意によってドイツ法を選択することができる。

　業界法における準拠法指定条項は、国際的関係がある限り承認される。これはとりわけ運送法において認められる。ドイツ運送代理業者は、委託者やその承継者との法的関係についてはドイツ法によるべきものとする。ドイツ銀行はその業務については原則としてドイツ法を基準とするものとする。類似の条項は、販売・供給業において認められ、とりわけ生命保険契約や海上保険契約においてみられる。明示的な準拠法指定条項は、船荷証券や傭船契約においてもみられる。イングランドとスコットランドにおける夫婦財産制の相違から、当事者は婚姻契約において準拠法の問題を表示できるものとされている。個々の事例の明示的な準拠法指定は判例においても見出される。

　他方で、法律上あるいは合意による履行地の法、当事者の共通属人法、契約で使用されている言語や条項などからの補充的契約解釈による当事者

---

88) ラプラタ契約に関する一般的な説明については、例えば折茂豊『当事者自治の原則』（創文社、1970年）118頁参照。この契約条項については、Haudek, op.cit., p.101, Fußnote 4 参照。

の推定的意思に基づき抵触法的指定を認めることには、慎重な態度を示している[89]。

ハウデックの見解は、国際私法を国内法とみる立場から抵触法的指定の有効性は法廷地の国際私法によって決定することができるから、循環論には陥らないとする。錯誤や合意に関する要件などは、法廷地国際私法の解釈の結果として集積される国際私法における事項規定によればよいことを示している。同時に、国際的に抵触法的指定が既に実務上認められており、これを実質法上の指定しか認めないとすれば、かえって不都合な結果を生じることを示そうとしている。

第8節

ヴェングラー（Wilhelm Wengler, 1907-1995）の特別連結論

ヴェングラーは、1907年6月12日ヴィースバーデンで生まれる。カイザー・ウイルヘルム研究所の研究員として10年、フンボルト大学で1年在職の後、1949年以来定年までベルリン自由大学教授、国際法学者であるとともに国際私法学者として活躍。1934年に「抵触法における先決問題（Die Vorfrage im Kollisionsrecht）」に関する有望な論文を公表し、学会にデビューした。しかし、長い法律研究者としての経歴の中で、余り望ましくない状況の下で始められた[90]。外国に亡命したマルティン・ボルフ（Martin Wolff）、ハンス・レワルト（Hans Lewald）の門下であったため、

---

89) Haudek, op.cit., S.S.100ff.
90) この時代における若い研究者の置かれた困難な事情については、Wengler, Internationales Privatrecht, 1. Teilband（1981）の序文でも書かれている（S. X）。とりわけ、教授資格審査から排除された事情などに関し注目される。

第 8 節　ヴェングラー（Wilhelm Wengler, 1907-1995）の特別連結論

ゲシュタポ（ナチス・ドイツの国家秘密警察）により1944年に所謂ウェングラー事件で、カイザー・ウイルヘルム研究所を解任されるなど、困難な時期を経験した。

このような困難な中での研究が戦後国際的に認められた。1950年にウェングラーは「万国国際法協会（Institut de Droit international）」の会員に選出され、1975年の第二次大戦後の最初のドイツにおける、ヴィースバーデンの会期において会長（1973-1975年）を務め、1985年に名誉会員に選出された[91]。ヴェングラーは、国際法ばかりではなく、国際私法にも教授資格を持つ、その双方の領域間で伝統にとらわれない、まさに理想的な方法で連絡線を明らかにし得た、ドイツの最後の研究者ともいわれている[92]。

ウェングラーの国際私法の特徴的な、基本的考え方は、1981年に公刊された2巻からなる国際私法に関する著書の中に著わされている[93]。国際私法を国際法の一部と捉える立場から、独特の体系に従って文献、判例などの資料を整理して、独特の理論体系を明確にした著書であって、通常のドイツ民法施行法（EGBGB）の解説書ではない。例えば、法律行為に関する19章、20章は、親権に関する18条と婚姻締結及びその身分的効力に関する21章の間に置かれており、当事者意思に従って法律効果を生じる全ての行為を対象としており、債権的法律行為に限定しているわけではない[94]。この点も筆者の立場からみれば興味あるところであるが、しかしこ

---

91) 以上の点については、主として、Alfred E. von Overbeck, Wilhelm Wengler zum 85. Geburtstag 12. IPRax 1992, Heft 4, SS.270-280; Erik Jayme, Wilhelm Wengler, Tagung zur Eroffenung der Wengler-Bibliothek an der Humboldt-Universität zu Berlin, IPRax 2016, Heft3, S.299f. を参照した。
92) Vgl. Stefan Leible u. Matthias Ruffert（Hrsg.）, Volkerrecht und IPR（2006）, Vorwort
93) この書物は、BGBの帝国裁判所のコンメンタール第6巻として出版されているけれども、通常のコンメンタールと異なり、ウェングラー独自の国際私法理論の観点から従来の学説、判例、国内及び国際法源等を丹念に文献的に整理したものとなっている。
94) 佐藤やよひ・後掲注95）北川善太郎先生還暦記念論文集論文376頁以下参照。

れを全体として詳細に紹介することは紙面上も困難である。本章のその学説の位置づけからみると詳細に立ち入る必要がある訳でもない。したがって、これに立ち入らないことにしたい。ここでは、あくまで当事者自治との関係を念頭に置きながら、強行法規の特別連結論を中心に紹介し、私の問題意識をまとめるにとどめたい。

その場合に中心的となるのは、1941年に公表された「国際私法における強行的債務法の連結―比較法的考察（Die Anknüpfung des zwingenden Schuldrechts im internationalen Privatrecht. Eine rechtsvergleichende Studie)」である。この論文についてはすでに優れた紹介、検討がわが国においてもみられるので[95]、屋上屋を重ねることをおそれつつ、わたくしなりに紹介し、考えてみたい。

この論文は4つの部分に分かれている。「Ⅰ問題提起―判例及び学説の概観、Ⅱ法廷地強行法の適用範囲、Ⅲ外国の強行法の適用範囲、Ⅳ当事者自治の範囲」である。

Ⅰについては、諸国の判例をみると、まず、内国の強行法の適用と外国の強行法の適用が異なる原則によっていることを指摘する[96]。つまり、内国の強行法の適用については、当事者が合意した債務準拠法如何にかかわらず、原則として自国の強行法を適用する。その場合に、法廷地国とその

---

[95] 例えば、桑田三郎『国際私法研究』（文久書院、1966年）235頁以下、折茂豊『当事者自治の原則』（創文社、1970年）188頁以下、佐藤やよひ「ヴェングラーの『強行法規の特別連結論』について」甲南法学37巻4号139頁以下、佐藤やよひ「渉外債権契約における当事者自治の原則と強行法規の特別連結論―ヴェングラーにおける当事者自治とは―果たして抵触法的指定を認めるものか―」磯村保他編『契約責任についての現代的諸相（上巻）（北川善太郎先生還暦記念論文集）』（東京布井書房、1996年）362頁以下、佐藤やよひ「ヴェングラーの『強行法規の特別連結論』の理論構造」国際法外交雑誌97巻3号43頁以下、井之上宣信「国際私法における特別連結路理論について」『国際私法学への道程』（日本加除出版印刷、1995年）85頁以下、松井志菜子「強行法規の特別連結論―ヴェングラーの公序論を中心に」筑波法政25号223頁以下等参照。

[96] Wilhelm Wengler, Die Anknüpfung des zwingenden Schuldrechts im internationalen Privatrecht. Eine rechtsvergleichende Studie, 54 Zeitschrift für vergleichende Rechtswissenschaft (1941) S.170f.

法律行為の間に現実に密接な関係があるときは法廷地強行法を適用し、極めて緩やかな関係のみが存在するに過ぎない場合には、法廷地強行法は適用されない。立法上、明示的に法廷地強行法の適用を規定することは稀である。そのような立法は、債務者の住所地又は履行地が内国に所在するときか、内国的保護が合意されているときに、法廷地強行法を適用し、極めて稀に、法廷地強行法の適用可能性を内国法が債務準拠法になるかどうかにかかわらせているときがある。それに対し、外国強行法規については関連する国の法が同時に債務準拠法である場合にのみ適用される。債務準拠法が他の国の法であるにもかかわらず外国強行法が適用されるのは、法律回避のような全く例外的な場合に限られる。このような内国強行法と外国強行法の取扱いの相違は、判決の国際的不一致の原因となっている。

　この点に関する判例の改革には論理的に次の二つの方法が考えられる[97]。つまり、①外国強行法ばかりではなく内国強行法についても債務準拠法であることを要求する方法、②内国強行法だけではなく外国強行法についても、債務準拠法がどの国の法であるかに係わりなく決定する方法、である。ヴェングラーは、このうち②の方法を提唱し、従来の通説である債務準拠法説を次のように批判する[98]。通説は債務準拠法が何であるかについてあまり多くの注意が向けられていない。例えば、方式、行為能力及び錯誤、強迫などに影響を受けない意思は、有効な債務の存在のための要件であるが、殆どいずれの国でもこのような要件は特別に連結され、必ずしも債務準拠法によっているわけではない。少なくない法秩序においては、債務の履行に関する問題も特別に連結され、契約のプロパー・ローは、当事者が義務を負うか、どこまで負うかについてのみ決定するだけである。むしろ、債務準拠法は、特別の連結によって他の法秩序に服していない債務関係が服する法秩序というべきである。例えば、金約款の有効性に関する規定は債務準拠法によるべきではなく、そのような問題が特別連結されないかど

---

97) Wengler, op.cit., S.171
98) Wengler, op.cit., S.172

うかを、まず決定すべきである、とする。

　Ⅱは、法廷地法の強行法の適用範囲に関する。法廷地の強行法は、その規定の法政策上の目的から適用範囲が決定され、どの法が債務準拠法であるかにかかわらないことは、判例によっても広く認められている[99]。内国の外為法により金による支払いが禁止されているとすれば、この禁止は債務準拠法が内国法か外国法かに係わりなく、同じように適用される。その禁止が内国で行われるすべての支払いに関連するか、又は内国の債務者の全ての支払いに関連するか、それとも内国の債務者の内国における支払いにのみ関連するかは、関連する禁止規定の通貨政策上の目的によって決定される[100]。また、船主の責任制限を禁止する法廷地の強行法は、貨物運送契約の準拠法が内国法であるかどうかにかかわりなく、国内の港湾から発航する全ての運送、又は国内の港湾を仕向地とする運送、国内の受取人のための運送、国内の運送人の保護などのために適用される[101]。この場合に問題となっているのは、法廷地の公序に係わる強行法規であり、当事者又は外国法の指定によって逸脱することを許容するものではない。しかし、その法律関係が内国と現実に密接な関係にない場合には、法廷地強行法は介入しないのが原則である[102]。

　例えば、法廷地の利息制限法が法定利率制限を8％と定める場合、債務者が内国人である場合にのみ適用される。この法律は内国の債務者保護を目的とするからである。外国人がその法によると有効な10％の利率を合意したとしても、法廷地の利率制限規定は適用されないことになる[103]。それに対して、関連国において外国人間で30％の利息を強制的ではなく有効に当事者双方が合意したとしても、その種の高率な利息は無条件に良俗に反する「悪習的（unsittlich）」なものとみなされ、公序法によって禁

---

99) Wengler, op.cit., S.173
100) Wengler, op.cit., S.173f.
101) Wengler, op.cit., S.174
102) Wengler, op.cit., S.174f.
103) Wengler, op.cit., S.174f.

止される。この場合における公序法上の禁止は、普遍的適用範囲をもつものとして常に適用される[104]。しかし、このような普遍的適用範囲をもつ公序に関する規定は稀であり、多くの場合、法廷地の公序法に係わる強行規定は、特定の場所的、又は人的な適用範囲をもつ[105]。

　強行法規の固有の場所的適用意思を法規の目的から決定することは常に容易であるとは限らない[106]。法廷地の強行法の場所的適用意思に関し法律中に何も見出すことができない場合には、裁判官は、法律の補充的解釈により、その規定の意義と目的から、その場所的、人的適用範囲を確定する。多くの場合その強行法規自体その望ましい適用範囲を制限している。外為法については、それが内国における支払いの全てに適用されるのか、外為法上の内国人の全てに適用されるのか、外為法上の内国人の内国的支払いについて適用されるのか等を決定する。もっとも、強行法規が渉外的法律行為に適用されない事例もある。例えば、フランスの金約款法が事情によっては国内市場についてのみ適用しようとすることである[107]。というのは、国際市場については経済政策上の根拠から純国内市場と異なって扱われなければならないことがあるからである。要するに、法廷地法の強行法規の場所的適用範囲は、債務準拠法と独立に、この規定の意義及び目的から決定するのが基本原則である[108]。もっとも、明文上の規定により債務準拠法が法廷地法である場合にのみ、法廷地の強行法が適用されるように規定されていることもある[109]。しかし、そのような適用は法廷地の強行法規の意義及び目的と調和しないのが通例である。そこで、そのような強行法の規定は、内国の債務者を保護しようとして、それで内国の債務

---

104) Wengler, op.cit., S.175
105) Wengler, op.cit., S.175
106) Wengler, op.cit., S.176
107) Wengler, op.cit., S.177 Anm.1
108) Wengler, op.cit., S.179
109) 例えば、1937年のカナダ金約款法4条、1937年のオンタリオ州金約款法29条等である。Vgl. Wengler, op.cit., S.178 Anm.1

者が参加し同時に内国法が債務準拠法である全ての法律関係に必然的に適用しようとするか、内国の営業者による独占的地位の悪用を防ぐためにそのような営業者が参加する全ての法律関係に適用しようとするか、あるいはその目的と調和するように何らかの方法で特定する連結を内国に指定する全ての法律関係に適用するか、のいずれかの方法を採る[110]。

Ⅲは、外国強行法規の適用範囲に関する。この部分は、1. 基本原則的なもの、2. 外国の強行法の自らの適用意思の考慮、3. 強行法規の公布に「権限を有する」外国法秩序の決定、4. 外国の強行法と法廷地法の公序、5. 外国強行法の侵害を考慮しての悪習及び不能に分けられている。

1. については、まず、全ての国家がその自らの強行法の適用範囲を一般に債務準拠法を考慮することなしに、国際私法の一般原則から、その裁判所が外国強行法にどのような態度を採らなければならないかという問題についての解決策も生じる、とする。法の調和という思想から、つまり全ての諸国においてできる限り一致した判決が要請されるという原則から、関連国の法秩序が債務準拠法である場合に限らずに、それでそのような場合のみではなく、適用されなければならない。ある外国の強行法がその自らの適用意思によってその他の点ではこの国の法に服しない法律関係に適用されるとすれば、一定の、その後直ちにより詳細に検討される制限内で内国においても承認されるべきであり、それによって内国判決ができる限りその強行法規を公布した国の裁判所の判決と異なることがないようにすべきである。国際的司法共助の思想からも同じ結果が生じる。強行規定を公布した国は、外国の裁判所もこの強行規定を場合によっては適用されることを期待するに相違ないからである。このような観点からウェングラーは、かつてフランスの裁判所が米国の金約款法の適用に関し、米国法が債務準拠法ではないけれども、米国への密接な関係が示され、フランスの立法者がフランスに対応する連結が存在するとすれば、債務準拠法を考慮することなしに、自国の金約款立法を適用したであろう場合に、米国金約款

---

110) Wengler, op.cit., S.180

第8節　ヴェングラー（Wilhelm Wengler, 1907-1995）の特別連結論　129

法の適用を否定した事例を批判する[111]。他方で、ノルウェーの裁判官が米国法自体は適用意思を示していないのに、ノルウェー法によると、米国法が債務準拠法になると言うだけで、米国の金約款法を適用しようとすることを批判する[112]。

2.については、外国強行法適用の第一の要件、つまりその強行法自身が適用を意図することについて金約款法の例を挙げて説明する。債務準拠法の内容に関する外国強行法は、常にその法自身の場所的適用意思の枠内で適用されるべきである。米国の金約款立法自体は、その支払いが米国国内で生じるに相違ない場合にのみ適用されるものである。したがって、オランダの裁判所は、アムステルダムにおける金ドル支払契約について訴訟が係属した場合、仮令オランダの立法者がその国の金約款立法にオランダ外で支払われる金約款義務をオランダの債務者に適用することを欲したとしても、米国の金約款立法を適用しなくてよいとする。

3.については、外国強行法の適用の第二の要件を説明する。まず必要となることは、その外国がその強行法をある債務関係に適用すべき場合に、その法律関係との現実に密接な関係が示され、他の国の法律扶助がその強行法の貫徹について正当化されるかである、とする。重要となることの一つは、排他的で決定的とまでは言えないにせよ、それ故その外国がそのような密接な関係に基づいて自ら公布する法律の施行のために、法廷地国が助力する状況にあるという事情が多分あると認められることである。この場合に、強行法規の個々の規定（責任制限禁止、金約款禁止等）に関する他の国によっても適用される強行法規についてその法律関係と充分に密接な関係を示し、公布することができるのはどの国なのか。我々の調査によれば、例えばドルの支払い義務が米国と殆ど関連を示さないという事実関係があると言うだけでは充分ではなく、外国の裁判所が米国的金約款立法を支払義務に適用しようとしても、適用するのに充分でないという事実関係

---

111) Wengler, op.cit., S.182
112) Wengler, op.cit., S.182 及び同頁 Anm.1

があることが必要である。債権者または債務者がその営業地を米国国内に持つとすれば充分であろう。しかし、ある外国がその法律関係に弱い関連しか示さないのに、その強行法を適用できると考えたとしても、これは顧慮されない。その外国の立法者は、法廷地の国際私法の観点からみれば、「能力外（ultra vires）」だからである[113]。

これと異なるのは、その国の立場からみればその法律関係と最も密接な関係を持っているある国家が、その法律関係と全く緩やかな関係を示すに過ぎない国の強行法を適用することを明示的に規定する場合である。例えば、ポーランドに居住するポーランド人間でポーランドにおいて締結され、履行される、その契約中にドルによる文面となっている契約について、ドイツにおいて判断すべき場合に、ポーランド国際私法によると金約款の有効性を問題となる外為法にかかわらせており、契約の文面でドルに言及されている以上、米国金約款禁止法により規律されるべきことになる。この場合に、ドイツの裁判官は、ポーランドの見解に従わなければならない[114]。

ところで、全ての諸国の判例において常に一致する原則が築かれているわけではない。外国の強行法規の適用については、その強行法規に関連する外国法秩序が債務準拠法である場合にのみ適用されてきた。しかし、これは適切でなく、その外国法秩序が債務準拠法であるかどうかに係わりなく、その強行法を定める外国法秩序が法律関係と現実に密接に関連するかどうかで決定すべきである。このような「現実に密接な関連を有する国」は、例えば金約款禁止立法については、通貨、債務者の住所地、履行地など複数の基準があり得る。したがって、外国の強行法の適用について複数の法が適用され、複数の国の強行法による制限を受けることがある。このことは外国判決承認の場合とまったく同一である[115]。外国判決の承認の

---

113) Wengler, op.cit., S.187
114) Wengler, op.cit., S.188
115) Wengler, op.cit., S.189f.

場合は、その外国裁判所が国際的裁判管轄を有するかを決定し、その事例がこれに当たるときに、その外国判決を国内で承認する。これと同じように、各国はその外国の立法者がその法律関係を強行法規により規律する国際的管轄権を有するかどうかを決定し、国際的管轄権を有する事例に当たると判断すれば、内国においてその外国の強行法規を適用することになるであろう[116]。

　この点について海上物品運送に関する船主の責任制限立法に関する例を考えてみよう。例えば、A国の裁判所が、B国の港とC国の港間の物品運送について、関連する責任制限立法の有効性を判断する場合を考えてみよう[117]。この場合にA国の法が適用されないことは疑いない。B国がそのような責任制限禁止立法をもつとすれば、その立法によって決定した港がB国の港である場合のみに、そのB国法が適用される。C国は、責任制限立法をもつがC国の港からの運送にのみC国法を適用する。A国の裁判所は、B国への運送が問題となる場合にB国法を適用し、C国の港からの輸送が問題となる場合にC国法を適用するであろう。その場合に、立法で定めた特定の港の法だけではなく、出港国法もまた船主の責任制限に関する強行法規によってより理性的な方法で規律することができるという見解に立てば、現実に密接な関係を有する国の法は、事情によっては複数の国の強行法規が適用されることになり、これらの全ての法によって有効とされなければならないことになる[118]。これは不当な取引制限となるという批判もあり得よう。しかし、船舶は、その港から出航する場合にはその国の原則に従って堪航能力を証明しなければならず、またその向かおうとする全ての港でその国の基本原則に従って堪航能力を審査され、その結果として計画した運航を実現することができる[119]。まさに、複数の国と密接な関係を示す私法上の行為が、それらすべての国の強行法規を、少

---

116) Wengler, op.cit., S.190
117) Wengler, op.cit., S.190f.
118) Wengler, op.cit., S.191f.
119) Wengler, op.cit., S.192

なくともそれらの諸国が自らの立場から適用を欲する限りは、その強行法規で定める要件を満たさなければならないのである[120]。

外国の強行法の適用の前提となるのは、法律関係とその強行規定を公布した国の間に密接な関係が存在する場合であり、複数の国の法秩序が考慮されるだけではなく、その国への連結が強行法の適用を正当化するために十分に強く密接関係が存在するわけではないことも考えられる[121]。例えば、二つの国際カルテル間の合意が、国際私法の観点から、関連する法律行為につき強行法規を公布する管轄権を有する国がないということも生じるかもしれない。しかし、これは稀な例外的事例となろう。国際的取引行為は、原則として強行的国家法の適用を免れるものではなく、その強行法自身が適用することを欲し、第三国によっても適用されることができることを前提として、一つ又はそれ以上の国が現実にその行為と充分に密接な関係にあるのである[122]。

複数の法秩序の重畳的適用は、そのような場合にも困難なく実行可能である。例えば、二人の当事者が金約款条項を伴う契約を締結したとする。それについて強行法を公布する国際管轄を有する一つの国の法によると、金約款は無効であり、したがって債務者は紙幣で支払われるべきである。同様に、国際管轄を有する他の国の法によると、金約款ばかりではなく契約全体が無効になる。この場合に、第三国の裁判所による両方の重畳的適用について金約款禁止のより強い制裁が基準となり、その契約は無効になるとみなされなければならない[123]。より難しいのは次のような事例についてである。ある法律行為が複数の国の強行法規と関連し、これらの国の立法が契約において設定される金債務をその国の通貨を表現しているものとする。当事者がＡ国法の禁止に反してＢ国の通貨を選択したとすると、Ａ国法によるとＡ国の通貨を合意したものとして有効であり、契約締結

---

120) Wengler, op.cit., S.192
121) Wengler, op.cit., S.193
122) Wengler, op.cit., S.193f.
123) Wengler, op.cit., S.195

時の為替相場で支払われるべきことになろう。ところが、B国法によるとB国の通貨を合意したものとして、それに対応した解釈が行われる。この場合に、二つの法の累積適用をしようとすると、有効な契約が成立しないものと解釈されなければならない[124]。

4. については、以上の二つの要件のほかに、その外国の強行法規が法廷地の公序に違反しないことを第三の要件として提示する[125]。例えば、支払いによって一旦消滅した債務が平価切り上げ立法によって事後的に債務として再生し、法廷地の法感情と調和しない結果を生じる場合が考えられる[126]。この場合には、法廷地の消極的公序は、単に外国強行法の場所的適用範囲の制限としてのみ作用する。外国法の適用範囲を、関連する外国と法律関係の密接な関係に基づいて限界づけるのではなく、その法律関係と法廷地法の間の密接な関係のみで限界づけるのであり、外国強行法の内容が法廷地の公序、つまり法廷地の正義の観念や個々の法律の目的と抵触する場合の公序の発動に関する。

外国の強行法規が法廷地の公序と調和するかは、原則として法廷地法の観点からのみ判断することができる。したがって、外国法による金約款の事後的取消が、ある国においては公序に反しないが、他の国においては公序に反することも生じ得る。一連の法規について疑いが生じれば他の国においても適用されないであろう。その際に問題となるのは、対抗措置、とりわけ経済的な対抗措置である。国家経済の保護のために定められ、外国との取引を困難にする措置であるが、この時代、大多数の国家が最終的にそのような措置を採り得るとして容認している。そうとすれば、このような諸国間の関係においては、その強行法規を公布した国以外においても、できる限り適用されるべきである。非居住者法は、既に存在する債務の履行を困難にし、かつ、現実にはまず外国人の債権者に係わるのである。し

---

124) Wengler, op.cit., S.195
125) Wengler, op.cit., S.197ff.
126) Wengler, op.cit., S.198

かし、非居住者法をもつ国は、他の国の非居住者立法を考慮し、既に存在する債務の履行ではなく、新たに生じる債務の履行について、その立法を適用するであろう。また、ある債務の履行が給付地においては刑罰によって禁止される場合に、債務者が給付地で刑罰を科されるような給付を求められることはあってはならない。そのような強行規定は、公序に基づいて判断されなければならない。つまり、そのような債務は、履行されるべきであるが、公序に基づいて債務内容を修正して、債務者が刑罰を科されることがない別の場所で、給付が行われるべきである。

　1.については、これまでの外国強行法の適用要件を確認するとともに、外国強行法に違反するために「不法（Unsittlichkeit）」になり、「不能（Unmσglichkeit）」になりことがあることを説明し、この外国法秩序が禁止違反の行為に無効の制裁を結びつけている場合にのみ無効なるものとするのであって、この外国法秩序が金約款を紙幣支払約款とするにとどめているときには無効の制裁は生じないとする[127]。結局、債権の成立又は履行を禁止する外国の強行法は特別の連結によって直接適用されるのであって、債務準拠法の迂路を経由して適用されるものではない、とする。

　2.については、これまで検討してきた法廷地法及び外国法の強行規定の適用問題を前提として、国際債務法における当事者自治の範囲の問題が論じられている。支配的な判例によると、当事者自治に残されているのは、既に立法上の抵触規定によって特別に連結されていない範囲内で、その法律関係の内容を特定の国家法の指定によって決定することである[128]。当事者は、法廷地の公序の枠内で、より多くの強行規定を適用することを宣言できる。それ故、当事者は、米国自身がその規定の適用を欲しておらず、米国法がその契約に少ししか関係がない場合であっても、金約款条項の有効性に関する米国法の将来の全ての規定をその契約中に含ませることができる[129]。また、当事者は明示的に特定の強行法を排除することもでき

---

127) Wengler, op.cit., S.202ff.
128) Wengler, op.cit., S.206

る[130]。それによって当事者が防止することができるのは、裁判所が後になって債務準拠法として合意した法秩序の全ての規定が一括して契約の内容となっているという主張を採り入れることがないようにすることである。しかし、当事者は、その強行法自身が適用されることを欲し、かつ、それを公布した国と法律行為の間に他の国からみて充分に密接な関係が現実にある場合には、このような強行法規の適用を排除することができない。

当事者は債務準拠法の選択について選択できる法が量的に制限されるのか。この点についてヴェングラーは制限を否定して次のような例を挙げている[131]。スイス人とオランダ人の信託契約についてリヒテンシュタイン法の適用を合意する場合に、リヒテンシュタイン法が信託を法典化している唯一のヨーロッパ大陸法系の法であり[132]、当事者がこの法によって権利義務を知ることができるのであるから、このような選択は合理的である。

さらに、どの国の法律もその法律行為に適用されるべきではないという、当事者意思が明示的に示すことも可能である。この場合に、当事者が明示的に規律しないときは、契約の意義及び目的から補充すべきとすることが可能である。そのようなことは銀行、カルテル等の規模の大きな国際取引で問題となる。国家の法律又は慣習法によって解決が用意されている個々の問題についてこのような契約の草案に規律のないままになっていると、裁判官は、他の方法で当事者意思を認識することができない場合に、その法律又は慣習法を適用するであろう。しかし、当事者意思は、明示的にこのような国家法による補充を否定しているのであるから、そのような解決は妥当ではない。類似の問題は標準的契約書式によっている場合にも生じ

---

129) Wengler, op.cit., S.207
130) Wengler, op.cit., S.208
131) Wengler, op.cit., S.209
132) 1926年にイギリス法をモデルとして制定された信託法。これによると、受託者に信託財産に関する法的権限を与え、受益者に受託者の債権者や受託者から信託財産を譲り受けた者に対する物権的権利を与えることで受益者保護を図っている。1980年の改正によって信託の要件として登録制度が採用されている。

るであろう。当事者意思による国家法の適用排除は、妨げられてはならない。このような当事者意思を排除する国家の強行法規が適用されるのは、強行法規を公布した国家がその法律行為と充分に密接な関係を示し、かつ、その強行法規の適用意思があることが知られている場合に限られる[133]。

　最後に、以上のまとめがあるが、これについてはこれまでに正確に紹介されているので、省略する[134]。

　ヴェングラーは、国際私法を国際法と位置付けるドイツで重要な役割を果たした研究者である。一方では、当事者の自由に関する当事者自治については、判例が広く当事者による抵触法的指定を認めていることを根拠として、少なくとも準拠法決定段階においては、無制限の自治を認めている。この点は、同じ国際法説に立つツィーテルマンやヴォン・バールなどと見解を異にしている。当事者自治を量的に制限する見解に対しても、スイス人とオランダ人が信託契約の準拠法としてリヒテンシュタイン法を選択する例を挙げて、量的に制限することが妥当でないと主張する。当事者は、強行法規の特別連結による制限と法廷地の公序に反しないという枠内で、自由に外国の強行規定の拡大的適用も、いかなる国家法にも服さないという決定をも明示的に合意することができるものとする。他方では、国家の規律権力との関係については、従来の判例で認められてきた法廷地強行法が公序に係わるものとして債務準拠法と独立に連結され、適用されてきたことを、国際法が要請する判決の国際的調和の観点から双方化し、外国強行法の適用についても同じ原則が適用されるべきとする。つまり、その外国強行法が債務準拠法となっているかと係わりなく、次の3つの要件を満たせば適用されるべきものとする。①その外国強行法の規定自身が適用を欲すること、②その外国強行法が債務関係に現実に充分密接な関係にあること、③その外国強行法の内容が、法廷地の正義の観点から原理的に、又は法廷地との密接な関係があることに基づいて、法廷地の公序に反しない

---

133) Wengler, op.cit., S.210
134) 例えば、桑田、前掲書257頁以下参照。

第8節　ヴェングラー（Wilhelm Wengler, 1907-1995）の特別連結論　137

こと、である。外国強行法がその適用段階で公序を理由とするとして特別連結される。その場合に、②の要件を満たす外国強行法が複数あることを認め、それらを累積適用する。そうすると、その法律行為が無効となる可能性が増加する。これは、当事者自治について質的制限が実務上受け容れ難いことを鋭く見抜いたうえで、質的制限説と異なる理論を周到に用意して、当事者自治の質的制限論の主張を、実際上少なくとも部分的に受け容れようとしているのではないか、との疑問も生じ得る。

　しかし、特別連結論に関する種々の批判があり、特別連結論の立場からそれに積極的に答えたとみられることが少ないにもかかわらず、実際上特別連結論を支持する見解が少なくない[135]。立法例としても、1980年6月19日の契約債務準拠法に関するヨーロッパ共同体条約7条、1986年のドイツ民法施行法34条（2009年6月25日法によりローマⅠ規則との関係で削除）、1987年12月18日のスイス国際私法19条、2008年6月17日の契約債務準拠法に関する欧州議会と欧州理事会の規則（ローマⅠ規則）9条などで採用されている。特別連結論が公序との関係で展開される総論的な理論とすれば[136]、ウェングラー自身はあくまで強行的債務準拠法の問題に限り論じているとしても、当事者の自由と国家の規律権のバランスを考慮して形成された理論とすれば、当事者自治が国際家族法等その他の分野に拡張している現在の時点に立てば、当事者自治が拡張された分野においても特別連結論が導入され得るのではないかと思われる。しかし、現在のところEUの規則においても特別連結論の導入が拡張されてはいない。この点は将来的な課題ということになるのであろうか。

---

[135] 井之上宣信『国際私法への道程』（日本加除印刷、1997年）105頁以下は、その後の特別連結論を支持する学説としてツヴァイゲルト（Konrad Zweigert）とケーゲル（Gerhard Kegel）の学説を紹介するとともに、特別連結論に対する諸批判を紹介し、検討している。
[136] 公序論との関係でヴェングラーの特別連結論を論じているものとして佐藤やよひ、前掲甲南法学論文140頁参照。佐藤は、この理論が契約以外にも及ぶものとしながら渉外契約の分野で最も稼働することを認めている。

第9節

まとめ

　以上、当事者意思との関係で国際私法学説の中、私が注目した学説を中心に紹介した。本章を書いてみて、狭いスペースで、限られた期間内に各学説を紹介するのが如何に無謀な試みであるかを思い知った。学説史は、研究者がその生命を賭けて挑戦し、形成した理論を振り返る試みであり、そもそも短期間で短くまとめられるものではない。このことはある程度理解していたのであるが、これまでの私の研究の不十分なところを偉大な先人の理論から学ぶ部分として、欠かすことはできないように思われた。

　国際私法学説は、本章で紹介した以外に多くの学者により形成され、それが滔々とした歴史の流れの中で受け継がれ、発展してきたものである。しかし、一見普遍性を持った理論であっても、その著者の置かれている社会の法律実務と切り離して考えるべきではないように思われる。

　バルトルスやその一派が当事者意思に着目した理論を展開することがなかったのは、その時代には未だ債権契約が重要な社会的意義をもたなかったことと無縁ではないはずである。ディムーランが当事者意思に着目した理論を形成したと言っても、あくまで法規分類学説に立ち、黙示的意思について論じたものであり、夫婦財産契約の解釈をめぐる問題であったという点では、当事者自治をはじめて提唱した学説とみるかどうかについては議論の余地がある。しかし、当事者意思に着目して理論構成を行い、その後のフランスだけではなくヨーロッパ諸国の判例や学説に影響を及ぼしたことは否定できない。サヴィニーが当事者自治反対論者のように捉える理解が有力な学者から示されている。サヴィニーは確かに当事者自治という用語の使用を避けている。しかし、それは自治という用語を使用することによって封建貴族等の当時の保守勢力が漸く勢力を得てきた当時のドイツにおける産業資本主義の発展を阻害するものとなることをおそれたからで

はなかろうか。債務関係の本拠を当事者の任意の服従に求め、事例の類型による詳細な連結原則を提示しながら、明示の意思がある場合には債権に関する法律関係をその意思により指定された法によることを、法廷地の強行法規との関係では実質法的指定の限度においてではあるが、サヴィニー自身認めている点を無視すべきではない。ツィーテルマンが当事者自治を否定し、実質法的指定のみを認めたのは、民族国家が成立し、各国がばらばらに国際私法規定を制定することをできる限り防止し、国際法の思想に基づき国際的な判決の不調和ができる限り生じないようにするためであった。少なくともこの時代までは、当事者による明示的な準拠法選択は社会に定着しておらず、明示的でない当事者の意思を各国で広く推定し、拡張してそれぞれの国が連結原則を定めるおそれに対する一つの対抗策を提示していたように思われる。もっとも、ツィーテルマンの理論は、普遍的国際私法と国内的国際私法の重層的な構成になっており、国内的国際私法の規定はあくまでその領域内でのみ効力を生じるに過ぎないものではあるが、各国間の交渉などによってその規定が普遍的内容をもってくると、彼が提示した普遍的国際私法の一般規則に優位して普遍的国際私法の特別規則として適用されるものとしている点も注目すべきである。ハウデックの時代になって、ようやく当事者による明示的な準拠法指定が広く認められるようになる。彼は、このようになってきた社会の実務を基礎として、実質法的指定しか認めない理論が如何に社会の要請と乖離したものであるかを示すとともに、当事者自治否定論を理論的に批判した。ウェングラーは、これまでの当事者自治否定論、各種の制限論が諸国の判例をみる限り支持されていないことを鋭敏に察知して、一方では、当事者自治を個人の自由に関する制限のない原則であることを広く認めつつ、他方では、国家の規律権を行使する手段として新たに特別連結論を提示し、それによって各国において判決の不調和をできる限り生じないように、国際法の観点から強行法規の介入要件を説いた。当事者自治の原則が債権契約についてのみではなく国際家族法を含むより広い分野で主張されるようになると、この理論をどこまでどのようにして拡張的に認めてゆくかは今後の課題として残されているように思われる[137]。しかし、当事者自治をできる限り広く認め

る立場を採るとすれば、特別連結論も単に債権契約についてのみではなくより広い分野において活用すべきであると考える。

---

137) ウェングラー自身は、当事者自治の原則と特別連結論の無関係性を強調する。したがって、このような問題設定自体が誤っているということもできるかもしれない。確かに、当事者自治と特別連結論は理論的に必然的に関連するものではない。しかし、当事者自治を広い分野で認めれば、それだけ強行法規の特別連結の必要性も増加するという意味で、事実的関連性まで否定すべきではないであろう。ジェイムは、1991年の万国国際法会議のバーゼル決定の際に、当事者自治と国家の強行法規の特別連結の関係について、ウェングラーと何度も繰り返し議論したことを述べている（Stefan Leible=Matthias Ruffert（Hrsg.）, op.cit., S.37f.）。

第3章

国際債権契約法における当事者自治の原則

第 1 節

序説

　最近における社会のグローバル化に伴う当事者自治の確立と拡張、その中に残された課題や現状をみる前に、当事者自治が最も古くから論じられて、現在の当事者自治の確立とその拡張の基礎的理論が形成されてきた国際債権契約における当事者自治をめぐる問題を考えてみたい。当事者自治の原則の学説史上の展開と課題については、すでに第 2 章で概観した。

　本章では、まず、当事者自治の原則が国際債権契約法において全世界的に支配的となっている現状やその社会的、法政策的背景を比較法的に概観する。とりわけ、当事者による準拠法選択合意がどのような要件ないし制限に服するのか、その有効性がどのような法によって判断されているのか、当事者の選択することができる法に客観的な関連性など何らかの制限があるのか、契約の類型により当事者の選択が制限されることがあるのか、そのような制限がされる理由は何か、などの当事者自治の原則をめぐる個別的問題を各国国内法の法典化や国際的な法典化に注目して整理する。さらに、当事者による明示の準拠法合意がない場合に、実務上当事者自治の原則を扱う裁判所の観点からみれば、どのような問題に直面しているか、それがどのように解決されてきているかを明らかにすることを通じて、真の問題点がどこにあるのかを探ってみたい。最後に、これらの考察を踏まえて、当事者自治原則の現代における理論的根拠を考察し、当事者自治の原則が他の新しい法分野で問題となる理由を探り、本研究の課題を確認しておきたい。

第2節

国際債権契約における当事者自治の原則

1　比較法的概観

(1)　はじめに

　当事者自治の原則は、契約上の債権関係の準拠法を決定する原則として一般的に広く認められてきたといわれているが、その理論的基礎付けが十分に説得的ではなく、説明しにくいところを残していた。そのためか、ヨーロッパ大陸諸国においてもこれを明文で定める国は、1970年代以前には、必ずしも多くなかった。近代的な観点から当事者自治を確立したマンチーニが提出した草案に基づいて、1865年にイタリア民法典前置規定9条で「債務の内容及び効果は、行為地法によって定められ、契約当事者である外国人が同一の国に属するときはその本国法による。ただし、当事者がこれと異なる意思を有していたことが明らかになった場合には、その意思に従うものとする。」とする影響のもとに、イタリア民法25条第2文のように当事者自治を明文で認めたと思われるものもあった。しかし、多くの諸国では、明文の規定を欠いていた。それにもかかわらず、学説上これを積極的に認めようとする見解が有力であり、実務的必要性からこれを認める判例が次第に確立されていったといわれている。例えば、ドイツにおいては、1886年8月18日に成立し、1890年1月1日から施行された民法施行法（EGBGB）は契約債務の準拠法に関する規定を欠いていた。立法過程においては、当事者自治の導入を含めた草案（第6次案2266条）が検討された[1]。当事者自治の否定論については、プロイセン王国国務省の国際私法委員会ではすでに克服されていたとみられるが、各州の事情によって当事者自治の原則に対する積極性について相違があり、かつ、当事者による準拠法選択の意思表示がなかった場合に関する対応に相違があったこともあり、

1895 年 11 月 27 日の会議で、この規定の削除が決定された。もっとも、ドイツ帝国裁判所は、1882 年 7 月 8 日の判決（RGZ9, 225）で、国際債務契約の準拠法が当事者の明示的又は黙示的な意思に基づいて決定されるべきことを認め、契約の準拠法の決定は、まず第一に当事者がその契約関係をいずれの法に服させたかにかかっている、とした。ドイツ帝国裁判所は、さらに、1885 年 11 月 13 日の判決（RGZ14, 235）で、当事者自治に基づく準拠法の指定は、強行法規定を含み有効であると宣言していた。このような判例を基礎として、実質法的指定であるか、抵触法的指定であるかの認定を裁判所の判断に委ねる方が妥当であると考えられたからではあるまいか。

　なお、同様に当事者自治を認めた判例は、フランスの 1910 年 12 月 5 日の破棄院判決（American Trading C c. Québec Steamship C 事件判決）（Sirey 1911.1.129）、ベルギーの 1938 年 2 月 24 日判決（Société nonyme Antwerpia et Peten c. Ville d'Anvers 事件判決）（Rev. crit. d.i. p.33（1938）p.661ff.）、オランダ最高裁 1966 年 5 月 13 日判決等にもみられた。また、イギリスにおいても Vita Food Products Inc. v. Unus Shipping Co. Ltd. [1939] A.C. 277, [1939] 1All. E.R. 513 が、カナダのニューファウンド島からニューヨークへの被告所有の船舶による貨物の輸送につき、船長の過失によって損害が生じたとして、荷主が海上物品運送に関する損害賠償を求めたのに対し、船荷証券裏面約款上「本契約はイギリス法によるものとする」準拠法条項を有効なものとして、船会社の抗弁を認めている。要するに、ヨーロッパの多くの国において明文で当事者自治を規定していない場合にも、判例によって契約の準拠法を当事者の明示的意思により決定されることは広く認められていたのである。

1）1895 年 11 月 23 日のプロイセン王国国務省の国際私法委員会に提出された外国法の適用に関する第 6 次草案 2266 条は、「生前の法律行為から生じる債務関係は、その法律行為が締結された地の法による」（第 1 項）、「当事者により他の場所の法律によることを予定すべき事情が認められる場合には、この地の法律に準拠する」（第 2 項）としていた。2 項はその趣旨が必ずしも明確でないようにも思われるが、当事者自治を認める趣旨と解される。

このような状況を反映して1980年の契約債務準拠法に関するローマ条約が締結され、同条約3条1項において契約に関しては当事者自治の原則によることが認められてきた。コモン・ロー諸国でも、アメリカ合衆国、オーストラリアなど多くの先進工業国で当事者自治の原則が認められている。契約準拠法に関する当事者自治の原則を肯定する傾向は、全世界的に広まっているといわれている[2]。

(2)　中南米諸国における当事者自治の排除
　そのような中で当事者自治を否定する制定法を持つ諸国としてはラテンアメリカ諸国や中近東諸国が挙げられてきた[3]。そこで、これらの諸国について概観しておきたい。ラテンアメリカ諸国においては、1940年3月10日に署名されたモンテヴィデオ条約、国際民法条約においては、法律行為の準拠法について客観的連結主義が採られ、原則として契約履行地法主義によっていた（37条参照）。アメリカなどの先進工業国の企業との契約については、当事者自治の原則によるよりも履行地法の原則による方が国内の契約当事者を保護するのに適していると考えられ、これが支持されてきたのである。しかし、1989年11月18日の米州機構の総会の決議で、第5回米州国際私法会議を開催し、国際契約の準拠法に関する新たな条約作成の準備作業が開始された。1986年の「国際物品売買契約の準拠法に関するハーグ条約」を考慮して、米州諸国がこのハーグ条約の方向を採ることで契約に関する準拠法の国際的統一が可能になるのではないかとする意見が有力になり、このような意見に基づいてメキシコ・シティ条約が起草された。1994年3月14日から18日までメキシコ・シティ会議で、米州機構加盟国から19カ国[4]の代表他が参加して議論され、メキシコ・シティ条約が3月18日に総会で承認された。当初の署名国は、メキシコ、

---

2) Basedow, op.cit., p.117
3) Axel Flessner, Interessenjurisprudenz im internationalen Privatrecht (1990) p.97

ベネズエラ、ボリビア、ブラジル、ウルグアイであった。この条約は、メキシコ、ベネズエラの2カ国によって批准され、条約28条の規定によって1996年12月15日から両国で発効している。この条約7条の1文は、「契約は当事者により選択された法によるものとする」として、当事者自治の原則を採用することを定めている。

それでは、中南米諸国においてどのようになっているかを、ブラジル、ウルグアイ、パラグアイを中心にみておこう。

① ブラジル

1916年のブラジル民法典13条は、契約について例外を伴ってはいたが、当事者自治を許容したものと解された。ところが、1942年のブラジル民法施行法9条は、「債権関係の法性決定をし、かつそれを規律するためには、契約が締結された国の法律が適用される」とし、「ブラジルにおいて履行され、かつ基本的方式に従うべく定められた債権関係はブラジル法に従う」ものとし（1号）、「契約に基づく債権関係は、申込者の住所地において締結されたものとみなされる」（2号）と規定している。この規定は、明示的には当事者自治の原則を許容してはいない。これは、契約上の債務について当事者による準拠法指定を禁じているものと解釈され、属地的及び国家主義的アプローチの産物と主張されてきた。しかしながら、1996年ブラジル仲裁法（1996年法律第9302号）2条は、商事的紛争の仲裁について当事者により自由に選択された法によることを認めている。また、1980年の国際物品売買契約に関する国連条約は、2014年にブラジルにおいても効力を生じている。最近では、裁判所選択合意との関連で、契約準拠法についても当事者自治認めているとの主張もみられる。それが支配的である

4）アルゼンチン、ボリビア、ブラジル、カナダ、チリ、コロンビア、コスタリカ、ドミニカ、エクアドル、エルサルバドル、ホンジュラス、メキシコ、ニカラグア、パナマ、パラグアイ、ペルー、アメリカ合衆国、ウルグアイ、ベネズエラのほか、非加盟国として、イタリア、スペイン、ルーマニア、ロシア連邦が代表を送っている。

かどうかはなお疑問が残るとしても、重要なことはブラジルにおいてさえ当事者自治の許容の方向に動いているということである[5]。

② ウルグアイ

　ウルグアイ民法典（1868 年制定、1941 年 12 月 3 日改正）2399 条は、「法律行為は、その存在、種類、効力及び効果につきその履行地法による」と定めていた。また、2403 条は、「本章で定められた立法権限及び裁判権限に関する規則は、当事者の意思によって変更されない。それは、法律がそれに授ける範囲内においてのみ働くことができる」としていた。これらの規定は、1889 年の国際私法に関するモンテヴィデオ条約 34 条から 39 条の強い影響のもとで制定されていた。最近では当事者自治を認める学説上の主張も支持を増やしているようではあるが、当事者自治を含む一般抵触法規則に関するウルグアイ外務省の提案は、未だ効力を持たないままであった[6]。しかし、この外務省草案を基礎とし作成された 2008 年草案が議会で審議されてきたが、議会上院において採決され、63 カ条からなる「国際私法に関する一般法（Ley Generai de Derecho Internacional Privado）」が 2016 年 9 月 7 日に成立した。これにより 1941 年 12 月 3 日以来施行されてきた民法 2393 条ないし 2405 条は廃止され、新しい国際私法が適用されることになった。このようにしてウルグアイにおける国際私法の現代化の作業は一段落した[7]。

　この法律の 45 条に当事者の合意による準拠法決定に関する規定があり、当事者自治の原則が定められ（1 項）、当事者のいずれかの国の法の指定は実質法を指定するものと解されること（2 項）、当事者の準拠法指定は明示

---

5) Alex Mills, Party Autonomy in Private International Law（2018）p.356. なお、本書で "Mills, op.cit.," …と表示する場合はこの書物を指すものとする。
6) Basedow, op.cit., p.119
7) 笠原俊宏「ウルグアイ東方共和国国際私法の方役と解説（上）（中）（下）」戸籍時報 754 号 9 頁以下、755 号 17 頁以下、756 号 44 頁以下参照。改正の背景については、756 号 45 頁以下参照。

的であるか、契約全体から明らかでなければならず、契約の全部又は一部についてなすことができること（3項）、準拠法の指定の時期とその効力（4項）を定めている。48条は当事者に準拠法合意がない場合について履行地法によることを規定しており、その基準となるのは、特定物及び個別物に関する契約については所在地法（1項）、代替可能物や特定物に関する契約については契約締結時の特徴的債務の債務者の住所地法（2項）、役務の提供に関する契約については、その役務が物品に関するときは締結時における所在地法（A号）、その効力が特定の地と関連するときはその効力発生地法（B号）、その他の契約については契約締結時における特徴的給付を行う債務者の住所地法（C号）とする。さらに、これらの一般的な規定が適用されない特別の解決に関する50条1号から9号がある。つまり、国内に所在する不動産に関する契約についてはウルグアイ法（1号）、人の身分、家族関係から発生する債務についてはそれらの関係を規律する法律（2号）のほか、有価証券に関する契約から生じる債務及びその債務を負うための能力については契約締結地の法律により、その証券が契約締結地を表示していないときは支払地の法律により、支払地が確認されない場合には発行地の法律により規律する（3号）。有価証券市場における売買又は財産の商業化に関する債務は、発行地国の法律により、当事者によって選択された法律が認められる場合は、当事者が選択した法律、それが認められない場合は発行地国法による（4号）。消費に関連する契約については、財産が取得されるか、役務が消費者によって利用される国の法律（5号a号）、複数の国において財産が取得され、若しくは役務が利用され、又はその他の事情により、そのような法律が確定できない場合には、消費者の住所地の法律により（5号b号）、消費者の住所地における申込又は特別な広告が契約の締結に先行しているときは、当事者がその国において同意を与えている限り、同意を与えている国の法律による（5条c号）。従属関係における個別的労働契約は、遠隔地における労働を除き、労務提供地法、労働者の住所地法、使用者の住所地法の中から、労働者が選択した国の法による（6号）。海上、航空、陸上その他の多様な保険契約は、保険証書を発行した支店、代理店又は営業所の所在地の法律により規律される（7号）。不動

産又はその付属品に関する損害保険は、保険の対象となる財産が契約締結時に所在する国の法律による（8号）。船荷証券等の多国間運送契約書類による商品運送契約は、履行地の法律により規律されるか、または、商品の引渡が合意された国の法律による（9号）。当事者自治を認めながらかなり広範な特別連結規定を置く点に特徴がみられる。

③　パラグアイ

パラグアイは、前述のメキシコ・シティ条約を最初に国内法に採り入れた制定法として「国際契約の準拠法に関する2015年国際契約法」（2015年1月14日法律第5393号、2015年1月20日公布）を制定した[8]。この法律の最も大きな特徴は、契約準拠法について当事者自治を導入したことである。同法4条1項は、「契約は当事者によって選択された法により規律される」として当事者自治の原則を認めたうえで、契約の一部が明らかに分離することができる限り、分割指定を認め（同条2項）、準拠法の選択は何時でもできるが、契約完成後に行われた選択または変更は、その方式や第三者の権利に影響を与えてはならないものとし（同条3項）、選択された法と当事者又はその取引と何らかの関連性があることを要求されないものとする（同条4項）。その他、明示的選択に関する規定（1～10条、13～14条、17条）は、メキシコ・シティ条約というよりは、2015年にハーグ国際私法会議で採択された「ハーグ原則」に従っているといわれている。メキシコ・シティ条約に従っているのは、当事者による準拠法指定が行われなかった場合に関する規定であるといわれている（11～12条、15～16条）。例えば、当事者が準拠法を選択しなかった又はその選択が無効となるときは、その契約から生じる一切の客観的及び主観的事情を考慮して、最密接関係法の適用を指定する（11条1項、2項）。特徴的給付の理論を採らず、裁判官や仲裁人に広い裁量権を認めている点が注目される。

8）この点については、笠原俊宏「パラグアイにおける国際私法立法の邦訳」戸籍時報829号（2022年10月号）15頁以下参照。

④ その他の中南米諸国

　以上のほか、2014 年 5 月 8 日のパナマ国際私法（法律第 7 号）77 条が当事者自治を認めたうえで、弱者保護の観点から労働者、消費者などの保護の規定を置く（94-95 条）[9]。アルゼンチンの民商法典 2014 年 10 月 7 日法律第 29994 号の国際私法規定は、2651 条に当事者自治の原則を定めている。また、準拠法変更は元の契約の有効性及び第三者の権利をを害することができないこと（同条 2 項 a 号）、準拠法指定は実質法的指定であり、反致を許さないこと（同条 2 項 b 号）、当事者の意思により一般的に認められた商業上の慣行、実務、習慣及び国際商事法上の規則を契約に組み込むことができること（同条 2 項 d 号）、アルゼンチン法上の公序、国際的強行法規、経済的関連性を有する外国の強行法規が原則として契約に介入すること、これを回避するためにアルゼンチンで締結された契約を無効とすること（同条 2 項 e 号、f 号）などを定めている[10]。

(3)　中東諸国における当事者自治の原則

　当事者自治の原則について、中東諸国では否定的な傾向がみられた。1935 年のイラン民法典 968 条は、「契約から生じる債務は、契約が締結された場所の法に従う。ただし、契約当事者が何れも外国人であり、明示的、黙示的にその契約を他の法に服せさせた場合を除く。」としている。つまり、契約の両当事者が外国人であり、外国人間の履行をめぐる稀な紛争の場合にのみ、当事者の準拠法指定を認めている。

　1948 年のエジプト民法 19 条は、「契約上の債務は、契約当事者の住所が共通であるときは住所地法により、共通住所がない時は契約締結地の法による。ただし、当事者が他の法律の適用を合意し、又は事情により合意したとみなされる場合は、この限りでない。」（同条 1 項）と定める。なお、「不

---

9) 笠原俊宏「パナマ共和国国際私法典（2014 年）の邦訳と解説（5・完）」戸籍時報 743 号 44 頁以下参照。
10) 笠原俊宏「アルゼンチン共和国の民商法典注の国際私法規定（2014 年）の邦訳と解説（下）」戸籍時報 747 号 19 頁以下参照。

動産に関する契約は、前項の規定にかかわらず不動産所在地法による」(同条2項)。若干のアラブ諸国、とりわけサウジアラビアにおいては、当事者の合意によって契約の準拠法を決定することは認められていない。エジプト民法の規定に類似する規定は、1976年8月1日公布、1977年1月1日施行のヨルダン民法20条にみられる。「契約上の債務は、住所が契約当事者に共通である場合には、住所地法により、共通住所地がない場合には、契約が締結された地の法による。ただし、当事者が別段の合意をしていない場合に限る。」(1項)。「不動産に関する契約は不動産所在地法による」(2項)。また、イエメン民法32条によると、「生前の法律行為によって生じる債務は当事者によって選択された法に服する」(1項)、「いかなる法も準拠法として決定されなかった場合に、情況からみて行為地法又は履行地法を適用する必要のないときは、行為者の本国法又は当事者の共通本国法が適用される。」(2項)、「行為地法はイエメン法により決定される」(3項)、「財産に関する行為は、その財産の所在地法に服する」(4項)とされている。これらの諸国においては当事者自治の原則が全面的に排除されているというよりは、むしろ適用が制限されているとみる方が適切であろう。

(4) コモン・ロー諸国における当事者自治の原則の展開と現状

　イギリスにおける準拠法選択に関するコモン・ローは、1980年のローマ条約、2009年12月17日以後のローマ規則Ⅰによって置き換えられたが、イギリスのEU離脱に伴って再び生き返るか必ずしも明確ではない。とはいえ、ローマⅠ規則の適用から除外されているある種の契約については適用され続けるほか、契約における準拠法選択のアプローチは、イギリスの裁判所により発展したものであり、他のコモン・ロー諸国等にも影響を与え続けている。したがって、イギリスのEU離脱は、単に過去の歴史的事実としてしか意味を持たないわけではない。

　契約における準拠法選択の現代的なアプローチは、先に述べたVita Food Products Inc. v. Unus Shipping Co. Ltd. [1939] A.C. 277 においてみられる。この事件において枢密院は、契約が一般的に「当事者が適用を意図した法によって規律される」と判断したうえで、つぎのように続けてい

る。「契約の法を選択する当事者の意思が当事者によって明示的に述べられている場合、その表示された意図が善意でかつ法的であれば、何らかの制限が可能とみることは難しい」と。ここで当事者の選択が「善意でかつ法的」であることは、準拠法選択についての重要な制限と解釈されてはこなかった。したがって、明示的な法選択は、コモン・ローの下では有効であるということができる[11]。

　より難しい問題は、明示的な選択を欠く場合にどのようなアプローチが採られるべきかである。Vita Food 事件においては明示的選択の欠缺の場合の準拠法は、その裁判所によれば、依然として当事者の意図の認定の問題と考えられた。そのような意図は、「客観的に確定され、明示していない場合には、その契約の用語及び関連する事情から推測しなければならない。」この客観的に確定されたものとしての推定意思という表現には、若干の混乱がみられる。明示的な法選択条項がない場合には、契約の用語及び関連する事情から、どのような意図も当事者が現実に持たないときでさえ黙示意思が認定されることがある[12]。この争点が貴族院に提起されたのが Compagnie D'Armament Maritime SA v. Compagnie Tunisienne De Navigation SA, (1971) AC 583 においてであった[13]。Wilberforce 卿の少数意見は、明示意思と黙示意思の探求という伝統的な二段階基準を支持したけれども、多数意見は、つぎのような三段階基準を支持した。つまり、当事者がどのような指定の意図も持たない場合には、全ての連結素を考慮して、その契約がいずれの国又は法体系と最も密接に関連する連結を持つかを判断すべきとした。この第三段階の分離は、控訴院の Coast Lines

---

11) Mills, op.cit., p.316：もっとも、マンチーニが契約準拠法の明示的選択の支持を表明した 1870 年代には、イギリスにはその理由づけに直接的に当事者自治の可能性を認めるような判例があったとの指摘もあり、Peninsula and Oriental Steam Navigation Co. v. Shand (1865) 3 Moo. N.S. 272, 16 E.R. 103 等を挙げる見解もある（Jacqueline Gray, Party Autinomy in EU Private International Law (2021) p.8）。
12) Mills, op.cit., p.317
13) Mills, op.cit., p.319f.

Ltd. v. Hudigeh., Veder Chartering NV (1972), [1972] 2 QB 34, 46-50 判決によって従われた。その後、三段階基準が採用されていくが、第二又は第三段階又はその双方に関連し得るようその明確なリストがないこともあり、議論が継続した。実務上は多くの要素が第二及び第三段階の双方に係わるものとされた[14]。第二段階のみに関連する要素は、例えば、当事者が黙示的に選択された証拠があるが、その指定された法が契約を無効とするので、当事者が拘束力のある法的関係に入ろうとする意思が推定されるから、事実上黙示的選択がないものとして扱われる場合である[15]。コモン・ローの下では、当事者が契約の異なる部分を規律する異なる法を選択することができ、また、ある部分のみを規律する法を選択し、残りの部分を客観的な抵触規則に委ねることは、永い間受け入れられてきたと言われている[16]。

　アメリカ合衆国における連邦最高裁の1875年のScudder v. Union National Bank, 91 US 406, 412-13 判決で、契約の執行、解釈及び有効性に関する問題は契約が成立した地の法により、その履行に関する問題は履行地法による、と判決された。しかし、他方では、履行地の利率が契約地の利率よりも高い場合には、当事者は履行地の利率を選択できるとする判例があった[17]。この判例は、制限的ではあるが、当事者による法選択に言及したものと解釈された。この趣旨はPrichard v. Norton, 106 US 124 (1882)に引き継がれ、次のように述べられている。「契約の事例においては外国法が当事者の行為及び意思によってこれを執行する場合において、法廷地法は、そのような採用なしにはその領域外で効力を持たない外国法に、効力を与える必要を見い出すことができる」と。The Kensington 事件判決183US 263 (1902) において、連邦最高裁は、ベルギー法の明示的選択のある契約について、そのような選択は通常拘束的であるとし、契約につい

---

14) Mills, op.cit., p.321
15) Mills, op.cit., p.323
16) Mills, op.cit., p.325
17) Andrew v. Pond, 38 US65 (1835); Mills, op.cit., p.57 note 137

ての当事者の意図が探求され、強行されるのも正当であるとした[18]。このような判例がその後も続いたにもかかわらず、ビール（Beale）は、抵触法第一リステイトメントで、既得権理論の立場から当事者自治を否定した。その後の抵触法革命を経て、アメリカ合衆国は潜在的には50州でいろいろなアプローチを試みることが可能であり、「抵触法の実験室」となった[19]。連邦裁判所は、連邦問題とされる海事等の事例について当事者自治を認める規則を適用し、通常は1969年に採択された抵触法第二リステイトメントのアプローチに従っている[20]。

　米国における主要なアプローチは次の4つであり、複雑かつ多様であって、これをより詳しく分析することは本書の目的の範囲を超える。①統一商法典（UCC）のアプローチ、1952年における採用以来、契約における当事者自治を支持してきた統一モデル・ローのアプローチである。②1969年に採択された抵触法第二リステイトメントのアプローチであり、契約について187条、188条等で規則を定めながら、6条2項に定める6つの要素を考慮して裁判所に柔軟な解決を可能とするアプローチである。③利益分析のアプローチであり、比較損傷に焦点を合わせ、当事者又はその紛争を規律する最も大きな利益を有する法体系の法を適用しようとするものである。④伝統的な契約締結地アプローチであり、裁判所は契約締結地が何処であったかを確定し、その法を適用するものである。これらの各アプローチにつき簡潔にのみより詳しく触れておくことにしよう。

　①のUCCは、統一国家法会議（National Conference of Commissioners on Uniform State Law, NCCUSL）とアメリカ法律協会（American Law Institute, ALI）によって、1952年に最初に公表されたものである。これは、商取引の分野で合衆国の州が従うべきモデル法を定めたものである。UCCは、当初から当事者自治を定めており、地域的修正を伴って、合衆国の全ての

---

18) Mills, op.cit., p.59
19) Mills, op.cit., p.343
20) Mills, op.cit., p.343

州で何らかの形で採用されてきた[21]。その範囲に入るのは、物の売買又は賃貸契約である。UCC は、州の制定法を通じて施行されているので、その適用範囲に入る契約については、他のアプローチに優位する。最新の修正は 2008 年であるが、それによると、UCC1-301 条は、若干の例外に服するものとする[22]。「(a) 本節において例外と規定する場合を除いて、取引がこの州及び他州又は他国と合理的関係を示す場合に、当事者は、この州及び他州又は他国のいずれかの法を権利及び義務に適用されることを合意することができる。」当事者は、取引と合理的関係がある法を、契約関係を規律する法として合意することができる[23]。そのような合意は、明示的であるほか、黙示的であってもよい。合意が欠缺する場合には、UCC は、その州の裁判所に取引と合理的関係があれば法廷地法の適用を命じる[24]。

②の抵触法第二リスティトメントは、1934 年の抵触法第一リスティトメントが当事者に立法行為をすることを認めるものとみて準拠法選択を認めなかったのに対し、これに従う裁判所が次第に少数になって行ったことを考慮して、より柔軟なアプローチを採って当事者自治を肯定している。まず、6 条 2 項に合衆国憲法による指示がない場合に準拠法決定の際に考慮すべき要素として、州際的及び国際的秩序の要請（a 号）、正当な期待の保護（d 号）、各個の法領域の基礎に存する基本的な法目的（e 号）、結果

---

21) Mills, op.cit., p.344
22) Mills, op.cit., p.345
23) 一般に「合理的関係」の基準は、連邦最高裁の Seeman v. Philadelphia Co. (1927), 274 US 403 (1927) との関係で論じられることが多い。この判決は、当事者が契約地及び契約履行地のいずれかの法を選択することができるとしたものであるが、「その取引が選択された法域と何ら重要な関連を持たない場合でさえそうである」としているところから、「合理的関連性」の要件を付けるべきかについて議論の余地がある。2001 年に修正された UCC はこの要件を取り去るように修正され、「その取引が指定された邦との関係が明らかであるかどうかにかかわらず、（法選択条項は、）有効である」とされた。この規定は、2008 年 5 月の修正で再び「合理的関連性」を要求するように修正された。これは、単なる古いアプローチの復古の継続ではなく、契約が客観的関連を複数の法域と持つ場合に、潜在的準拠法間での選択を認めれば十分であると判断したものみられ得る（Mills, op.cit. p.364ff. 参照）。
24) Mills, op.cit., p.345

の確実性、予測可能性及び統一性（f号）を挙げている。6条で定めるこれらの要素は、当事者自治を採ることによって促進される。また、9条は、「裁判所は、争点及び関連のある人、物又は出来事に対する関係からみて、自州法の適用が相当でない限り、当該争点を決定するのに自州法を適用してはならない」とする。したがって、当事者自治は自州法の適用の場合だけではなく、他州法の適用の場合も妥当する。裁判所は、他州法の適用が、争点及び関連する人、物又は出来事に対する関係からみて、相当でない限り、その他州法を適用してはならないものとする（9条原注（g）参照）。これは、もし当事者が契約の中で特定の地域法の適用を定めれば、この法が原則として適用されるであろうことを示唆している[25]。

つぎに、契約における当事者自治をより直接的に規定した抵触法第二リステイトメント187条が参照されるべきである。次のように規定している。

「(1) 契約上の権利及び義務を規律するために当事者によって選択された州の法は、その争点を指定した合意における明示的条項によって当事者が解決できる特定の争点に適用されるであろう。

(2) 契約上の権利及び義務に適用するために当事者によって選択された州の法は、特定の争点がその争点を指定した明文上の条項によって解決されないとされる場合であっても適用される。ただし、次のいずれかである場合には、この限りではない。(a) 選択された州が当事者又は取引と実質的関連がなく、当事者について他の合理的基礎がないとき、または、(b) 選択された州の法の適用が、特定の争点の決定において選択された州より実質的により大きな利益を有し、かつ、188条の規定に基づき当事者による効果的な法選択を欠いた場合に適用される準拠法の所属する州の基本的政策に反するとき。

(3) 意図に反対の指定がない場合は、その指定は当事者により選択された州の地域法を指定したものとする。」

---

25) Mills, op.cit., p.346

当事者がその契約に関する準拠法を選択しなかった場合には、188条が適用され、その規定は裁判所にその取引及び当事者と最も密接な関係を持つ法の適用を指定し、これは、邦の利益分析と同じように、契約締結地及び履行地を含む一連の客観的連結を基礎として決定される。契約における法選択の主観的及び客観的基準の境界は、たとえ実務上線引きが難しいとしても、原則的に明確に確立されている[26]。いずれにしても、187条は準拠法選択の内容との関係で争点ごとに準拠法を定めている。したがって、当事者が契約の一部分のみ又は異なる条項について異なる法を選択する分割指定を認める可能性がある[27]。

　③の利益分析については、多くの合衆国の州が採る独特の方法である。その方法は必ずしも同一ではない。このアプローチの中心となる考え方は、ある紛争又は関係に適用される法が各邦又は政府のその紛争又は関係を規律する際に持つ利益の程度の分析を基礎として決定されるべきことである。共通の変形は、「比較損傷（comparative impairment）」アプローチとして知られ、もしその規則がその紛争又は関係に適用されなかったとすれば、潜在的に利益を有する邦のそれぞれに損害を被るであろう損傷の程度を観察する。外見上いくつかの邦が governmental interests（自邦法適用の利益）を有するようにみえるけれども、実際上その利益を持たない場合には、「虚偽の抵触」として、その邦の法の適用を問題としない点では共通する。このアプローチを巡って争われる中心問題は、ガバメンタル・インタレスト（自邦法適用の利益）を二つ以上の邦が競合的に有する場合、つまり「真の抵触」がある場合である。一般的に法廷地法を優先させるか、重心が何処にあるかを観察するか、利益比較をしてより良い利益を達成することができる邦の法を決定するかである[28]。これらのいずれの見解を採るにせよ、当事者自治を支持する可能性は少ししかない[29]。

---

26) Mills, op.cit., p.348
27) Mills, op.cit., p.349
28) Mills, op.cit., p.350

④の契約地法は、抵触法第一リステイトのアプローチである。オクラホマ州法§15-162は次のように規定する[30]。

「契約は、それが履行されるべき地の法及び慣行に従って解釈されるべきであり、その契約が履行地を指定していない場合には、その契約が行われた地の法又は慣行に従う。」

このアプローチは、当事者自治と調和することができないように思われる。ただ、多くの州は、当事者自治を支持するとともに、明示的又は黙示的な選択合意のいずれも欠けているときのみ、契約地法を適用しているようである[31]。

(5) 日本の近隣諸国における当事者自治の原則

日本の近隣諸国についても簡潔にまとめておこう。

① 大韓民国（以下、「韓国」と略する）

韓国は、もともと47カ条からなる「渉外私法」(1962年1月15日の法律第966号)の9条に「法律行為の成立及び効力については当事者の意思によって適用すべき法を決定する。ただし、当事者の意思が分明でないときは行為地法による」と定めていたが、2001年4月7日にそれを現代化した21世紀最初の62カ条からなる「国際私法」を公布した。渉外私法は国際契約について規定を置くに過ぎなかったが、2001年の国際私法は、国際契約だけではなく、夫婦財産制(38条)や相続(49条)など家族法の分野にも量的に制限された当事者自治を認めている。さらに、事務管理、不当利得、不法行為にも事後的な法廷地法の選択を当事者に許容する(33条)。また、任意代理についても本人に準拠法選択を認めている(18条4項)。

---

29) Mills, op.cit., p.351
30) Mills, op.cit., p.351
31) Mills, op.cit., p.351f.

当事者自治の許容範囲を拡大しているところに特徴がみられる[32]。国際私法25条1項は、「契約は当事者が明示的又は黙示的に選択した法による。ただし、黙示的選択は、契約内容その他すべての事情から合理的に認定することができる場合に限る。」と規定する。同条はそのほか、部分選択（2項）、準拠法変更（3項）、準拠法選択合意の準拠法（契約の成立及び有効性に関する29条の準用）（5項）などを規定する。当事者が準拠法を選択していない場合は、最密接関係法によるとし（26条1項）、譲渡契約、履行契約（物件又は権利を利用させる契約）、委任・請負契約のように当事者が履行を行わなければならない契約については、契約締結当時のその当事者の常居所地法を（同条2項）、不動産に対する権利を対象とする契約については不動産所在地国法を（同条3項）最密接関係法と推定する。また、消費者契約については、消費者の常居所地法上の強行規定によって与えられる保護を奪われず（27条）、勤労契約については、勤労者が日常的に労務を提供する国、それがない時は使用者が勤労者を雇用した営業所所在地の強行法上与えられる保護を奪われないものとする（28条）。

さらに、韓国ではスイス国際私法のように国際私法の中に国際裁判管轄に関するより個別的具体的な規定を入れて、より完全な国際私法の法典化を目指して作業が続けられてきた。2022年1月4日の国際私法改正法（法律18670号）で96カ条からなる法典が成立し、2022年7月5日より施行されている。もっとも、契約関係の準拠法は、内容的には殆ど旧法と異ならないように思われる。例えば、同法45条は、旧法25条と内容的な変更はない。ただ、旧法の中で説明しなかった点を少しだけ補足しておこう。45条5項では、「準拠法選択に関する当事者間の合意の成立及び有効性に関しては、第49条を準用する」とする。この規定自体は、旧法25条5項と内容的には変わらない。49条1項は、「契約の成立及び有効性については、その契約が有効に成立した場合に、本法に従い適用されるべき準拠法によ

---

[32] 石光現（著）郷田正萬（訳）『2001年改正韓国の国際私法（第二版）』（神奈川大学法学研究所、2009年）39頁以下参照。

る」ものとする。この点は、当事者自治否認論が選択合意の有効性に関する決定が当事者の指定した法に従うとすれば、その指定そのものの有効性を決定する国際的な法がない以上、循環論に陥るのと批判がなされたことに関連する。しかし、国内の制定法上、当事者自治を定めていれば、循環論に陥らない方法をその制定法上定めることは不可能ではない。その点に関する規定がこの規定なのである。45条5項は、これを準拠法合意の場合に準用して、その準拠法合意が有効とすれば適用されるであろう法に従い指定行為の有効性を決定しようとする趣旨である。また、49条2項は、第1項の規定に従って「当事者の行為の効力を定めることがすべての事情に照らして明白に不当な場合には、当事者は同意しなかったことを主張するために、その常居所地法を援用することができる」としている。例えば、当事者が合意した法によれば一定の期間中に反対の意思表示をしない場合は、合意したものとみなす規定があるが、その当事者の常居所地法によれば、そのような規定がないときに同意がなかったと主張する場合が考えられる。そのほか、当事者が準拠法を選択しなかった場合における最密接関係法の推定に関する46条2項の中に旧法では3項に改めて規定していた「不動産に対する権利を対象とする契約」を、新法では46条2項4号として規定している。これは、物権契約として1〜3号に規定した契約と性質を異にするものであるから、3項に規定したのを整理したものといえよう。消費者契約に関する47条は、消費者契約の概念に関する規定が42条1項に定められたこともあり、より簡潔に消費者の常居所地法によって消費者に与えられている保護を剥奪することができないなど、消費者の常居所地法を中心とすることを規定している。勤労契約に関する48条も、管轄規定との重複を避けるために、勤労者が日常的に労務を提供する国の法、またはそれがない場合には、使用者が勤労者を雇用した営業所所在地国法の強行法により勤労者に付与される保護を剥奪することができないとしている。

② 中華人民共和国（以下、「中国」と略する）

中国は、民法通則（1986年4月12日第6期全国人民代表会議第4回会議で

採択、1987年1月1日施行）145条1項に「渉外契約の当事者は、法律に別段の規定がある場合を除き、契約紛争処理に適用する法律を選択できる。」とし、2項に「渉外契約の当事者が選択しないときは、契約と最も密接な関係がある国の法律を適用する」としていた。1999年の「合同法（契約法）」126条にも類似の規定が置かれている。同法126条1項前段で渉外的契約における当事者自治の原則を定め、同項後段では当事者が明示的に準拠法を定めなかった場合について規定する。同条2項では中国国内で履行される特定の契約について、当事者自治の原則からの除外を定めている。他方で、中国社会の変化に伴う国際私法規定の在り方が1994年7月の中国国際私法学会により検討され、数か年に渡る学会総会や起草委員会による検討を経て、「中国国際私法模範法〔第6次草案〕」（2000年）が公表された。その内容については、日本でも翻訳され、独自の注釈がつけられて公表されている[33]。模範法100条は、1項で「契約は、明示の方式を用いて選択された法による」として明示の準拠法指定のみを当事者に認めている。黙示の準拠法選択を認めていない。この準拠法選択は「当事者の本国の強行法規又は禁止法規に反してはならない」また、「中国の法律又は中国が締結、加盟する国際条約に反してはならない」ものとする（同条1項ただし書）。当事者は「裁判所が審理を開始するまでに準拠法を選択でき」「契約締結後に準拠法を変更でき」その変更は遡及効を有するが、「これにより第三者の権利を害してはならない」（2項）。さらに分割指定を認める条項が置かれている（3項）。101条では、最密接関係地法を国際物品売買契約、運送契約、保険契約等24の契約類型に分けて定めている。102条では、当事者自治が排除され、中国法が適用される契約を掲げている。そのような契約として、中外合資経営企業契約、中外合作経営企業契約、中外合作自然資源探査・開発契約、中外合作不動産及び土地開発契約、外国の自然人、法人、法人格のない団体が中国内にある中国企業を請負経営する契約（1

---

[33] 木棚照一監修、袁藝訳『中国国際私法編著　中国国際私法模範法―第6次草案―』（日本加除出版社、2004年）参照。

〜5号）が挙げられている。

　中国の立法機関は、当初 2010 年に「中国的な特色ある社会主義法律体系」を整備することを目標として、この模範法をベースにして中国国際私法規定を立法することにしていた。全国人民代表会議の常務委員会は、2002 年 12 月に 1200 カ条に及ぶ民法草案を公表し、その草案 9 編に 94 カ条の「渉外民事関係法律適用法」が置かれていた。この草案は、「法適用法第 1 次案」といわれることがある。模範法のように国際民事訴訟法を含むものではなく、民法に抵触法規定を、民事訴訟法に国際民事訴訟関連規定を置く方向で固まっていった。民法草案が 1200 もの条文を含んでいたので一括審議が難しく、物権法、不法行為法など個別的に審議し、国際私法は 2010 年の立法計画で審議されることになった。この起草を担当したのは、常務委員会法制工作委員会の民法室であった。民法室が作成した 2010 年 6 月 28 日案をたたき台として作業が開始され、8 月 23 日に「法適用法第 2 次草案」が全人代常務委員会で審議された。第 1 次案からすでに 8 年近く経過しており、数多くの相違点を持ち、条文数も 54 条に縮減されていた。第 2 次草案は 8 月 28 日に公表され、パブリック・コメントが求められ、法制工作委員会の王勝明副主任により、9 月下旬に行われた中国国際私法学会で法案に関する報告があった。その後、第二次案を修正した 52 カ条からなる最終案が 2010 年 10 月 28 日に全人代の常務委員会により可決され、2011 年 4 月 1 日より施行されている。

　中国渉外民事関係法律適用法は、41 条において「当事者は、合意により契約に適用される法を選択することができる」とし、当事者自治の原則を明らかにしている。また、「当事者が選択しなかったときは、最も当該契約の特徴を表すことができる義務の履行をする一方当事者の常居所地法又はその他当該契約と最も密接な関係を有する法を適用する。」とし、これまで司法解釈として採られてきた特徴的給付の理論を、最密接関係法と並ぶ原則としている。これは、裁判所の裁量により、その定めている何れによってもよいとするものである[34]。従来、渉外経済合同法 5 条 2 項は、外国人、外国企業、外国の権利能力のない団体と中国企業等とのとの間の中国国内における合資企業又は合作企業の設立に関する契約、中国企業等

が外国企業等と共同で行う中国の自然資源の探査開発契約については、当事者自治を排除して、中国法を適用するものとしてきた。法律適用法41条は、直接これらの契約については触れていないが、同法4条に「中国の法律において、渉外的民事関係についての強行法規があるときは、当該強行法規を直接に適用する」と規定している。これらの契約については、中国の主務官庁による許認可を必要とするなどの強行法規が定められ、これらの規定は絶対的強行法規と解釈されている[35]。なお、法律適用法の司法解釈（一）10条において、「人民法院は、以下の状況のいずれかに該当する場合であって、中国の社会公共利益に関係し、当事者が合意によって適用を排除することができず、抵触規定によることなく直接に渉外民事関係に適用する法律、行政法規の規定を、渉外民事関係法律適用法4条に規定する強行法規であると認定する。

（一）　労働者の権益保護に関するもの
（二）　食品又は公共衛生の安全に関するもの
（三）　環境安全に関するもの
（四）　外貨管理等金融安全に関するもの
（五）　独占禁止、アンチダンピングに関するもの
（六）　強行法規と認定すべきその他の状況　　　　　　　」

ここでは、1号〜5号に中国における絶対的強行法規に当たるものを例示的に示し、6号に包括的規定を設けている。しかし、1から5号に例示されたものも、具体的にどのようなものがそれに当たるか必ずしも明らかではない。これらについては、慎重にしなければならないとされているが、実務上は判例の蓄積を待たなければならない。

34）黄靭霆（ジンテイ）『中国国際私法の比較法的研究』（帝塚山大学出版会、2015年）164頁参照。
35）黄・前掲書168〜169頁参照。

以上のほか、消費者契約については 42 条で消費者の常居所地法を適用するものとし、労働契約については 43 条で労働者の勤務地法を適用するものとしている。客観的連結により、その連結点の基準となるより詳細な規定を置いたうえで、当事者自治の原則の適用を排除している。これは、弱者保護の理念によるものであるが、当事者自治を認めたうえで、消費者の常居所地や労働者の常時労務供給地の強行規定の援用による保護を認める日本の法適用通則法の立場とは異なる点に注意すべきであろう。

③　中華民国（以下、「台湾」と略する）

　台湾の国際私法の規定は、渉外民事法律適用法（1953 年 6 月 6 日総統令公布、同日施行）であり、全 31 カ条であった。契約準拠法については、6 条に定められていた。6 条 1 項は、「債権債務関係を生じる法律行為の成立要件及び効力は、当事者の意思によってその適用すべき法律を定める」として当事者自治の原則を規定した。同条 2 項では、「当事者の意思が不明であるときに、同国人である場合は、その本国法により、国籍が異なる場合には、行為地法による。行為地が異なる場合には申込の通知を発した地を行為地法とする。もし相手方が承諾するときに、その申込の通知を発した地を知らない場合には、申込者の住所地を行為地とみなす」とし、同条 3 項では、「前項の行為地が二国以上にまたがり、又はいかなる国にも属しないときは、履行地法による」としていた。

　現在の渉外民事法律適用法は、2010 年 5 月 26 日総統令公布（2011 年 5 月 26 日施行）のものであり、61 カ条、附則を含めると 63 カ条となっている。同法 20 条が契約の準拠法の一般原則を定めている。20 条 1 項は、「法律行為が債権債務関係を発生するとき、その成立及び効力は、当事者の意思がそれに適用すべきと定める法律による」として、当事者自治の原則を認めている。同条 2 項では、「当事者に明示の意思がないか、または、その明示の意思が適用すべきと定められた法律によれば無効であるときは、最も密接な関係がある法律による。」とし、同条 3 項ではより具体的に、「法律行為が生じさせる債務の中に当該法律行為とするに足りる特徴があるときは、当該債務を負担すべき当事者の行為当時の住所地法が最も密接な関

係がある法律となるものと推定する。ただし、不動産について行われる法律行為は、その所在地法が最も密接な関係がある法律と推定する。」としている。この規定は、当事者による準拠法の指定がないか、無効になるような場合につき旧規定と異なって最密接関係法によるものとし、特徴的給付の理論に従った推定規定を置いている。不動産に関する法律行為については物の所在地法と推定するものとする。消費者契約や労働契約に関し当事者自治を少なくとも明文上は制限していない点に特徴がみられる。また、21条では、法律行為が手形上の権利を発生させる場合の準拠法を定めている。1項では、手形行為の成立及び効力について当事者自治を認める規定を置く。2項では、明示の指定がないか、そのような指定が準拠法によれば無効になる場合に行為地法によるものとし、行為地法が不明な場合には、支払地法によるものとする。3項では、手形行為の方式について、行為地法によることを定める。それに対し、指名証券又は無記名証券に関する法律行為については、22条で、当事者自治を排除して、行為地法により、行為地が不明なときは支払地法によるものとする。

④ 朝鮮民主主義人民共和国（以下、「北朝鮮」と略する）

北朝鮮には、1995年9月6日の「対外民事関係法」（最高人民会議常設委員会決定第62号）があり、同日から施行されている。この法律は、1998年12月10日に、最高人民会議常設委員会政令第251号により部分的に改正されている。第1章対外民事関係の基本（1条〜15条）、第2章対外民事関係の当事者（16〜21条）、第3章財産関係（22条〜34条）第4章家族関係（35条〜47条）、第5章紛争の解決（48条〜61条）からなる全文61カ条の法典である[36]。契約については、24条で「売買、輸送及び保険契約の締結等の財産取引行為には、当事者の合意により定めた国の法を適用する。ただし、当事者が合意した法がないときは財産取引行為が行われた

---

36) この点については、木棚照一「朝鮮民主主義人民共和国の対外民事関係法に関する若干の考察」立命館法学249号1229頁以下、条文については、1243頁以下参照。

国の法による。」として、当事者自治の原則を認めている。また、25条は、1項で「互いに異なる国にある当事者が電報又は電信等を利用して契約を締結する場合には、行為が行われた国の法は申込発信国の法とする。」とし、2項で「申込を発信した地が不明である場合に財産取引行為が行われた国の法は、発信者の住所地又は所在地国の法とする」としている。さらに、27条は、「共和国の自由経済貿易地帯における外国人投資企業設立等の財産関係には、朝鮮民主主義人民共和国法を適用する」として、当事者自治を排除している[37]。対外民事関係法24条は、当事者自治がみとめられる財産行為の例として「売買、輸送及び保険契約の締結等」と定めている。ここで挙げられている売買等はあくまで例示的と考えるとすれば、賃貸借契約や委任契約などの契約であっても、特別に当事者自治の原則を排除する規定の適用がない限り、当事者自治を認める趣旨であると思われる。北朝鮮の社会は、バセドーの分類によると、現代的なグローバル化は制限され「開かれた社会」に至っていないことになるであろう。それにもかかわらず、売買その他通常の契約については当事者自治の原則が認められていることが注目される。

2　当事者自治の国際的法典化

　当事者自治の国際的法典化としてまず注目されるのは、1955年1月15日の動産の国際的売買の準拠法に関するハーグ条約である。この条約は1928年の第6回期に議論されたが、委員会では成案を得られなかった。予備草案を準備するための特別委員会は、各国政府に質問状を出し、かつ、取引界における実情を調査したうえで、1931年ハーグで会合し、一つの

---

37) 朝鮮民主主義人民共和国の歴史的展開の中でのこの点に関する立法については、三村光弘「朝鮮民主主義人民共和国の対外経済関係法の現状（1）〜（7完）」ERINAレポート（環日本海経済研究所）Vol.48 15〜35頁、Vol.49（以上、2002年）35〜59頁、Vol.50 25〜49頁、Vol.51 64〜81頁、Vol.52 58〜68頁、Vol.53 32〜67頁、Vol.54（以上、2003年）18〜34頁参照。

草案にまとめることに成功した。この草案が基本的にそのまま第7回期で条約として採択された[38]。

1955年条約2条1項は、「動産売買は契約当事者により指定された国内の法に従う」とし、同条2項は、「この指定は、明示的な合意又は契約の条項から疑いなく読み取れるものでなければならない」としたうえで、同条3項は、「当事者の合致した意思表示についての要件は、準拠法として表示されたその法による」とする。これは、本条1項で当事者自治の原則を規定し、2項で黙示的合意を認めるための要件として、契約条項から読み取れることを要求し、契約をめぐる諸事情を考慮することを禁止するする趣旨である。3項では、20世紀の初めに有力に主張された当事者自治の原則の否定論の批判に応え、条約の明文において準拠法選択合意の有効性の準拠法を規定する。条約上明文の規定を置くことで循環論という批判に応えている。

3条は、当事者の準拠法に関する意思表示がない場合について規定する。売主のその注文を受け付けた当時の常居所地法により、売主がその注文を営業所の所在地で受けた場合には、その営業所の所在地法による（1項）。しかしながら、その国の注文が買主、その代表者、代理人又は注文請負人によって行われる場合には、買主が常居所を有するか、その注文を担当する営業所を有する国の法による（2項）。これは製品の買主となることが多い発展途上国からの要求を考慮したものである。取引所又は競売による売買が問題となる場合は、取引所が所在する国又は競売が行われる国の国内法による（3項）。

しかし、この1955年条約は、1992年11月15日の時点でわずか9ヵ国が批准・加入したにすぎなかった。動産売買のような契約については、多数の国が批准しないとその目的が達成されない。その意味で、この条約は

---

38) 川上太郎『国際私法条約集』（天理時報社、1966年）213頁以下参照。
39) 松岡博＝高杉直＝多田望「国際物品売買契約の準拠法に関するハーグ条約（1986年）について」阪大法学43巻1号3頁参照。

失敗に終わったといわれた[39]。この条約がヨーロッパの大陸法系の参加者によって作られ、大陸法系の立場からみて明確で適用の容易なものになっていて、コモン・ロー諸国や社会主義諸国、発展途上国の支持が得られなかった。また、消費者契約に適切な配慮が不足しているという批判もあった。ハーグ会議は、1980年の第14回期で1955年条約の改正を今後の議題とするとともに、「国際物品売買契約に関する1980年の国際連合条約」（以下、「ウイーン条約」という）を抵触法の次元で補完する条約を作成するために、UNCITRAL（国連国際商取引法委員会）の協力を求め、条約草案を作成する特別委員会には、UNCITRALの構成国も参加し、1986年の国際物品売買契約の準拠法に関する条約を採択した外交会議には、世界中のすべての国が招待され、ハーグ会議構成国以外の国も併せて54カ国が参加した[40]。

　この1986年条約においても当事者自治の原則が採られ、明示又は黙示の準拠法選択が認められている。この選択は契約の一部に制限できる。黙示の選択があったというには、「契約の文言及び当事者の行動全体からみて明らかに示される」ことが求められる（7条1項）。黙示の選択の意義を1955年条約より緩和している。当事者は、何時でも契約の全部又は一部にこれまで適用されていた法律と異なる法律によることを合意することができる。これまでのハーグ条約では、分割指定は、解決を複雑にし、適用される法の整合性を害するとの理由で認められて来なかった。さらに、異なる契約の部分に異なる法を選択すること、いわゆる複数選択を認めるかについては議論の余地があるが、分割指定を認める以上、これを禁止する趣旨ではない考えられる[41]。また、1986年条約は、当事者による準拠法選択の事後的変更を認めているけれども、準拠法の事後的変更によって契約の方式上の有効性又は第三者の権利を害することはない（7条2項）。これに対し、1955年条約には準拠法の契約締結後の準拠法の変更について

40）松岡＝高杉＝多田・前掲論文5頁参照。
41）松岡＝高杉＝多田・前掲論文24頁参照。

は規定がなかった。1986年条約7条2項は、これを無制限に何回でも可能とする趣旨と解される。第三者の権利との関係は、例えば、買主の保証人との関係が考えられるが、5条d号で「当事者以外の者に関する売買の効果」を準拠法の適用範囲から除いているので、7条2項で敢えて規定しなくてもよかったが、趣旨を明確にするための注意規定として位置づけられる。準拠法選択に関する当事者の合意の存在及び有効性については、その選択が7条の要件を充足するときは、選択された法によるとの規定が10条1項にある。非国家法であるlex mercatoriaが準拠法として選択できるかについては、15条の本条約における法律の意義のところで激しく議論されたが、議論に一致がなく、この点につき1986年条約は沈黙している[42]。

当事者が準拠法を選択しなかった場合について、1986年条約8条1項は、売主が契約締結当時営業所を有した国の法律によるものとする。ヴァン・メーレン（Von Mehren）の報告書によると、契約の履行に多くの法的問題を解決しなければならないのは売主であり、売主がよく知り最も容易にアクセスすることができる法にすべきとする理由による。それに対して、ラガルド（Paul Lagarde）は、特徴的給付の理論という現代理論と一致することを根拠としている。売主の営業所を有した国の法の適用が常に実質的に売主に有利とは限らない。一般的に買主を保護する規定を置くのは先進国であることが多いからである。とはいえ、自己の債務の履行について自己の属する法域の法によることは、心理的、実務的有利性をもつことは言うまでもない。この点で、8条1項は売主に有利な規定であることに変わりはない。

同条約8条2項は、次の3つの場合に買主の契約締結時に営業所を有する国の法律が適用されることを規定する。①買主の営業所で契約締結の交渉が行われ、買主の面前で契約が締結された場合（8条2項a）、②売主が買主の営業所を有する国で特徴的給付を履行することを契約上明示している場合（8条2項b）、例えば、売主が買主の営業所所在地国で複雑な機械

---

42) 松岡＝高杉＝多田・前掲論文52頁参照。

を引き渡し、その備え付ける契約をし、それを契約で明示した場合である。売主がこのような債務を負う場合には、その活動の複雑さ及び重要さからみると、売主の営業所所在地国法によるのが妥当とされたのである。③主として買主の決定した条件に従い、かつ、入札の求めを受けた者に対して買主が示した誘因（入札への呼びかけ）に応じて、契約が締結された場合である（3条2項c号）。買主は、自分の知っている単一の法に服すのでない限り、受け取った提案を比較する方法がないから、そのように解される。

1986年条約8条3項の除外条項は、プロパー・ローの発想に基づく柔軟な除外条項により行おうとするものであり、前2項の規定にかかわらず、例外的に当事者間の取引関係などの全ての事情からみて明らかにより密接な関係を有する法律があるときは、契約はその法律によるものとする。この条項を主として主張したコモン・ロー諸国は、この条項の挿入は譲れない重要な事項だとした。それに対し、ソ連を中心とした社会主義国、発展途上国等によって、簡潔性と確実性を確保する立場からの本条の削除提案がなされたが、僅差で否決された。その後、ソ連等は本文等に「例外的に」と挿入することを提案して認められた。しかし、この文言が入ることによって、この条項の適用可能性が殆どなくなったと考えるのは妥当ではない。例外条項であれ、本項が挿入されたことは、機械的な規則の適用から生じる妥当でない結果を排除し、具体的正義を実現するためであり、必要かつ重要である。

もっとも、3項が適用されない場合として次の二つの場合が挙げられている。①売主と買主がいずれも21条1項b号の留保を行った国に営業所を有する場合には、3項の除外条項は適用されない（8条4項）。ソ連の代表は、「売主又は買主」が21条1項b号に基づいて留保を行った国に営業所を有するときとする提案を行ったが、この提案は否決された。結局、当事者双方がそのような留保国に営業所を有しない限り、第3項の排除は適用されないことになった。②売主と買主が契約締結当時ウィーン条約の締約国である異なる国に営業所を有する場合に、この条約に規律される事項には、第3項は適用されない（8条5項）。ウイーン条約との関係での3項の適用除外である。条約上の規定の柔軟化を試みる見解と明確性・簡易性を

重んじる見解の対立の妥協だけに、やや複雑になっていることは否めない。

つぎに、EU における法典化についてみておこう。第一に、1980 年 6 月 19 日の契約上の債務関係の準拠法に関するヨーロッパ経済共同体のローマ条約（以下、「ローマ条約」と略する）についてみておこう[43]。当事者自治を定めたのは、ローマ条約 3 条である。同条 1 項は、「契約は当事者により選択された法によるものとする。その選択は、明示的に行われたか、契約の用語又はその事例の環境によって合理的な確実性をもって示されていなければならない。その選択によって当事者は、その契約の全体又は一部のみについて準拠法を選択することができる。」とし、黙示的指定の意義を明らかにするとともに、分割的指定を認めている。同条 2 項は、「当事者は何時でも本条その他の条約上の規定によって以前に定めたものと異なる法によることを合意することができる。契約締結後の当事者による準拠法の変更は、本条約 9 条の方式上の有効性を排除することができず、又は第三者の権利に不利な影響を与えることができない。」とし、当事者による準拠法変更の自由とその限界とを明らかにする。同条 3 項は、当事者が外国法を選択したという事実は、選択時の事情に関わる他の要素が一国のみに関わる場合には、契約により逸脱できないその国の法規の適用を排除することができないことを定める。

同条 4 項によると、準拠法選択に関する当事者の同意の存在及び有効性は、8 条（契約の存在及び有効性がその契約又は用語が有効であったとしたらそれに適用されたであろう法によって決定されることなど）、9 条（方式上の有

---

[43] この条約の最も重要な資料として、ミラノ大学のマリオ・ジュリアノ（Mariro Giuliano）とパリ第一大学のポール・ラガルド（Paul Lagard）の作業部会における報告書がある。この報告書の翻訳については、野村美明＝藤川純子＝森川亮子共訳の「契約債務準拠法に関する条約についての報告書（1）～（10 完）」阪大法学 46 巻 4 号 165 頁以下、同 5 号 109 頁以下、同 6 号 263 頁以下、47 巻 1 号 125 頁以下、同 2 号 293 頁以下、同 3 号 223 頁以下、同 6 号 239 頁以下、48 巻 1 号 293 頁以下、同 2 号 231 頁以下、同 4 号 127 頁以下がある。この資料は、本書ではあまり紹介することができていないけれども、ローマ債務準拠法条約の解釈指針を示すものとして重要な役割を果たすものとみられている。

効性)、11 条(無能力)に従って決定されるものとする。

　ローマ条約 4 条は、当事者による選択がない場合に最密接関係国法により、契約の他の部分が他の国とより密接な関係があるときは、例外的にその国の法による(1 項)。最密接関係法の推定規定を置き、特徴的給付の理論により特徴的給付者の常居所地法、それが法人等の組織体である場合には中心的営業地、中心的営業地以外に営業地がある場合にはその営業地法によるものとする(2 項)。不動産の取引及び不動産の使用権に関する契約については、その不動産の所在地法を最密接関係法と推定する(3 項)。商品の運送契約については、2 項を適用せず、運送契約の締結時に運送人の主たる営業地に、荷揚地又は荷降ろし地又は荷主の主たる営業地があるときは、その地の法を最密接関係法と推定する(4 項)。4 条 2 項は、特徴的給付が決定されない場合には適用されず、2 項から 4 項までにおける推定は、全体の環境からみれば他の国により密接に関係する場合には考慮されないものとする(5 項)。その上で、消費者契約(5 条)、雇用契約(6 条)の規定を置く。

　第二に、ヨーロッパ共同体の委員会は、2003 年 1 月に、契約債務の準拠法に関する 1980 年のローマ条約の修正に関するグリーン・ペーパーを提出し、20 の質問事項につき国際私法に関するハンブルク・グループ等に意見を求め[44]、これらの意見を参考にして、2008 年 1 月 17 日にいわゆるローマⅠ規則が制定された。ローマ条約については、EC 構成国の裁判所がそれぞれの伝統的方法でこの条約の条項を解釈する傾向がみられた。例えば、3 条の当事者による準拠法の指定がある場合と 4 条の当事者の準拠法指定がない場合とをどのように分けるかは、それぞれの構成国が伝統的に行ってきた方法で行われていた。条約で使用されている文言も各国の用語で若干のニュアンスの相違がみられたのに、注釈は付されていなかった。英語版では、"with reasonable certainty" であり、ドイツ語版では "mit

---

[44] ハンブルクのマックス・プランク研究所の意見については、RabelsZ. Bd. 68 (2004) S.1-118 参照。

hinreichender Sicherheit" であり、フランス語版では、"de façon certain" であった。イギリスの裁判所がコモン・ローで黙示的意思を広く認める方法で3条を解釈し、ドイツの裁判所が広く仮定的当事者意思を含むものと解釈される傾向があったとしても、3条で使用されている用語の若干の曖昧性と4条の客観的基準への実務上の違和感からすれば、やむを得ないこととともいえたのである[45]。ローマⅠ規則の当初の目標は、ローマ条約の規定をEUの規則に取り込むことによって、このような構成国間での解釈の相違をできる限り生じないようにすることに向けられていた。3条1項2文についてのマックス・プランク研究所案によると、「この選択は、明示的になされるか、契約の用語又はその事例の環境における当事者の行動によって当事者の現実的意思として証明されなければならない」とされていた。最終的な規定は、この趣旨は残したものの、「当事者の現実的意思として証明…」は削除され、「契約の条項又は事例の環境から明らかにならなければならない」と、より控え目な方法が採られた[46]。この点について、グリーン・ペーパーは、「黙示的選択と仮定的選択の境界線がはっきりしない」と指摘し、ドイツ及びイギリスの裁判所は、他のヨーロッパの構成国の裁判所に比べ黙示的選択を厳格に解することはないであろうとする[47]。

　また、純粋な域内的事例については、当事者の域外国の法の指定によっては、共同体の強行規定を排除することができない旨の規定がローマⅠ規則3条4項に新しく導入された。純粋な国内的事例について全ての要素が集中する国の強行法規を当事者の準拠法選択によって回避することができない旨の規定がローマ条約にあり、これはローマⅠ規則3条3項に引き継がれている。ローマⅠ規則では、さらに純粋な域内事例について共同体における強行法の適用を排除するために域外の国の法を当事者が準拠法として指定しても、そのような規定の適用が妨げられないものと規定した。純

---

45) Mills, op.cit., p.334f.
46) 前掲マックス・プランク研究所意見書、Rabels Z. Bd.64, S.34 参照。
47) Mills, op.cit., p.334

粋な国内事例について当事者が強行法規を回避する事例は生じなかったが、純粋な域内的事例については当事者が域外の外国法を指定する事例は多くなることが予測される[48]。もっとも、共同体法上の強行規定に限定しているとすれば、この規定による当事者自治制限の弊害はあまり生じないのではあるまいか。

　ローマⅠ規則3条は、当事者自治に関し、一般的制限を課していない。つまり、EU構成国の若干の国やアメリカ合衆国の若干の州におけるような当事者により選択された法とその契約との関連性は要求されてはいない。しかし、従来から消費者契約や雇用契約については、ローマⅠ規則6条2項、8条は、弱者保護の観点から当事者自治を制限する従来から存在していた規定を存続させたほか、新たに5条2項で旅客運送契約、7条3項である種の保険契約について当事者が選択することができる法に、いわゆる量的制限を規定した。ローマⅠ規則5条2項は、旅客運送契約に関する客観的連結を定めるとともに、3条により当事者が準拠法を選択する場合には、a）旅客が常居所を有している国の法、b）運送人が常居所を有する国の法、c）運送人が主要な事務管理を行う国の法、d）出発地のある国の法、e）目的地の所在する国の法に限り、選択することができるものとする。また、ローマⅠ規則7条2項で定める（構成国内で生じた危険及び構成国内で生じるであろう危険に関する）保険契約で1973年7月24日の指令5条の意味における大きな危険に該当しない、小さな危険に関わる保険契約については、当事者は、a）契約締結当時危険が存在する各構成国法、b）被保険者が常居所を有する国の法、c）生命保険については被保険者が国籍を有する国の法、d）保護される危険がその危険が存在する構成国以外の構成国で生じた損害事例に限定されている保険契約については、その構成国の法、e）本項に該当する契約の保険契約者が商業的又は産業的活動又は自由業を営み、かつ、その保険契約がその活動に関連する二つ以上の危険を

---

[48] 高橋宏司「契約債務の準拠法に関する欧州議会及び理事会規則（ローマⅠ規則）」国際私法年報13号（2011年）4頁参照。

対象とし、その危険が異なる構成国に所在する場合には、当該構成国のいずれかの法又は保険契約者の常居所地法から準拠法を選択することを要する。なお、本条2項に該当する保険契約については、3条に基づき当事者は自由に準拠法を選択することができる。

　ローマI規則4条は、準拠法選択が欠けていた場合について、特徴的給付の理論による点は異ならないが、a）～h）の契約類型に分けてローマ条約よりも具体的な規定が置かれ、できる限り分かりやすくされている。ローマ条約後に重要となってきた新しい契約類型、例えば、役務提供契約、フランチャイズ契約、ある種の金融取引契約などについて、具体的に準拠法を定めている。

　さらに、1994年の国際契約に関するアメリカ諸国間条約（以下、「メキシコ・シティ条約」と略する）も、これまで当事者自治に消極的であった中南米諸国に大きな影響を与えるであろう点で重要である[49]。メキシコ・シティ条約7条1項は、当事者自治を認めて次のように規定する。「契約は、当事者によって選択された法により規律されるものとする。この選択に関する当事者の合意は明示的に行われるか、又は明示的な合意がない場合には、当事者の態度及び契約条項から全体として考慮され、明らかでなければならない。この選択は、契約全体又はその一部についてすることができる。」とし、同条2項は、「当事者によるある法廷の選択は、必ずしも準拠法の選択を意味しない」とする。また、8条は、「当事者は、その法が当事者により選択されたか否かにかかわらず、何時でも契約の全部又は一部を以前に従っていたと異なる法に服させることを合意することができる。ただし、その修正は原契約の方式上の有効性にも第三者の権利にも影響を及ぼさないものとする。」と定め、準拠法の事後的変更の自由を認めている。

　メキシコ・シティ条約9条1項は、「当事者が準拠法を選択しなかった場合又はその選択が無効となった場合には、契約は、最も密接な関係を有

---

[49] メキシコ・シティ条約については、高杉直「1994年の国際契約の準拠法に関する米州条約」帝塚山法学1号（1998年）166頁以下を参照した。

する国の法により規律されるものとする」とし、同条２項は、「裁判所は、その契約の全ての客観的要素及び主観的要素を考慮して最も密接に関係する国の法を決定する。裁判所は、国際機関によって承認された国際商事法の一般原則をも考慮するものとする。」これは、当事者の指定のない場合にも国際商事法上の一般原則を適用することを裁判所に認めているものと解される。同条３項は、「それにもかかわらず、契約の一部が他の部分と区別され、それが他の国とより密接な関係を有する場合には、その国の法が例外的に契約のその部分に適用できる。」とする。契約関係の分割可能な部分については、それぞれにより適切な準拠法を決定する方法が採られている。

さらに注目されるのは、lex mercatoria の指定を認めた 10 条の規定である。「前３条の規定に加え、個別事案における正義及び衡平の要求を果たすために、一般的に受け容れられている商事慣習及び慣行ばかりではなく、国際商事法に関する指針、慣習及び原則が適用される。」このような国際商事原則として「UNIDROIT 国際商事契約原則」などが想定されている。この条約は、非国家法を準拠法として排除する考え方をとってはいないといわれている[50]。

メキシコ・シティ条約は、当事者による準拠法選択がなかった場合に特徴的給付の理論による推定の規定を最終的には採用せず、裁判所にあくまで最密接関係法の探求を求めるべきものとしている。特徴的給付の理論という米州諸国にあまりなじみの薄い、場合によっては経済的に優位に立つ当事者に有利な結論を導くことが多い理論を採らなかった点が注目される。同時に、伝統的に認められてきた国家法の準拠法としての適格性にこだわらず、lex mercatoria を含めた国際的なグローバルな市場で発達した民間的な国際機関の定めた原則や指針を含めて準拠法として選択することができるとした点に、新しい傾向をみることができる。

最後に、当事者自治の原則との関係で「国際商事契約の準拠法選択に関

---

[50] 高杉・前掲論文 192 頁参照。

するハーグ原則」（以下、「ハーグ原則」と略する）をみてみよう。ハーグ国際私法会議は、従来国際私法の統一のための多くの国際私法条約を採択し、国際私法の統一に重要な役割を果たしてきた国際機関であるが、2015年3月19日にハーグ原則を採択した。これは、ハーグ会議としては初めての法的拘束力を持たない、ソフト・ローによる国際私法の統一を試みたものである。ハーグ原則は、裁判の場においてだけではなく、仲裁による紛争解決も念頭に置いて起草されている。

　ハーグ原則2条は、選択の自由という表題の下に次のような規定を置く。同条1項で「契約は当事者により選択された法により規律される。」として当事者自治を基本原則とすることを定め、同条2項では、「当事者が選択することができるのは、(a) 契約全体又は契約の部分にのみ適用される法、(b) 契約の異なる部分について異なる法である。」として分割指定を認めている。同条3項では、方式の有効性及び第三者の権利に影響を及ぼさないという留保の下で、契約成立後の準拠法の選択や変更を認めている。同条4項では、契約又は当事者と場所的関係を有しない法の選択を認め、当事者自治の量的制限論を否定している。

　ハーグ原則3条は、当事者による「法の準則（rule of law）」の選択、つまり非国家法の選択を認めている。ただ、非国家法の選択を認める法制が未だ普及していないところから、法廷地法がこれと異なる規定を置く場合には、当事者による選択は認められない。また、選択することができる非国家法は、「中立かつ公平な体系的規範として国際的、超国家的又は地域的に広く受け入れられた」ものに限られている。そこで、どのような非国家法がこれに当たるのかが問題となる。UNIDROITの商事国際原則、国際商業会議所（ICC）の信用状統一規則（UCP）、ヨーロッパ契約法原則等がこれに当たるものと思われるが、それ以外にどのようなものが該当するかについては、議論の余地がある。

　ハーグ原則4条によれば、準拠法選択の合意は、明示的にだけではなく黙示的にもなされ得る。黙示的になされたという場合には、当事者の現実的意思として契約内容又は契約をめぐる具体的な事情から明らかにならなければならない。専属的な管轄合意又は仲裁合意がなされたというだけで

は、準拠法の選択について黙示の合意がなされたということができないものとする。

準拠法選択の成立及び有効性は、その合意が有効であったとしたら適用される法によることが原則である（ハーグ原則6条1項a号）。しかし、当事者はその代わりに自らの営業所所在地法を援用することもできる（同条2項）。書式の戦いの結果として申込者と承諾者が異なる法を指定している場合には、直ちに不成立とするのではなく、その合意が有効であれば適用される法によって判断される（ハーグ原則6条1項b号）。その法がファースト・ショット・ルールを採るか、ラスト・ショット・ルール採るか等をみて、申込者側のルールと承諾者側のルールによって合意が成立していることで一致していれば、準拠法選択合意が成立し、そうでない場合には不成立と判断されることになるであろう。準拠法選択合意には、当事者が異なる同意をしない限りいかなる方式要件も課されてはならないものとされる（ハーグ原則5条）。黙示的合意を認め、訴訟上の法選択を認めているのだから、これとの均衡上、方式要件を課さない方が現在行われている実務からみても適切だからである。

ハーグ原則は、当事者自治の原則を柔軟に広く認めようとする一方で、国家による規制を確保するために、絶対的強行法規や公序の適用や考慮によりこの原則を制限することを認めている（ハーグ原則11条）。法廷地の絶対的強行法規は、当事者の選択した準拠法の如何に関わりなく、常に適用されるものとする（同条1項）。また、選択された法の適用が法廷地の公序に反するときは、その適用が排除される（同条3項）。それに対し、外国の絶対的強行法規や公序が適用ないし考慮されるかについては、各国における理論的対立や政策考量の相違もあって、統一的原則を確立するまでに至っていない現状を反映し、独自の原則を定めておらず、法廷地の国際私法規定に委ねている（同条2項、4項）。

3　まとめ

従来、国際契約法において当事者自治の原則をどのように、どの程度認

めるべきかについては、学説上必ずしも一致しておらず、判例も一定程度これを採り入れるべきことについては一致していても、その方法や制限については必ずしも一致していなかった。ましてやこれを法典化することについては激しい議論が存在するところであった。例えば、ドイツにおいては、当事者自治の否定論は、20世紀の初期から有力な学者達により説かれたが、理論的には1930年代には克服されたといわれている。しかし、その後においても、帝国裁判所の判例を検討すると、当事者の準拠法選択の合意は国際私法の準拠法指定としては判断されず、実質法上の指定、つまり契約自由の原則に基づく任意法の枠内における指定と解されることが多かったといわれている[51]。少なくとも1970年代頃までは、研究者が当事者自治の原則について触れる場合には、遠慮がちに慎重に触れなければならなかったとされている。法典に当事者自治が規定されるには、ドイツにおいては1986年の民法施行法の全面改正を待たなければならなかった。ところが、1980年代後半から始まった現代社会におけるグローバル化を経験した現在では、諸国の法典、判例その他の法実務、国際法典を概観してみても当事者自治の原則を認めること自体は、世界的傾向として確立されているように思われる。

　これには、一方では、ヨーロッパにおけるEECからEUへの展開、ソ連の崩壊と旧社会主義国のEU加盟、旧東ドイツの西ドイツへの併合、当初は労働力不足の補充をして導入された外国人労働者の受入国における定住、拡大されたEU域内での労働人口の移動、とりわけ旧社会主義諸国からの先進工業諸国への労働者の域内移動、中東地域・アフリカ地域の政治的状況の不安定や経済状況の悪化による難民の流入等、ヨーロッパを中心に生じた現象があり、他方では、国連とその関連機関を中心とした国際的な人権保障等の強化の動向、世界貿易機関（WTO）の設立による世界的貿易原則の確立と世界貿易の促進、地域的な経済連携協定や自由貿易協定

---

51) Vgl. Wolfgang Mincke, Die Parteiautonomie: Rechtswahl oder Ortswahl, 5. IPRax (1985), Nr.6 S.313, Fußnote 3

の展開によって、ヨーロッパで生じているのと類似する現象が全世界的に広がっている。また、情報通信革命により容易かつ迅速に情報や意見を受信することができるだけではなく、積極的に世界に発信することができるようになっている。このように人・物・金・情報等の国境を越えた自由移動を原則とする社会では、私人の積極的活動を引き出し、それを促進する法原則が求められる。民族国家を唯一の立法、司法等の権限を有する機関とみて、私人を規律対象でしかないとして捉えてきた近代社会形成時の伝統的な考え方に変更が迫られている。私人がそのアイデンティティーを維持しながら国境を越えて自由に活動できることを保障する法原則が求められるようになってきたことも、このような傾向を生じさせる重要な要因の一つとみることができる。

しかし、当事者自治の原則をめぐる個別的な論点をみると、なお議論の残るところも多いように思われる。そこで以下では、それらの点について整理しておきたい。

第3節 当事者自治の原則を巡る論点からみた整理

前に述べたところと若干重複が生じるとしても、これまで提起されてきた論点からみて整理しておくのが便宜であろう。順序としては、1 当事者の明示的選択がある場合、2 当事者の黙示的選択がある場合、3 当事者の選択がない場合の3つの場合に分けて、問題点を整理する。

比較法的にみれば、ペルー民法典2095条のように「当事者により明示的に選択された法」によることを定める国もあり、最近の超国家的な法実務では、当事者による法選択は、準拠法選択条項で明示的になされなければならないとされているといわれている。このような考えを前提とする限りは1と別に2を考察する必要がないことになろう。しかし、わが国を含

む多くの諸国の法典やその解釈においては、当事者による選択には黙示的選択を含むものとされている。また、かつてのドイツの判例にみられたように黙示的意思と仮定的意思を明確に区別しない立場を徹底するとしたら、敢えて2と3を区別してとりあげる必要がないことになるかもしれない。しかし、ローマⅠ規則やハーグ原則は、黙示的選択と仮定的選択を概念的に明確に区別し、仮定的選択を認めないようにしているように思われる。その区別はなお曖昧であるとする批判があり、2と3の場合で考慮すべき要素に重複するところも存在する。それでも、主観的連結と客観的連結を区別すべきとする立場からみれば、2と3を区別したうえで整理するのが妥当であろう。

その他にも1と2とで共通する問題がある。それは、当事者による準拠法選択の有効性を判断する法をどのようにみるかである。米国ではこれを法廷地法によるとする見解が有力であるといわれている。わが国を含む若干の国においては、当事者による準拠法選択は、国際私法において独自に問題となる法律行為であるから、法廷地国際私法の立場から独自に判断すべきとする見解が支配的である。これは、当事者自治否定論からの批判に対応できる理論を構築しようとするものである。しかし、その基準を具体的事例に当てはめてみようとすれば、不明確になることは否めない。当事者自治を規定する最近の条約は、その合意が有効であったとすれば適用されるであろう法によることを規定する。条約上そのように定めれば、それが国際法上の原則となるから、当事者自治否定論の批判は当たらないことになる。最近の各国の国際私法規定をみれば、これと類似する規定を置くものが多いように思われる。

1 当事者の明示的準拠法選択がある場合

当事者による明示的準拠法選択合意があったというためには、書面等の何らかの方式上の要件が必要になるかが問題になる。例えば、中国では1985年の渉外経済合同法7条は、渉外契約の方式を一律に書面によることを要求していた。この渉外経済合同法に代わる1999年の合同法（契約法）

10 条は、書面以外の口頭を含むその他の契約方式も認めている。当事者による準拠法合意の方式上の有効性をどのように解すべきかに関して明文の規定はなく、学説上の議論もないといわれている[52]。判例においては、原告である中国の造船所が被告である外国会社との間に売買契約がないことの確認を求めた事例で、原告を船舶建造者、訴外第三者である中国貿易会社、被告を買主とする三者間の売買契約には、イギリス法を準拠法として指定する条項等があったけれども、原告の署名がなかったので、青島海事法院は、2002 年 9 月 9 日判決において、「当事者が契約の条項につき書面の形式により合意が成立し署名した場合に契約が成立する」とした当時有効であった渉外経済合同法 7 条により、契約が存在しない、と判示した[53]。現在の合同法 10 条を前提とすれば、準拠法選択合意の有効性は、イギリス法によって判断すべきことになるのではあるまいか。その点が中国の現行法上どのように解されているかは必ずしも明らかではない[54]。準拠法選択合意に方式要件を課することができるという議論は、ローマ I 規則の交渉の際にも提起された[55]。ハーグ原則 5 条は、当事者間に特段の合意がない限り、主契約が要式契約である場合を含めて、いかなる方式要件も課せられない、としていることが注目される。もっとも、この前半部分の限定は、英米法系諸国において口頭による準拠法指定の変更を禁止していることが多いのを踏まえたものであり[56]、例外的に当事者の合意によって、方式要件を課すことを認めたものである。

---

[52] 黄・前掲書 167 頁以下参照。

[53] この点について、黄・前掲書 I 67 頁以下参照。

[54] 黄・前掲書 168 頁は、前掲の裁判所が準拠法合意に有効性を判断する際には、渉外経済合同法の規定を直接適用していないとして、法廷地国際私法説によったものとする。この立場に立つと中国実質私法の変更によって影響を受けないことになるであろう。

[55] もっともこの議論は、ローマ I 規則では採用されていない。構成国は方式要件を課することができるが、その効果を最小限に留める規定が 3 条 5 項、11 条にみられる（Mills, op.cit., p.379）。

[56] 西谷祐子「当事者自治の現代的意義——『国際商事契約の準拠法選択に関するハーグ原則』をめぐって」国際私法年報 17 号（2015 年）12 頁参照。

つぎに、当事者が選択することができる法との間に当事者ないし契約との客観的関連性が要求されるかどうかである。これについて比較法的にみれば、①全ての契約についてこの要件を課しているもの、②若干の契約についてこの要件を課しているもの、③この要件を課していないものがみられる[57]。①に属する典型的なものは、米国の抵触法第二リステイトメント178条である。これによると、選択された法の邦は、当事者又はその取引と「実質的関係」を有しなければならないか、当事者の選択に他の「合理的理由」がなければならない。類似の規定は、スペイン民法10条5項（「その契約との何らかの関係」）、ポルトガル民法41条2項（「当事者の重要な利益」又は「国際私法の基づき密接に関連する契約の要素」）（もっとも、これらの規定はローマⅠ規則に代わられたけれども）にみられる。②についてローマⅠ規則は、一般的に当事者の選択した法との客観的関連性を要求していないけれども（3条3項）、次の二つの類型の契約についてのみ予め関連性があるものとして定められた法から選択することを要求する。旅客運送契約について旅客の常居所地国法、運送業者の常居所地国又は中心的営業所の所在する国の法又は出発地若しくは目的地の法である（5条2項）。小さな危険に関する保険契約については、保険が掛けられた危険の所在する構成国の法、被保険者が常居所を有する国の法又は生命保険契約については被保険者が国籍を有する構成国の法からの選択に制限されている（7条1項）。これらは、弱者保護の趣旨から旅行業者や保険業者が自己に有利な国の法を準拠法とする約款を挿入することを許さない、との趣旨に基づく。類似の規定は、雇用契約に関するスイス国際私法典121条にみられる。この規定によると、当事者は被傭者が常居所を有する国の法又は雇用者が営業地、住所又は常居所を有する国の法からしか選択することができない。③以上のほか、5つの国際条約ばかりではなく、EU域外の40以上の国の最近の法典は、この要件を課していないといわれている[58]。ハーグ原則2条4項

---

57) Symeon C. Symeonides, Codefying, Choice of laws Around the World　An International Comparative Analysis（2014）p.118ff.

は、このような状況を基礎にして将来を見据えて、選択された法と当事者又はその取引との関連性を要求しないものとしている。

　また、当事者が非国家法を指定することができるか、指定することができるとして、どのような非国家法が指定できるのかが問題になる。近代の民族国家成立時の国際私法は、各民族国家の法の場所的適用範囲を定めるものであった。そのような伝統から国際私法が指定する法は、原則として国家法に限られていた。しかし、現代のグローバル化の中における法の多元化、多様化が進んでいる。現在の国際社会において国家法のみを準拠法として指定することができるものとすれば、国連やその他の国際機関で作られる規則やソフト・ローといわれるものだけではなく、国際法的な主体として認められていないような国際的な民間団体・業界団体等によってつくられてきた諸種の国際商事原則、業界のルール、標準契約書式、業界独自の紛争解決手段としての仲裁、調停制度の下での先例などにより、現実の国境を越えた法律関係が動いていることは否定することになる。例えば、米国においては、米国仲裁協会（AAA）、ニューヨーク株式取引所（NYCE）、米国株式取引所（AmEx）などがあり、最近ではインターネット・サーヴィス及びドメイン・プロバイダーの契約があり、私人はそのような団体の規則制定に関わることがないにもかかわらず、その機関を使用する以上はその規則等に従うことになる。

　そこで、当事者自治の原則を認める場合に、当事者が指定することができる法というのはどの範囲のものをいうかを明らかにする必要がある。伝統的な原則に従い、当事者が選択することができる法を原則として国家法に限るとすれば、現実の取引社会と乖離した抵触規範になってしまう。しかし、当事者の選択することができる規範を広げ過ぎると、国際私法がその存在の前提としてきた準拠法の対等性、交換可能性を崩してしまう危険性が存在する。米国の抵触法第二リステイトメント187条は、準拠法として指定できる法が国家法であることを前提にしており、非国家法の準拠法

---

58) Symeonides, op.cit., p.120

としての選択には触れていない。ただ、契約当事者が非国家法の規定を事項指定によって契約の中に取り込むことを認められているにすぎない。米国統一商法典（UCC）も、異なる規則による問題について非国家法の規範を契約上取り込むことを認めているにとどまる。ローマⅠ規則も同じ立場をとっている。ローマⅠ規則のより以前の提案（2005年のEU委員会提案）は、UNIDROIT原則、ヨーロッパ契約法原則（PECL）のように一定のよく知られている非国家法、さらにはEUが将来採択する可能性のある原則の中から当事者が選択できるようにするというものであった。これは、仲裁において非国家法の指定を認めていることを踏まえて、当事者自治の原則を強化するとともに、明確性に欠ける狭義のlex mercatoriaや国際的に認知されていない非国家規範を当事者の選択の対象から除外する趣旨を含んでいた[59]。しかし、若干の構成国の反対に遭って、この案はEU理事会では採択されなかった[60]。それに対して、メキシコ・シティ条約10条は、「個別事例における正義及び衡平の要求を満たすため、一般に承認されている取引の慣習及び慣行のほか、国際取引法に関する規範、慣習及び原則を適用するものとする」として、lex mercatoriaとしての非国家法の適用を認めているといわれる[61]。しかし、ラテンアメリカ諸国でも、メキシコ・シティ条約17条に「…法とはある国における現行法と解釈されなければならない」と規定されていることを根拠として、実際にはこの規定を根拠とする否定説も少なくないと指摘される[62]。

---

[59] 高橋宏司「契約債務の準拠法に関する欧州議会及び理事会規則（ローマⅠ規則）——4つの視点からのローマ条約との比較」国際私法年報13号（2011年）3頁、同「契約債務の準拠法に関する欧州議会及び理事会規則（ローマⅠ規則）——ローマ条約からの主要な変更点を中心に」同志社法学63巻6号6頁参照。

[60] Symeonides, op.cit., p.141 反対の理由としては、その原則が国際的に又は共同体で認められているか否かを裁判所の判断に委ねるのは適切でないという主張のほか、当事者の選択できる規範を共同体で形成してゆく可能性に対する若干の構成国の警戒があったといわれている（高橋・前掲年報13号論文3頁参照）。

[61] 高杉・前掲論文198頁以下参照。

[62] 西谷・前掲論文20頁参照。

そのような中で、ハーグ原則 3 条が非国家法の選択可能性を認めたのは画期的であるといわれている[63]。これによると、「これらの原則において法への言及は、中立的で平衡のとれた一連の規範として、国際的、超国家的、地域的レベルにおいて、一般的に受け容れられている『法の準則（rules of law）』を含む。ただし、法廷地法がこれと異なる規定をする場合にはこの限りではない。」とされている。この本文に該当する法の準則とは、どのようなものをいうであろうか。「中立的で平衡のとれた」というのは、体系性のあると意味と解される。UNIDROIT の国際契約原則、ヨーロッパ契約法原則、UPICC などのほか、国連売買条約が条約の適用範囲外であるのに、当事者により準拠法として選択される場合、国際開発契約における化石化条項（その後の国家法の改正によって影響を受けないように、特定の時期の国家法を準拠法として固定する条項）が採られる場合などが挙げられる。それに対して、狭義の lex mercatoria としての商慣習、業界の標準契約約款、「契約は守らなければならない」というような法の一般原則は、体系性を欠くために、当事者の準拠法選択の対象とならないとされる[64]。ユダヤ法、シャリーア法等の宗教規範、インコタームズや信用状取引規則等の援用可能統一規則は限界事例に当たるといわれている。これらの規範の国際取引における定着度を重視すれば、3 条の要件を広く解釈し、当事者の選択対象に含める余地があるといわれる[65]。要するに、ハーグ原則 3 条に定められている非国家法は、体系性を持ち、現実の取引社会で法規範として意識され、広く知られているので、国家法と同じように、当事者による準拠法指定の対象とされたものと解される。

　つぎに、当事者による分割的選択、多数国法選択が認められるかである。当事者は、契約の異なる部分や異なる争点について、二つ以上の準拠法を選択することができるかが問題となる。例えば、二つ以上の邦（国及び州

---

[63] 西谷・前掲論文 20 頁参照。
[64] 西谷・前掲論文 21 頁参照。
[65] 西谷・前掲論文 21 頁参照。

を含むものとしてこの語を使用する）で履行される契約について、当事者は、それぞれの履行地となる邦の法によらせることができるかである。同様に、当事者は契約の一部についてのみ準拠法を選択することができるかである。部分的選択の場合には、その他の部分については客観的連結が行われることになる。ローマ条約3条1項3文は、契約の分割可能な部分について明示的に当事者が契約の一部について準拠法を選択することができる可能性を認めた最初の条約上の規定であった。それ以来、メキシコ・シティ条約7条、ハーグ動産売買条約7条1項、ハーグ原則2条2項は、当事者の分割選択を認めている。とりわけ、ハーグ原則は、契約の異なる部分について異なる邦の法の選択を明示的に認めている。部分的又は多数法的選択は、米国の抵触法第二リステイトメントでも認められているほか、現在では、ローマⅠ規則に拘束されているEUの27カ国、EU域外の20カ国以上の法典で認められ、中国、イスラエル、スイスの実務でも認められているといわれている[66]。

　つぎに、準拠法選択及び変更の時期に関する問題である。準拠法選択条項は、契約の締結時に契約条項の一つとして含まれるのが通常である。最近の法典や条約は、明文で当事者に何時でも準拠法を選択することを許容し、第三者の権利を害しない限りで、以前の準拠法の選択を変更することができるとする[67]。これは、当事者自治の趣旨を最大限活かそうとする趣旨である。例えば、ローマⅠ規則3条2項によると、当事者は「その契約を何時でも以前適用されていたのと異なる法により規律させることを合意することができる」ところ、そのような変更は、「その契約の方式上の有効性又は第三者の権利を害するような影響を与えないものとする」と定めている。類似の規定は、EU域外でも多くに諸国の法典にみられる[68]。抵触法第二リステイトメントはこの点について言及していないが、一般契約理

---

66) Symeonides, op.cit., p.122　本文で引用したのは、2014年の本書出版当時のものであるので、現在の数字ではない。
67) 1980年のローマ条約3条2項、メキシコ・シティ条約8条、ハーグ動産売買条約7条2項、ハーグ契約原則2条2項等参照。

論からみて同じ結論になるであろう。準拠法変更による第三者への影響は、例えば、債務の保証人、債権の譲受人との関係である。当事者間の合意のみによってこれらの第三者に不利益な影響を与えるべきではないので、その限りで、当事者の準拠法選択の事後的変更の効果を制限的に定めたのである。

2　当事者の黙示的な選択がある場合

一方では、裁判所は契約準拠法の決定においてあくまでも広く当事者意思を探求すべきとする見解がある。他方では、明示的に当事者意思が表示されない以上、裁判所にそのような困難な任務を負わせるのは適切でないとみて、他の客観的要素とともに当事者意思を最密接関係法探求の一つの要素として考慮すれば足りるとする見解がある。それについて、近時の条約やハーグの原則は、主観的連結の一種としての当事者の黙示意思をより限定的で客観的に認定することができるように定義している。1980年のローマ条約3条第二文は、「その選択は…契約の内容又はそれに関する事実から合理的安定性をもって明らかにならなければならない」としていた。

これに対してより明確とすべきとするマックス・プランク研究所の案は、「その選択は、…契約の内容又はその事例の事実関係における当事者の行動によって当事者の現実的合意として確認されなければならない」としていた。ローマ条約のこの規定について同研究所案は以下の3点を指摘する[69]。第一に、この文言では、若干の国の裁判所、とりわけ、ドイツ及びイギリスの裁判所は、おそらく仮定的意思しかない場合に事例の事実関係

---

68) アルバニア、アルゼンチン、アルメニア、ベラルーシュ、ジョージア、カザフスタン、韓国、キリギスタン、モルドバ、プエルトリコ、ロシア、セルバニア、スイス、トルコ等の法典が挙げられている。

69) Max Planck Insititute for foreign and Private Internatinal Law, Comments on the European Commission1 Green Paper on the Rome Convention of 1980 on the law applicable to contractual obligations into a Community instrument and its modernization, 68 RabelsZ (2004) p.34

から黙示的選択を認めてしまうであろうという点である。第二に、事例によっては当事者の言動又は事例のその他の諸事情によって、殆ど自動的に法選択を認めてしまうおそれがある。第三に、条約の異なる言語の版でこの規定の意味の不一致が生じている。そして、この条文自体はそのまま残すべきであるが、黙示の法選択の意義については、条約の異なる言語の版に注意しながら改善できると主張する。これは、「現実的合意として確認」とする用語を入れることにより裁判所が当事者の仮定的意思を黙示的意思として認定するのを避けようというのである。

しかし、ローマⅠ規則3条2文は、「選択は、その契約の条項又は事例の諸事情から明らかにならなければならない」ということにより、ローマ条約上指摘されていたこの部分に関する言語によるニュアンスの相違を少なくするために、フランス語版の表現に近づけるにとどまった。また、メキシコ・シティ条約7条1項2文も、「当事者の行動及び契約の条項から全体的に考えて明らかにならなければならない」として、裁判所の黙示的意思の認定を緩やかにしている。それに対して、ハーグ原則4条前段では当事者の黙示の意思は、「当事者の現実の意思として、契約の内容又は諸事情から明らかにならなければならない」とされている。

当事者の準拠法選択は、契約中の準拠法約款で表示されることが多い。しかし、そのような形で明示されていなくとも、契約の条項やその事例の諸事情を考慮すれば、当事者が準拠法選択の現実的意思を有していたと考えることができる場合があることは事実である。例えば、当事者が特定の法体系に規律されることで知られている標準契約書式（ロイズの海上保険約款等）を用いている場合、同一当事者間の取引でこれまで明示の準拠法指定があり、当事者間でこの点に関する方針の変更がないと確認できる場合、特定の国の裁判所への専属管轄の合意があって、当事者がその法廷地法によることを前提としていると認められる事情があり、そのように解することが契約の他の条項その他の事情と矛盾しない場合、および、契約中に特定の国の法律、例えばフランス民法の特定の条項への言及があり、当事者がその国の法によることを意図していたという事情が認められる場合などである。1955年の動産の国際的売買に関するハーグ条約2条2項の

ように、そのような黙示意思を契約の約款から読み取れる場合に限ったものもあるが、その他の多くの条約、EUのローマⅠ規則、ハーグ原則は、その範囲を広くみるか、狭くみるかの微妙な相違はあるものの、その契約における諸事情を考慮することを認めている。

当事者の黙示意思をどのようにどの範囲で認めるべきかは、各国の法意識、裁判所の従来の慣例なども絡むだけに、難しい問題を含む。しかし、黙示の意思による準拠法選択を準拠法選択の一態様として認める以上、当事者の仮定的意思と少なくとも概念上は明確に区別すべきである。当事者が準拠法選択をするという現実の意思を有していなかった場合には、当事者の準拠法選択がない場合として、扱われるべきである。

3 　当事者の準拠法選択がない場合

当事者の明示又は黙示の選択がない場合に、契約の準拠法をどのようにして決定すべきであるか。

まず、ハーグ条約からみておこう。1955年の国際動産売買の準拠法に関するハーグ条約3条は、原則として売主が注文を受けた当時常居所を有する国の法によるととを定め（1項）、売主又はその代理人が注文を買主の常居所で受けた場合には、買主の常居所地法によるものとしていた（2項）。1986年の国際物品売買契約の準拠法に関するハーグ条約においては、売主の常居所地法と買主の常居所地法をどのようにバランスをとるか、どの程度柔軟性をもたせるかについて議論があったといわれている[70]。この条約8条1項は、売主の契約締結当時の常居所地法を適用することを原則とする。これを特徴的給付の理論で根拠づける見解もあるが、報告者のヴァン・メーレン（von Mehren）は、履行により多くの困難な問題を解決しなければならないのが売主であり、売主が最もよく知り接近することができ

---

70) 松岡博＝髙杉直＝多田望「国際物品売買契約の準拠法に関するハーグ条約（1986年）について」阪大法学43巻1号27頁参照。

る法によるべきことを理由とする。つぎに、同条2項は、買主の営業所と関連が深い3つの場合（a号～c号）を挙げて、買主が契約締結時に営業所を有する国の法律によるとしている。すなわち、その国において交渉がなされ、かつ当事者の面前で契約が締結されたとき（a号）、その国において売主の物品引渡義務が履行されることを契約で明示しているとき（b号）などである。さらに、前2項で定めた準拠法より当事者間の取引関係などの全ての事情全体からみて明らかによりも密接な関係を有する法律が他にあるときは、その法律により規律する（3項）。これは、英米法系のプロパー・ローの考え方に基づいて準拠法の柔軟化を志向した規定である。また、3項が適用されない2つの場合、つまり、売主と買主がともに契約締結当時に、21条1項b号の規定に基づく留保を行った国に営業所を有する場合とウィーン条約の締約国である異なる国に営業所を有する場合とを規定する（4項、5項）。また、競売又は取引所における売買については、競売が行われた国又は取引所が所在する国の法による（9条）。

　つぎに、ローマ条約とローマⅠ規則をみてみよう。ローマ条約においては、この場合には最密接関係国法によることを原則にする（4条1項）。この原則は、特徴的給付の理論による推定則で具体的に明らかにされる（同条2項）。つまり、契約締結当時特徴的給付を行うべき者の常居所地法、会社、組合、社団若しくは法人についてはその本拠地法（又は契約により別の営業所が給付を行うべきときは、その営業所所在地法）を最密接関係国法と推定する。契約が不動産の物権的権利又は不動産の使用権を目的とする場合には、前項の推定は働かず、不動産所在地法が最密接関係を有する法律と推定される（同条3項）。物品運送契約については、運送人が契約締結当時主な営業所を有する国が積込地又は荷降地若しくは荷送人の主な営業所在地と一致する場合には、運送人の主な営業所所在地法を最密接関係国法と推定する（同条4項）。しかし、一切の事情から契約が別の国とより密接な関係を有することが明らかな場合には、2項、3項、4項の推定が覆され、それらの推定により指定されたものと異なる国の法律が適用される（同条5項）。

　それに対して、ローマⅠ規則4条1項は、最密接関係法を原則とはせず、

8つの具体的契約類型に分けて、それぞれについて具体的な連結点を定めている（同条同項 a 号～ h 号）。この中には、売買契約のように特徴的給付の理論を採ったと同じ結論になるものもあるが、例えば、フランチャイズ契約（e 号）や販売店契約（f 号）のように、フランチャイジーや販売店の常居所地法によるとする点は、特徴的給付の理論によった場合と必ずしも同一の結論にならない。フランチャイザーとフランチャイジーの具体的な契約において負担する義務をみて、場合分けするなど、議論の分かれた点でもあった。この規定には、フランチャイジーや販売店を経済的弱者として保護しようとする視点でこれまでの議論を整理する趣旨が含まれている。もっとも、この規定の中ではそれらについての定義を規定していないから、解釈に委ねているものと思われる。フランチャイジーや販売店が最低販売義務や市場拡大義務を一定程度負担することが多いことを考慮している。販売店が経済的強者である販売店契約の場合には、本号の適用対象外と解する見解がある[71]。

　同条2項は、1項に規定した類型に該当しない契約や1項に規定する複数の類型に該当する契約について特徴的給付の理論によって準拠法を決定することにしている。1項の類型に該当しない契約として、賃貸借契約、実施許諾契約などが考えられる。例えば、知的財産権の実施許諾契約について単純に金銭的対価を受ける者を特徴的給付者とみれば、実施許諾者が特徴的給付者になる。しかし、実施許諾契約の内容は多様であり、実施権者が一定の販売量の実施義務や改良発明の報告・譲渡義務等を負う場合には、実施権者が特徴的給付者であるとみる方が妥当であるということができる。これらの契約については具体的事例に即して判断する必要がある。また、売買が不可分的に組み込まれているフランチャイズ契約で、フランチャイズに重心があるものについては、複数の類型に属するようにみえても、前文19項の趣旨を生かして1項 e 号（フランチャイジーの常居所地国法）を適用すべきと考えられる。さらに、1項、2項で指定された国よりも明

---

　71) 高橋・前掲同志社法学論文13頁参照。

らかにより密接な関係があることが明白に示される場合には、その最密接関係地国の法律が適用される（同条3項）。例えば、イタリアに所在する土地の売買契約をドイツ人間でドイツ国内において締結したような場合には、1項c号によると不動産の所在地であるイタリア法になるが、事例の事情全体からみてドイツが明らかにより密接な関係を有することが明白に示されれば、ドイツ法によることになる。この規定は、欧州司法裁判所の2009年のこの点に関する初めての先行判決に基づいて挿入されたものであるが、最密接関係地が原則としてではなく、補充的な連結点の一つとして格下げして使われていることに注意すべきであろう。最後に、1項、2項で準拠法が決定できないとき、つまり、1項の契約類型のいずれにも属さず、2項の特徴的給付も認定することができない場合、例えば、交換契約やジョイントヴェンチャー契約のような複雑な契約がこれに当たるであろう。この場合には、少しでもより密接な関係があれば足り、つねに最密接関係を要求するものではないと解釈することができる（同条3項）。

　これらに対して、メキシコ・シティ条約9条は、最も密接な関係を有する法によることを定める（9条1項）。特徴的給付の理論は採られなかった。その準拠法を決定するためには、その契約の全ての主観的要素及び客観的要素を考慮する（9重2項1文）。当事者の主観的意思を考慮することができるとしているので、当事者の仮定的意思や推定的意思を考慮することを裁判官や仲裁人に許すことになり、事実上契約を有効とする法を準拠法とすることが可能になるといわれている[72]。また、国際組織によって承認されている国際取引の一般原則をも考慮するものとされており、広くlex mercatoriaの適用を許すものと考えられている（9条3項）。

　ローマ条約にみられた、最密接関係国法によることを原則として特徴的給付の理論による推定原則を用いて準拠法を決定する方法は、ローマⅠ規則ではもはや使われてはいない。むしろ契約類型に分け、具体的な連結点を示し、それを柔軟化するする方法が採られ、密接関係法はそれらによっ

---

72) 高杉・前掲論文199頁参照。

て準拠法を決定することができない場合における補充的な連結を定めるものと位置付けられている。その方が少なくとも規定の趣旨をより分かり易くする利点がある。特徴的給付の理論は、あくまで説明ないし理由づけの一つの方法として援用するにとどめたいように思われる。当事者の準拠法選択がない場合に当事者の主観的要素をどこまで、どの程度考慮するかは、難しい問題ではあるが、客観的連結をする場合においても、当事者の主観的意思が契約についての最も重要な要素の一つである以上、これを無視して準拠法を決定することは難しいであろう。

4　まとめ

　最後に、本節のまとめとして当事者の準拠法選択の権限とその制限について箇条書きで簡潔に整理しておこう。

① 当事者による準拠法選択の成立及び有効性は、その合意が有効であったとしたら適用されるであろう法によって判断するのが近時の条約や立法において有力な立場であることが確認できる。この問題は、当事者自治否定論から循環論になるとして批判があったところであるが、当事者自治を認める立法者は、このような場合の準拠法を定める権限も有すると考えるのが妥当であり、上記のような規定を置くことは、循環論をもたらすものではないとしていることが確認できる。また、準拠法選択に書面や当事者の署名等の方式要件を課す立法もあるが、準拠法の選択合意が何時でも特段の方式なく行うことができるという国際商事契約実務が定着しており、法廷でも特段の方式を求めることなく当事者の合意やその変更が認められていることとの均衡上、ハーグ原則が定めるように、方式を要求しないのが妥当であろう。

② 当事者が選択した法と当事者ないし契約との客観的・実質的関係を要求する法制もある。このような法制を採る場合でも、例えば、米国の抵触法第二リステイトメントは、当事者がその法を準拠法として

選択した合理的理由があればよいとしている。国際契約の当事者が理由なくその準拠法を選択することは考えにくく、当事者の準拠法選択について敢えて実質的関係を要求することは、原則として必要がないと思われる。近時の各国の立法や条約もこの方向にあると考える。

③ 当事者が非国家法を選択することができるか。近代民族国家成立期から行われてきた伝統的考え方によると、相互に対等で交換可能なものとして準拠法として選択することができるのは国家法に限られる。しかし、現代では立法や法原則の形成に参加するのは国家に限らない。UNIDROIT、国際商業会議所、各種業界団体やスポーツ団体などがあり、それぞれ法規範を作成し、それが国際取引において重要な役割を果たしている事実がある。この事実を無視してしまっては、現代的現象に適合した法規範の選択は困難になる。1994年のメキシコ・シティ条約では、「一般的に受け容れられている国際商事法に関する指針、慣習及び原則」が準拠法として指定できるものと考えられている。しかし、2015年のハーグ原則では、当事者が選択することができる非国家法を「中立的かつ公平な体系規範として国際的、超国家的又は地域的に広く受け入れられているもの」に限っている。私見によると、ハーグ原則の規定をできる限り緩やかなものと解し、非国家法の選択が許される方向に進められることを期待している。

④ 分割指定、さらに契約の異なる部分に異なる複数の準拠法を選択する複数法指定も当事者の準拠法指定の権限を認めるとすれば認められる傾向にある。もっとも、分割された契約の部分が分離可能であり、分割指定・複数法指定は契約の他の条項と矛盾しない限りで有効とみる必要がある。例えば、債務者と債権者が契約の解除について異なる準拠法を指定することを合意していても、指定した準拠法間で矛盾・衝突が生じる場合には、その準拠法指定は無効になると解される。

⑤ 特殊な契約について弱者保護の観点から当事者自治を排除したり、制限を加えることが考えられる。消費者契約や労働契約が典型例であるが、このほかに、ローマⅠ規則においては物品運送契約やある

種の保険契約もその中に加えられ、選択することができる準拠法を予め制限している。弱者保護という観点からの契約準拠法選択の量的制限というのは、新しい手法であり、当事者自治の原則を家族法や相続法のような新しい分野に認める場合に参考となる事例である。

第4節

当事者自治の理論的、実際的根拠の再検討

1　はじめに

　当事者自治の原則の承認については、種々の反対がみられた。例えば、近代民族国家を念頭に置いて考えると、法を作るのは、制定法国においては立法者であり、コモン・ロー諸国においては裁判所であった。当事者自治の原則は、私人である個人に準拠法を選択する自由を認めるものであり、これを国家として許容しようとする原則を承認することは、私人に国家の機関と同等な立場を認め、国家の主権を損傷することになるので、到底容認することができないという議論である。国際私法学者は、このような批判を回避し、それに対して反論しながら、国際私法において当事者意思を考慮する理論ないし方法を探求してきた。この点に関する詳しい論述は、2章の学説史に委ねるとしても、グローバル化が進行した、とりわけ1980年代後半からの現代の国際社会において、当事者自治の原則の理論的根拠をどのような点に注視して構築する必要があるかを、できる限り簡潔に概観、整理しておきたい。同時に、その作業を通じて当事者自治の原則の起源的にみれば、いわば本家に当たる契約準拠法の議論の理論的基礎を固めるとともに、当事者自治の原則が単に契約に関してだけではなく、不法行為等の契約外債権、伝統的は属人法の分野に属する婚姻ないしパートナーシップの財産的効果、離婚、扶養、相続等、また、従来属地法の支

配領域であった動産に関する物権関係にも広がってきている現状を、できる限り正確に認識しておく必要がある。このような中で、当事者自治の原則の現状と将来の展望をどうみるかを研究しようとしている本書の出発点を確認しておきたい。

2　当事者自治の原則に対する反対論ないし懐疑論

　当事者の自由な準拠法選択を認めるのは私人を国家の立法者と同じ立場に置くものだという批判に対し、国際私法学者は、当事者意思を準拠法決定の重要な要素とみながら、このような批判があたらないような理論を探求してきた。例えば、フランスのバテイフォールは、当事者に契約の場所付けの権利を認めるが、それを法規範として認めるのは立法者であると説明することによってこの批判をかわそうとしている[73]。イギリスのチェシャーは、この理論を継受しながら、当事者意思が契約のプロパー・ロー決定の重要な要素になることを認めつつ、どの国の法が契約のプロパー・ローに当たるかを決定するのは裁判官であると説明することによって、この批判を乗り越えようとした[74]。

　しかし、現在の時点でみるとすれば、より直截に説明することができるように思われる。当事者自治の原則は、例えば、ドイツにおいては1930年代には理論的に確立していたといわれる。確かに、当事者自治否定論は、19世紀末から20世紀初頭にツィーテルマン等によって提起されたが、1930年代にはハウデック等の著書を通じて克服されたといわれる。しかし、19世紀末のドイツ民法典制定の際に当事者自治の原則に明文で触れないことにして以来、その原則が国際私法の改正において漸く議論となったのは、1986年の民法施行法の改正時であった。その後、ローマ条約やローマⅠ規則などEU統合の進行に伴って、ドイツ民法施行法も必要な部分に

　73）折茂豊『当事者自治の原則』（創文社、1970年）59頁以下参照。
　74）折茂・前掲書63頁以下参照。

ついて改正されてきたところである。この状況をみれば、ドイツ国内で当事者自治の原則は十分説得的な普遍的原則として確立していたとは言えない状況であったのではあるまいか。当事者自治の原則の理論的根拠が十分確立されないまま、当事者自治の原則を採る判例の集積等によって国際契約法の原則として実務上受け入れられてはいるが、理論的、学術的には疑問の残る原則ではなかったのか。1973 年にケーゲルが、当事者自治の原則を「一時しのぎの解決策（Verlegenheitlosung）」という消極的な位置付けしか与えられなかったことはこのことを示すものではなかろうか。

　しかし、その後ソ連や東ドイツの崩壊などもあって、ヨーロッパにおける統合が進み、社会が急速にグローバル化し、国家のあり方も変化してきている。例えば、ドイツは、国籍法上血統主義の原則を国籍法上維持してきたが、東ドイツの併合、東欧からのドイツ系移民の増加、ガストアルバイターとしてドイツに渡来した外国人労働者の定住、そのような外国人労働者の子孫のドイツ社会への統合等の中で、もはや血統主義を維持することができず、2000 年の国籍法改正によって生地主義の導入に踏み切った[75]。ドイツは次第にドイツ民族の国家から多民族、多文化国家へ変動してきている。外国人移住者の子弟に両親のいずれかの一定の居住期間を条件に生地主義が採用されている。このような生地主義の導入は、法治主義、基本的人権の尊重など基本的な利益を共有する人々による社会契約で結合した国家として説明する方が適切な状況になっている[76]。この点ではドイツは、生地主義を早くから取り入れたフランスをはじめとする他のヨーロッパの諸国と同じように、ルソーなどの主張した社会契約論で説明しやすい国家になっている。そうすると、国家主権と私人の関係からみると、私人の自由な意思による準拠法の決定の原則が、近代初期の民族国家におけるように、果たして対立するものと捉えるのが妥当であろうか。

---

75) 木棚照一『逐条国籍法―課題の解明と条文の解説―』（日本加除出版社、2021 年）95 頁以下参照。
76) 木棚・前掲書 101 頁以下参照。

インターネットの普及等を契機に生じた情報革命、EU 域内で強調されてきた移動の自由等の人権保護の国際的な広がり等、現代社会のグローバル化の現象に法が対応しなければならない時代になってきた。国連と関連国際機関、WTO などを中心とした国際機関等の国際的の法主体だけではなく、NGO、NPO、国際商業会議所（ICC）、各種スポーツ委員会、各種業界組織など国際法上の法主体とみることができない団体が独自の活動を行っている。かつてのように法を作るのは国家のみ、私人は規律の対象でしかないという理論では説明することができない現象が多発している。そして、社会契約論で説明することができる民主的な国家であれば、私人のグローバルな活動意欲を引き出し、促進することが国家の課題でもあるといえる。そのための適切な法原則が探求されなければならなくなる。当事者自治の原則は、そのような要請を解決するための最も適切な原則といえるのではなかろうか。

もっとも、これに対しては、発展途上国の立場からの批判があるであろう。ウルグアイのフレズネド・デ・アギーレ（Fresnedo de Aquirre）は、内陸部にあり、ほとんど商業船団をもたないウルグアイの立場から、船舶による貨物輸送について荷主の選択の全てを拒否することで有名な独占定期航路船会議の標準船荷証券に関して、準拠法選択条項を禁止する立法を認めるのがウルグアイの利益に合致すると主張する[77]。しかし、この議論は、定期航路船会議の特殊な例を引き合いにそれを一般化するものである。確かに、定期航路船会議が定期航路船の出現以来最近まで、国際船舶運送市場において独占的権限を行使してきたことは事実である。それでも、定期航路船の供給者間の競争が正常に機能するようになれば、この状況は変化する。契約の標準的用語や条件の大多数は、契約不履行という、通常でない事態を想定したものである。個別的な交渉は得策でないことが多い。準拠法選択条項を削除したからといって、妥当な取引を発展させるわけではないであろう。

---

77) Basedow, op.cit., p.137

法廷地の強行法規の適用を回避するために当事者自治の原則を利用されるのではないかという懸念も示される。しかし、当事者自治による自由な準拠法選択というのは、あくまで越境的な、渉外的事例についてのみ許されるものであって、これによって純内国的な事例において準拠法の自由な選択を認めるものでは決してない。この点は、ローマⅠ規則3条4項に明文で規定されている。

政治的、社会的、経済的制度などの公的利益を保護するために、国際的に遵守が極めて重要ないわゆる絶対的な強行法規をどのように扱うかをめぐっても議論のあったところである。この点についてローマⅠ規則9条が次のように定めている。同条1項は、問題となる国の政治的、社会的もしくは経済的秩序の安全保障措置のために極めて重要な国際的強行法規に言及した欧州司法裁判所の1999年11月23日のAblade事件判決（E.C.R. 1999, I-8453, para.30）の判決理由を基礎として、明確に絶対的強行法規の定義を定めたうえで、2項では、法廷地の絶対的強行法規の適用を認め、3項では、契約の履行地又は履行された第三国の絶対的強行法規には、その履行を不法とする限りで効力を与えることができるものとし、EU構成国で見解が一致していないことを考慮して、その判断を法廷地の国際私法に委ねている。この判断の際には、その性質及び目的並びに適用又は不適用の結果を考慮するものとしている。したがって、当事者自治の原則を採ることによっても、絶対的強行法規の適用について当事者の選択によって恣意的に回避することができないことになっている。

3　当事者自治の原則の理論的根拠の再検討

当事者自治の原則の否定論ないし懐疑論に関する反論ができたとしても、当事者自治の原則が認められるべきとする結論に至るわけではない。当事者自治の原則を根拠づける、より積極的な理由を示す必要があるであろう。しかし、この点は、20世紀後半の4半世紀に至るまで、当事者自治の原則を主張する学説がそれに反対する学説を十分に説得することができなかったところでもある。学説上は説明しにくいところを残しながら、実務上

各国の判例や国際的な法典化等によりこの原則が認められてきたという事実を尊重することで、当事者自治をやむを得ず肯定してきたのである。1973年に当時のドイツの代表的な国際私法の教科書の中で当事者自治の原則を「一時しのぎの解決策」ないし「窮余の解決策」という消極的と理解できる位置付けしか与えられなかったことは、このことを示すものとも言えよう。

　しかし、1980年代後半からの現代のグローバル化の進展、国民国家から多民族、多文化国家への現代国家の変容、その中で生じる伝統的な国際私法原則、とりわけ属人法原則と属地法原則の機械的適用によっては妥当な解決を得ることができないような法現象の多発などに直面している。このような現代的課題との関係でもう一度当事者自治の原則を見直してみる場合に、その積極的な理論的根拠を見出すことができないであろうか。これがこの研究課題の重要な部分の一部であることは否定できない。

　しかし、本書で明らかにしたいのは、このような抽象的、哲学的論争に参加し、何か新しい結論を導くように試みることではない。また、これまでの偉大な国際私法学者達が十分に説明できなかったことを説得的に展開できる才能が私にあるとも思ってはいない。むしろ、当事者自治の原則が契約ばかりではなく、契約外債務、財産関係（動産の物権関係や担保権、無体財産権等）、人的関係（私人の能力、氏、代理等をめぐる法律関係）、伝統的には強行法規の支配する領域とされてきた国際家族法、とりわけ夫婦財産制（パートナーシップの財産関係を含む）、離婚、扶養、相続など広い分野に拡大している現状をできる限り正確に叙述し、これがどのような合理的理由によるものであるか、どこまで拡大することが可能であるか、それらが今後とも維持される可能性があるか等を、主として比較法的視点から明らかにし、今後の研究の発展に役立てようとするだけである。その場合に、まず当事者自治の出発点ともいうべき契約に関し、最近論じられている理論的根拠について、どのようにみるべきなのかを整理するにとどまる。

(1)　「法と経済」の観点からの効率性の議論

　法の経済的分析は、最近までの50年間で最も困難な法分野の一つとい

われている抵触法の分野にも進出してきている。例えば、「法選択における政策から効率性へ (From Politics to Efficiency in Choice of Law)」という論文の中では、厚生最大化原則と個人の選択に着目して、「効率的法選択体系は、契約における法選択条項への支持という前提から出発すべきである。」としている[78]。このような考えによれば当事者による準拠法選択の合意は、法選択の争点の効率的解決の証拠を与えているとされる。河野俊行も、類似の視点から、国際私法の目的として厚生を掲げ「当事者が自らの法律関係を規律するルールをどうするかについて交渉し合意できれば、自分たちの状況に最も適したルールを知るのは当該当事者であるから、当事者に委ねることで、彼らの厚生は向上する。他方、交渉コストがかかり過ぎる、他の個人、社会、国家等にマイナスの影響を与えるといった状況が生まれるような場合には、この厚生に影響を与えるが、それも勘案して全体として厚生の向上が上回るようであれば、当事者の合意に委ねることで厚生が向上する。」と述べている[79]。しかし、準拠法選択の合意によって影響を受けた人についての厚生の影響力を含む全体的な厚生の評価は、裁判所や立法機関の能力を越えており、政策評価を基礎として決定されるおそれが生じると指摘されている[80]。効率性や厚生は、場合によっては法規の抵触の中で決定される一つの価値に過ぎないこともある。効率性の議論は、法の規定や原則の肯定又は批判の役に立つかもしれないが、当事者自治の原則の正当化を理論的に説明することはできないであろう[81]。これを説明しようとするならば、私人と国家との関係、とりわけ、現代のグローバル化の中での種々の国家との関係をみる必要がある。

---

78) Cf. Erin A. O'Hara, Larry E. Ribstein, From Politics to Efficiency in Choice of Law, The Univerity of Chicago Law Review, Vol.67, 4 (2000), p.1152
79) 河野俊行「国際私法解釈論に関する若干の考察—判例の分析をとおして」民商法雑誌154巻5号104頁以下、とりわけ109頁参照。
80) Basedow, op.cit., p.141
81) Basedow, op.cit., p.142

(2) 自由な意思とその拘束的効果

　法理論における契約の拘束的効果の正当化の出発点は、個人の自然的意思から始まる。啓蒙期の哲学者たちは、人を自由な自然状態で生まれたものとみていた。例えば、ルソー（Jean-Jacques Rousseau, 1712-1778）は、自由状態での出生がその政治哲学の中核であるとして、「人は自由で生まれ、…その自由は彼らに帰属し、彼ら以外の誰もこれを奪う権利を有しない。」とした。カント（Immanuel Kant, 1724-1804）は、「自由（他人の選択に拘束されることからの独立）が普遍的法に従ってすべての他人の自由と共存できる限り、人であることによってすべての人に帰属する唯一の本来の権利である。」としている。人は、このような生まれながらに持つ自由によって、自らの意思によってみずからを拘束する能力を持つ。しかし、合意の法的拘束力は、個人の自由にその起源をもつが、その法的効果は、人の作った法体系の中においてのみ明らかになる。

　準拠法選択の合意は、将来当事者間で紛争が生じた場合に合意した準拠法以外の法を根拠として争うことがないとする合意であるから、処分権性をもった合意とみることができる。このような合意の成立及び実質的有効性は、通常の契約内容の合意と異なる性質をもつ、国際私法上の合意であり、実質的な契約内容の合意とは独立した法的約束である。この法的拘束力をどのような法によって決定するかが重要な課題となった時期があった。ツィーテルマンは、当事者自治否定論の立場から、当事者による準拠法の選択を認めるためには、その選択行為そのものの有効性を判断するための基準となる法が予め定まっていなければならない。もし、それが当事者の選択した法であるというとしたら、それはまさに循環論に陥るものでなければならず、また、もし、それが行為地法や当事者の属人法というのであれば、準拠法が当事者の選択によって定まるということ自体もはや意味をなさないことになってしまうであろう、と批判した。しかし、当事者自治を肯定する学説からは、準拠法選択合意はいずれかの国の実質私法上の合意ではなく、国際私法上の合意であるので、いずれかの実質法ではなく、法廷地国際私法によって判断すべきものと反論された。最近の立法や国際条約では、（この法律ないし条約の定める要件を満たし、）その合意が有効に

成立した場合に適用されるべき法によって判断すると規定するものが多い。当事者自治を定めた条約や国内立法でこのように定めることができることは当然であり、たとえその点について規定がない場合でも、そのように解することは、循環論に陥るものではないとする見解が有力になっている。

(3) 国家以前の権利としての当事者の選択の自由を強調する学説

最近のグローバル化の進行の中で人が複数の国と密接な関係をもち、伝統的な属人法と属地法による解決では妥当な解決が得られない場合が生じてきた。このような場合にどのよう解決方法が採られるべきであるかに関わり、当事者自治の原則を国家以前の権利としての当事者の選択の自由によって根拠づけようとする学説がドイツなどで有力にみられる。このような学説は、前述のような啓蒙期の哲学者の見解や1789年8月26日のフランス人権宣言だけに依存するのではなく、例えば、1948年12月10日に国際連合の総会で採択された世界人権宣言1条において「すべての人間は、自由に出生し、尊厳と権利において平等である。」と宣言されていることやドイツ基本法2条1項の「人格の自由な発展」の規定でもそのような趣旨が承認されていることを根拠として主張する。当事者自治の原則をこのような基本的人権と関連付けることによって、当事者自治の原則をたんに「窮余の解決策」ないし「一時しのぎの解決策」というような消極的な位置づけを与えるのではなく、国際私法上の基本原則の一つとして、より積極的に位置づけようとする主張である。

バゼドーは、このような見解を代表するものとして1991年の国際法協会におけるジェイム（Erik Jayme）の報告を挙げている[82]。ジェイムは、「当事者自治は国際私法の基本原則の一つであり、それは、条約及び国際連合の総会の決議で承認している個人の自由を認めるものである」としたうえで、「種々の法体系の実定法規定は、人権に関する条約、市民的政治的権利に関する国連の条約及び決議のような、国際的起源の法源から生じる原

---

82) Basedow, op.cit., p.148f.

則によって促進され、補充されている。」とする。彼によれば、「当事者自治の正当化は、国家によって認められた個人的な自由及び商取引の問題に関する個人の自由に求められる。」のである。この報告は、個人の自由を国家の成立以前から存在するものとみなし、国家による承認を宣言的行為とみなしている[83]。本書もこのようなジェイムの見解を基本的に支持する観点から書いている。

(4) 国家の変質と現代のグローバル化に伴う法現象に対する国家の役割の変化

　前のような主張が現代の国家に受け入れられる可能性との関係で注目すべきことは、19世紀末から20世紀初頭の民族国家からとりわけ21世紀における多民族・多文化国家への変容を挙げることができるであろう。民族国家観においては、個人は国家の規律対象とのみ位置づけられた。しかし、現代の多民族・多文化国家においては、基本的人権の尊重、法の遵守等国家の基本的利益を享有する人達による社会契約によって成立している国家とみることができるから、国家主権と個人の人権が鋭く対立することは少なくなっている。そのうえ、1980年代後半から進行した現代のグローバル化によって、国家自体が個人の活動の意欲を引き出し、それを積極的に保護するような政策をとらざる得なくなっている。この点に関する国家間の競争も重要な視点となっている。居住の自由が保障され、人は住みたい国に移住して住み、働きたい国で働く時代になってきた。このような中で、当事者が複数の国と密接な関係をもち、客観的連結素のみをみていたのでは適切な解決が見い出せないことが少なくない事例が生じてきている。他方では、契約法における当事者自治の原則は、ヨーロッパの先進諸国だけではなく世界的な広がりを見せており、各種の条約、規則、ソフト・ローなどの多様な国際的法源を生み出し、当事者自治による規律の問題点と解決の方向性が見えてきている。このような環境の下では、当事者自治

---

83) Basedow, op.cit., p.149

の原則を人が生まれながらに持つ自由から説明し、国際契約法の基本原則であるだけではなく、国際私法全体にかかわる基本原則であるとする見解は、受け入れられやすいと言えそうである。しかし、各分野での法状況をどのようにみればよいのか、当事者自治の原則の他の法分野への広がりの現状を把握し、そこから生じる問題点にどのように対処しようとしているのかなどを、より詳しく考察する必要があるように思われる。

第4章

国際的な契約外債権に関する当事者自治の原則

第 1 節

国際不法行為法の発展

1　概観

　19世紀頃までは不法行為の規則の多くは法廷地の公的利益と密接に結びついていたので、不法行為法は、刑事法の一部分と考えられていた。この頃は、不法行為はその行為規範が刑事法で定められた場合には、民事責任は、刑事責任の付属物と扱われ、その責任は常に法廷地法によって正当化される傾向があった。サヴィニーも次のように指摘している。「それらの有効性が厳格に実体的、強行的性質の法との抵触である場合には、上述した（債務一般に適用される）国内法ではなく、その訴えが提起される地の法であり、判事にそれを適用する権限を与えている地の法である」と[1]。

　法廷地法の原則は、その後19世紀の産業革命を経て社会の変化に伴い次第に変わってゆくが、イギリスにおいては、コモン・ローの二重の訴訟の可能性（double actionability）として残されてゆく[2]。不法行為地と法廷地法の双方で訴訟原因がある場合にのみ、原告の請求が認められるとする原則である。日本においても、2007年1月1日に法適用通則法が施行されるまで、この考え方を継受していた明治31年法例11条が適用されていた。また、エジプトのような他の法域では、法廷地法が他の法の下で生じる請求権の阻止又は制限として機能しているといわれている[3]。法廷地法

---

[1] Savigny, System des heutigen Romischen Rechts (1849) Bd. VIII, §374, SS.275-276；小橋一郎訳『サヴィニー　現代ローマ法体系　第8巻』（成文堂、2000年）215頁以下参照。
[2] イギリスにおけるこの点に関する展開については、種村佑介『国際不法行為法の研究』（成文堂、2017年）7頁以下参照。
[3] エジプト民法21条1項は、その請求権を生じる事故が発生した国の法によるこ

の類似の残影は、懲罰的損害賠償を認めない EU 構成国の裁判所の考えの中にみられるとも指摘される[4]。

　人の行為の基準が刑事法によって課されることが減少し、他国の刑事法を適用しないとする伝統的な原則は意義を次第に失っていく。裁判所は、問題となる行為が適法か、違法かを審査するようになると、行為地である外国の法を考慮するようになる。例えば、フランス人である運転者が過失によりイギリスの道路を右側走行し、反対方向の左側を正確に走行するフランス人の他の車と衝突する場合に、フランスの裁判所は、この交通事故の責任については被害者と加害者の共通本国法であるフランス法を適用するであろうが、交通規則についてはイギリスの規則に効果を生じさせるであろう[5]。この交通規則をデータとして考慮するという意味は、交通事故以外の分野では必ずしも全面的に明らかではないが、ローマⅡ規則の 17 条に法典化されている。しかし、このような立場からデータ理論によって説明することに対して、不法行為が行われた国の法の完全な適用を命じる立法例が増加するようになる。つまり、法廷地法を不法行為地法に置き換えて、それを法典化の基礎とする考え方である。その場合に、不法行為地というのは、行動地なのか、損害発生地なのかという問題が生じる。ローマⅡ規則 4 条 1 項は、「損害が発生した国又は損害が発生するおそれのある国」としており、これに影響を受けた規定が、ロシア、韓国、エジプトにみられ、日本の法適用通則法 17 条本文もその影響を受けたものといえる。

　最近の立法の特徴をみると、①不法行為の準拠法に関する一般原則の柔軟化と②特殊な不法行為に関する抵触規定の採用がみられる。①については、加害者と被害者が同じ国に常居所を有するときにその共通常居所地法によるものとすることがしばしばある。また、他の国では加害者と被害者

　　とを原則としながら、同条 2 項は、エジプト法によって適法と考えられる行為についての責任を例外的に負わないものとしている。類似の規定は、ヨルダン及びシリアの民法 12 条にそれぞれ規定されている（Basedow, op.cit., p.174）。
　4) Basedow, op.cit., p.174
　5) Basedow, op.cit., p.174f.

が共通の本国法をもつ場合に、不法行為地法の原則に優先してその共通本国法によるものとする。さらに、上述の原則によって定まる準拠法より密接な関係を有することが明らかになった場合には、その国の法によるとする一般的な除外を含むことがある。

　また、アメリカ合衆国においては、柔軟性を最大限に尊重する方法が行われており、抵触法第二リステイトメント145条によると、争点との関連で、事実と当事者とに最も密接な関係があると認められる邦の地域法が準拠法となる旨定められている。ついで、146条以下の規定によると、人身損害、有体物に対する損害、詐欺及び不実表示、名誉棄損等の個別的不法行為の類型につきそれぞれ原則として適用される準拠法を定めている。しかし、6条に定める要素としての、(a) 州際的及び国際的秩序の要請、(b) 法廷地の関連する法目的、(c) 関係のある他邦の関連する法目的及び個々の争点の解決につきその他邦が有する関係の程度、(d) 正当な期待の保護、(e) 各個の法領域の基礎に存する基本的な法目的、(f) 結果の確実性、予測可能性及び統一性、(g) 適用すべき法を決定しかつこれを適用することが容易であることの7点に照らして、他に最も密接な関係をもつと認められる邦があるときは、その邦の法が原則的な準拠法に代わって準拠法となることがあるとされている。この方法は、規則というよりはアプローチを示すものであり、柔軟性があるが、裁判所の判断を得てみなければ結果が分からないという意味で、法的安定性に欠ける点が残るとも言える。

　また、1991年に制定されたルイジアナ州の市民法3542条によると、不法行為によって生じる債務は、その邦の法がその争点に適用されなかったとすれば、その邦の法目的 (policy) が最も重大に損なわれる邦の法により規律されるものとしている。原則規定にアメリカ抵触法第二リステイトメント6条にみられるような柔軟性を最大限に尊重する方法を取り込んだ方法を採るか、それとも伝統的な方法を維持するかについて、2003年7月22日の欧州委員会提案と2005年7月6日の欧州議会案に国際私法の方法論にもかかわる対立があったとして、ローマⅡの制定過程を詳細に分析した論文がある[6]。

②については、一般規則の柔軟化とともに、特殊な不法行為についての抵触規定の採用があることに注目すべきである。ローマⅡ規則は、生産物責任（5条）、不公正競争・自由競争の制限（6条）、環境侵害（7条）、知的財産侵害（8条）、産業的活動（9条）について規定する。欧州委員会の規則案にあった名誉棄損及び人格権侵害については、合意に達しなかったから、最終的には除外された。このような特殊な不法行為の準拠法についても複数の密接に関連する法が生じるような事例については柔軟化の考慮が必要となる。例えば、製造物責任の準拠法に関する5条1項は後述するような三段階の段階的連結を規定する。さらに、このように決定された国の法と比較して明白により密接な関係があることが明らかになった場合に関し、5条2項の例外規定がある。しかし、その製品がその国で販売されることの予見可能性まで被告が争うことができるとすることは、被告側に寛大すぎるとする批判があり、かつ段階的連結やその柔軟化の導入によって、当事者からすれば予測していなかった法が準拠法として指定されることも少なくないであろう。

　現代のグローバル化の進行により個人の移動が増加し、不法行為についても複数の密接な関係を有する法域が生じることが少なくなくなると、準拠法の決定を当事者間の合意に委ねることがどのような場合に望ましいのか、事後的な当事者間の合意に限られるのか、先行する法律関係が存在する場合には、その法律関係についての当事者間の合意が不法行為にも及ぶと考えてよいのか、その場合の事前の合意の意思があると認められるため

---

6) 佐野寛「EU国際私法はどこに向かうのか？―ローマⅡ規則を手がかりとして」国際私法年報14号（2012年）33頁、とりわけ36頁以下参照。ローマⅡ規則は、全体として、事件ごとの具体的妥当性よりも準拠法の予測可能性と法的安定性を重視した伝統的な国際私法の方法を維持している、とみて、この点を積極的に評価する見解とこれに批判的評価があることを紹介、分析したうえで、ローマⅡ規則の前文にはさまざまな理念が掲げられているが、その理念同士の関係が必ずしも明確ではなく、それがどのように反映しているかについて必ずしも一貫性が認められず、必ずしも安定したものではないとみて、構成国の裁判所や欧州裁判所の具体的事例に関する適用を今後も継続的に観察とすることが重要であると指摘する。

には、どのような要件の下で合意が行われる必要があるのか、どのような条項である必要があるのか、等の種々の問題が生じる。これらを含めて不法行為における当事者自治の原則の意義と根拠を検討する必要が生じる。

2　コモン・ロー諸国における国際不法行為法の展開

　概観でみたような展開が一般的にみられるとしても、大陸法諸国と独自の展開を示してきたコモン・ロー諸国における展開を、より詳しくみてみよう。不法行為法と刑事法の間の類似性から、歴史的には、不法行為に関する準拠法の決定について純粋に法廷地原則の採用に導くことになる。つまり、イギリスの裁判所は、刑事法のような公法について自らの法のみを適用したように、その不法行為に関する事件が何処で発生したかを問わず、常に自国の不法行為法を適用したであろう。したがって、19世紀末に新しく認められてきた当事者自治の原則は、不法行為についてはその適用範囲外とされた。

　殆どの現代法において、不法行為法における準拠法決定の出発点は、不法行為地規則を原則とされてきた。不法行為地法と法廷地法の関連をどのように捉えるべきかについて、明確な判断を下したのがPhillpes v. Eyre事件における財務府会議室裁判所の1870年の判決であった。その裁判所は次のように判決した。「一般的な規則として外国で行われたと主張された権利侵害に関するイギリスにおける訴えを基礎づけるためには、二つの条件が満たされなければならない。第一にその権利侵害行為がもしイギリスで行われたとすれば、訴えることができるであろう性質のものでなければならない。」「第二に、その行為がそれが行われた地の法律によって正当化され得るものであってはならない。」と[7]。裁判所は、不法行為に関する準拠法決定の先に述べた伝統的な二つの考え方を組み合わせたのである。

---

7) Phillips v. Eyre (1870) LR 6 QB I 28；この事件については、種村佑介『国際不法行為の研究』（成文堂、2017年）29頁以下参照。

このようにして、被告がジャマイカの総督であった当時、その地での反乱鎮圧のために行った行為は、ジャマイカの立法府により可決された免責立法によって不法行為とならないとする被告の抗弁を、第二の条件により認めたのである。

　しかし、Phillpes v. Eyre 事件判決によって確立された二重訴訟可能性は、その後の判例によって修正されてゆく。Boys v. Chaplin, [1971] AC 356 では、裁判所は、イギリス法の排他的適用のため、二重訴訟可能性規則の要件を例外的に適用されないものとした。裁判所は、裁量により不正義を回避するためにこのような例外を必要なものとしたけれども、その判断の背後にある本当の理由づけが、二人の当事者がイギリス人であり（原告はイギリス空軍、被告はイギリス海軍の一員で、いずれも非番中のイギリスに居住するイギリス人間のマルタにおける交通事故による損害賠償事件である）、鍵となる争点が当事者間の損害の存在、金銭的損害については両当事者の合意があり、争点となったのは、一般的損害が認められるかどうかにあったのではあるまいか。マルタ法によれば金銭的損害の賠償のみが認められるが、イギリス法によれば苦痛や快適性の喪失、不確実な将来の金銭的損害などの一般的損害の賠償が認められる[8]。議論の余地があるけれども、原告、被告の共通の要素を考慮し、もっぱらイギリス法によるとしたものとみることができる。Red Sea Insuranc Co. v. Bouygues SA [1995] I AC 190 においては、サウジアラビアにおける建設に関連する事例が生じ、香港で設立された会社（その主な事務所はサウジアラビアにある）に対し不法行為に基づく損害賠償訴訟が香港の裁判所に提起された。枢密院は、当事者に共通する法としてのサウジアラビア法によってもっぱら規律できると判決した。

　これらの判決の展開の中に直接当事者自治を直截に受け容れるところはない。それでも、当事者に共通の要素を考慮するという考え方は、当事者自治を認める可能性に扉を開くのだとする評価がある。当事者間の基礎に

---

[8] この事件については、種村・前掲書 150 〜 151 頁参照。

ある関係の法が当事者間で生じた不法行為を規律することを受け入れることは、当事者が間接的に不法行為を規律する法を選択することに導くことができるからである[9]。このような考えがイギリス国際私法の 1995 年の雑規則に展開して行くとみるのである。

　1995 年の雑規則では、11 条で不法行為地法による一般規定を定め、12 条で不法行為地法と外国法を比較し、外国法の適用がより適切であることが明らかな場合には、一般規定を排除してこの法を適用する柔軟な例外を規定する二段階の規律方法が採られている[10]。何れも客観的連結素に依拠しているので、直截に当事者自治を認めるものではない。しかし、当事者間の関係が不法行為地法と異なる法体系に重心がある事例については、裁判所は 12 条を適用する傾向があった。例えば、Edmunds v. Simmonds [2001] 1 WLR 1003 においては、二人のイギリスの当事者の休暇中のスペインにおける自動車事故について、裁判所は、イギリス法が適用されるべきとしたが、両当事者がイギリス人であり、損害のほとんどがイギリスで生じていることを強調した。

　さらに、裁判所は、当事者間に共通の居所や住所がない場合においても契約から生じる事情によっては 12 条を適用してきた。Morin v. Bonhams and Brooks [2003] EWCA Cir. 1802 の事例において、控訴審裁判所は、この問題を検討している。最高級のクラシック・カーのオークションに関する広告に含まれていた事項に関し、過失による虚偽表示と申し立てられたところから生じる不法行為の請求の準拠法が争点となった。原告は、その広告の事項がイギリスで受け取られ、イギリスで準備されたものであることを根拠に、イギリス法によるべきと主張した。それに対し、被告は、11 条がイギリス法を指定したとしても、12 条によりオークションを規律するモナコ法が適用されるべきと主張した。裁判所は、当事者間の契約における明示的な準拠法指定が不法行為の準拠法に関係がないとすれば、そ

9）Mills, op.cit., p.397f.
10）種村・前掲書 205 頁以下、とりわけ 218 頁以下参照。

れは奇妙にみえるであろう、と指摘した。その争点は、Trufigura Beheer BV v. Kookmin Bank Co. [2006] EWHC 1450 (Comm.) において、控訴裁判所により一層直接的に述べられた。その事例においては、11条によるとシンガポール法が指定される場合に、12条がそれを排除して適用されるかどうかについて、裁判所は、12条の下で当事者に関連する要素として「契約上であれ、そうでない場合であれ、当事者間で先に存在する事実」が含まれると判断し、「関連する当事者間の全ての契約関係を規律する法がイギリス法である場合に、原告の被告に対する不法行為請求に関して生じる争点を決定すべき準拠法を他の国の法であるべきと判断するのは、奇妙にみえるであろう」と指摘した。

　この判決は、当事者自治がその制定法の下での法選択規則の一部とはされていないが、契約関係を規律すべく当事者により選択された法がその契約関係から生じる不法行為の請求に最も密接に関係する法であることを承認することを通じて、間接的に強力な影響があることを認めている[11]。

　ニュージーランドの2017年の国際私法11条2項c号は、イギリスの1995年の雑規則をモデルにしながら、準拠法についての合意に効果を与える法選択規則の承認又は発展を排除することはない、と規定している。この規定は、不法行為における法選択における当事者自治のより一層直接的な承認の可能性を開くことを明文上明らかにしたものといえる。

---

11) Mills, op.cit., p.402；なお、この判例については、種村佑介「イングランド国際不法行為法における当事者自治の原則」早稲田大学法学会百周年記念論文集第4巻（成文堂、2022年）375頁以下参照。

第2節

国際不法行為法における当事者自治の原則

1 概説

　伝統的な見解からみれば、不法行為は当事者に準拠法を選択させてよいとする分野から最も遠い問題であった。バセドーは、1970年代の後半に、エーレンツバイク（Albert Ehrenzweig）が次のように広く述べたのは、不法行為に関する民事責任の歴史的に刑事法との密接な関係という観点からみると、驚くべきことである、と書いている[12]。

　「どのような訴訟についてであれ、当事者が通常合意できるのは、法廷地の手続法及び実体法が適用されるべきことである。多くの国の裁判所は他の事例だけではなく不法行為の事例においてもそのように判断してきたし、それで不法行為が行われる以前に締結された合意に効力を認めてきた裁判所もある。」と[13]。

---

[12] Basedow, op.cit., p.179：もっとも、ドイツにおいては、1954年にラーペ（Leo Raape）が国際不法行為の準拠法について当事者による事後的法廷地法の選択を認める独特の理論を提示していた（Raape, Nachträgliche Vereinbarung des Schuldstatuts, in FS Boehmer (1954) SS.111-123）。それは、不法行為地法の強行的適用を認めながら、当事者は不法行為の行為地が何処であるか疑わしい越境的な場合に、不法行為地法による請求を放棄し、法廷地法によることを合意するのを認めようとするものであり、これによって実質的には当事者による事後的準拠法選択を認めると同じような結果を導こうとするものであった。しかし、ドイツの学説及び判例は、この回りくどく現実に即さない構成に従わなかった（von Hein, Rechtwahlfreiheit im Internationalen Delktsrecht, 64 Rabels Z. S.597f.）。とはいえ、不法行為に関する準拠法選択の議論の端緒を開いたとは言えるのではあるまいか。

[13] Ehrenzweig, International Encyclopedia of Comparative Law, Vol.3, Chap.32, Sect.21

この叙述は多くの判例の引用と学術的著作によって裏付けられ、もっぱら法廷地法の適用についての合意のみに触れるだけであるけれども、後にエーレンツバイクはこれを外国法の選択に拡張する[14]。それは、不法行為が法定債務の法源であり、それゆえに定義上個人の意思の影響を受けることがないという当時広まっていた見解を考慮に入れていないように思われる。そのうえで、当事者自治は、抵触立法において徐々に登場しただけであり、依然として付随的役割をしばしば演じるのみであるという伝統的な見解に依拠する[15]。もっとも、これは国際不法行為法に関する準拠法合意の事後的達成が実務上難しいという点が影響したかもしれない。不法行為の当事者は行為前には相互に知らないことがしばしばであり、当事者の一方は事後的に準拠法合意を望まないのが通常であるからである。準拠法合意を申し込まれても、その申し出を受けた当事者は、合意がなければ適用される準拠法よりも、自分にとって不利になると考えるであろうからである[16]。

なお、わが国においては、不法行為地主義を緩和し、当事者の抵触法的利益を促進する観点から当事者自治の原則を導入すべきとする主張がみられた（中野俊一郎「不法行為に関する準拠法選択の合意」民商法雑誌102巻6号（1990年）768頁以下）。これは、同「ドイツにおける不法行為地主義の形成過程」神戸法学40巻2号415頁以下の研究を基礎として、それを展開したものとみることができる。

2　事後的な準拠法選択

国際不法行為法において事後的に当事者自治を許容する制定法上の規定をもつ国は、現在でも極めて一般的とまでは言えない。とはいえ、そのよ

---

[14] Ibid., Sect.38
[15] Basedow, op.cit., p.179f.
[16] Basedow, op.cit., p.180

うな規定をもつ国は、次第に多くなっている。しかしながら、それらの規定における準拠法選択の時期、方式及び選択することができる法の範囲については、かなり相違している。例えば、1987年12月18日に成立したスイスの国際私法132条によると、「当事者は損害を生じさせた事実の発生後、何時でも法廷地法の適用を合意することができる。」とし、133条に準拠法選択の合意がない場合について定めたうえで、道路交通事故（134条）、製造物責任（135条）、不正競争（136条）、競争妨害（137条）、環境汚染（138条）、人格権侵害（139条）が規定されているが、このような特殊な不法行為に対し、先に述べた準拠法選択合意の規定が適用されるのかどうかについては、規定がなく、議論が分かれている。多数説は、132条の規定が政府草案の段階では他の規定とともに一括して規定されていたのに、一般不法行為の準拠法規定の冒頭に独立して規定されているから、準拠法決定の一般原則として、広く特殊な不法行為についても適用されると解する[17]。しかし、条文の表題が一般規定と特別規定となっているから、132条は一般的な不法行為についてのみ適用されるという解釈も可能である[18]。準拠法選択の合意は、直接の被害者や加害者のほか保険会社なども当事者となり得る。保険会社のような交渉力の強い当事者から交渉力の弱い当事者を保護する観点から、準拠法選択の範囲を法廷地法に限ったといわれている[19]。また、133条3項は、「加害者と被害者との間に存在する法律関係が不法行為によって侵害された場合には、不法行為から生じる請求は、その既に存在する法律関係が規律される法による」とし、附従的連結を認めている。

---

[17] 佐野寛「スイス国際私法における不法行為の準拠法」岡山大学法学会雑誌42巻1号79頁参照。

[18] 例えば、A. Bucher は、132条が134条ないし139条の個別的不法行為については適用されないとする（佐野・前掲論文82頁参照）。

[19] 佐野・前掲論文78頁以下参照。また、当事者間に先行する法律関係があるときにその法律関係が侵害された場合は付随的連結によってその法律関係の準拠法によることを認めている（133条3項）のであるから、既に準拠法選択の妥当な範囲は与えられているとの見解が有力になったといわれている。

2004年7月16日のベルギー国際私法によると、99条において不法行為の類型による客観的連結の規定を定めたうえで、101条において不法行為の準拠法について紛争発生後の当事者による事後的準拠法選択を認め、それは、明示的でなければならず、第三者の権利を侵害してはならないものと定めている。また、100条において附従的連結を規定し、「当事者間に既に存在している法律関係と密接な関係を有する不法行為に関する債務は、当該法律関係に適用されるべき法による」と規定する[20]。

さらに、当事者に事後的準拠法選択を認める立法として、米国オレゴン州、トルコ、ウルグアイ（被害者による選択、国際私法に関する一般法52条1項）などの法があるといわれている。ローマⅡ規則14条1項a号にも類似の規定が見い出されるが、それはあくまで当事者自治がその効果を広げる入り口の一つでしかないと指摘されている[21]。

日本及び近隣諸国の立法をみておこう。2010年の中国の渉外民事関係法律適用法44条は、不法行為の準拠法を権利侵害行為地法によるとしながら、当事者が共通常居所地を有するときは共通常居所地法を適用し、侵害行為発生後、当事者が合意によって準拠法を選択した場合には、合意で定めた準拠法によるものとしている。当事者が選択することができる法を法廷地法に限定するかどうかについては、意見の対立があった。しかし、当事者の意思を尊重するという観点から、量的制限を加えないことにしたと言われている[22]。当事者が外国法を選択した場合には、外国法の内容を調査し裁判所に提供しなければならないので、実際上は法廷地法になることが多くなるであろうと言われている[23]。また、製造物責任については、

---

[20] ベルギー国際私法の改正については、長田真里「ベルギー国際私法立法案の紹介(1)、(2)」阪大法学54巻1号357頁以下、2号197頁以下、笠原俊宏「ベルギー国際私法（2004年）の邦訳と解説（上）（下）」戸籍時報593号20頁以下、594号57頁以下参照。
[21] Basedow, op.cit., p.181, paragraph 308
[22] 黄ジンテイ『中国国際私法の比較法的研究』（帝塚山大学出版会、2015年）193頁参照。
[23] 黄・前掲書193頁参照。

被害者の常居所地法によるとしながら、被害者が加害者の主な営業地法又は損害発生地法を選択することができるものとしている（45 条）。2000 年の中国国際私法学会の模範法 112 条にあった不法行為の行動地と結果発生地が分かれた場合の被害者に有利な法の適用、113 条の最密接関係地法の適用、115 条にあった被害者に有利な場合における先行する法律関係の準拠法への附従的連結は、いずれも採用されなかった[24]。

2001 年の韓国国際私法（最近の全面改正 2022 年 1 月 4 日、国際裁判管轄権に関する規定の追加が主な内容。以下に示す条文は、2022 年の改正法における条文を示す。）52 条は、行為地法又は結果発生地法によることを定め（1 項）、加害者と被害者間に存在する法律関係が不法行為により侵害された場合には、附従的連結によりその法律関係の準拠法によるものとしている（3 項）。53 条は、当事者の事後的な準拠法の指定を認めているが、選択することができる法は韓国法に限られている。

台湾の渉外民事法律適用法（最新改正 2010 年 5 月 16 日）25 条は、権利侵害行為地法の適用を定め、直接準拠法選択を認める規定はないが、同条ただし書は、最密接関係法が別にあるときはこの法によると規定する。そのため、附従的連結により先行する契約関係が当事者の準拠法選択により準拠法が決定される場合には、間接的に当事者が選択した法による例があることを認めていると解することができる。

日本の法適用通則法（2006 年 6 月 21 日法律第 78 号）21 条は、当事者による事後的な量的に制限されない準拠法変更を認めている。20 条は、明らかにより密接な関係がある地の法について定めているから、附従的連結により、先行する法律関係の準拠法として間接的に当事者が選択した法が適用される場合があることを認めていると解される。

---

[24] 模範法については、木棚照一監修、袁芸訳、中国国際私法学会編著『中国国際私法模範法―第六次草案―』（日本加除出版社、2004 年）92 頁以下参照。

3　事前の直接的準拠法選択

　損害が発生する事件の前に行われる契約外債権の準拠法に関する合意は、直接的又は間接的にこの争点を特徴づける。当事者間で後に生じるかもしれない契約外債権の準拠法を考えることができるのは、不法行為に先行する法律関係のある当事者間だけである。そのような状況の下でも先行する関係の準拠法を不法行為に対する責任にも適用する必要がしばしばあるであろう。これは、先行する法律関係の準拠法の拡張的適用であり、先行する法律関係に適用される準拠法選択の場合に、不法行為準拠法に関する間接的ないし事実上の合意があるのを認めることになる。このような例に含まれるのは、乗客とバスの運転手間、知的財産権者と実施権者間、会社と株主間、アパートの所有者と賃借人間等の関係などである。このような関係において契約の側面についてはＡ国法、不法行為の側面についてはＢ国法となると、望ましくないことが生じる。例えば、契約と法性決定されれば10年の時効を定めるＡ国法により、不法行為と法性決定されれば、短期消滅時効を定めるＢ国法によることになる。また、Ｂ国法は契約準拠法と不法行為準拠法の関係を法条競合とみて契約準拠法による請求しか認めないのに対し、Ａ国法は請求権競合とみて原告にいずれかの請求権によるかを選択させるものとする。このような場合には、不法行為責任についても当事者が予め準拠法を選択しておく以外に、調和した解決が得られないであろう。

　類似の問題は、実質的挙証責任、注意の基準、損害の評価、責任の最大限度等でも生じるおそれがある。国際不法行為法における準拠法の事前の選択を認めることを通じて、契約準拠法と不法行為準拠法の関係をより明確で妥当に解決することができる。スイスや韓国の立法は、ややあいまいな点を残すとしても、附従的連結を認めることによってこのような事前の準拠法選択を間接的に許容していると解することができる。

　他の現代的抵触法典においては、そのような附従的関係は背後に隠され、より密接な関係が不法行為と他国の間に確定された場合に他国の法を適用することによって、不法行為の準拠法規定の例外規定の範囲内で扱われる。

ローマⅡ規則4条3項は、第一文で、その事例の全ての事情から不法行為が前2項により指定された法より明らかにより密接な関係にある他国の法があることが明確になった場合に、その他国の法によるものとし、第二文では、他の国と明らかにより密接な関係にあるのは、とりわけ問題となる不法行為と密接に関係する契約のように、当事者間の先行する法律関係に基づく場合がある、と指摘する。欧州委員会は、不法行為の準拠法決定の裁量的・例外的性質を強調した。この点について、裁判所が現実に例外規定を適用するかどうか、どの範囲でそうするかを注意深く観察してゆく必要がある。

4　事前の直接的法選択：ローマⅡ規則

　若干の法域においては、不法行為から生じた債権に関しても両当事者に損害を発生させる事件の前に準拠法を合意することを直接的に許容している。しかし、2003年7月22日の欧州委員会草案が提出されるまでは、契約外債権の統一的抵触規定の形成のために約30年間の発展が必要であり、EUの規則において不法行為につき事前の準拠法選択を許容するかどうかについては意見が分かれていた[25]。附従的な連結を認めれば十分であって、それ以上の当事者による準拠法選択を認めないという見解もあった。確かに、事前の準拠法選択を許容することによって、例えば国際的な商業活動に従事する企業間で事前の交渉により、債権上の関係を契約外の債権であっても、単一的な連結を可能にする利点はある[26]。しかし、保険会社と一般の保険契約者間のように、情報に関する弱者保護の観点からの配慮が必要になる。ローマⅡ規則の前文31項は、「当事者自治の原則を尊重し、法的安定性を高めるために、当事者は契約外債権の準拠法を選択することを

---

25) Andreas Vogeler, Die freie Rechtswahl im Kollisionsrecht der außervertraglichen Schuldverhältnisse (2013) S.234
26) Vogeler, op.cit., S.235

許容されるべきである。この合意を確定する場合に、裁判所は当事者の意図を尊重しなければならない。弱い当事者のために、保護がその選択に課せられる条件によって与えられるべきである。」としている。

　ローマⅡ規則 14 条は、当事者の準拠法選択の自由を認めている。この場合には、保険会社のように圧倒的な交渉力を持つ強い当事者から弱い当事者を保護するために、事後的な準拠法選択の場合と異なるいくつかの要件を追加している。①両当事者が商業上の活動に従事していなければならない。②準拠法選択合意は自由に交渉されなければならない。③その合意は、明示されるか、その事例の事情に応じて、合理的確実性をもって表現されなければならない。④その合意は第三者の権利に影響を及ぼさない。⑤そのような合意がなければ適用される法の強行規定は、関連するすべての要素がそれらの強行法規の法域にある場合には、当事者間の準拠法合意によって適用されないものとすることはできない。このうち③から⑤は、契約準拠法に関するローマⅠ規則 3 条から必然的に生じる要件であるが、①及び②は、国際不法行為に特有のものである[27]。

　関連するすべての当事者が商業的活動に従事するという要件（①）は、弱者保護を考慮したものである。「商業的活動」という用語は、例えば、フランスでは全ての企業活動を含むものではなく、会計会社や法律事務所のような専門的な活動を含まないと解されることになるであろう。もしそうとすれば、これらの専門家は、意図されなかった結果である不法行為責任について事前に顧客と合意することができないことになる。このような誤解を避けるために、裁判所は、EU の法律の概念をその国で通常使用される言葉と異なる場合であっても、その立法目的を汲み取って自律的に解釈しなければならず、上述の専門家や行政組織に属する者も含むと解釈すべきである[28]。注意すべきなのは、例えば、消費者や労働者との間で行われた合意は、本条の下では無効になることである。この結論は、ローマⅠ

---

27) Basedow, op.cit., p.183
28) Basedow, op.cit., p.184

規則6条の下での消費者保護と明らかに対照的であるように思われる。ローマⅠ規則6条の下では、消費者契約につき消費者に自由に準拠法を合意することを認めているけれども、しかしながら、その準拠法選択がなければ適用されるであろう法によって与えられた消費者保護に関する強行規定の適用を留保している。このような事情の下での契約問題についての準拠法選択条項の有効性は、ローマⅡ規則4条3項の観点から、契約外債権にその法の作用を拡張することにも役立つかもしれない[29]。

　準拠法選択合意が自由に行われたという要件（②）は、必ずしもその意味が明確とはいえない。ここでは、ドイツ民法典における標準約款の定義ともかかわって疑問が生じる。それでは、標準約款に含まれた準拠法選択条項は、ローマⅡ規則14条2項b号によって、その適用を排除されるであろうか。概念的にみれば、このような約款は排除されないことになるであろう。標準約款に含まれている標準用語は、契約交渉の中で修正されなかったとしても、合意の目的に適合していることはよくあることである。契約当事者間の自由な交渉の推定の最低限の基準は、その契約の類型及び経済的価値、その当事者の特殊な専門性、その他の状況に応じて、異なるように思われる。それは個別事例を判断する各国の裁判官によって決定されることになるであろうが、欧州裁判所は、この点に関するガイダンスを示すべきである。とりわけ、ローマⅡ規則14条1項b号と不公正用語指令（93/13）3条との関係を明らかにすべきと指摘されている[30]。

　不法行為準拠法の事前選択に関する14条の特殊な規定と不法行為の準拠法の一般原則の例外条項としての4条3項の相互の関係について、疑問が生じることがある。4条3項の不法行為に先行する契約関係については、消費者や被傭者とも自由に準拠法条項の交渉をすることができるのに、14条の事前の準拠法条項については、有効要件が規定されており、消費者や被傭者と交渉して準拠法条項を合意したとしても、これらの要件を満たさ

---

29) Basedow, op.cit., p/184f.
30) Basedow, op.cit., p.185

なければ無効になる。このような規定の併存が混乱を招かないのか。例えば、被傭者は労働災害の場合に、雇用者が準拠法選択条項によってB国法に従う雇用契約を考慮することを義務付けられている労災保険証券によって、利益を享受できるのに、雇用者の不法行為責任に適用される法は、労災保険証券の存在が考慮されないA国法になる場合である。14条は拘束力のある法選択規則であるのに対し、4条3項は判事の裁量を認めている。それゆえ、この問題に対する解決は、4条3項と14条の相互的除外ではなく、むしろ不法行為法と契約法という二つの異なった規則の適用から生じる実質的解決の観点からの、裁判所の担当判事に期待される除外条項の注意深い適用なのである、との指摘がある[31]。

事前の準拠法指定の他の法域の状況をみるとすれば、オーストリア（1978年国際私法35条）、リヒテンシュタイン（1996年法）は、すべての類型の債権（不法行為も含む）について当事者自治を認める一般的抵触規定を有しており、また、ニュージーランドは2001年の立法によって不法行為について事前、事後の準拠法選択を広く認めている。いくつかの法域は今世紀に入ってからも不法行為に当事者自治の原則を導入することに依然として沈黙を続けているけれども、それらの法域も減少している。

5 特殊な不法行為についての当事者自治の原則の制限

ローマⅡ規則は、特殊な不法行為として、製造物責任（5条）、不正競争行為及び自由な競争を制限する行為（6条）、環境被害（7条）、知的財産権侵害（8条）、産業訴訟（9条）を挙げ、それぞれの準拠法について規定している。それぞれの不法行為の特徴から、14条に規定している当事者自治の原則の適用を明文で排除している場合がある（6条4項、8条3項）。これらの特殊な不法行為については当事者自治の原則を排除しやすい理由がある。しかし、それ以外の場合には、当事者自治の原則を規定した14

---

31) Basedow, op.cit., p.186

条は、特殊な不法行為についても適用される。また、それぞれの特殊な法目的によって当事者による準拠法選択を直接的・間接的に個別的に認める規定がある。以下、個別的にみてみよう。

(1) 製造物責任

　欠陥製品によって生じた損害に関する契約外債権の準拠法については、一般不法行為とは別の特殊な不法行為と位置付けられ、ローマⅡ規則5条に特別な規定が置かれている。製造物及び欠陥のある製造物の定義については、指令85/374の2条及び6条で定められており、これが適用されるであろう。この指令は、製造物責任に関する域内の実質法を厳格責任つまり無過失責任とすることに接近させることを目指したものであるが、構成国は一定の選択権を有するので、完全な調和は達成されていない。5条の適用範囲は、国内法による場合も想定されるので、指令よりも広くなると解される。

　製造物責任は、今日いろいろな国に分散して関連することが多い。このような分散は、EU内での人及び物の移動の発生により生じ、とりわけ観光などによる人の移動や国際取引の活性化によって生じている。問題となるのは、損害発生地、被害者の常居所地、製造者又は生産者の主な営業所所在地、製造物の取得地であり、1973年の製造物責任の準拠法に関するハーグ条約は、これらの要素を複雑に配分、組み合わせによって準拠法を決定している。

　ローマⅡ規則5条はできる限り複雑化を避けることを出発点としている。まず、損害を被った者が常居所を有する国の法である。これは、損害発生時に責任を問われている者の同意によってその国で販売されていることを条件とする。同意によって販売されていなければ、責任を問われている者の常居所地法による。被害者が常居所地国以外の国でその製造物を取得している場合に、その製造物が被害者の常居所地国でも販売されているときは、被害者の常居所地法により、被害者の常居所地国で販売されていない場合には、責任を問われるべき者の常居所地法による。責任を問われる者が会社その他の組織体である場合には、中心的な管理地を常居所地という

（ローマⅡ規則 23 条 1 項）。これらは、責任を問われている者が予測可能な地の法によることを確保することができるように配慮されている。ここで責任を問われている者というのは、必ずしも最終製品の製造者に限定されない。部品製造者、仲介業者、小売業者が含まれることがある（5 条 1 項）。

その事例の全ての事情から 1 項で指定された国より一層密接な関係があることが明らかである場合には、その法を適用するものとする（5 条 2 項）。このような例として、とりわけ当事者間で先に存在した契約のような関係が、問題となる不法行為とより密接な関係を有している場合が指摘されている。

(2) 不正競争行為及び自由競争を制限する行為

ローマⅡ規則 6 条は、表記の問題につき特別な規定を置いている。不正競争に対する規定の目標は、全ての市場参加者に同じ規則で公正な競争を行うことを促進することである。例えば、誤解を招くような宣伝、強制的な販売など需要に影響を及ぼす行為、競争相手の配給を混乱させる行為、例えばスタッフの引き抜き、ボイコットなどがあり、競争相手の成果を不当に利用する行為、例えば、商号その他の標識の詐欺的利用などがある。現代の競争法は、単に水平的な競争者だけではなく、消費者や一般公衆をも保護することを目的とする。

不正な競争から生じる契約外的債権の準拠法は、競争的関係又は消費者の集団的利益が影響を受けるか、受けそうな国の法によるものとする（6 条 1 項）。不正競争行為が特定の競争者の利益にもっぱら影響を及ぼす場合には、4 条の不法行為の一般原則が適用されるものとする（6 条 2 項）。競争制限から生じる契約外的債権の準拠法は、市場が影響を受けるか、影響を受けそうな国の法によるものとする（6 条 3 項 a 号）。そのような市場が複数ある場合に、被告の住所地の裁判所で損害の補償を求めて訴える者は、その構成国における市場がその請求の基礎とされた競争制限によって直接かつ実質的に影響を受けたときは、その代わりに、係属する裁判所の法の基づくことを選択することができる。原告が裁判管轄権に関する準拠法（法廷地法）によってその裁判所で複数の被告を訴える場合に、それら

の被告の各々に対する請求の元となる競争制限が直接的及び実質的にその裁判所の構成国の市場にも影響を及ぼすときは、その裁判所の法に基づいて請求することを選択することができる（6条3項b号）。

　また、6条に基づく準拠法は、14条の当事者による準拠法合意によってその適用を回避することができない（6条4項）。これは、不正競争行為が単に私人の利益のみに関わるのではなく、市場秩序維持というような公的利益にもかかわるので、当事者自治の原則をその限度で排除しているのである。ただ、6条4項は、6条2項の場合に適用されないと解されている。6条2項の場合は、私的利益保護に関わるものとして捉えられており、4条3項の当事者自治の間接的承認に関する規定を含むけれども、当事者自治の原則はローマⅡ規則の指導的原則であり、例外はできる限り狭く解すべきだからである。

(3)　環境侵害

　ローマⅡ規則7条は、環境侵害の民事責任について特別の規定を置いている。環境侵害は国際的広がりをもつので、国際的調和が重要となる。これまでのところは抵触規定の調和より実質法又は裁判管轄権の問題を中心に取り組まれた。しかし、実質法的統一は、漸進的とならざるを得ず、補償を生じさせる損害の種類、除斥期間、損失補償、補償額の決定等に依然として重要な相違を残している。環境損害に適用される法としては、4条1項の原則により損害発生地法によるものとしている。しかし、同条ただし書によって、損害の補償を求める当事者に損害を発生させた事件が発生した国の法を選択することを認めている。これにより、被害者が最も有利な法を準拠法として選択することができるものとする。しかし、それは単に被害者保護という個人の利益保護の目的とは異なる目的をもつ。例えば、環境被害に緩やかな隣国の近くに工場を移し、使用済みの汚水を隣国に通じる川に流すようなことを試みようとする事業者の行動を、これによって諦めさせることができるであろう。このような準拠法選択が何時までに、どのようになされなければいけないかは、手続法上の問題であり、法廷地法によって決定することができる。

(4) 知的財産権侵害

　ここでいう知的財産権とは、前文26項によると、著作権、著作隣接権、データベースの保護に関する独自の権利及び工業所有権である。知的財産権の取扱いについては、委員会の意見照会で激しい議論のあった部分であった。多数の回答は、1886年の文学的及び美術的著作物の保護に関するベルヌ条約や1883年の工業所有権の保護に関するパリ条約を基礎としたものであった。これらの条約においては保護国法主義が採られていると理解されることが一般的である。保護国法を保護が求められる国の法と理解すると、法廷地法と同じとする理解が生じる。しかし、これは正確な理解ではない。その国の法に基づいて保護が求められる国の法と理解するのが正確である。例えば、外国の裁判所で権利者の本国の法に基づく著作権の保護を求める場合、法廷地法と保護国法は異なることになる。登録知的財産権については保護国が登録国と一致する。無登録の知的財産権については権利主張の根拠となる地の法をいうことになり、侵害地の法ということでも実質的には変わらない。いずれにしても、この点に関する理解の相違から、ローマⅡ規則の中で規定しないことも一つの選択肢とされたが、結局8条の規定が定められた。

　8条1項によると、知的財産権の侵害から生じる契約外債権の準拠法は、その国について保護が主張される国の法とされている。同条2項は、共同体商標、共同体デザイン・モデル、共同体特許のような将来できるであろう共同体における権利侵害を単一のものとして捉える場合における権利侵害につき、侵害行為が行われた国の法によるものとする。同条3項は、本条で定める準拠法を14条の準拠法選択合意によって適用されないものとすることはできない旨を定めている。知的財産権の保護も、単なる個人の権利保護というよりは市場秩序の維持等の公の利益保護という点があるので、当事者自治の原則になじまないものとみている。この点については理論的にみれば、議論の余地があるとみることもできるけれども、この規定の文言からみて、これを制限的に解釈することは困難である。

(5) 産業的活動

9条は、労働者、雇用者又はそれらの職業的利益を代わりに主張する組織の中にある人の責任に関する契約外債権の準拠法を規定する。これは、2005年の欧州議会の第一読会においてスウェーデン代表により提案され、新しく取り入れられた規定である[32]。ローマⅡ規則前文27項は、この点について触れている。つまり、労務紛争におけるストライキやロックアウトのような産業活動の正確な概念は、構成国ごとに異なる。それ故、この規定は、一般原則として産業的活動が生じた国の法が労働者や被雇用者の権利及び債務を保護する目的のために適用されるべきものとした、と。9条は、問題となる産業的活動がある、あるべき又はあった国の法によるものとする。この規定は、産業的活動の概念を包括的に規定するが、それを法廷地法により決定すれば足りるか、準拠法（lex causae）によるべきかについては争いがある。法廷地法による見解は、事件が係属する裁判所ごとにそれぞれの法廷地法に従って決定すれば足りることになるので、統一的抵触法の性質を弱めるであろう。しかし、実際上は、裁判管轄に関するブラッセルⅠ規則5条3号、31条の規定を考慮すると、同じことになるとも指摘されている[33]。

本条の適用においては、4条2項の適用を排除しないものとしている。

---

32) スウェーデンがこの問題を提起した背景に欧州司法裁判所のDFDS Torline case（ECJ, Case C.-18/02）の事例が念頭にあったものといわれている。この事例は、産業活動の過程で生じた不法行為責任に関するブラッセルⅠ規則5条3号に基づく裁判管轄権に関していた。ポーランド人の船員が貨物船（the Tor Caledonia）の乗組員としてデンマークの船主に雇用された。この船は、イギリスのHarwichからスウェーデンのGothenborgの航路に就航していた。スウェーデンの貿易連合は、その組合員にTor Caledoniaの雇用に応じないようストライキを、とりわけTor Caledoniaに関する荷揚げ、荷降ろしに応じないよう指揮する産業的活動を行った。デンマークの船主は、デンマークの労働裁判所にその産業的活動によって生じた損害の賠償を請求する訴訟を提起した。欧州裁判所は、ブラッセルⅠ規則5条3号の解釈として、原告は、損害発生国又はそれを引き起こした事件発生地国のいずれの裁判所においても訴訟を提起することができるとした。

33) Peter Huber (ed.), Rome Ⅱ Regulation, Pocket Commentary (2011) p.267

つまり、責任を問われている当事者と損害を受けた当事者が共通常居所を同じ国に有している場合には、その国の法によることができるものとされている。また、14条1項a号により事後的な準拠法合意をも可能としているものと解される。これによって、紛争の最終的な決着を当事者に最も有効に可能とする法的枠組みが与えられている[34]。

6 ローマⅡ規則における当事者による準拠法選択の時期、方法、強行規定との関係の整理

以上、ローマⅡ規則を中心に、国際不法行為法における当事者自治の原則をみてきた。若干の整理をしておく方が分かりやすいであろう[35]。

準拠法選択の時期については、①被害が生じた事件の後の当事者による準拠法選択については、ローマⅡ規則14条1項a号に定められている。当事者や交渉に関し格別の要件を要求していない。また、当事者が選択することができる法についても量的制限を課してはいない。②被害が生じる事件の発生前に当事者が準拠法選択合意をする場合には、例えば、保険会社のように交渉力が強い当事者が一方の相手となることがあるので、交渉力の弱い当事者を保護するために一定の制限が課せられている（ローマⅡ規則14条1項b項）。商業的活動に従事している当事者間の合意であること、自由な交渉による合意であることが重要な要件とされ、この要件を満たさない場合には、当事者間の準拠法合意が無効になる。

準拠法選択の方法としては、①、②のいずれの場合にも、明示的に行われるか、または、事例の全ての事情からみて合理性、安定性を持った表示によって行われなければならないものとする（ローマⅡ規則14条1項2文）。

強行法規との関係では、まずローマⅡ規則前文32項は次のように述べ

---

34) Basedow, op.cit., p.189
35) Cf. Maya Mandery, Party Autonomie in Contractual and Non-Contractual Obiligations（2004）p.102f.

ている。「公的利益の考慮から、構成国の裁判所が、例外的状況における公的政策に基づく強行法規を克服する例外の適用可能性を正当化する。とりわけ、この規則により指定される法が補償ではない見せしめの又は排他的性質の懲罰的損害賠償の効果を持つ規定を適用することは、その事例の状況によってはその訴訟が係属する構成国の裁判所の法規及び法廷地の公序に反することになるとみなされるべきである。」とする。

それゆえ、①損害を生じた事件の発生時に全ての要素が1国に集中する場合（国内事例）には、その準拠法選択がなければ適用されるであろう法規の適用を排除することはできない（ローマⅡ規則14条2項）。②損害が発生した事件の生じた時に事件の全ての要素がEU域内に集中する場合（域内事例）には、共同体法の強行規定を当事者の選択した法に置き換えることはできない（ローマⅡ規則14条3項）。③当事者による準拠法選択によって法廷地の強行法規及び公序に関する規定の適用を免れることはできない（ローマⅡ規則16条、26条）。これらにより、当事者自治の原則が採用されれば、当事者の準拠法選択合意によって本来適用されるべき準拠法上の強行規定の適用を容易に逸脱することができるという批判に対応するものとなっている。

第3節

不法行為の準拠法における当事者自治の原則の是非及び正当化理由

ローマⅡ規則は、2007年7月11日に成立し、2009年1月11日からデンマークを除くすべてのEU構成国に適用されている。EC条約249条によると、規則は一般的に適用されるものとされ、全ての構成国において拘束力を持ち、直接的に適用されるものとされている。もっとも、この規則の前文40項は、デンマークはこの規則の採用には参加しておらず、同規

則によって拘束され、それを適用しなければならないわけではない、としている。ローマⅡ規則によって不法行為の準拠法についてこれまで述べてきたように、当事者自治の原則を導入後は不法行為の準拠法に関する各国の法典をみても、当事者の準拠法選択を認めない立法は、次第に少数になってきた。学説上もそれを認めるかどうかではなく、どのような制限の下でそれを認めるかに焦点が移ってきている[36]。

　現代社会のグローバル化の中で複数の国と密接に関連する法が生じている法律関係について当事者の準拠法選択合意による解決が重要な選択肢として浮かび上がってくる。これは、当事者自治の原則の契約における正当化の根拠として、人が生まれながらに有する国家以前の権利としての自由に基づくものであり、世界人権宣言等の国際的な人権規約や憲法上の人権規定においても支持されていることを挙げている。それは、「窮余の策」とか「一時しのぎの解決」といった消極的な意味をもつものではない。現代社会のグローバル化によって生じる現象の多発化、現代国家の多民族、多文化国家化により国家の政策課題の設定にも変化が生じていることを念頭に置いた、より積極的考慮を基礎とするものである。

　それでは、契約と同じような基礎的考慮が不法行為についても妥当するであろうか。当事者の事後的な準拠法選択合意についていえば、当事者は、準拠法選択の際に自動車、家具、電化製品の購入の際と同じように、情報を得て選択することができる。そのようにみる限りは、契約の自由の背後にある考慮は、不法行為等の契約外債権の場合にも存在する。もっとも、第三者の権利保護や公的利益保護の考慮は、ローマⅠ規則と同様に必要になるが、必ずしも条文上は明確ではない。

　スイス国際私法132条は、当事者による事後的な法廷地法の準拠法合意を認めている。この規定が134条～139条に定める個別的な不法行為（道路交通事故、製造物責任、不正競争・競争制限、環境侵害、人格権侵害）についても適用されるかについては、議論が分かれる。オーベルベック（Alfred

---

36) Basedow, op.cit., p.190

von Overbeck) は、このような法廷地法の事後的選択を支持する。ジーヤ（Kurt Siehr) も交通事故、製造物責任、不正競争行為についてこのような準拠法選択を支持している。これに対して、ブーヒャー (Andereas Bucher) やシュナイダー (Anton K. Schnyder) は不正競争行為がスイスの市場に影響を及ぼさない場合までスイス法の選択を認めることに反対する。もっとも、その場合の議論の焦点は一般規定である132条が個別規定で規定されている個別的不法行為に適用されるかという体系上のものであって、当事者自治の許容ないし禁止の基礎にある基本的考慮の問題ではない。重要なのは、この基本的考慮である。

それでは、不法行為の準拠法に関する事前の準拠法選択についてはどうであろうか。ローマⅡ規則14条1項 (b) の抵触規則は、前文31項の「選択についてある種の要件を課することによって保護がより弱い当事者に与えられるべきである」という目標を達成していないと批判されてきた。シモニーズ (Symeon C. Symeonides) は次のように指摘する[37]。

「契約を締結する当事者は、将来の不法行為を予測しないし、予測すべきではない。また、契約当事者は、誰が誰に対して損害を与えるであろうことやその損害の性質や重要性を知らない。さらに、弱い、世間ずれしていない当事者は、被害者になる可能性が加害者になる可能性の予測よりずっと大きい場合ですら、そのような合意に無批判に署名することがある。これら及びその他の理由から、多くの法体系は、不法行為前の合意を容認していない。」

この見解は、不法行為の準拠法の事前の準拠法選択を許容しない理由として当事者の情報及び購買力の非対称を指摘する。しかし、歴史的にみれば、この理由づけが全て正確とまでは言えない。不法行為法は、刑事法の分野からに徐々に発展してきたものであり、問題となる領域内の客観的法秩序を保護することが広く知られている。公的秩序の維持と私法上の救済

---

37) Symeon Symeonides, The American Revolution and the European Evolution in Choice of Law, Reciprocal lessons, Tulane L. Rev.82 (2007-2008) p.1770

の考慮は、その時代までは混在していた。ところが、その後、刑事上の行為の刑事訴追は国家に独占されるようになり、刑事法と不法行為に関する民事責任が分離されてきた。この分離が発展し、不法行為法は公の秩序の考慮から次第に解放されてゆく[38]。これが、不法行為法において当事者自治の原則が許容される前提条件である。

バセドーは、シモニーズの意見に対し、次のように反論する。第一に、契約当事者が将来の不法行為を予測できないという主張は、契約上であれ契約外の関係であれ、将来の関係についてどのような予測もしない当事者についてのみ当てはまる。通常は、契約の不履行に気を配る程度に、不法行為を構成するかもしれない事実を考慮するであろう。おそらく公平にみれば、何かが不法行為になる可能性を予測する当事者は、それが不法行為に当たるのか、それとも契約不履行に当たるのかについて関心を持たないことである。それ故、契約分野で当事者自治を考慮すると同じ考慮が不法行為の準拠法に関する事前の準拠法選択にも妥当する。当事者は、関連する法域との関係を確定し、その関係性の重心を測定することができる立場にある。当事者間では準拠法選択は、依拠できる法的枠組みを規律することができる信頼するに足りる手段になる[39]。

第二に、弱者保護の目的から越境的契約を排除しないとすれば、何故不法行為として評価される同じ潜在的事件と結果を異にしなければならないのかである。消費者契約における不均衡な購買力は、消費者契約について当事者自治を排除するものではなく、一定の状況の下での制限を導くにすぎないから、何故国際不法行為法において同じ状況を取り扱うのに、全く異なる方法であるべきなのか。例えば、オランダの長距離観光バスのスペインの乗客が、スペインからオランダへの運航中に運転手の過失によってフランスで交通事故に遭遇し、傷害を負った場合に、その運送契約の普通契約約款に含まれているオランダ法の選択が契約に基づくすべての債権に

---

38) Basedow, op.cit., p.191
39) Basedow, op.cit., p.191f.

ついて受け入れられるのに、何故不法行為に基づく債権についてはそうではないのか。国際不法行為法における弱者保護の取り組みによって、事前の準拠法選択に関する当事者自治の原則の排除が導かれるものであってはならない[40]。

　第三に、ローマⅡ規則14条によって、より強い当事者が弱い当事者の利益享受を妨げないようにするという主張に関する。いくつかの法域では弱者を契約で保護し、それ以外の法域では不法行為で保護している。シモニーズの懸念があたっているのは、より強い当事者が注意深く自己に有利に準拠法選択をし、同じ関係について契約にはA国法、不法行為についてはB国法を選択した場合に生じる。しかし、これは極めて稀な事例であるように思われるとされている[41]。

　バセドーは、国際不法行為法における当事者自治の導入に積極的態度を示している。ローマⅡ規則14条について度を越したものと批判する前に、この点に関するヨーロッパの立法が余りにも臆病であることを嘆くべきであると指摘する。また、1984年のイギリス法務委員会の予備的提案において、不法行為に適用される準拠法合意は、事件の前に到達したか後に到達したかに係わらず、法廷地法を指定したか外国法を指定したかを問わず、原則として効果が与えられるべきとされていたことを引用する[42]。

　それに対し、法選択条項の文言から当事者の具体的な意思を解釈しようとするのがミルズの立場である。ミルズ（Alex Mills）は、法選択条項の例として次のような4つの例を取り上げ、当事者の具体的な意思を確定しようとしている[43]。

　　A条項　「この契約の解釈又は不履行に関するどのような紛争も、イギリス法によって規律される。」

---

40) Basedow, op.cit., p.192
41) Basedow, op.cit., p.193
42) Basedow, op.cit., p.194
43) Alex Mills, Party Autonomy in Private International Law (2018) p.392ff.

B条項　「当事者間のどのような紛争も、契約上又は契約外のものであるかを問わず、この契約から生じる紛争は、イギリス法によって規律される。」
　C条項　「当事者間で生じるどのような紛争も、契約上又は契約外のものであるかを問わず、この契約上の関係と結びついているかを問わず、イギリス法によって規律されるべきである」
　D条項　「準拠法：イギリス法」

　A条項の文言は、曖昧であり、厳格に契約上の請求に限られるとみられ得た。D条項は、A条項に対する厳格な解釈と同じように、契約上の紛争に限られると解釈されるべきか、B条項のように若干の契約外の紛争に拡張されるべきか、それとも、C条項と同じように全ての契約外紛争に拡張すべきであるか？　これは、最終的に契約の解釈問題であり、契約条項を規律する法の適用が要求されるであろう。この争点に関する決定はかなり複雑であり、その法がどのようなアプローチを採るかによっても異なることがあり得る。しかし、これらのアプローチの共通の中心点は、当事者の意思の探求であるべきである。
　よりよい見解は、議論の余地があるにせよ、それが当事者の意図に反するとする証拠がない以上、B条項と同じ意図を持つものと解釈されるべきである。つまり、契約上の関係から生じる契約外紛争を含むが、それ以外の契約外紛争を含まないとみることになる[44]。D条項を全ての非契約上の請求を排除するものと解釈するとすれば、当事者の意図の配分にに反することになるであろう。当事者が契約の不履行というよりは契約上の義務の過失にによる履行を不法行為として請求する場合には、当事者はこの条項に強く解決を求めるであろう。当事者が訴訟の型に関する法的区分を意図することはありそうにない。他方、D条項を解釈して全ての契約外請求を含むとすることは、当事者の期待又は意図を越えるであろう。そのよ

---

44) Mills, op.cit., p.393

な条項は、当事者間の全ての法的争点についてというより特定の法律関係に向けられるのが一般的である。もっとも、少なくとも若干の裁判所は、契約における法選択条項が当事者間で生じる契約外の請求を含むように広く解釈することに慎重な態度を示している。ニューヨークの連邦裁判所は、Knieriemen v. Bache Haisey Stuart Shield (1980), 427 N.Y. S. 2d. 10 (1980) 以来、不鮮明な法選択条項を狭く解釈する傾向がみられた。若干の裁判所がそれに従ってきた。例えば、Hawk Enterprises, Inc. v. Cash America International, Inc. (2012), (2012) 282 P. 3rd 786 は、テキサスのフランチャイズ合意中の「その有効性、解釈、履行及び強制執行を含むすべての問題を規律する」とする条項について、その契約の下での権利と関係する不法行為に関する請求権を含まないものと判決した。しかし、多くの裁判所は、例えばカリフォルニアの裁判所を含めて、少なくとも契約外の請求であっても、密接に関連するものを含むとして、不明確な法選択合意を解釈する傾向がみられる[45]。

　不明確な法選択条項の解釈につき契約外請求を含むものとするが、その契約から生じる請求に限るとする見解は、当事者自治の理論的根拠とも適合する[46]。当事者は、その選択が契約関係に関連する事項に限られるとすれば、真の選択を行使するものとして理解されやすいということができる。当事者の選択が予見できないような契約外な事項を含む程度まで、その選択が効果又は自治的な真の行使とみることは難しい。法選択条項をそのように解することが当事者に法的安定性という利点をもたらす。むろん、契約条項の解釈は文言の解釈が中心となるが、当事者間の交渉過程を表わす会議録、出席者の覚書、証言など、種々の証拠が提出されて争われることも少なくない。上述の文言による解釈は、他の証拠が提出されなかった場合の基準を示すものとして考慮されるべきである。

---

[45] Mills, op.cit., p.394
[46] Mills, op.cit., p.394

第4節

不当利得及び事務管理の準拠法と当事者自治の原則

　不当利得の準拠法については、原因となる法律関係に依拠しているのでその法律関係の準拠法によれば足り、国際私法上独立の規定を設ける必要がないとする見解がある[47]。しかし、不当利得がどのような法律関係をも基礎とせず、かつ、行われた行為が権利侵害にならない場合もある。例えば、非債弁済の場合である。この場合にも基本関係となるのは弁済行為であるとみて、その延長線上に非債弁済に関する不当利得があるとして、弁済行為の準拠法によれば足りるとする見解もある。しかし、非債弁済の場合に弁済行為を原因となる法律関係であるとみるのは、不自然である。非債弁済の場合は、原因となる関係がないものとみるべきであろう。このようにみると、不当利得の場合についても独立の準拠法を定めるのが妥当であろう。

　米国の抵触法第一リステイトメント453条は、不当利得地法を適用するものとしていた。しかし、利得行為が生じた場所と不当利得を生じた場所が異なるとき、そのいずれによるのか明確ではない。これに対して、イギリスのダイシー（A. V. Dicey）の1949年版は、これを準契約とみてプロパー・ローを適用すべきとする。しかし、不当利得の準拠法に関し当事者自治を認めることについては懐疑的な立場に立っていた。これは、当時広がっていた不当利得による補償請求は法によって認められるものであって、当事者の意思の効果によって与えられたものではないとする見解に影響を受けたものと言えよう[48]。その後、2006年の第14版では、不当利得請求

---

47) Mills, op.cit., p.416

について当事者自治を間接的に承認している。つまり、不当利得が契約関係から生じる場合にのみ当事者自治の効果が与えられている[49]。

米国の抵触法第二リステイトメント221条は、次のように規定する。

「(1) 不当利得の訴訟において特定の争点に関する当事者の権利及び責任は、その争点に関し、6条で述べられた原則に基づいてその事件と当事者との最も密接な関係を有する邦の地域法によって決定される。
　(2) ある争点に準拠法を決定するのに6条の原則を適用するために考慮に入れられるべき連結点には次のものが含まれる。
　(a) 利得の受け取りが実質的に当事者間の関係に関連したとすれば、当事者間の関係の中心となった場所
　(b) 利益又は利得が受け取られた場所
　(c) 利益又は利得を与える行為が行われた場所
　(d) 当事者の住所、居所、国籍、設立地又は営業地、及び
　(e) 実質的にその利得に関連していた土地や動産のような物理的存在としての物が、その利得の時に所在する場所」

この規定は、裁判所が6条に掲げる非常に広い要素を考慮に入れて、その不当利得に最も密接な関係を有する法を判断することを要求している。リステイトメント6条の要素の一つとして「当事者の期待」が挙げられているけれども、当事者により選択された法に直接的な効果が与えられる規定にはなっていない。しかしながら、実務上、221条2項a号に従って、当事者が契約上の関係をもつ場合には、当事者自治に効果を与えることもできそうである[50]。そのコメントは次のように説明している。

「利得が当事者間の契約の履行過程で受け取られたときは、187条〜188

---

48) Mills, op.cit., p.418
49) Mills, op.cit., p.p.418
50) Comment (d)；例えば、Casa Orlando Apartments, Ltd. v. Federal National Mortagage Association, 624 F. 3d. 185 (5th Circ, 2010) 参照。

条の規定の適用により選択された法は、他の一方に対する補償請求における当事者の権利を規律するであろう。187 条に述べられた事情の下で、当事者が有効な選択をした場合には、その準拠法は当事者により選択された法になるであろう。」

このように解するとすれば、不当利得の準拠法決定について当事者間の準拠法選択合意に効力を付与するものとみることができる[51]。

ローマⅡ規則は、不当利得の準拠法について当事者自治の原則を二つの方法で承認している。第一に、14 条に基づいていくつかの重要な制限に服するとはいえ、当事者の準拠法選択に直接的効果を与えている。第二に、4 条 3 項に基づいて先行する法律関係との関係で契約における法選択条項に間接的な効果を認めている。このような当事者自治の原則の承認は、10 条の不当利得に限らず、11 条の事務管理、12 条の開示義務違反及び契約上の合意の崩壊のような、契約取引に先行する取引から生じる責任にも適用される。

このようなローマⅡ規則に大きく影響を受けている立法例として 2010 年の中国の渉外民事関係法律適用法 47 条を挙げることができる。同条は、「不当利得、事務管理については、当事者により合意によって選択された法が適用される。当事者による選択がないときは、当事者の共通常居所地法を適用するものとする。共通常居所がないときは、不当利得又は事務管理が発生して地の法が適用されるものとする。」と規定する。2000 年の模範法第 6 次草案では、129 条に「不当利得は不当利得の発生した地の法による。ただし、不当利得が特定の民事上及び商事上の関係から生じる場合は、その民事上及び商事上の関係が服する準拠法によることができる」としており、先行する法律関係がある場合における附従的連結を定め、間接的に当事者自治の原則を認めてよいとするに過ぎなかった。2010 年の渉外民事関係法律適用法 47 条は、これをさらに進めて、不当利得及び事務管理についても当事者による準拠法選択を認めるものとしている。ただ、その文

---

51) Cf. Mills, op.cit, p.423

言からは、事前の当事者による準拠法選択まで認めているのか、その場合にどのような制限が課されるのかは、必ずしも明確ではない。しかし、最も広く当事者自治の原則を認め得る規定となっていることだけは確かである。

ちなみに、日本の他の近隣諸国の立法をみると、2022年に改正された韓国国際私法51条は、「不当利得は、その利得が発生した地の法による。ただし、不当利得が当事者間の法律関係に基づく履行から発生した場合には、その法律関係の準拠法による。」ただし書で附従的連結を認めることである。契約準拠法が当事者自治によって決定される場合には、間接的に当事者自治を認めることがあることを明らかにしている。さらに、53条は、「当事者は…事務管理、不当利得…が発生した後、合意により大韓民国法をその準拠法として選択することができる。ただし、それにより第三者の権利に影響を及ぼさない。」としており、当事者による事後的な法廷地法の選択を認めている。

台湾の2010年に改正された渉外民事法律適用法24条は、「不当な利得によって生じる債権債務関係に関にしては、その利益を受領する地の法による。ただし、不当な利得が給付により発生するときは、当該給付が発生する原因の法律関係に適用すべき法律による。」とし、不当利得の原因となる法律関係があるときは、その法律関係の準拠法によるものとして、間接的に当事者自治によることを承認しているようにも解釈することができる。さらに、31条は、「法律行為によらずに生じた債権債務は、その当事者が中華民国の裁判所への訴訟提起後に中華民国の法律を適用することを合意するとき、中華民国の法律を適用する」とし、訴訟提起時における当事者の合意による法廷地法の選択を認めている。

日本の法適用通則法14条は、「事務管理又は不当利得によって生じた債権の成立及び効力は、その原因となる事実が発生した地の法律による」とし、15条は前条で定めた地の法よりも明らかにより密接な関係がある地の法があるときはこの法によるものとして、柔軟な連結政策を取る例外規定を置く[52]。さらに16条は、事務管理及び不当利得の当事者によりその原因となる事実の発生後に準拠法を変更することができるものとして、事

後的な準拠法選択を認めている。

　中国以外の国では当事者の合意による事前の準拠法選択をいずれも認めていない。また、台湾、韓国は、準拠法選択の時期については異なるが、いずれも事後的な法廷地法の選択のみを認めている。今後検討されるべきであるのは、法廷地法の選択のみを認める合理的な理由があるか、事前の準拠法選択が認められない合理的理由があるか、事前の準拠法選択を認める場合には、弱者保護の特別な措置を講じるべきかどうか、などである。

　事務管理についてドイツにおいては、長い間制定法によって規律されるのではなく、判例によって規律されてきた。シュトゥッガルト高裁の1974年3月18日の判決、IPR spr. No.7のように、事務管理について当事者による準拠法選択を認めた判例がみられた。学説上は、準拠法選択の第三者に対する影響については不明確のまま事後的準拠法選択を認めるものがあった[53]。また、事務管理も、国際不法行為・不当利得について準拠法選択が展開した結果として、当事者自治の原則を採り入れるべきとする見解があった[54]。1999年5月21日のドイツの国際私法の改正の際に、民法施行法（EGBGB）42条に契約外債権について、不法行為や不当利得に限らず事務管理を含む契約外債権の一般規定として、当事者による準拠法選択の規定が取り入れられた。このことがローマⅡ規則14条で契約外債権の一般規定が設けられることに重要な影響を与えたとされているといわれている[55]。

---

52) 契約無効の場合の不当利得による清算については、2006年の改正以前に「法例11条を法例7条との関連において解釈し、契約の無効・取り消しの清算については、その原因たる事実は契約準拠法所属国で発生したものとみなすことが法的に許容されている」とみて、契約準拠法が適用されるとする主張があった（岡本善八「不当利得の準拠法―契約無効の清算について―」同志社法学231号1頁以下）。
53) Bernd v. Hoffmann=Kursten Thorn, Internationales Privatrecht（2007）§11, Rn.47
54) Dieter Martiny. In Münchener Kommentar, vor Art.12 EGBGB, 1. Aufl. 1983, Rn.322
55) Vogeler, op.cit, S.32f.

第5節

まとめ

　契約における当事者による準拠法選択の可能性を認める根拠を当事者の生まれながらに有している選択の自由に関する権利に求めるとすれば、類似の理由から契約外債権の準拠法についても当事者による準拠法選択を認めてよいとする根拠が認められるべきである。近代債権法の基本的思想ともいうべき私的自治の原則は、適法の行為の典型として契約に現れるけれども、それと裏腹の関係にある契約外債権にも拡張的に認められ得るのであり、この抵触法的反映が当事者自治の原則というべきである。契約に当事者自治の原則が認められるとすれば、それと類似する理由から契約外債権についても当事者自治が認められるべきである。このことは、契約外債権については、事後的準拠法選択についてはそのまま妥当するであろう。

　しかし、事前の準拠法選択については、これをどのように、どこまで認めるべきかについては議論の余地がある。当事者間に事前に契約関係又はそれと同じように評価できる関係があれば、契約外債権の準拠法についてもそのような関係の準拠法への附従的連結によって解決することが可能となろう。そのような関係もない場合に、将来発生するかどうかも分からない問題について当事者による準拠法選択を認めるとすれば、情報量に圧倒的な格差がある当事者間の準拠法選択を自由に認めることになりかねず、弱者保護の観点から疑問が残ることになるであろう。それで、ローマⅡ規則14条1項は、弱者保護の観点から当事者による準拠法指定を認めるため、既に述べた5つの条件を課しており、この条件が整わなければ当事者自治を認めない立場に立っている。しかし、この方法が適切かどうかは議論の余地があるように思われる。例えば、ローマⅠ規則は、消費者契約や雇用契約について当事者による準拠法指定を認めながら、消費者や被用者の保護のために、消費者の常居所地法（ローマⅠ規則6条1項）又は雇用者の

常時職務を執行する国の法（ローマⅠ規則8条1項）への特別連結を認めている。これと類似の解決方法を採ることができないのはなぜであろうか。おそらくローマⅡ規則の規定は、事前の当事者による準拠法選択を認めるのに最も実際的意義がある場合のみを取り上げて、弱者保護の理念と矛盾しないように調整したものと思われる。準拠法を選択することができる当事者の権利保護という観点からみれば、一定の条件を課してそのような条件がある場合にのみ当事者による準拠法選択を認めるというのは一つの方法である。しかし、弱者保護の名の下に事前の準拠法選択を制限し、①〜⑤の条件が整わないことを一方の当事者が争うと、場合によっては、当事者による準拠法選択を排除してしまうのが最も良い方法なのか、疑問の残るところである[56]。事前に折角両当事者の合意があるのに、その条件の存否に関する争点が後に生じてしまうことは、当事者の法的安定性を害し、予測可能性の利益を危うくすることにはならないであろうか。前述のように特別連結により弱者保護を行う方法のほか、公序則の柔軟な適用可能性や実質私法による弱者保護の可能性などを含めて、より弊害の少ない方法がないか、慎重な検討が必要になる。

---

[56] この点で2023年5月24日の抵触法第三リステイトメント試案§6.10の規定が参考となるように思われる。つまり、その規定によると、a項において、当事者が双方的な合意によって不法行為が発生した後に準拠法を選択することができるとする。b項において、不法行為の発生以前においても、当事者の双方的合意によって次のような条件を付して準拠法を選択することができるものとする。すなわち、その選択された邦の法が当事者もしくは原因事実と実質的関係を有し又はその選択に他の相当の根拠があり、かつ、選択された法がその選択がなければ適用されたであろう法の邦の基本的政策に反しないことである。このうち、最後の条件（「かつ、」以下の部分）が弱者保護に関わるものとされている。Cf. Symeon C. Symeonides, The Torts Chapter of the Third Conflicts Restatement: An Introduction, 88 Rabels Z. (2024) 7ff., 46ff.: 試案の条文については、p.58参照。

第 5 章
当事者自治の原則が新しく拡張して適用されている分野
―― 財産法を中心に

第 1 節

人に適用される法と
当事者自治の原則の導入の可能性

1　人に関する法とその適用範囲

　人に関する法は人法と言い、物法と対比して使用された。人法は、人の権利取得能力や債権者に債務を負担する能力、人間の生存の始期及び終期、かつてフランスでも認められ、現在でも米国の1部の州で認められていると言われている、刑罰として人の権利能力を奪う民事死、取引者としての人の地位（現代的にいえば、専門業者か消費者か等）、姓名及び性の決定など広範な法事項を適用された。それらの中には自然人ばかりではなく、法人を含む事項も関連しており、もともと雑多なものを含んでいた[1]。ヨーロッパにおいては人法と言う概念は、中世から受け継がれてきたものである。いわゆるゲルマン民族の大移動によるローマ帝国の征服は、その領域内に5世紀以降部族国家を成立させ、種族法を適用する時代があった。その人の種族が明らかにならない場合には、種族法を確定するための法律宣言（professio iuris）を要求する慣例ができ、これを当事者自治の起源とする見解もある。スイスなどでは現在でもこの言葉が当事者自治を表わすために使われている。また、現代のグローバルな多民族・多文化社会を種族法時代に類似したものと捉える見解もある[2]。しかし、この制度は一国内における人際法的な制度であって、国際私法上の制度とはいえない。12世

---

[1] Cf. Anatol Dutta, Personal status, Jürgen Basedow=Giesela Rühl=Franco Ferrari= Pedro de Miguel Asensio ed., Encyclopedia of Private International Law (2017) Vol.2, p.1346

[2] Mills, op.cit., p.45; Basedow, op.cit., p.279f.

紀頃になると、種族法は封建国家の各領土法に置き換えられた。16 世紀頃には、人法の適用範囲は、新たに認められた混合法により侵食され、減少した。さらに、その後婚姻、扶養、相続のような家族関係に関する特別な抵触規則が出現し、その範囲は一層縮減した。

　近代国際私法学の父とも称されるサヴィニーは、法律関係の性質に着目してその本拠を探求したが、その出発点としての「人それ自身」に適用される法を重要な問題として位置づけ、法律関係もそのような人の属性から作り出され、または作り出されることに貢献している、としたうえで、人に結びつくような紐帯を見い出されなければならないとして、ローマ法における origo と domicilium、プロイセン法上の住所を検討し、特定の場所的法への人的従属は住所地法によって決定されるべきとした[3]。しかし、ドイツ民法施行法の立法においては、1886 年 9 月 10 日に開催された第 18 回ドイツ法曹会議の議論などを通じて、民族国家の成立に伴う新しい立法の立場としては国籍主義が妥当であるとされ、属人法として本国法主義が採られるようになった[4]。

　ところで、EU 統合に影響の中で現代社会のグローバル化が進み、民族国家から多民族・多文化国家に変容し、人が複数の国と密接に関係することが多くなると、属人法の決定においても昔ほど単純に属人法が決定できないことが多くなっている。EU 域内では、EU 市民について人の移動の自由が保障されており、国籍の有する意義が減少し、むしろ常居所地法により決定することが増加する。そもそも属人法を国籍によって決定すべきか、常居所地によって決定すべきかが改めて問題となっている。立法論的には、連結点についてだけではなく、連結方法についても段階的連結や選

---

[3] Savigny, op. cit., S.39ff.; 小橋一郎訳『サヴィニー　現代ローマ法体系　第 8 巻』（成文堂、2009 年）38 頁以下、山田鐐一『国際私法の研究』（有斐閣、1969 年）313 頁以下参照。

[4] 木棚照一「国際私法における当事者自治に位置づけについて—サヴィニーの法理関係の本拠説から現代国際際法への展開—」国際私法年報 16 号（2014 年）186 頁以下参照。

択的連結などいろいろな工夫が必要になる。同時に、常居所地によって属人法が決定される場合に、当事者による本国法の選択を認めるべきとの意見は、当事者のアイデンティティーを尊重すべきであるとして主張される[5]。

　また、国籍法における父母両系血統主義や生地主義の採用等によって複数の国籍をもつ者が増加すると、重国籍者の本国法の決定においても、当事者に本国法を選択させた方がよいのではないかという議論が生じる。内外国籍の抵触の場合に内国国籍優先主義をとる国が依然として多いようであるが、少なくとも明文でこのような規定を持つ国で当事者による選択を認めることは、解釈論としては無理であるとしても、外国国籍間の抵触については当事者による選択を解釈論として容認することができるであろうかが問題となる。問題となる法律関係を限って、一定の要件を満たす場合に明文の規定で当事者の選択を認める国もある。例えば、ドイツ民法施行法の婚姻の一般的効力の準拠法に関する14条2項は、重国籍者が有する国籍の一つが他方配偶者の国籍と一致する場合に、重国籍者にその他方配偶者と一致する国籍を本国法の決定のために選択することを認めている。このような明文の規定がない場合でも、外国国籍相互間の抵触においては、解釈論として当事者の選択に委ねるべきとする見解も考えられる。

　さらに、地域的不統一法国を本国とする者の本国法の決定については、当事者による地域法の選択を認める規定がある場合がみられる。そのような明文の規定がない場合でも、解釈論として主張する見解もある[6]。これ

---

[5] 西谷祐子「国際家族法における個人のアイデンティティー（1）（2）」民商法雑誌152巻3号1頁以下、4・5号28頁以下参照。

[6] 福井清貴「地域的不統一法国法と当事者自治」法律論叢89巻2＝3合併号（2017年）247頁以下参照。夫婦財産制の準拠法の決定について法適用通則法26条2項1号によって当事者の一方の国籍を有する国の法を選択し、その国が不統一法国である場合に法適用通則法38条3項の類推適用によって地域法の指定を可能とする主張である。しかし、さらに徹底して、ドイツにおいて1999年6月1日にドイツ民法施行法（EGBGB）43条から46条が発効するまで、物権について所在地法による明文の規定がなかったため当事者自治の原則を主張する見解が有力に主張されたが、そのような主張は新法発効後46条の「明らかにより密接な関係」の解釈として当事者による準拠法指定を考慮しているのを参考として、法適用通則法38条

らの問題は伝統的には、国際私法の規定によって又は裁判所によって最も密接な関係を有する法を決定すべきものと考えられてきた。当事者の選択を認めるとどのような問題が生じ、それをどのように解決すべきとしているのかを含めて、各法律関係の準拠法を考える際に考察する必要がある。

本章では、地域的不統一法国法の指定、人の能力と能力を欠く成人の保護の問題及び性転換などによる性の再配分とそれに伴う名の変更の問題に限って考えてみよう。

2　地域的不統一法国法の指定

(1)　地域的不統一法国と当事者による準拠法選択

　地域的不統一法国としてアメリカ合衆国がある。50州とコロンビア直轄区、それにアメリカの行政権限が及ぶ地域としてプエルトリコ、U.S. ヴァージン諸島があり、それぞれ独自のコモン・ローが形成されている。カナダには10州と3地域があり、離婚、子育て、家族の義務の執行については2019年6月21日の連邦の統一法があり、2021年3月1日より施行されている。メキシコは31州と連邦直轄地があり、連邦民法があるがこれは直轄地にのみ適用され、各州ではそれを採用するかどうかは自由とされている。オーストラリアは6州と2地域があり、とりわけ家族法については連邦の統一法がある。ヨーロッパでは、連合王国は3つの法域に分かれ、イギリス法はイングランドとウエイルズに適用され、スコットランドと北アイルランドでは独自の私法が行われている。スペインは、民法13条2項によって民法が適用される以前に優先して適用される地域的法が認められ、17自治州のうち7州（アルゴニア、バレアレス諸島、カタロニア、ガリシア、ナバーラ、バスク地域、ヴァレンシア）が夫婦財産制や相続問題

　3項の「最も密接な関係がある地域の法」を解釈することもできるように思われる。なお、地域的不統一法国と当事者自治の関係をその後のEU規則を含めて検討したものとしてvon Olaf Meyer, Parteiautonomie bei Mehrrechtsstaaten, 83 Rabels Z.721 (2019) がある。

などについて地域的特別法をもつ。アフリカ大陸では、タンザニア、ナイジェリア、カメルーン、エチオピアが地域的不統一法国に属する。アジアではマレーシア、中国がこれに当たる。

　このような地域的不統一法国法の指定については次の3つの方法がある[7]。

　①どの地域法秩序が適用を要求されているのかにつき、その不統一法国の渉外的な地域間私法によって適用されるべき地域法を決定する方法である。この方法は判決の国際的統一を確保するために主張される。しかし、当事者が実質法の適用に関心が向いているのに、法廷地以外の国の抵触法による解決を求めることは、より費用や手間がかかり、より不誠実で不安定な方法を当事者に強いることになる。また、多くの不統一法国は必ずしも統一的地域間私法をもつわけではない。例外的にこのような規則をもつのは、スペイン民法13条以下、ボスニアとヘルツェゴビナの1979年にユーゴスラビヤ法を継受した規定、メキシコ憲法121条2項（メキシコに所在する物に関する連結）であり、むしろ少数の例になる。アメリカやイギリス等は、当事者のドミサイル（住所地）法を適用する点で類似する規則がみられるが、ドミサイル概念の相違などにより生じる問題を全体的に調整する国家規則は欠けている。

　②適用される地域法を特定するために独自の客観的規律、例えば「最も密接な関係」を提示する方法である。この方法は、①の方法に比べて単純で分かりやすい利点がある。人の常居所地や行為の実行地と直接的に理解できるからである。しかし、同一国家内でのことであるから、外国との関係で問題となる場合に比較して、客観的連結点は、容易に変更することができるので、必ずしも最密接関係を示すに適切といえない場合がある。例えば、人は、同一国内では言語的障碍等も生じないので、家族との生活関係、労務提供地、寮生活等で容易に常居所を変更する可能性がある。したがって、むしろ、このような場合に、当事者による地域法の選択の意思が明らかになるときは、この意思を重要な要素とみて、それを基準として最

---

7) Vgl. Olaf Meyer, op.cit., S.726ff.

密接関係を認定し、客観的連結は二次的連結にとどめる方が妥当といえる場合がある。客観的連結は、当事者による地域法の選択がない場合における二次的な連結にとどめる方が妥当とも言える。

　③その訴訟に関連する当事者に決定を委ねる方法である。つまり、当事者自治の導入によって解決する方法である。当事者自治を導入するとしても、ケーゲルのようにやむを得ない解決方法としてか、それともより積極的に一般的連結原則として位置づけるかが問題になる。本書ではより積極的に当事者による準拠法選択を位置づける立場を採る。しかし、当事者による準拠法選択は人的不統一法国については認められない。人的不統一法国法の指定は、当該の人の人的所属集団への帰属に関するその不統一法国の法原則（人際法）によって解決すべき問題である。地域的不統一法国におけるように事例ごとの解決を目指すべきものではないからである[8]。

　地域的不統一法国における準拠法決定につき当事者自治を導入するとしても、債権契約のように無制限の当事者自治を前提とする場合と家族関係のように量的制限があり、属人法としての本国法として指定される場合とでは相違が生じるであろう。以下、若干他の部分で述べたところやこれから述べるところと重複する部分も含まれるけれども、EU規則を中心に、できる限り簡潔に概観してみたい。

(2) 債権契約法

　ローマⅠ規則（Nr.593/2008）22条1項は、その地域に妥当している実

---

8) Meyer, op.cit., S.729 しかし、これについては、Basedow, Das internationale Scheidungsrecht der EU, FS. Willibald Posch（2011）S.17, 27 の批判がある。例えば、インド人の夫婦がウィーンに長年居住し、本国法であるインド法によって離婚しようとする場合に、ローマⅢ規則15条によってインドの人際法が適用され、イスラム法やヒンズー法の適用が問題となることがある。これは当事者が考え尽くした結果と一致するものではない。夫婦は長年オーストリアで生活してきたのであるから、14条c号によりオーストリア法をよりよく選択することができると考えるべきという主張である。当事者意思の解釈問題になるであろうが、私見によると、そこまで言えるか疑問が残る。

質私法を直接に指定することを認めている。債権契約については当事者の選択できる法の範囲について量的制限がないから、当事者は自由に不統一法国内の地域法を指定することができる。もっとも、ローマⅠ規則5条2項は、旅客運送契約について量的制限を課しているけれども、旅客の常居所地の地域法がその旅行の出発地又は目的地となっている場合に適用され、そうでない場合には運送人の常居所地法が適用されるものとするので、特別の問題は生じない。

　当事者が不統一法国の法そのものを選択し、特定の地域法を直接に指定しない場合にはどのようになるか。たとえば、ドイツ人とポーランド人が契約準拠法につき中立的な法としてアメリカ法あるいは英連邦法を指定した場合にどのように解釈すべきか。この問題は、当事者の意思解釈の問題となり、黙示の意思が認定できる場合にはその地域法による。それが認定できない場合には、その準拠法選択を無効とすること（無効説）や国内の不統一法国法の指定に関する規定（ドイツの場合にはドイツ民法施行法4条3項）を適用して適用すべき地域法を決定すること（法廷地国際私法規定説）も考えられる。無効説は当事者の準拠法選択の意思を考慮しない結果となる点で妥当ではない。法廷地の国内の規定による解決もローマⅠ規則20条が抵触法の指定を排除する趣旨と相容れず、直接に最密接関係法によるのは結局当事者の仮定的意思を考慮することになるとする批判がある。あくまで準拠法選択を認めることが当事者の予測可能性、計画可能性を保障する。そのような場合における準拠法の特定は、ローマⅠ規則4条1項、2項の適用との関係で考えるほかない。つまり、特徴的給付をする当事者の常居所がその国内のいずれかにあればその法により、明らかにより密接な関係を有することが事案の全ての事情から明らかになる場合にはその法による。その場合でも、当事者は事後的にその不統一法国内の地域法を指定することができるものと解される[9]。

9）Meyer, op.cit, S.733

(3) 契約外の債権関係

ローマⅡ規則（Nr.864/2007）14条1項によれば、損害が生じた後に当事者は準拠法選択の合意をすることができ（a号）、損害が発生する以前にも商業的活動をしている当事者は準拠法選択の合意をすることができる（b号）。そのような選択は、明示的で事例の全ての状況からみて合理的安定性を示し、第三者の権利を侵害してはならないものとする。ローマⅡ規則25条1項は、ローマⅠ規則22条と類似の規定がみられるから、当事者は直接に不統一法国内の地域法を指定することができる。ローマⅡ規則4条3項、5条2項、10条1項、11条1項、12条1項からみて、契約と密接に関連する法律関係から生じた場合には、契約の準拠法によらしめているものとみることができる。当事者の準拠法指定が不統一国法自体を指定し、それ以上地域法の決定につき言及していない場合は、債権契約法のところで述べたと同じような解決が採られるべきであろう。

(4) 離婚及び法定別居

ローマⅢ規則（Nr.1259/2010）14条a号によると、不統一法国における特定の州法への関連付けは関連する部分組織体の法にも及ぼされる。つまり、このような部分組織体の実質法の指定が認められる。例えば、ギリシャとスペインの国籍をそれぞれ有する夫婦がバルセロナの裁判所に訴えを提起し、法廷地法であるカタルーニャ自治州の法を選択した（ローマⅢ規則5条1項d号）とすれば、他のスペインの法域と内容的に異なるカタルーニャ州法が適用されることになる[10]。

ローマⅢ規則14条b号によると、地域的不統一法国における常居所地法の選択は、その国の準国際私法規定の如何にかかわらず、その具体的な常居所地州の法の選択を意味する。例えば、それぞれドイツとアメリカの国籍を有する夫婦は、ニューヨーク州でともに居住していたが、配偶者の一方は別居した後にニュージャージ州に住み、以後同一の州に居所を有す

---

10) Meyer, op.cit., S.736

ることはなかったとする。この場合にもその夫婦は、その一方がニューヨーク州に居住する限りで、離婚の準拠法として常居所地法であるニューヨーク州法を選択できる（ローマⅢ規則5条1項b号）[11]。

　最も問題となるのは、夫婦の一方の本国法が選択された場合である。この場合について、ローマⅢ規則14条c号によると、三段階の連結が規定されている。まず、その不統一法国に準国際私法規定がある場合には、その準国際私法規定によって準拠法を決定する。例えば、ドイツに居住するボスニア人夫婦の離婚準拠法はボスニアに準国際私法があるときは、その準国際私法（地域間私法）の規定によってその何れの法域の法が適用されるべきかを決定する。それがない場合には、準国際私法が当事者のそのような選択を許容する場合にのみ当事者の選択した法域の法が適用される。それによると、夫婦が現在又は最後に通常居住していた領域の一部の法であるときにのみその選択は有効になる。

　そのような選択がない場合には、第三段階として客観的連結により夫婦が最も密接に関係する法域の法による。客観的連結による場合、同一国内のことであるからその決定が曖昧になることが多いこと、当事者が長い間外国に住んでいる場合に最密接関係を有する法域の決定が困難になることが少なくないので、客観的連結の基準を緩やかにする試みなどがみられることなどが指摘されてきた。むしろできる限り第二段階までにとどめる工夫が必要になる。当事者が地域的不統一法国であることを全く考慮することなく本国法であるボスニア法を指定した場合には、その準拠法選択を無効とする見解がある[12]。この見解によると、専門的知識のない当事者が選択した法は効力を与えられず、客観的連結つまり夫婦の最密接関係を有する法域の法によることになる。しかし、このような場合に当事者の選択意思を無効とし、客観的連結によることが必ずしも適切な解決と考えられないので、私見では、この見解によることにも疑問を感じる。

---

11) Meyer, op.cit., S.S.736
12) Basedow, op.cit., S.26; vgl. Meyer, op.cit., S.740

(5) 扶養法

　2007年11月23日の扶養義務の準拠法に関するハーグ議定書8条1項は、量的に制限された準拠法選択を認めている[13]。つまり、扶養に関する債権者と債務者は、何時でも扶養準拠法として次の法の一つから指定することができる。指定時におけるいずれかの当事者が国籍を有する国の法（a号）、指定時におけるいずれかの当事者の常居所地法（b号）、その財産制に適用するものとして、事実上適用された法（c号）、離婚又は法定別居に適用されるものとして又は事実上適用された法（d号）である。このような準拠法合意は書面においてか、それに類似したいずれかの通信手段において記録されることが要求される（同条2項）。少なくとも署名や日付を記入することは明文上要求されていない。

　地域的不統一法国への指定の解釈についてはハーグ議定書16条1項に次のように規定している。ある国の法への言及はその関連する領土単位で効力を有する法への言及と解釈されるものとする（a号）。その国の所轄官庁または公的組織への言及は、関連する領土単位における行動に権限を与えるものと解釈されるものとする（b号）、その国における常居所への言及は、関連する領土単位における常居所に言及したものと解釈されるものとする（c号）、二人の人が共通の国籍を有する国への言及は、その国の法によって指定された領土単位への言及とされ、そのような関連地域際法がない場合には扶養義務が最も密接に関連する領土単位への言及と解釈されるものとする（d号）、ある人の国籍国への言及は、その国の地域際法により指定された領土的単位への言及と解釈され、そのような関連規則がない場合には、その人の最も密接に関係する領土単位への言及と解釈されるものとする（e号）。

　この解釈原則だけではなく、議定書は適用されるべき領土単位法の決定について次のような規則を定める（議定書16条2項）。何れの領土単位の

---

13) ハーグの改正議定書の条文は、2008年12月18日のEU規則（Nr.4/2009）に取り込まれている。

法が適用されるかを決定するその国で効力を有する規則があれば、その領土単位の法が適用される（a 号）。そのような規則がなければ1項に定めた関連する領土単位の法が直接適用される（b 号）。間接指定主義を原則としながら、地域間法の規則がない場合については、当事者による直接指定を認めている。

(6) 相続法

EU 相続規則（Nr.650/2012）21 条は、相続準拠法に関する一般原則として死亡時における被相続人の常居所地法よるとしながら（1項）、例外的に事案の全ての事情から被相続人が前項で定めた国と比較して明らかにより密接な関係を有することが明確になった場合にはその国の法による（2項）とする。被相続人は、選択時又は死亡時国籍を有する国の法を相続準拠法として選択できる（22条1項）。その選択は財産の移転に関する明示的な宣言か又はそのような処分の文言によって示されるものとする（同条2項）。

地域的不統一法国における地域法の決定については 36 条に定められている。まず、その国の準国際私法によって適用されるべき地域の法を決定する（1項）。このことは、被相続人の本国法として選択された法が不統一法国法である場合に限らず、常居所地法として指定された法が不統一国法であった場合にも同じ扱いになるようにみえる。もっとも、被相続人が直接本国の特定の地域法を選択した場合にも、この規定が適用されるかどうかについて学説が分かれる。常居所のような場所的意義を有する連結点により指定される場合には、当事者の指定がその場所の地域の実質法であるとみることを原則とすべきとするものである。このような場合に直接的選択を認める見解に対しては、準国際私法により地域法を決定するとする立法者の意思に反すると批判されている。そこで、被相続人による直接的選択を認めるとしても、本国の準国際私法が認める範囲に制限されるとする見解がある。この見解によると、例えば、スペインの準国際私法は被相続人の直接の地域法の選択を認めていないので、被相続人が死亡当時民籍を有する地域の法の選択に制限される[14]。

つぎに、このような本国に準国際私法がない場合に、被相続人の常居所

に基づく指定のときは、被相続人が死亡当時常居所を有した地域の法を指定するものと解釈されなければならない（36条2項a号）。また、被相続人の国籍に基づく指定のときは、被相続人が最も密接な関係を有した地域の法と解釈されなければならない（同条同項b号）。

このように被相続人の直接の地域法の選択が制限される理由として遺留分の保護が挙げられる[15]。被相続人の本国法の選択は被相続人が実効的国籍を有することを前提とされる。

(7) 夫婦又は登録パートナーシップの財産関係

2016年6月24日のEUの夫婦財産関係規則（Nr.2016/1103）と登録パートナーシップ財産規則（Nr.2016/1104）の33条は、不統一法国の地域法の指定について規定している。この規則により決定された国の法が夫婦又は登録パートナーシップの財産制について不統一法国の法である場合に、その国の準国際私法規定によって適用されるべき地域の法を決定する（1項）。

そのような準国際私法規定がない場合に、1項に定める国の法が配偶者又は登録パートナーの常居所地法であるときは、それらの者が常居所を有する領土的単位としての地域の法による（同条2項a号）。1項に定める法がそれらの者の本国法であるときは、それらの者が最も密接な関係を有する領土的単位としての地域の法による（同条2項b号）。

1項に定める法がその他の連結点としての要素によるときは、その関連する要素の所在する領土単位としての地域の法による（同条2項c号）。このような場合として、不動産所在地法が選択される場合がある。登録パートナーシップについては、これを認める国と認めない国、認めるとしてもその効果を婚姻と同じようにするかどうかに関して、諸国の法は一致していない。そこで、登録パートナーシップについては、最初に登録が認められた国の法を選択することができるものとする（登録パートナーシップ財産

---

14) Meyer, op.cit., S.748
15) Meyer, op.cit., S.752f.

関係規則22条1項c号)。その規則33条2項c号は最初の登録国が不統一法国である場合を考慮した規定となっている。

(8) まとめ

以上、EU規則を中心に不統一法国が準拠法国として指定された場合に何れの領土的単位（地域）の法が適用されるものとされているかを概観した。

債権契約については当事者自治を認める場合に量的制限がないのが原則であり、当事者は自由にその不統一法国の何れの領土単位（地域）の法を適用するかを指定することができる。ローマⅠ規則22条1項によれば、各々の地域を国家とみなすものとしているからである。旅客運送契約のように、当事者が選択できる法が限定されている契約があるが（ローマⅠ規則5条2項）、何れも場所的限定の意味を有する連結点を媒介とするから特別な問題は生じない。当事者が不統一法国そのものを指定するだけで地域法の指定をしない場合には、契約全体の事情から当事者の黙示の意思を探求する。それでも適用すべき地域法が特定できない場合について学説が分かれることをみた。

不法行為等契約外債権については、損害が発生した後に当事者は自由に明示的合意によって直接適用すべき地域の法を選択することができる（ローマⅡ規則14条1項a号、25条1項）。営業活動を行う当事者間では、損害が発生する以前であっても、明示的合意によって適用すべき地域の法を選択することができる（ローマⅡ規則14条1項b号、25条1項）。そのような債権が先行する契約に関連するときはその債権の準拠法に附従的に連結される。当事者が不統一法国そのものを指定するだけで地域法を指定しない場合には債権契約に類似した問題が生じる。

離婚及び法定別居の準拠法所属国が不統一法国であった場合にローマⅢ規則14条c号はまずその国の準国際私法があればその指定する地域の法が適用され、つぎにそのような規定がない場合には、当事者が選択した地域の法が適用され、さらに当事者による選択がない場合には、夫婦が最密接関係を有する地域の法が適用されるものとする。ここでは、当事者の選択を客観的連結より優先していることが注目される。最密接関係法を決定

するのは同一国内の地域であるだけに容易に移動できることもあり、困難を伴い、曖昧になることがある。当事者の選択を優先させたのはこのことに配慮したものである。扶養、相続、夫婦等の財産関係については、いずれもその国に準国際私法規定がなければ、最密接関係地域の法によるものとされている。最密接関係地域の決定について困難が生じることがあるとすれば、その決定にあたって当事者の選択を重要な要素として考慮し、むしろローマⅢ規則のように当事者の選択を優先させる解釈を可能とする工夫が必要である[16]。

日本においては法適用通則法36条3項が不統一法国における本国法の決定についてのみ定めており、26条2項1号によって「夫婦の一方が国籍を有した国の法」を選択した場合に、どの地域の法が適用されるのかについて規定がない。そこで、38条3項を類推適用して適用すべき地域法を決定する見解が主張されている[17]。もっとも、不統一法国内における最密接関係地の決定が同一国内で移動が容易に行われることや長年外国に居住し、本国との密接な関係を示すものが曖昧になっている事例も少なくないことなどを考慮すると、最密接関係法を決定する際に当事者の選択を重要な要素とみて考慮するところまで徹底した方がよいように思われる。確かに、最密接関係地による連結は客観的連結と理解されてきた。しかし、少なくとも地域的不統一法国における地域法の指定については当事者意思を重要な要因の一つとして考慮すべきである。このような解釈はすでにドイツ民法施行法46条の解釈においてもみられるところであり、必ずしも

---

16) このような解釈は、物権の準拠法について明文の規定がなかった時代に主張された当事者自治を許容する議論は、明文の規定を置く現在においては、46条の「43条から45条によって準拠法となった法より明らかにより密接な関係を有する国の法」の解釈の中で生かされている。当事者意思を重要な要素として考慮する見解にみることができる（例えば、Abbo Junker, Internationales Privatrecht, 5.Aufl.(2022) S.350f.）。
17) 福井・前掲論文301頁以下参照。この論文では、当事者が複数の地域と関連しているような場合に当事者による地域法の選択を認めるが、その根拠は明確に示されていないように思われる。

不自然な解釈ではないように思われる。当事者自治の原則を夫婦財産関係だけではなくその他の家族法の分野にも拡張することを主張する本書の立場からみれば、その方が妥当な解決を導くことができると考えるからである。

3　能力及び能力を欠く成人の保護

　人の法的能力を支配する法は当事者の意思による選択を重要なものと認めて来なかった。能力を欠く人は、論理的にみて、その能力を認めるような法に規律させる効果をもつ宣言をすることはできそうにないように思える。誰も無能力では契約をすることができないからである。もっとも、能力者がその能力を奪っている法に従って異なることを宣言することは、理論的には不可能ではない。しかしながら、このような合意を非公開の合意によって認めると、市場に参加する全ての行為者がその市場を支配する法に従い、法的能力をもって投資していることを信頼するのはその取引社会では当然であるのに、個別的事例ごとに締約者の能力を調査しなければならなくなり、取引費用が増加することになる。能力に関する規定は、その行為の効果から無能力者を保護することにあるが、国際私法は、無能力者の保護と市場参加者の信頼の保護とのバランスを取らなければならない。

　そこで、多くの法体系は能力に関する二種類の抵触規定を定めている。一つは、能力の問題に一般的に適用される法を指定する。他の一つは、善意の契約締結者保護の規定である。ここでは前者の抵触規則のみを扱う。1804年のフランス民法典に遡る長い伝統によると、そのような抵触規定は国家の制定法によって明確に定められてきた。そのような国家立法がしばしば採用したのは、その人の本国法によるか、住所地法によるかである。問題になる人によって選択された法についての例外は、これまで認められて来なかった。

　この点については、コモン・ロー諸国の方がより柔軟であったように思われる。この場合の能力は、商業取引に入る能力と異なる特殊な行為、例えば婚姻能力について議論されることが多かった。契約に関する能力につ

いては、問題となる当事者の住所地法か、契約準拠法かのいずれかによるとする見解がある。このうち契約準拠法への連結は、当事者により契約について選択された法が当事者達の能力をも決定することを含んでいるように思われる。そうとすれば、その見解は、当事者自治の原則を当事者の能力にも広げる効果をもつことになる。しかし、そのような拡張は、イギリスの学説によって、少なくとも当事者によって選択された法がその契約に何等の関係もない場合には、否定された[18]。

米国においては、抵触法第二リステイトメント187条コメントdは、能力に関して当事者による準拠法選択を認めている。ただし、選択された法が取引の当事者と実質的関係を持たないか、その選択された法への服従が選択された邦より実質的により大きな利益を有する邦の基本的政策に反する場合にはこの限りではない。

オーストラリアは、この分野における当事者自治の余地を少しだけ広く残しているようにみえる。オーストラリアの1992年の法改革委員会の報告書によると、能力は当事者の居所地法によるか、当事者によって選択されたかのいずれかの法を含む、契約のプロパーローによって規律されるべきとされている。その委員会は、これに賛成する学者達の次のような文章を引用している[19]。「不可欠な有効性と能力の問題は、類似しており、何故異なる抵触法規則がそれぞれの争点に採用されるべきなのかは、一見して明らかではない。」と。このようなオーストラリアの見解は、余りにも早すぎたからか、この点に関する発展の確実な継受には繋がらなかった。とはいえ、能力に関する厳格な抵触法規則は我々が考えてきたよりは不可避のものではないことをオーストラリアの提案は示している。

既婚婦人の無能力の問題は、フランス法系の諸国をはじめ世界中の多く

---

[18] Cheshire, North and Fawcett, p.751; Dicey and Morris on the Conflict of Laws, 13th ed. (2000), pp.1271-1272; Claskson and Hill, p.211

[19] Australia, The Law Reform Comission, Report no.58, Choice of law, 1992, para.8.57-8.58, p.1018; Edward Sykes and Michael Pryles, Australian Private International Law, 3rd ed.(1991) p.614

に諸国で重要な問題とされてきたが、国際私法における性による差別に関するこの問題は、重要性を失ってから既に久しい。それでもなお問題となるのは、成年・未成年の区別の基準に関する。これに関する各国実質法の相違がなお残るけれども、一般的な立法の傾向として青春期の早まりによって成年年齢の低下の傾向が目立つ。未成年者に関するクレジットカードの使用の可能性や商業取引へのインターネット使用の増大のような変化がこの問題に対する取り組みに弾みを付けている。自治的なオンライン契約においては、未成年者の保護は実務上の問題として実行可能になっている。というのは、他方当事者がその当事者の年齢や能力をインターネットにより点検できるからである。善意の当事者の伝統的保護は、インターネットの時代には不十分となる[20]。それは、ローマⅠ規則13条によると、同じ国に所在する当事者間でなされた契約についてのみ適用されるからである。他方、当事者の所在地はオンライン契約の場合には殆ど確定することができない。それで当事者によって選択された法が、明らかに濫用的に選択されており、関係がない場合でない限り、能力を決定する準拠法となるべきことになる。

　医学の発展や社会福祉の充実などもあって、高齢化社会が到来して新しい社会問題が生じている。次第に多くの人々が、病気や高齢化に伴う知的能力の低下を生じ、また精神的障害により事理の弁識を欠く状態になるようになった。無能力者の中心が成年者の問題で国際的な課題となっている。2000年に成年者の保護に関するハーグ国際私法条約が採択されている[21]。この条約は先行する未成年者の保護に関する条約の基礎的類型に従っている。つまり、裁判管轄権に関する規則を制定し、権限を有する裁判所が法廷地法に従って成年者保護に必要な措置を取り、締約国がその判決を相互

---

[20] ローマⅠ規則13条参照。同じ国に所在する人達の間で締結された契約についてのみ無能力に関する悪意・過失を主張できるにすぎないからである。

[21] Kurt Siehr, Das Haager Übereinkommen über den internationalen Schutz Erwachsener, 64 Rabels Z. (2000) SS.715-751; なお、この条約の条文については、SS.752-764 に掲載されている。

に承認することを定めている。未成年者保護条約との重要な相違点は、代理の実施権限に関連する。その条約により保護される成年者の多くは、商業その他の社会的活動に保護及び代理が必要になる前には、完全な能力者として社会生活を送ってきたであろう。これらの人々は、能力を喪失する以前に、予め代理権限を有する人を選任しておくこともできる。この成年後見人の実務は、米国とカナダで発展し、次第にヨーロッパ諸国や日本などのアジア諸国にも広がってきた[22]。弁護士の継続的な権限は、この条約15条によって、合意に基づいてか一方的行為に基づいて与えられる。15条1項は、その宣言がなされた当時のその成年者の常居所地法によることを規定しているが、これは書面で明示的に準拠法選択合意がなされなかった場合について規定するのみである。準拠法選択の宣言は、その成年者の本国法か、精神的能力を失う以前の常居所地法か、財産との関係でその財産の所在地法のいずれかを指定することができる（15条2項）。そのような代理権限の行使の方法は、それらが行使される国の法によって規律される（15条3項）。

4　性の配分と名前の選択

　人は、出生の際に男性か、女性かについて医師ないし助産婦等の意見を参考にして、出生届の際に届出者の申立に応じて性別や名前が登録される。しかし、こうして与えられ、登録された性別や名前に違和感を持つ、性的マイノリテイと呼ばれる人たちがいることも否定することはできない。このような人々が自己の感覚と適合する性に登録上の性を変更するにはどのような要件が必要になるか。法で定められた手続を経て性の転換をした場合に、身分登録上性のその転換をどのように反映させることができるのか。法律上定めた性転換施術までは受けてはいないが、自分の感覚と適合する性に変更する方法はないのか。また、身分登録上の名前をその性にふさわ

---

22) Basedow, op.cit., p.229; Siehr, op.cit., SS.738-739

しくするように変更するには、どのような要件の下で、どのように変更することが認められるのか。さらに、外国で行われた性配分や名前の変更がどのような条件の下で承認されるのか。種々の法律問題が生じる。多くの諸国の実質法は、これらの人々がしばしば排除され、又は非常に厳しい条件に服させられることがあり、この点に関する国家の政策が一致していないことがここに露呈される。

　国際私法上このような問題は、伝統的には個人の人格権の問題としてその属人法により規律されるべき問題とみなされてきた。しかし、他方で厳格に属人法によるものとすると、実際上不便宜であることが生じ得る。名前については、いくつかの諸国の実質法は、寛容な姿勢を示し、原則として名前の選択を当事者又は両親に委ねている。また、いくつかの国は属人法の適用に関する国際私法規定で処理している。さらに、姓名の問題について特殊な抵触規定を制定している国もある。それらの諸国は各人の本国法又は住所地法を適用するが、そのいずれの諸国も関係する人に準拠法選択の余地を認めている。欧州委員会は、民事的な身分記録の取扱いに関する公的な協議において、市民が準拠法を選択することが認められるべきかを問うたけれども、人的身分の様々な側面についての統一的な見解は得られなかった[23]。個人の姓名の問題は、第6章第5節でより詳しく取り上げる。

---

23) European Commission, Green Paper-Less Bureaucracy for Citizens：Promoting Free Movements of Public Documents and Recognition of the Effects of Civil Status Records, COM(2010)747 final of 14 December 2010, question 10

第2節

契約の第三者に関する関係

1　はじめに

　当事者自治の原則は、殆どの契約の領域において受容されてきたけれども、第三者の利益や権利又は公の利益に係わるところでは、それが受け入れられることには困難があった。それで、第三者の権利及び公の利益に影響を及ぼす分野では、当事者自治が禁止されるものと考えられることがあった。しかし、最近では当事者自治の原則は、このような分野を含めて促進されるようになってきた。以下では、このような分野に関する問題として、代理及び債権譲渡について概観したい。

　ある取引に第三者が関与している場合には、当事者間では準拠法選択の合意があるとしても、第三者がそれに同意しなければ、その第三者には効力を生じない。この原則は、ローマ法の格言「他の者との間で行われた事柄は、その他の者を害することはない（res inter alios acta alter; non nocet)」に遡ることができる。これは、実質法上の争点だけではなく、準拠法選択合意にも妥当する。当事者自治の効果は、第三者がその合意によって影響を受けることがないようにするために常に制限される。長い間このような考慮から代理又は債権譲渡の場合には、当事者自治の原則は禁止されてきた。しかし、最近になって漸くこのような分野においても契約上の準拠法選択が認められるようになってきた[24]。

---

24) Basedow, op.cit., p.161

2　代理

　代理には法定代理と任意代理がある。法定代理は、未成年者の両親や後見人のように法律で定める規定に従って行われる。それに対し、任意代理は、本人の任意の授権（本人の一方的な単独行為によって行われる場合や契約によって行われる場合がある）により、代理人がなした代理行為の効果が本人を拘束する効果をもつ。本人と代理人との間には、例えば、労働契約、依頼者の弁護契約、商業代理契約、委任契約があり得る。代理は本人のために本人名義で意思表示をし、その効果を本人に帰属させる。

　この場合に三つの関係が区別される必要がある。(1) 本人と代理人の内部関係は、一般的な契約関係か、単独行為であり、とりわけ当事者自治の原則を含む契約若しくは単独行為（法律行為）の国際私法の一般規定によるべき法律関係である。(2) 代理人は授権された権限によって本人の名義で本人と第三者間で拘束力のある契約を締結することができる。代理人が第三者との間で形成する対外関係に関連して二つの区別されるべき問題が生じる。①本人と第三者の関係について代理人の権限が重要な効果をもつことがある。②さらに、その代理人は本人を代理する場合に第三者に対して無権代理や越権代理等のそれに関連する責任を負担することがある。(3) 本人と第三者との関係は通常の契約関係であり、主たる契約と呼ばれることがあり、代理人の行為の仲介によって生じる関係である。この関係も契約に関する一般原則、とりわけ当事者自治の原則に服すべきものである。

　代理に関する準拠法選択の中心的争点は対外関係に関連する。先に述べた(2)の①に係わる。もっとも、この問題は、コンピュータ上のネットワークを利用して行なわれる現代においては、その実務的重要性の多くは失われたともいわれている。つまり、代理人の権限に関し疑問が生じた場合には、そのような権限を決定する法だけではなく、代理人の権限の存在、範囲及び内容に関する証明書を全世界的な電気通信の手段（ネットワーク）によって容易に、ほとんど即時的に取得できるからである。それでも、代理人の責任の準拠法との関係で以前より少なくなったとはいえ問題が生じることがある。問題となるのは、むしろ代理人の権限に関する本人その他

の根拠となる書面を示すことなく、法人の場合には能力外理論でカバーされる範囲を越えて、行動する代理人によって引き起こされた責任に向けられる。このような場合に、第三者である原告は、自国内に居る代理人を自国の国内裁判所で訴え、自国法によって解決しようとする。しかし、抵触法上は、(2) の①と②の問題は相互依存性をもち補足性をもつので、同じ国の法によるべきとする有力な見解がある[25]。

国際的な代理における当事者自治の原則の役割をみると、1970年代前半までにはほとんど触れられることもなかった当事者自治が取り上げられ、現在では法学者や裁判所によってのみならず国際条約及国内立法においても受け入れられていることである。当事者自治の方向への重要な第一歩は、1970年代にみられた。1975年の代理人の権限に関する汎米条約は、一貫して権限が行使された地の法に従うものとしていたけれども、1978年の代理の準拠法に関するハーグ条約は、代理人が業として代理行為を行うと随時的に行うとにかかわらず適用され（条約1条）[26]、当事者間の準拠法合意に関し新しい方向性を示している[27]。その条約は、余り広がりをもたなかったが、それでもアルゼンチン、フランス、オランダ、ポルトガルにおいて発効している。

条約11条によると、本人と第三者間の代理人の権限の存在及び範囲並

---

[25] Basedow, op.cit., p.155, Anm. 457; Cf. Max Planck Institute for Foreign Private and Private International Law, "Comments on the Commission's Green Paper on the Pome convention of 1980 on the Law Applicable to Contratual Obiligations into a Community Instrument and Its Modernization" Rabels Z.68 (2004), 1-118 at p.97; Simon Schwarz, "Das Internationale Stellvertrenungsrecht im Spiegel nationaler und supranationaler Kodifikationen" Rabels Z. 71 (2007), 729-801 at pp.798-799

[26] 業として代理行為を行う場合の総合的研究として金美和『国際代理商契約法の研究』（信山社、2022年）がある。

[27] このハーグ条約については、池原季雄＝南信吾＝千種秀夫＝高桑昭「ハーグ国際私法会議　第13会期の成果」ジュリスト635号110頁以下、高桑昭「代理の準拠法に関する条約の概要」ジュリスト648号112頁以下があり、条約の翻訳については、杉江徹「代理に適用される法律に関する条約（翻訳）」ジュリスト648号117頁以下がある。

びに代理人の権限の行使又は計画されている行使は、代理人の関連する行為の時における営業所所在地国の国内法により規律されるものとする。しかしながら、次のような場合には、代理人が行為をした国の国内法による、として、a) 本人がその営業所を有するか、それがないときに、その国で常居所を有するか、または代理人が本人の名義で行動した場合、b) 第三当事者が営業所を有するか、それがないときには、その国に常居所を有する場合、c) 代理人が為替取引所又は競売所で取引した場合、d) 代理人が営業所を有しない場合、を挙げている。12条によると11条1文に関する雇用契約がある場合、および13条よると11条2文に関する代理人が他の国にいるときにメッセージ、電報、テレックス又は類似の方法で第三者と連絡を取った場合に関する特例を定めている。その上で、14条により直接的に当事者自治を認めることが規定されている。「第11条にかかわらず、第11条に該当する問題の準拠法に関する本人又は第三者による書面上の証明書が他の第三当事者によって明示的に受け容れられた場合には、そのように定められた法がそのような問題に適用されるものとする」

　類似の規定が国際私法の若干の最近の立法において制定されている。ローマⅠ規則について欧州委員会は類似の規定を提案していたが、欧州議会の反対に遭い否決された。そのため、代理はローマⅠ規則の適用範囲から除外された（1条2項（g））。

　それでも、類似の規定がオーストリア、ブルガリア、カナダのケベック州、ルーマニア、スペイン、スイス、韓国などにみられる。

　台湾については、2010年に改正された中華民国渉外民事法律適用法17条から19条に代理の準拠法を定めている。17条は、代理権が法律行為による授与に基づく場合には、その代理権の成立及び本人と代理人間の効力については、本人及び代理人が明示的に合意した法による、明示の合意がないときは代理行為との関係が最も密接な地の法律による、と定める。また、18条は、本人と相手方との法律の準拠法について、本人と相手方が明示的に合意した法により、合意がない場合には、代理行為との関係が最も密接な地の法律による、と定める。19条は、相手方と代理人との関係について、代理人がその者の代理権限によるか、代理権限を踰越するか、

又は、代理権がないままで法律行為を行って生じる法律効果については、18条で定める準拠法による、とする。

2010年の中華人民共和国渉外民事関係法律適用法16条は、1項で、「代理については代理行為地法を適用する。ただし、本人と代理人との民事関係については、代理関係発生地法を適用する」とし、2項で、「当事者は協議により委任代理に適用する法を選択することができる」と定めている。この当事者自治を認める規定は、諸外国法が当事者自治を許容していることを考慮したのであり、1978年の代理に関するハーグ国際私法条約14条の影響を受けたものとされている[28]。ただ、ここでいう当事者はどのような当事者を想定しているのか、代理の相手方である第三者を想定しているものかどうか、選択された法がどのような関係に適用されるのかは、必ずしも明確ではない[29]。

2022年改正の大韓民国国際私法32条は、任意代理の準拠法を定めている。この改正は主として国際裁判管轄権に関する規定を国際私法の中に入れることを主として目標としており、準拠法に関する規定の内容は2001年改正法を変更していない。任意代理については、32条に定められている。同条1項によると、本人と代理人な内部関係について当事者間の法律関係の準拠法によるものとする。委任契約、雇用契約及び請負契約等が考えられる。契約関係が常にあるとは限らず、単独行為による授権行為も考えられるので、法律関係の準拠法によるものとしたと言われている[30]。本人と第三者との関係は、代理人が営業所をもっている場合には、営業所所在地法、営業所がないか、あっても第三者がこれを知ることができない場合には、代理行為地法による。これは、取引保護のための規定である。韓国の実務上会社の役職者である理事が代表理事の委任状を受け取って外国で会

---

28) 黄軔霆（ジンテイ）『中国国際私法の比較法的研究』（帝塚山大学出版会、2015年）69頁参照。
29) Cf. Basedow, op.cit., p.157, Comment 463
30) 石光現著、郷田正萬訳『2001年改正　韓国の国際私法』（神奈川大学法学研究所、2009年）174頁参照。

社の代理人として契約を締結することが多い。この場合、代理行為地法によるべきとする見解と労働契約がある場合と実質的に相違がないとみて、労働契約がある場合に関する第3項を類推する見解に分かれると言われている[31]。同条第4項は、本人が代理の準拠法を選択することができるとして、代理に当事者自治を制限的に導入している。代理人や第三者の同意が必要とされていないことに注意すべきである。1978年の代理の準拠法に関するハーグ条約14条のように、明示的に第三者が同意する必要がなく、代理権を証明する書面に明示されているか、本人又は代理人によって第三者に書面によって通知していれば足りることになっている。これはドイツの有力説に従ったものと言われている[32]。

　このように近隣国において任意代理について明文の規定を置く国が多くなっている。日本においては依然として学説、判例に委ねられている。代理に関する明文の規定を置く実務的必要性がないのか検討する必要がある。

　そのような観点からみて、ハーグ代理準拠法条約14条についてもう少し詳しく見ておこう。この規定は、契約関係における準拠法選択を典型的に示したというよりは、代理と言う第三者の利害ともかかわる特殊な分野について一定の要件の下で当事者自治を制限的に許容したものである。この場合における当事者自治は、本人と第三者の間における代理に関する準拠法合意という形で現れる。代理は本人の授権に基づき行われ、代理から生じる法律効果（損害も含めて）は本人に帰属するのであるから、本人自身が代理に関する準拠法合意をする当事者になるべきである。もっとも、代理人が本人のためにする第三者との法律行為の交渉の過程で、その法律行為につき準拠法合意をすることは、契約準拠法に関する一般規定によって認められていることである。代理に関する準拠法選択は、本人又は第三者が作成した書面によらなければならないが、その交渉は現代ではほとんどEメールで行われている。その場合に、そのような書面をEメールで

---

31) 石光現著・前掲書175頁参照。
32) 石光現著・前掲書175頁参照。

受け取ったというだけでは不十分であり、準拠法選択条項についての明示的な同意がその有効要件とされている。このように代理に関する準拠法選択は代理人を排除して、本人と第三者間ですることもできる。本人と代理人間の準拠法合意に第三者を服させることはできないものと考えられるから、その場合には、第三者の権利を明示的に留保する規定を置くことも適切なものと考えられる。

　代理人がその権限を踰越して代理行為し、又は、権限なく行為した場合の代理人の責任についても、ハーグ代理準拠法条約 15 条によって本人と第三者が合意した代理に関する準拠法選択により定まる法によるものとされる。

　以上から明らかなように、第三者がかかわる代理の準拠法決定についても当事者自治を認める方向に大きく踏み出している。この傾向が今後どのように発展してゆくか注目する必要がある。

3　債権譲渡

　第三者が契約関係に絡む場合に、当事者による準拠法選択を許容するかどうか、どの範囲でどのような準拠法選択が認められるべきであるかが問題になる。例えば、債権の二重譲渡との関係で生じる第三者に対する債権譲渡の効力を主張することができるかについての準拠法の決定を譲渡人と譲受人の当事者自治により決定する場合に、どのような制度的配慮が必要になるかである。とりわけ、契約法の領域では債権譲渡とくに金銭債権の譲渡に関する。

　債権譲渡は、次の 3 つの関係が分けて考えられなければならない。①債権者と債務者の関係　売買契約、請負契約等の契約から生じる債権のほか、不法行為、不当利得など非契約関係から生じる債権が債権譲渡の対象となることがある。債権の準拠法は、通常の国際私法規定で定められる。この準拠法がその債権の譲渡可能性、譲受人が債務者に対して債権の移転を主張できるための要件、債権の消滅に適用される。②債権者がこの債権を譲受人に譲渡する場合における債権者である譲渡人と譲受人との関係である。

③その債権譲渡によって生じる譲受人と債務者の関係である。譲受人は債務者に対して債権を有することになるが、債務者はそれを知ることができないのが普通であるので、債務者に対する通知等が法律上の要件として必要になる。①と③の関係は、譲渡債権の準拠法によるべきものとされていることは明らかである。

問題となるのは、②の関係であり、債権の移転に関する第三者に対する効果の準拠法である。これについては、コモン・ローにおける伝統的な考えによれば、この問題は財産の移転であり、その財産の所在地法によるべき関係であるので、債権の所在地を債務者の常居所地ないし住所地とみる見解からは、債務者の常居所地ないし住所地法によるべきことになる。これは債務者の利益を保護しようとするものである。しかし、将来債権の譲渡の場合に適切な準拠法を定めることができないおそれがある。それに対し、ベルギー国際私法のように債権が債権者の常居所地に所在するものとみれば、債権者の常居所地法によるべきことになる。しかし、債権が次々と移転される場合に、債権者と言うのは最初の債権者かどうか必ずしも明らかではない。また、譲渡債権の準拠法による考え方は、韓国国際私法54条ただし書、日本の法適用通則法23条で採られている。この考え方によると、債務者に対する関係の準拠法と第三者に対する効力を同じ準拠法によって処理できる利点がある。しかし、準拠法を異にする複数の債権を同時的、集合的に譲渡しようとする場合には、全ての準拠法を累積的に適用するのは現実的ではなく、統一的準拠法を決定できない可能性が残る。そこで、集合的な債権の譲渡や将来生じるべき債権の譲渡にも対応することができるように、その債権譲渡に適用される法による考え方がある。このうち前の二つの考え方からすると客観的連結になるが、最後の二つの考え方からすれば、当事者による準拠法選択が問題となり得る。ここでは、最後の考え方とそれを妥当に機能させるための方法を探ってみることにしたい。

債権譲渡は様々な経済的目的で利用されている。例えば、売主が買主に対する売掛代金債権を銀行に譲渡担保のために譲渡することがある。その売主が定められた金額を銀行に支払った場合に債権を返還するという条件

付きの譲渡であり、譲渡が担保のために利用されるという意味で譲渡担保と呼ばれている。また、ファクタリングと呼ばれる金融実務があり、銀行等の金融業者が売掛代金債権を買い取り、危険を負担し、自己の責任で代金を回収する業務がある。銀行等の業者は、代金から若干の金額を差し引いて売主に支払い、買主に対する債権を代わりに取得するのである。さらに、特別な目的をもつ伝達手段（special purpose vehicle, SPV）を利用した担保手段がある。電子通信上の手段を使用した債権の保有関係を唯一の目的とする共同関係を形成し、これを不動産に設定した担保権と同じような役割を持たせようとする取引である。これらは、方法は異なるかもしれないが、いずれも債権譲渡を不可欠の要因とする点では同一である。これらの取引を適切に規律することができるような規則が債権譲渡を経済的に活用しようとする側からみれば望まれる。

ところで、債権譲渡に関する第三者に対する効力の準拠法についてローマⅠ規則によるとどのようになるであろうか。ローマⅠ規則14条1項は、「他人に対する債権の自由意思による譲渡又は契約上の代位に関する譲渡人と譲受人の関係は、この規則に基づき譲渡人と譲受人との間に適用される法によって規律されるものとする。」とし、同条2項は、「譲渡され又は代位された債権を規律する法は、その債権の譲渡可能性、譲受人と債務者の関係、債務者に対し譲渡又は代位を援用することができる条件、債務者の債務が消滅したかどうかを決定する。」と定めている。問題となるのは、債権譲渡の第三者に対する効力について同条1項で定める準拠法によることを同条2項によって除外されているかどうかである。この点に関する注目すべき判決がオランダ最高裁判所の1997年5月16日判決で示されている。

問題となった事例の概要は次の通りである。ドイツで設立された Hansa Chemie AG は、オランダの買主、Bechem BV に化学物質を1994年8月に譲渡した。この売買契約は、所有権留保条項を含むものであった。買主は、その得意先に対する契約に基づきその製品を再販売することが許されており、これらの小口の売買代金に関する債権を将来 Hansa へ譲渡することに同意していた。Bechem は、その化学製品を Senzora BV と言う他のオランダの会社に再販売した後に完済不能に陥った。Senzora は、裁判

所にその購入価格を支払った。Hansa は、その価格の総額に関する権利について訴訟を開始した。その手続の成否は販売価格に関する債権の Hansa への繰り上げ移転を規律する法如何に関わっていた。ドイツ法によると、その移転は有効とされることになり、Hansa は、Senzora によって支払われた販売価格に権利が認められることになる。ところが、オランダ法によるとその移転が疑わしいものとなる。というのは、新しいオランダ民法典は譲渡担保を無効とし、Senzora と対面することのなかった債務者に対する譲渡証明書を要求したからである。

　オランダ最高裁は、現在のローマⅠ規則に先行する 1980 年のローマ条約を適用した。ローマ条約 12 条は、現在ローマⅠ規則 14 条で法典化されているものと類似する抵触規定を定めていた。ローマ条約 12 条の沿革を概観した後に、オランダ最高裁は、その規定の 2 項は、1 項で言及されている移転関係を規律する法の包括的趣旨に対する例外を定めることを意味すると判断し、2 項の争点の列挙はその債権の移転に触れていないから、また、12 条 1 項は、既に条約 3 条、4 条に既に含まれているから、それ自体特別の意味をもたないであろうと指摘した。そして記憶しておかなければならないことは、債権移転の第三者効についてはローマ条約 12 条、ローマⅠ規則 14 条において扱われておらず、構成国の国内抵触法に委ねられているとしていることである。

　何故構成国の国内法に優先する EU 法が適用されることなく、国内抵触規定によることになったのであろうか。前文 38 項の説明部分においても、譲渡人と譲受人間の財産的側面に適用されるとしながら、その移転の第三者効には触れられていない。ローマⅠ規則のこの点に関する空白は、現実に存在し、実際に現れているとすれば、この規則が修正されるまでは、国内の抵触規則が適用されることになるとみざるを得ない。

　ところで、「ローマⅠ規則 14 条が同一債権者から複数の譲受人に二重譲渡された場合における債権譲渡の第三者に対する効力の準拠法を直接的にも間接的にも指定するものではない」とする点については、2019 年の欧州司法裁判所の判決（BGL BNP Paribas SA v.Team Bank AG Nurnberg, CMLR 548/18）においても明確に判断されている[33]。このように債権譲渡

の第三者に対する効力がローマⅠ規則に規定がないとすれば、国内法に委ねられていることになる。

　債権譲渡の第三者効については、国内法の立場として、4つの立場が考えられることは前述した。どのように考えたらよいであろうか。ここでは、債権譲渡に当事者自治を許容しようとするオランダの立場を中心に考察してみよう。オランダの解決方法は、債権譲渡の第三者効の準拠法として、移転関係の準拠法を適用することによって譲渡人と譲受人の間の法律行為における準拠法選択を許容しようとするものである。それは、金融業者の商取引、とりわけファクタリング、譲渡担保、担保証券化の業務活動に明確な利点を有する。準拠法選択の許容によって債権の提供業者及び貸金業者は、殆どの場合適切な準拠法選択条項を合意し、全ての操作を統合的にすることができるからである。このことは、EUの統合市場だけではなく、何処においても、国境を超えた資本、商品及び財務的役務の越境的流通を受け入れやすくし、効率化する大きな利点をもつことは疑いがない。他方で、オランダの方法を採り入れると、例えば、その債権譲渡に準拠法選択合意を許容するので、ある債権者が同じ債権を二重に譲渡する際に、先の譲渡を無効とする準拠法合意を二番目の譲受人とするかも知れない。もしこのような実務が多くの市場参加者に広まるとすれば、取引の目的又は担保の目的としての債権の価値が低下するであろう。しかし、債権の二番目の譲渡が詐欺その他の刑事罰の対象とならないように慎重に回避するであ

33）Team Bankは、2011年3月19日、ドイツに住所を有する、ルクセンブルク国籍のルクセンブルクの公務員Aとの間で金銭消費貸借契約を締結した（第一契約）。この契約に付随してAの雇用者（ルクセンブルク）からの現在および将来の給与債権に譲渡担保が設定され、この契約の準拠法はドイツ法であった。当該債権譲渡については雇用者に通知されていなかった。Aは、2011年6月5日にBNP Paribasと別の金銭消費貸借契約（第二契約）を締結し、Aの給与債権を譲渡した。BNP Paribasは、2012年9月20日付の文書で登録し、第二契約の準拠法であるルクセンブルク法により雇用者にその債権譲渡を通知した。Aの破産手続の開始後、Team BankとBNP Paribasのいずれが優先するかについての準拠法が争われた事例である。

ろう。また、金融業者は、そのような詐欺的行為に従事する場合には、市場の制裁を受けることをおそれるであろう。

　二重譲渡について第三者に予見できない危険に向かわせことのないような完璧な解決は難しいであろう。この解決の一つの方法として、次のような二つの異なった方法を関連付ける方法が提案されている。債権譲渡のための登録制度を創設し、譲渡人と譲受人の間で第三者効に関し移転の準拠法を、その登録制度を利用して登録させることによって、自由な準拠法選択を許容することである。登録制度の創設は、公的な制度でもよいし、私的な団体によってもよいけれども、それを利用する人々からの手数料等の費用負担によって財務的に支えられ得るようにする。譲渡人は誰であれ、また譲受人も誰であれ、その債権譲渡を登録することができるものとする。しかし、登録を義務付けるものではなく、譲渡人も譲受人も登録義務を負うものではない。登録がある場合には、譲渡人と譲受人は自由に準拠法選択が許容される。債権を譲り受けようとする人は、登録を詳しく調べ、もし取引をしようとする相手方が譲渡人として登録されていたとしたら、取引に慎重になり、相手方に一層の証明を求めることになるであろう。一括譲渡の場合には、その中から任意にサンプルを調査し、その結果を今後の取引に活かしてゆくことになるであろう。もし、譲受人が登録を調査しない場合には、その権利に影響のある譲渡人と先の譲受人との準拠法選択的合意によって少しの保護しか受けられないことが生じ得る。このように登録によって誤った情報を修正し、適切に行動できるようにするとともに、譲渡人と譲受人との間の準拠法選択の自由を許容することを両立できるであろう。

　このような登録制度の創設は、EU の立法によることが最も適切であろう。つまり、EU は登録に適合するための基本条件を適切な立法によって確立する必要がある。要するに、債権譲渡に関する基本事項を登録させ、準拠法も登録事項に含むことによって、譲渡人と譲受人間の準拠法選択の自由を保障しようとする構想である[34]。しかし、この構想が実現するかどうかは現在のところ明確ではない。となると、債権譲受人の法的地位が不安定になり、EU における国際投資を育成し、それによって中小企業を含む会

社や消費者の資金調達を容易にするという目標自体が達成されなくなるおそれが生じる。そこで、2018年3月に債権譲渡の第三者効の準拠法に関する欧州議会及び欧州理事会規則の提案が提出され、議論されている。この提案によると、重複する二つの債権譲渡が同時に第三者に対して有効となった場合には、譲渡人の常居所地法により規律する（4条4項）とする規定を置く[35]。これは、第三者による予測が容易に可能となること、債権の一括譲渡の場合に個々の債権の準拠法の確認を不要とすることなどを理由とする。

また、UNIDROITのファクタリング・モデル法の作業部会が資金調達方法としてのファクタリング利用の容易化等を目指して、2020年7月より設置され、金銭債権の譲渡に関連する作業を行っている[36]。モデル法37条1項は、譲渡当事者間の権利義務の準拠法について規定しており、当事者により選択された法とし、準拠法選択がない場合には譲渡契約の準拠法によるものとする。38条は、不動産に関する債権を除き、債権譲渡の有効性及び優劣を譲渡人の所在地法によるものとし、42条は、譲渡人の所在の意味を規定しており、営業所を有する国（a号）、2以上の営業所を有する場合には、中央管理業務が行われている国（b号）、営業所を有しないときは常居所を有する国（c号）とする。また、43条は、所在の判断基準時を定め、移転の有効性の問題については、移転がなされた時（a号）、第三者に対する効力及びその優劣については、その問題が生じた時（b号）とする。

---

34) Basedow, op.cit., p.167f.
35) 債権が転々と譲渡された場合において最初の譲渡人の常居所が不明確になることにどのような対策が採られるのかは必ずしも明らかではない。
36) 以上の新しい情報については、2023年1月28日の関西国際私法研究会における藤沢尚江「債権譲渡第三者効準拠法の最近の動向」で詳しく論じられた。本稿はこの情報を採り入れている。報告は留学先のロンドンからズームを使用して行われた。詳細な報告に感謝し、研究の完成を祈りたい。

第3節

財産権の準拠法と
当事者自治の原則の許容性及び範囲

1　はじめに

　債権と言うのは、特定の人に対するある種の行為を要求することのできる権利である。契約によって生じることが多いが、不法行為、不当利得、事務管理のように契約外的関係から生じることもある。それに対して、ここでいう財産権は、潜在的には当事者以外の第三者を含む全ての人に対する権利であり、不動産物権、動産物権のような有体物を客体とする権利に限らず、知的財産権のように無体物を対象とする権利を含んでいる。このように財産権が万人に対する権利であることは、当事者自治の導入による解決を難しくするおそれがある。当事者間の準拠法選択合意によって、関係のない第三者の権利や利益に影響を与える可能性があるからである。これは当事者自治が最近に至るまで財産権について認められなかった理由でもある。

　有体物の財産権に関しては、従来所在地法の原則が行われてきた。この原則は、これまでの国際的基準を反映するものとは言えるけれども、その厳格な適用は種々の重大な問題を発生させており、その解決ないし問題性の軽減の一つの方法として、当事者自治の原則の導入が考えられる。とりわけ、①国際取引に付随する物品についての財産権の行使、②取引対象物に担保を付した場合の所在地法の適用、③知的財産権に関する保護国法の制限されないままの適用、についてである。

2　所在地法への展開と問題点

　土地に関する財産権については、古くから所在地法の適用が認められてきた。法規分類学派は、14世紀頃からバルトルス等によって提案された法規の性質によってその適用される場所的範囲を明らかにしようとする。例えば、土地に関する権利は物法であるから、その法域に所在する全ての物に適用され、内国人だけではなく外国人もそれによって規律されるが、その法域を越えて適用されることはない。しかし、動産に関する権利については、「動産は人に従う（mobilia personam sequitur）」と言う法格言に従って、所有者の住所地法によるものとされていた。19世紀頃からは、動産についても不動産と同様に物の所在地法によるべきとする同則主義が有力になった。その理由は、①動産と不動産という区別も法律上のものであるから、諸国の法律上の区別の基準は必ずしも同一ではない。②住所を異にする者が、動産に関する権利を争う場合あるいは動産に関する権利を共有する場合に、いずれの住所地を基準とすべきか明らかではない。③人が国境を越えて移動することが頻繁に生じるようになると、動産の所在地と所有者の住所は同一でないことが多くなり、所有者の住所を基準とするのが妥当ではなくなる。

　現在では次第に動産についても所在地法による国が増加したが、なお完全な一致をみてはいない。例えば、米国においては、現在でも動産に関する権利については所有者の住所地法によっている。所在地法主義の根拠については、いろいろな見解が主張されている。権利者の物の所在地法への任意的服従に求める説、所在地国の領土主権を根拠とする説、物権が物を直接に支配する権利であるという性質上、所在地の公益と密接に関連するという説（公益説）などがある。そのうち公益説が有力である。これらは少なくとも不動産との関係については説得力を有する。とりわけ、不動産は他の法域へ移動させることができないという事実とも関連する。土地の登記はその登記を定めた国の法、単一の法によって管理されなければならない。有体物である動産・不動産についてはそのような物に利益をもつ者は所在地を容易に確定できることが多い。このような各財産についての所

在地法に基づく判決は、所在地においてのみ強制執行することができる。

しかし、現在のようにいろいろな種類の動産が生み出され、それが絶えず商品として移動する可能性をもつ場合には、動産の所在地は偶然的である可能性が高く、動産に関しては再検討されるべき課題が生じる。例えば、カナダの製造会社からポーランドの輸入会社に売却された商品がハンブルクの港で買主の債権者によって差し押さえられた場合に、契約当事者間で財産の移転につき債権者がドイツ人である場合にさえ、ドイツ法を適用する根拠は存在しない。それ故、多くの国の立法が移動中の物に関する特別な抵触規定を制定してきた。発送地国法によるとするものもあるが、より多くは仕向地国法又は物権的権利移転が完成した国の法によるものとしている。さらに、物権に関する所在地国規則の例外は、輸送手段、とりわけ、船舶、航空機、鉄道車両、自動車等についての例外がある。このような運送手段に関する物権については、登録国法によるのが通常である。

これらの所在地原則に関する例外は、伝統的な領土主権や所在地の変更に伴う外国法の適用との関係で原則を揺るがすような関係ではないとみてよいのであろうか。所在地法の原則は、従来物権として認められてきた権利が新たな所在地にその動産が移転すると、新しい所在地法により類似した物権が認められない場合に、適応問題が生じる。うまく調整することができないと、その物権自体の存続が認められない結果をもたらすことになるであろう。また、ある物の占有者が所有権に基づいて占有するか、賃借権に基づいて占有するか、寄託契約の受託者として占有するのかは、取引の相手方からみて、必ずしも正確に情報を得られないことも少なくない。いくつかの法域で所有関係と占有関係が分離するある種の取引においては、登記を要求しているが、その登記も完全で網羅的なものとなっていない。例えば、ある物の占有者が賃借人としてではなく、売買価格の完済まで権利を留保する売買契約の買主であると述べた場合に、それを信頼した相手方は保護されるのか。所在地法の原則は、有体物に関する権原の古典的な概念によって支配されているので、他の分野の抵触規則、とりわけ契約法における当事者自治の原則の広範な受容と調和しないことが生じ、批判にさらされやすいという弱点を有すると指摘されている[37]。

具体的な例をみてみよう。まず、ドイツの借用者から占有の移転なくドイツの銀行に付与された信託上の所有権をめぐるオーストリアの事例をみてみよう[38]。問題となる動産がオーストリアに運搬されて後、ドイツの借用人のドイツの債権者により差し押さえられた。ドイツの銀行がその差押えに異議を申し立てた。オーストリアの最高裁判所は、ドイツの借用人とその銀行が合意した物に関する権利を質権に相当すると判断し、オーストリア法の下では、これには質権者への占有の移転が必要とされるとみて、そのような占有の移転のない銀行の信託法上の所有権は、オーストリアでは容認されないとし、債権者の差し押さえ認めなかった。それで、その銀行は、その差し押さえを無効とすることができ、問題の動産を売却した。

つぎに、ドイツの輸出業者がイタリアの消費者との契約において標準的契約約款で合意した権利留保条項のイタリアにおける効力に関する事例である。契約準拠法であるドイツ法によるとその条項は有効であった。ところが、物の所在地法であるイタリア法によると、輸出取引が行われた後に確定日付として公証人による権利公証又は公的な登録が方式上必要とされた[39]。イタリアの購入者が完済不能に陥った場合に、ドイツの売主が補償の請求をすると、権利留保条項はイタリアの方式要件を備えていないという理由で棄却された[40]。このほか、動産抵当を付けられた動産の越境的取引の結果として、権利が消滅したスペインの事例がある[41]。

これらの事例が示すように、所在地の変動に伴う準拠法変更は、契約関係を混乱させ、担保としての動産の使用を妨げ、国際取引関係を害するおそれがある。EU 域内においては、仕向地国の私法と抵触法の組み合わせから派生する損失は、質的制限と同じ効果をもつ措置として EU の機能に関する条約（TFEU）34 条及び 35 条に基づく商品の自由移動の制限として、

---

37) Basedow, op.cit., p.199
38) オーストリア最高裁 1983 年 12 月 14 日判決、6. IPRax（1985）165
39) イタリア民法 1524 条及び 2704 条参照。
40) ミラノ控訴裁判所 1956 年 4 月 6 日判決他
41) Basedow, op.cit., p.200

禁止されている。その意味で EU 法は、上述の状況を生み出す所在地法原則を廃止する助け船となり得る。しかし、その基本的な自由によって現存する抵触規定を新しいものに置き換えるまでには至っていない。たとえ EU 法によって置き換えられたとしても、その効果は地理的に EU の域内市場に限定される。上述の否定的結論は、EU の域内であれ、域外であれ生じ得るのであるから、むしろ抵触法の将来的展望の中で考慮されるべきである。

3　解決策の一つとしての当事者自治の原則の導入

　この難しい問題から脱出する可能的方法の一つは、物的権利に関する準拠法選択合意を許容することであろう。上述のオーストリアの事例において、ドイツの銀行とドイツの輸出業者が、それぞれ信託上の所有関係と権利留保についてドイツ法を準拠法とする準拠法選択合意があったと主張し、それが認められたらどうであろうか。担保の有効性が債権関係に入る前提条件であったとしよう。オーストリアの事例においては、債権者達は目的物の移動に伴う随伴的効果から思いもかけない利益を得たことになる。イタリアの輸入業者の得た利益はそれ程でもなかったことになる。それで関連する利益を考量する場合に、準拠法選択を排除する何等かの有効な理由を見い出すことは難しいであろう。もっとも、現在のところ財産法に当事者自治を許容する立法は少数にとどまる。しかし、そのような立法は少しづつではあるが、増えつつある。これを最近の立法の傾向として位置づけるのは早すぎるけれども、所在地法規則が引き起こす不便さについては、多くの立法者に知られてきていると言えるのではあるまいか。

　要するに、最近の立法の条項は財産関係にも当事者自治への道を開いてきた。しかし、それはわずかであり、場合によっては間接的であり、適用範囲を限ってのみである。以下この点に関し比較法的に概観しておこう。

　まず、ドイツ法についてみてみよう。ドイツ民法施行法は、基本的に所在地法主義に従いながら、輸送手段についてその例外を認めている。ドイツ民法施行法 46 条は、所在地、輸送手段の登録地法と比較してより密接な関係を有する法が他にある場合には、その法の適用を要求している。ド

イツ政府は、関係する準拠法選択条項、例えば、売買契約に準拠法選択条項がある場合には、その効力を制限しようとしたけれども、潜在的な万人に対する効力を制定法の関連条項で明確に排除してはいない。したがって、46条に従って、より密接な関係があることが法選択条項に基づいて現実に確定された場合には、当事者により選択された法は、万人に対して有効なものとして扱われるのは当然である[42]。

　つぎに、米国法についてみておこう。抵触法第二リステイトメントは、財産権に関して当事者自治の原則に道を開いている。財産権に関する法選択規則の一般原則を定める222条は、次のように定めている。「物についての当事者の財産権は、特定の争点に関連して6条で定められた原則に基づき、その事情如何によって、その物及び当事者に対し最も重要な関係をもつ州の法か、その地域法によるかを決定する。」この規定は、財産に関する権利の準拠法に影響を与え、当事者自治の可能性を生じさせる。少なくとも動産の運搬の有効性及び効果を扱っている244条は、間接的にこれを認め、次のように規定する。

　「(1) 運送の当事者間の動産上の財産権の有効性及び効果は、その特定の争点に関し6条で定められた原則に基づいて、当事者、動産及び運搬と最も密接な関係をもつ州の地域法によって決定される。

---

[42] ドイツにおいては、1999年6月1日に発効したドイツ民法施行法43条から46条に国際的な物権の準拠法に関する規定が設けられた。それまで明文の規定がなかったので、ドイツの学説や判例において所在地の変更が見込まれる動産に関する物権準拠法について当事者自治を主張する学説があり、当事者自治を認めたと評価される複数の判例がみられた。この点については、岡本善八「国際私法における動産物権」同志社法学40巻6号1頁以下、ドイツの学説については、16頁以下、ドイツの主要判例については、25頁以下参照。また、楢﨑みどり「ドイツ国際物権法における"当事者自治"の構成について (1) (2) ―ヴェーバーの見解を中心に―」法学新報100巻7・8号181頁以下、同9号167頁以下は、この点に関する学説及び判例を詳しく紹介し、分析、整理している。この当事者自治の議論は、ドイツ民法施行法46条の「本質的により密接な関連」の解釈として受け継がれている (Vgl. Hans Jürgen Sonnenberger(Hrs)。Münchener Kommentar zum Bürgerlichen Gesetzbuch, Bd.11, 5.Aufl. (2010) S.341f.(Christiane Wendehorst)。

（2）当事者による有効な法選択を欠く場合、より大きな重心は準拠法を決定する他の何かの連結点よりも、運搬時におけるその又は一群の動産の所在地法に置かれるのが通常である。」

それ故、動産に関する準拠法選択を部分的に許容しており、少なくとも動産の輸送中には、財産に関する権利と契約上の権利の間には明確な区別がされていない。もっとも、抵触法第二リステイトの下では、制限された当事者自治が不動産に関する権利に拡張されることはない。

また、当事者間における準拠法選択を動産についても当事者間でしか効力を有しないとする立法がみられる。1987年のスイス国際私法104条は、動産における物権の取得及び喪失について基礎となっている契約に選択された法が適用される場合に、もともとの所在地国法又は仕向地国法のいずれかで規律することを許容している。他方で、同条2項は、当事者が第三者に対してその準拠法選択条項を実行することができないものとしている。もっとも、この規則の有用性には立法論上疑問が提起されている。類似のことはロシア民法1210条1項、2005年のウクライナ法39条2項にも当てはまる。さらに、1995年のイタリア法51条は、1項では所在地法の原則を肯定しているけれども、2項では、所在地法が、相続問題及び家族関係又は契約に依拠する場合を除いて、物権の取得及び喪失を規律すると付加的に規定する。この規定は、所在地法が万人に対する権利の取得及び喪失に関する限りでは、契約から生じる財産権の取得及び喪失については当事者により選択された法により規律されると解釈することができる。しかし、イタリアの通説はそのような結論を導かない。「権利の取得」と「権利の取得方法」と言う伝統的な区別の観点から解釈すべきというのである。権利の取得は相続、夫婦財産制又は契約によって構成され、当事者による準拠法選択が認められるが、権利の取得方法は物権の行使の側面と法性決定され、物の所在地法によるべきとされる。つまり、準拠法選択合意の効力は当事者間にとどまるというのである。

また、輸出契約における所有権留保条項についても当事者による準拠法合意を許容したと思われる規定をもつ国がみられる。2008年2月25日のオランダ連邦抵触法3条2項（2011年に導入された民法典128条）は、国際

取引における不動産に関する権利留保の対物的効果については所在地法を適用するけれども、動産取引における権利留保については当事者に仕向地法の選択を許容する。商品が現実に仕向地に船で輸送され、所有権移転の延期の効果が及んでいることが要件とされる。しかし、この規定の適用範囲は極めて狭い。輸入された商品に関する権利留保について仕向地法の選択を許すのは、オランダの輸入業者の利益のためであり、明らかな偏りがある。これは、EUにおいては商品の自由移動に関するEUの機能に関する条約34条の国籍による差別に違反する可能性がある。

　1987年のスイス国際私法103条によると、当事者間でのみ効力を有する準拠法選択に従い、輸出契約における権利留保条項が仕向地法によって規律されることがある。商品がスイスに輸入され、スイス法と適合しない権利留保に服するとすれば、売主は3カ月間保管することができるが、善意で行為する第三者に対して権利を主張することができなくなる。また、1992年のルーマニア抵触法54条は、新しい民法典2019条と同じように、当事者に輸出取引につき権利留保の前提条件及び効力の準拠法を選択することを許している。ルーマニア抵触法は、オランダ法とは異なって商品の所在地如何に拘わらず、準拠法選択を有効としている。批判されてきたのは、スイス国際私法のように、その国が権利留保の点に関しても所在地法によっている限りで、準拠法選択を無効にするという点である。オランダやルーマニアの規定は、遠回りではあるが、所在地法の不便性を克服する助けになるというのはもっともなことである。

　中国の渉外民事関係法律適用法37条は、「当事者は合意によって動産物権に適用する法律を選択することができる。当事者が選択しなかったときは、法律事実の発生当時の動産の所在地法を適用する。」これはあらゆる事項に当事者自治を認めたものと読めなくもない。中国でもこの条文における当事者と言うのは誰を指すのか特定することができないなどの理由を挙げて、これを批判する見解がある[43]。また、日本に在住する中国人の研

---

43) 杜涛『渉外民事関係法律適用法釈評』（中国法制出版社、2011年）247頁

究者からも、物権の効力は第三者との関係が問題となるため 37 条の適用範囲から除外すべきとして、条文からみて動産物権の内容のみを定めているとみる見解が主張されている。[44] 中国国際私法学会の模範法第 6 次草案 80 条は、有体動産の売買による所有権移転を合意がある場合には合意された法により、合意がなかった場合には、物品が買主に引き渡されたときの物の所在地法による、と定めていた[45]。また、模範法 81 条は、動産物権の内容と行使は、物の所在在地法によると定めていた。このような経緯からみて、この規定を物権変動にのみ関するものとみるのであれば、まだ理解できないわけではないが、物権の内容のみに関するとみるとする見解はよく理解することができない。中国の学者の中には、動産物権について当事者自治を認めても別段の不都合は生じないとする見解もあったので、そのように適用範囲を限定的に解釈しなければならないか、疑問が残る。また、同法 38 条は、運送中の動産の物権変動の準拠法を当事者が選択することができるものとし、当事者の選択がなかったときは、運送目的地（仕向地）の法を適用するとする。この点につき、模範法 89 条は仕向地法によるものとしていたが、契約準拠法との整合性を考慮して、当事者自治の原則に委ねている。

売買契約の下での財産権移転制限、動産における担保権については、従来からいくつかの社会主義国で当事者自治を導入していた。中国のこれらの規定は、最も素直に所在地法の原則による弊害を当事者自治の原則の導入によって克服しようとするものであり、今後の展開を見守ってゆきたい。

4 流通証券

譲渡可能な証券は、混成物的性質をもつ。有体的目的物としての紙面に

---

44) 黄ジンテイ・前掲書 143 頁参照。
45) この点については、袁藝訳、木棚照一監修『中国国際私法学会編著　中国国際私法模範法―第六次草案―』（日本加除出版、2004 年）64 頁以下参照。

対する権利とその中に組み込まれた権利とは、区別されなければならない。後者の権利は、会社法から生じる株主権、契約法から生じる社債権のように他の法分野から生じる。抵触法的観点からみれば、この権利自体の準拠法は、会社に適用される法や契約に適用される法とは独立の単位法律関係の準拠法とみるべきである。しかし、組み込まれた権利関係はその流通証券の性質に関連しており、その証券上の権利が持参人に支払われる性質のものであれば、有体動産に関する権利として所在地法によるべきことになる。このような証券は国境を越えて移動する。そうとすれば、その証券の所在地の変動によって準拠法変動を引き起こし、結果的にはそのような取引に必要とされる法的安定性を損なうおそれが生じることになる。

　第二次世界大戦後、商業証券市場の取引高が急速に伸びた。例えば、1960 年代ニューヨーク株式取引所における 1 日の取引高は 300 万ドルから 1300 万ドルの約 4 倍に増え、1970 年代にもう一度 4 倍に増えて 5200 万ドルに達したと言われている。証券の残高を帳簿に記入するために 1 週間のうち 1 日を選んで休業とせざるを得なかったほどであったと言われている。これに対する市場の対応は、証券の多様化と直接保有制度から間接保有制度への転換であった。証券が現実に印刷され、直接にそれを保管されることは少なくなり、国家のレベルで設立された中央担保保管所（CSD）に単一のグローバル証券としてのみ存在することが多くなってきた。例えば、証券所有者 A が株式交換の操作によってそれらを買主 B に売却する場合に、A の取引銀行 X の A の口座からデポジットが抹消され、B の取引銀行 Y の B の口座のデポジットとして帳簿に記入される。その場合に、CSD との関係では X 銀行のアカウントから差し引かれ、Y 銀行のアカウントに記入され、最終的には Y 銀行の B の口座に記入される。この場合に生じるのは、帳簿記入のみであり、証券の有体物としての所在地の変動はもはや存在しない。このようなブッキング・システムは、当初は国内市場に限られていたが、その後国際的操作に拡大する。さらに、最近における電子通信のすさまじい発展の中で、越境的取引の増加の基礎が築かれている。

　譲渡可能な証券の物理的所在がないということは、所在地法の適用が意

味をなさないということである。投資家の権利は口座における記入によるものであって、証券から生じるということではない。いくつかの法域においては、証券の所在地を取引銀行の口座の所在地に置き換える試みも行われているけれども、当事者自治を許容する傾向がみられる。このような方向性を示したものとして、米国における統一商法典8条の投資保証の規律が注目される。この規定によると、担保操作の二つの側面を区別する。一方では、担保の対象となる債権及び株券の発券に関する有効性の問題である。他方では、証券に組み込まれた権利についての仲介者、投資家等他の人々との関係であり、伝統的に財産上の証券として触れられてきた問題について、集中保管者の所在する法域の法によって規律されるものとする。この法が集中保管者の権限取得と他の人達の関係を規律する。この点をより明確に規定するのは、2010年の中華民国渉外民事法律適用法44条の規定である。つまり、「有価証券が証券集中管理者によって保管されるとき、当該証券の権利の取得、喪失、処分又は変更は、集中管理契約に明示された準拠法による。集中管理契約が準拠法を明示していないときは、最も密接な関係がある地の法律による。」と。要するに、CSDの保管する証券上の権利の取得、喪失又は権利関係の変更は、口座契約の中で特定された準拠法によることになる。

　ヨーロッパの立法もまた付随的な財務上の担保について所在地法によることを放棄したけれども、未だ当事者自治までは認めなかった。附従的な担保の取り決めに関する2002年6月6日のEC指令（2002年指令第47号）は、基本的には銀行内の部門に適用されるけれども、若干の構成国においては投資取引における他の参加者に拡張された。その指令は、帳簿上の操作のための多くの実質法上の規定を確保することを命じるだけではなく、関連する口座が維持されている国の法に着目しながら、いわゆる「付随的担保の帳簿記載」に関する抵触法をも扱っている。関連する口座が維持されている国の法は、その完成のための要件及び優先順位に関するばかりではなく、とりわけ付随的担保の帳簿記入の財産的効果についても適用される。その連結素、つまり関連する口座の所在は、「付随的担保の帳簿記載により保障され、それによってその担保取得者に与えられ、その中に記入

される…登録又は口座」と定義されている。これは、関連する仲介者の場所のアプローチ（Place of the Relevant InterMediary's Approach, PRIMA）といわれ、時には移転を受けた者の口座と同視されることもある。しかし、これで完全に明らかになるわけではない。移転者側の口座で行われる帳簿記載、つまり口座における債務負担及び仲介者の他の口座を含むからである。問題となるのは、単なる契約関係である口座が全ての事例で特定の国へ明らかに移転することができるかどうかである。欧州委員会が国際的水準でも共同体の水準でも現在十分な法として提案したのは、「口座管理機関によって保有される証券についての権利の準拠法に関するハーグ条約」に署名することであった。

　2002年12月23日ハーグ会議は、この条約案を採択し、この条約の案文をハーグ会議の加盟国に送付した[46]。この条約案は、まず準拠法の決定事項について規定する（2条1項）。口座管理機関によって保有される証券に関する証券口座への増額記録に起因する権利の法的性質並びに口座管理機関及び第三者に対する効力（a号）、そのような証券の処分の法的性質並びに口座管理機関及び第三者に対する効力（b号）、そのような証券処分の対抗要件具備（perfection）の要件（c号）などf号まで6つの事項を掲げている。つぎに、準拠法決定につき制限的な当事者自治を許容する方法をとっている。つまり、口座管理契約でその口座管理契約を規律する法律として明示的に合意された国の法律（ただし、口座管理契約によって当該事項について他の国の法律を適用することを明示的に定めた場合にはその法律）を準拠法とする。

---

[46] この条約の概要については、葉玉匡美＝和波宏典「口座管理機関によって保管される証券についての権利の準拠法に関する条約の概要」商事法務1697号83頁以下、神田秀樹＝早川吉尚「口座管理機関によって保有される証券についての権利の準拠法に関する条約」国際私法年報5号230頁以下参照。なお何れにおいても巻末に条約の翻訳が付されている。；ドイツにおいてこの条約を解説したものとして、Fabian Reuschle, Haager Übereinkommen über die auf bestimmte Recht in Bezug auf Intermediar-verwahrte Wertpapiere anzuwendende Rechtsordnung, 23 IPRax 2003, Hef6, S.495ff. がある。

当事者が選択することができる法律は、関連口座管理機関が当該合意の時においてａ号、ｂ号に掲げる事務所を当該国内に有する国の法律に限られる（条約4条1項）。当該事務所が単独であると、当該国若しくは他の国における当該関連口座管理機関の他の事務所又は当該口座管理機関のために行為するその他の者と共同してであるとを問わず（ⅰ）証券口座への記録を行い又はモニター（監視）している者、（ⅱ）当該口座機関によって保有される証券に関する支払又は法人活動を管理している者、（ⅲ）その他証券口座を管理する営業又はその他の通常の業務に従事している者でなければならない（ａ号）、又は、口座番号、バンクコードその他の特定のための手段によって証券口座を当該国で管理している者として特定されていなければならない（ｂ号）。4条2項では、つぎのいずれかであることのみでは口座を管理する営業又はその他の通常の業務に従事しているａ号の事務所とみなされないとして、次の4つの例を挙げている。つまり、証券口座のための記載またはデータ処理の技術的なサポートがされている場所（ａ号）、口座名義人との連絡のためのコールセンターが所在又は運営されている場所（ｂ号）、証券口座に関する郵便物が作成される場所若しくはアーカイブ（コンピュータで複数のファイルをまとめたもの）が所在する場所（ｃ号）、証券口座の開設又は管理に関する業務以外の窓口又は管理業務のみに従事しており、かつ、口座管理契約を締結する決定権限を有しない場所（ｄ号）である。4条3項は、口座名義人が関連口座管理機関に証券を譲渡する、又は担保権の設定を行うと言った処分行為を行う場合に適用される規定であり、4条1項及び5条2項、3項の例外規定である。つまり、このような場合には、当該口当該口座管理機関を関連口座管理機関とし（ａ号）、口座名義人と当該口座管理機関との間の合意を関連口座管理契約、つまり2条1項に掲げる事項についての準拠法を決定する口座管理契約とし（ｂ号）、5条2項及び3項の証券口座を、その処分が行われる直前に増額記録された証券口座とする。
　その他、明示的には規定されていないが、4条の解釈に関連する問題として次のような問題がある。口座管理機関によって保有されている証券の譲渡がされた場合に、当該証券の譲渡人とその関連口座管理機関との間で

合意した国の法律を甲国法とすれば、その証券の譲受人とその関連機関との間で合意した国の法律が乙国法となり、異なる可能性が生じる。その譲渡が既に譲受人の口座に記録されている場合には、乙国法が優先して当該譲渡の準拠法になることが explanatory report として明示されている。

　以上の原則規定によって準拠法が定まらない場合について5条で予備規定を定めている。この場合には、書面による口座管理契約において関連口座管理機関が特定の事務所を通じて当該口座管理契約を締結したことが明示され、かつ、その内容が明確であるときは、当該事務所の所在する国の法律が準拠法になる。その国が地域的不統一法国であれば、その事務所が所在する地域の法が準拠法になる（5条1項）。明示的で明確かどうかを判断する際に考慮してはならない事項を列挙する（a号～e号）。また、この条約によって準拠法を決定する場合に考慮してはならない要素も列挙する（6条1項a号～d号）。第1項によって準拠法が決まらない場合は書面による当該口座管理契約が締結された時における関連口座管理機関が設立その他の態様によって組織される際の準拠法所属国法とする（6条2項本文）。第1項、第2項本文によって準拠法が定まらない場合には、書面による当該口座管理契約が締結された時（そのような契約がないときは、証券口座が開設された時）において関連口座管理機関が営業所（営業所が複数ある場合には主たる営業所）を有する国又は地域において効力を有する法律を準拠法とする（6条2項ただし書、3項）。

　ハーグ条約加盟各国でこの条約が内容的に検討され、ハーグ国際私法会議は、2006年7月5日にこの条約を締結した[47]。2016年12月15日米国が批准し、モーリシャス、スイスを含め批准国が3カ国になったので、米国の批准日の3カ月後の次の月の初めの日（2017年4月1日）にこの条約が発効したことになる（条約19条）。

---

47) Cf. Hague Convention on Private International Law, Collection of Convensions (1951-2009) p.454ff.; 条約を批准する国が生じたときその条約が締結されたときとなる。

しかし、この問題はEU構成国においては高度に論争的な問題を含んでいたようである。2009年に欧州委員会は、この条約にEUとして署名することを提案したが、全ての構成国でこの条約を批准することを確保できないとみて、その提案を撤回した[48]。

ただ、わが国がこの条約を批准していない段階では、ハーグ条約の内容をより単純化して、法適用通則法7条の解釈として集中管理契約で定めた法によることを原則とすると解すべきである。この点については第7章第5節（本書445頁以下）で再検討する。

5　知的財産権

　知的財産及び有体財産は、財産としての名称及び万人に対する効力をもつという点では共通する。しかし、その財産の性質は全く異なっている。第一に、知的財産についてのどこでも普遍的に通用する概念は存在しない。各国で必ずしも内容的に一致しない種々の立法によって付与される権利の総体を意味する以上ではないからである。第二に、知的財産は、実在的基礎はなく、もっぱらデータによって構成されている。一度そのデータが開示されれば、知的財産は、物理的方法によって最早保護することができない。第三に、知的財産の使用は、他人によるその競争的使用によってみずからの使用を物理的に害されることはない。有体財産の使用は、競争と排除によって特徴づけられるけれども、知的財産に関してはそうではない。同時に制限のない人数による使用は、その商業的価値を減少するかもしれないけれども、それはその実質及び品質に影響を与えるものではない。知的財産は、もっぱら法の操作により、排他的な性質を享受する。有体財産の法的保護は、社会的混乱や動揺を生じさせないようにする必要性から生じるけれども、知的財産権の保護は、人の知的、創造的活動から生じる財

---

[48]　その当時この条約に署名していたのは、米国、批准していたのは、モーリシャス（インド洋上の島国）とスイスであった。

産的価値のある無体物をその対象とし、人の知的、創造的活動を促進し、最大限に社会的に有意義にその成果を活用するために行われる。沿革的には君主が臣下等に与えた特権に由来するが、フランス革命を経て、君主の決定権が裁判所の管理の下における特別な行政的に管理された国家的な制度へと置き換えられた。そこで生じた考え方によると、知的財産権の立法により付与された各権利はその権利を付与した国内における属地的な効果をもつにすぎないということであった。これを抵触法的に構成し、双方化して「保護国法（lex loci protectionis）」と要約されるのが通常である。保護国というのは、その国についてその権利の保護が求められている国であって、保護が求められている国、つまり法廷地国と一致しないことに注意すべきである。

　保護国法の原則は、現在広く認められているけれども、知的財産に関する基本条約、つまり1883年の工業所有権の保護に関するパリ条約及び1886年の文学及び芸術作品の保護に関するベルヌ条約に定められていたかは、完全には明らかになっていない。これらの条約が暗黙のうちに認めているのは、各締約国が知的財産に関しその国の立法を持つことである。いくつかの限られた規定を除けば、各知的財産権に関する包括的で実質的な統一規定は存在しない。それらの条約は次の二つの原則を定めている。①各締約国において実行されるべき最低限の実質法上の基準、及び、②外国の発明者ないし創作者のための内国民待遇の原則、つまり、国籍に基づく外国の創造者に対する差別の禁止、である。

　内国民待遇の規定の文脈においてこれらの条約は、法選択規定と現在読み込まれているようにみえる規定をも定めている。ベルヌ条約5条2項は、「保護の範囲及び著作者の権利を保全するため著作者に保障される救済の方法は、この条約の規定によるほか、もっぱら、保障が要求される同盟国の法令の定めるところによる」と規定する。この規定を法選択規則とみる見解もあるが、それを否定する見解も有力である。19世紀における商業至上主義者の政策の観点からみると、その国際共同体が法選択原則に非常に多く係わっていたということは実際にありそうもないことである。各国政府は、むしろ次のような二つの事項に対処するのに精一杯であったであ

ろう。つまり、外国が余りに低水準な発明や著作物に保護を与えるかも知れないか又は全く保護を与えないおそれ、あるいは、外国の発明者及び著作者を差別するおそれがあることである。ベルヌ条約5条2項の規定は、それ故、国籍を理由にした差別の単純な禁止を定めたものである。これは、パリ条約2条より多義性はない。それは、また国際経済法の他の分野における内国民待遇の規定と同じ線上にあるように思われる。

　それにもかかわらず、パリ条約及びベルヌ条約は、個々の締約国により制定される法選択規則に制限を課しているようにみえる。現実に知的財産に関する抵触規定について大多数の国が保護国法の原則に従っている。無登録の知的財産権、とりわけ著作権についてのみ若干の国が公刊前の著作物の準拠法として著作者の本国法を指定し、公刊後は最初の公刊国の法を適用している。

　知的財産における担保権については、担保された取引に対する立法指針に係わる知的財産権における担保権に関する補訂版で、UNCITRALによって作成された立法指針[49]の結果として、そのような通説的見解が変化したかもしれないことに注意すべきである。勧告248は、基本的に知的財産における設定、第三者に対する効力及び優先順位について保護国法によることを認めているけれども、さらにそのような権利の設定を譲与者の所在する国の法によることを許容している[50]。これによれば、例えば、ドイツに住所を有する著作者が57カ国である小説の著作権を有する場合に、著作者はドイツ法のみに基づいてこれら57の著作権についての担保を設定することができ、信用の獲得を確実に促進する。これは、単一の法に基づき担保を評価する貸主の必要性を強く感じさせる。この必要性は、米国の統一商法典の2001年版の抵触規定においてもすでに示されていた。担保提供者の法は、他人の利益と抵触しない限り、知的財産権における担保権

---

49) Cf. UNCITRAL Legislative Guide on Seured Transaction-Supplement on Security Rights in Intellectual Property Rights, New York 2011
50) UNCITRAL, op.cit., Annex1, recommendation248, p.163

に適用されてもよい。しかし、他人の利益と抵触する場合には、保護国法の適用を明確に肯定している[51]。

　知的財産権に関する属地性の原則によって引き起こされる不便宜は明らかである。登録知的財産権については保護を求める全ての国において登録が必要となり、登録のない国においては権利の存在は認められない。知的財産権は、登録を要件とするかどうかを問わず、属地主義原則が支配する限りでは、同一の対象に対する並行的な権利は、その内容、存続期間、救済手段による保護等が必ずしも同一ではない。商品、役務、情報の自由な越境的流通を特徴づける社会においては、知的財産に関する属地主義の原則は、そのような越境的流通を妨げるだけではなく、場合によっては知的財産権の国際的保護を妨げる側面があることは否定できない。現代のグローバル化された社会においては、より良い制度が必要とされていることは明らかである。

　ところが、これらの欠点にもかかわらず、属地主義の原則は深く国際私法に根付いており、放棄されそうにない。パリ条約やベルヌ条約の上に築かれた知的財産に関する国際条約は、広く全世界に行き渡るように受け入れられてきた。1994年のWTO設立協定に付属する協定の一つであるTRIPs協定は、それらを世界的な取引秩序の「かなめ石」に変えた。これらの条約は、内国民待遇の原則を明記し、国籍による差別を禁止している。締約国は、国内の創作者より少なくない保護を外国人の創作者に与えなければならない。しかし、国際条約に定められた内国民待遇の原則が、抵触規則を含むものではなく、国内立法を採用する際における締約国の自由裁量を制限する国際経済法上の原則とみるとすれば、これによって当事者自治の導入が制限されることはない。内国と外国の創作者の不平等な取扱いが私的な当事者間の合意による単一の準拠法選択の結果であれば、それは締約国による差別的な取り扱いではなくなるからである。さらに、内国の創作者だけではなく、外国の創作者も当事者自治の原則に基づく準拠

51）UNCITRAL, op.cit., Recommendation248(b)

法合意をすることができるようにする必要がある。

　知的財産権について保護国法の例外として当事者自治の原則を導入しようとすると、現実にどのような場合に、どのような範囲で、それが可能であろうか。登録知的財産権について自国法に依拠した出願でなければ、管轄官庁は原則としてこれを受理しないであろう。しかしながら、特許出願をするためには発明者に与えられる特許を受ける権利を有することが必要であり、特許出願前にこの権利を当事者間で移転する際に、準拠法選択合意の対象とすることが考えられる。この権利は、所轄官庁による権利付与から生じる特許権自体とは性質を異にするので、保護国法に厳格に拘束されないものとみることができる。非登録知的財産権とりわけ著作権について類似の準拠法選択合意が生じることが考えられる。例えば、出版社と著作者、映画製作者と俳優、コンピュータ・ソフトウエアの開発のための合同ラボ等である。このような合意は、知的財産権の最初の所有関係といわれることに関係する。

　知的財産に関する譲渡又は実施許諾契約は、当事者によって選択された準拠法によることができる。しかしながら、これはあくまで契約上又は債務上の争点に係わる。例えば、譲渡人又は実施権の付与者が担保からの自由をどのように提供する義務を負うか、譲受人又は実施権者がそれに対応するどのような義務を負うか、その債権の消滅時効がどうなるか等である。このような契約上の事項の抵触法上の規律は、他の契約と異ならない。その財産的側面は、当事者によって準拠法が指定されているかに係わらず、契約準拠法の適用範囲から除かれる。財産法的側面については、知的財産の準拠法、つまり保護国法によって規律される。この点に関する抵触法上の問題点はなお解消されてはいない。

　職務発明については、保護国法の適用範囲から除外されてきたことは、広く認識されてきた。欧州特許条約60条1項は、発明者が被用者である場合に、「欧州特許に対する権利は、被用者が主として雇用されている国の法に従って決定される。」「被用者が主として雇用されている国が決定できない場合には、その被用者が係わる営業の場所を被用者が雇用されている国とみなしてその国の法に従って決定する」と規定する。注意すべきで

あるのは、この抵触規則が依然として客観的連結素によっていることである。1987年のスイス国際私法122条の場合には、この点は異なっている。それによると、121条3項の規定により当事者が限定的な準拠法選択をした雇用契約の準拠法に関する規定は、無体財産に関する権利にもその効果を規律する。もっとも、この規定を最初の所有のほか、合意の債務上の側面に限定的に解釈する見解がある[52]。2011年のポーランド国際私法47条は、雇用者に対する被用者の請求権のみに関するものとし、その規定の適用範囲を債務上の行為に限定するものとしている。それに対し、2010年の中華民国渉外民事法律適用法42条2項は、「被用者が職務上において完成した知的財産は、その権利の帰属につき、その雇用契約に適用すべき法律による」と定めている。2010年の中華人民共和国の渉外民事関係法律適用法には規定がないが、2000年の模範法（第6次草案）98条は、「被用者が業務範囲内において取得された知的財産権は、労務給付契約を規律する法による」と規定していた[53]。さらに、2004年のベルギー法93条第2段落は、知的活動を基礎づける契約関係に適用される法が、知的財産権を発生させる知的活動に最も密接に関係する法である、と定めている。この規定は、工業所有権についてのみ適用され、著作権については適用されない。そこで問題とされている契約関係は、雇用契約に限定されず、他の類型の合同・連携協定をも含むものである。ベルギーの規定は、知的財産の最初の所有者の決定にも当事者自治を否定することはできないようになっている。

　アメリカ法律協会は、2007年5月14日、法的拘束力はないが、将来の立法や判例上の解釈に活かされることを期待してALI原則を採択した[54]。

---

[52] IPRG Kommentar（1993）S.1034f.（Keller=Kren Kosikiewicz）
[53] 木棚監修、袁藝訳、中国国際私法学会編著『中国国際私法模範法―第六次草案―』（日本加除出版社、2004年）74頁参照。
[54] Cf.The American Law Institute, Intellectual Property Principles Governing Jurisdiction, Choice of Law, and Judgements in Transnational Disputes, By American Law Institute at San Francisco, California, May 14, 2007（2008）: なお、これは知的財産に関する国際私法原則をアメリカ法の観点から総合的に検討し、アメリカ法律協会（ALI）の立場からALI原則として採択されたものである。これ

ALI 原則301条は、知的財産権の存在、有効性、保護期間、帰属及び侵害を登録国法、それがない場合には保護国法によるものとする。しかし、302条は当事者にいくつかの例外を伴って準拠法の指定の合意をすることを許容している。また、311条及び312条の第2段落は、いずれも最初の権利帰属について契約その他先に存在する関係の準拠法によるものとする。著作権については、商業的利用を可能とする越境的権利とみなし、著作者人格権は人間の尊厳から生じる奪うことができない権利として、当事者による準拠法指定を許さない。しかし、著作者人格権を重要な権利と考えたとしても、当事者による準拠法選択合意によって克服することができない強行法規上の権利として保護すれば十分である。国際的共同著作の合意の場合には、その合意から生じる知的財産の最初の所有者が種々の保護国間の衝突を避けるために、単一の法を準拠法として選択することも可能とみるべきであろう[55]。

---

[55] に続いてヨーロッパ法の立場から行われた研究成果に、知的財産における抵触法に関するヨーロッパ・マックスプランク・グループ（EMPG）により作成されたCLIP原則がある（European Max Planck Group on Conflict of Laws in Intellectual Property(CLIP), Conflict of Laws in Intellectual Property, The CLIP Principles and Commentary(2013)）。また、日本においても「日本法の透明化」グループによる立法提案がある（河野俊行編『知的財産権と渉外民事訴訟法』（弘文堂、2010年）ほか、日本、韓国を中心とした東アジア法の観点から早稲田大学COEグループ（日本側7名及び韓国側6名の各国際私法学会会員）による2010年10月14日の「知的財産権に関する国際私法原則 日韓共同提案」がある（木棚照一編『知的財産の国際私法原則研究—東アジアからの日韓共同提案』（早稲田大学比較法研究所叢書40、2012年））。アメリカとヨーロッパの原則はアメリカ法律協会及びマックス・プランク協会が正式にプロジェクトとして認められて推進されたものである。それに対し、日本及び日韓のプロジェクトは研究者のグループによる提案である。ALI原則、CLIP原則は、それぞれアメリカ法、ヨーロッパ法の観点から知的財産に関する統一国際私法原則を示しており、日本の二つの提案は、主として、日本の原則を明らかにする観点から（透明化プロジェクト）又は日韓を中心とする東アジアの統一原則を提案する観点から行われている。きわめて概括的にみれば、これらの原則は、保護国法を基本原則として認めながら、保護国法原則の不便宜性を当事者自治、ユビキタス侵害等の補助原則により、どのように、どの程度修正しようとするかどうかについて、それぞれの地域的特徴を反映して微妙に相違している。

[55] Cf. Basedow, op.cit., p.222

6　信託

　信託は、種々の事情の下で財産の所有者がその財産を他人の利益のために所有することを法が承認する、コモン・ロー上創造された制度である。信託には、信託設定者が明示的、任意的な宣言をし、信託受託者がこれを受け入れることによって生じる明示的信託と当事者の意図を推定し又は特定の目的のために法の作用によって設定される黙示的信託がある。明示的信託は、捺印証書、契約又は遺言によって生じる。

　ローマⅠ規則は、信託を適用範囲から除外しており（1条2項h号）、EU域内の統一的な抵触規則は作成されなかった。けれども、1985年7月1日の信託の準拠法及びその承認に関するハーグ条約（以下、「ハーグ信託条約」と略する）が締結されている[56]。ハーグ信託条約の3条によると、「本条約は、任意的に設定され、かつ、文書により証明される信託についてのみ適用される」とする。これは、任意信託についてのみ適用される条約であり、擬制信託（constructive trust）、制定法による信託、裁判所による信託には、原則として適用されないことを示している。そして、ハーグ信託条約6条1項によると、信託は信託設定者により選択された法により規律されるものとされ、その選択は信託を設定する証券又は信託を証明する書面の用語において明示的であるか、又はその文言から黙示的に指定されて

---

[56] ハーグ条約については、池原季雄編『国際信託の実務と法理論』（有斐閣、1990年）がある。この書物には、ハーグ信託条約の意義と問題点が明らかにされるとともに、この条約をわが国で批准すると国内法制がどのようになるかについて論じられており、巻末には、条約の仮訳が付けられている。その他この条約に関する文献として、道垣内正人「信託の準拠法及び承認に関するハーグ条約」信託法研究12号65頁以下、アルフレッド・E.フォン・オーヴェルベック著、道垣内正人訳「信託の準拠法及び承認に関するハーグ条約についての報告書」信託153号4頁以下、道垣内正人「信託の準拠法及び承認に関するハーグ条約について」信託法研究Ⅰ2号65頁以下、高杉直「ハーグ信託条約における法選択規則の構造」民商法雑誌104巻5号623頁以下、森田果「信託」民商法雑誌135巻6号104頁以下、菊池洋一「信託準拠法条約の概要」金融法務事情1077号29頁以下、同「ハーグ国際私法会議第15会期の報告」民事月報39巻12号2頁以下等がある。

いなければならないとされ、その文言は必要な場合にはその事例の状況の観点から解釈しなければならないとされている。また、同条2項によると、前項の下で選択された法が信託又は信託に関連する概念を規定していない場合には、その選択は有効でないものとし、7条で定める法が適用されるものとする。7条1項によると、準拠法が選択されなかった場合には、信託は最も密接な関係を有する法によって規律されるとし、同条2項によると、最も密接な関係を有する法を確定するために考慮されるべき要素を4つ例示する。つまり、信託設定者により指定されたその信託の管理地（a号）、信託財産の所在地（b号）、信託受託者の居所地又は営業地（c号）、信託の目的及び履行されるべき場所（d号）である。この準拠法が信託の有効性、その解釈、その効力及び信託の管理に適用される（8条1項）。8条2項a)～j)は、より具体的にその適用範囲を規律する。この条約で定められた信託準拠法は、遺言その他財産を移転する法律行為の有効性に関する先決問題には適用されない（4条）。この問題についてはそれぞれの財産の準拠法を定める法廷地の国際私法による。このように明示的信託については、当事者自治の原則が行われている。

　黙示的信託は、法の作用によって設定されるけれども、当事者の意図を推定して設定される復帰的信託（resulting trust）と法に基づいて設定される擬制信託（constructive trust）がある。前者については、オーストラリアなどのようにこれを救済手段とみなしてその権限を確定する法廷地法によるとする国とイギリスのようにより広く制度上のものとみなす国がある。これについては当事者自治の原則を導入する余地がない。後者については、信託を創設する意思の現実的証拠がない場合に関する推定的復帰信託とそれが存在する自動的復帰信託とがある。そのうち、自動的復帰信託については、ハーグ信託条約3条が書面によって証明される信託を含み、かつ、同条約20条によって締約国が何時でも判決によって宣言された信託に拡張することを宣言できるものとするから、この条約が適用されるものとすることができるとされている[57]。

　ハーグ信託条約における準拠法決定規則については、法選択構造論の観点から単位法律関係の規定方法、準拠法の分割の原則容認、比較的柔軟な

準拠法決定、第三国強行法規の適用等について検討してこれを肯定的に解し[58]、また細かい部分を除きほぼ法適用通則法の解釈と異ならないだけではなくわが国の信託法上の信託が条約上の信託に入るから、複雑な問題が生じる可能性もないので、ハーグ信託条約への加盟を肯定的に解する見解[59]がみられた。しかし、わが国がハーグ信託条約に加盟することによって得られる利益は、信託を知らない条約加盟国においてわが国の信託が承認されることに尽きるとし、信託を知らない国がハーグ信託条約に加盟する可能性が低いからわが国が得られる便益はごくわずかであると主張する見解もある[60]。現在のところわが国はこの条約に加盟していない。

なお、2010年の中国の渉外民事関係法律適用法17条は、「当事者は、合意により信託に適用される法を選択することができる。当事者が選択しなかったときは、信託財産の所在地法又は信託関係の発生地法を適用する」とする。この規定は、信託について当事者自治の原則を導入して、選択がなかった場合について客観的連結点によることを定めている。ただし、「信託関係の発生地法」を新たな客観的連結点として信託財産の所在地法との裁判所の裁量により、どちらかの法によるものとした点については、疑問が提起されている。信託がどのような方法で何時発生するかを決定するのは信託の準拠法であるから、準拠法の決定を信託関係の発生地法によるとすることは、循環論に陥るおそれが生じるからである[61]。

57）Mills, op.cit., p.443
58）高杉・前掲論文632頁以下参照。
59）道垣内・前掲信託法研究論文87頁参照。
60）森田・前掲論文124頁参照。
61）黄ジンテイ・前掲書75頁参照。

第 4 節

まとめ

　本章では、まず、地域的不統一法国法を当事者が選択した場合について考えた。その部分についてはすでにまとめに書いているので、その部分を参照して頂きたい。つぎに、人に関する準拠法の決定につき未成年者の能力とりわけインターネットを利用した取引の場合に、コモン・ロー諸国が原則的に当事者自治の原則を導入していること、及び能力を欠く成人者の保護とりわけ能力を欠くに至る前に設定された代理人の継続的権限の準拠法の選択に関連し、2000年1月13日に締結された成人の国際的保護に関するハーグ条約15条2項との関係で、当事者自治の原則が取り入れられていることを概観した。人に関する法の決定は、当事者の利益さらには国家以前の個人の人権にも関連するだけに、理論的にみれば当事者による準拠法選択に親和的であるように思われる。例えば、属人法を本国法とする場合における重国籍者の本国法の選択、地域的不統一法国に属する者の本国法の決定、人的不統一法国に属する者の本国法の決定などに当事者による準拠法選択を許容する余地は理論的に残っている。これらはすでに部分的に実現されているところもあるが、未だ不十分であり、今後の発展に待つ必要があるところがある。現在では性的多様性を認め、性転換を認める国が多くなってきたが、転換した性にふさわしい名前の変更を認めることについては各国の政策が一致していない。本来各国の政策の調整が図られるべきであるが、その者の本国が転換した性にふさわしてい名前への変更を認めない場合には、このような変更を認める居住地国法による旨の準拠法選択を当事者に認めることによって、この問題を解決できる場合がある。学者間で検討された提案が出されているが、姓名に関し準拠法選択を認めるEU規則は未だ成立していない。

　つぎに、第三者に関わる法律関係への当事者自治の原則の導入は永い間

困難な問題とみられてきた。これは、ローマ法以来の格言「他者との間でなされた事柄はその他の者に影響を及ぼさない（res inter alios acta alteri non nocet）」に遡ると言われている[62]。当事者自治の原則は、その準拠法合意によって第三者が影響を受ける場合には、常に制限される。このような考え方によって長い間、代理又は債権譲渡に当事者自治を禁止してきた。しかし、この点に関する進歩的な促進がこの分野にみられることを確認した。

　さらに、財産権は万人に対する権利として捉えられてきたので当事者自治の原則の導入が難しい分野とみられてきた。確かに、不動産については現在でもある程度合理性をもつ原則とみることができる。もっとも、不動産についてその担保価値を証券化して流通を認める場合に、所在地法の適用な常に妥当する準拠法とみるべきかについては議論の余地がある。また、動産については、輸送手段、移動中の物に関する伝統的な議論のほか、集中管理される有価証券の準拠法については 2006 年 7 月 5 日に締結され、モーリシャス、スイス、アメリカ合衆国の批准によって 2017 年 4 月 1 日に発効した「口座管理機関によって保有される証券についての権利の準拠法に関するハーグ条約」4 条 1 項によって当事者自治の原則が採られており、このハーグ条約に加盟していないわが国の金融機関もこの条約に類似する形で当事者自治の原則を容認して取引している。その他に、無体の財産権である知的財産権と信託について当事者自治の原則が導入されていることを述べた。信託については、ハーグ信託条約について触れた。ハーグ条約については信託業界でも熱心に検討されたが、現在の法制をあまり変更することなく条約に加盟することができるとの意見[63]もあるが、他方ではわが国がこの条約に加盟するメリットはごくわずかであるとする意見[64]もあ

---

62) Cf. Basedow, op.cit., p.153
63) 道垣内正人・前掲信託法研究論文 65 頁以下、とりわけ 87 頁参照。ハーグ信託条約に日本が加盟することは「現在のわが国で予想される扱いに変更を加えることなく、国際的関係をもつ信託の国際私法的処理に明確な基準を導入することになる」とされる。

り、現在のところこのハーグ条約にわが国は加盟していない。

　なお、その他に、問題意識としては、暗号資産の物権関係もあったが（本書4頁参照）、存在について多様であり、複雑な技術問題を含むので、本書では触れないことにした。この問題については、例えば高橋宏司「暗号資産の物権問題と国際私法──日本法の観点を含めて──」同志社法学74巻7号23頁以下があることを指摘するにとどめたい。この論文によると、まず、当該暗号資産が記録されている分散台帳ネットワークに共通する準拠法選択がなされている場合には、その選択された法により、それがない場合に客観的連結によって定まる準拠法によるものとされている（56頁）。

　64）森田果・前掲論文、民商法雑誌135巻6号124頁参照。ハーグ信託条約の加盟によってわが国が得られるメリットは信託を知らない国がわが国の信託を承認することに尽きるが、信託を知らない国がハーグ信託条約に加盟するインセンティヴをもつとは考えにくいから、わが国がハーグ信託条約の加盟によって得られる追加的便益はごくわずかであると予測される、とする。

第 6 章
家族法における当事者自治

第1節

国際家族法序説

　家族はもともと社会を構成する重要な基本的単位の一つとみられ、単に相互的扶養やしつけ、教育という側面だけではなく、社会における生産活動の側面からも重要な役割を果たしてきた。また、宗教は社会を支配しようとする試みの一環として家族に入り込み、重要な役割を歴史的には担ってきた。現在でも国によってはなお宗教法廷によって管理される宗教規範が法規範に混在しているところがある。一国内におけるそのような規範の内容の相違、その濃淡に係わり、人際法や地域際（州際）私法が重要な役割を有している国がある。フランス革命後の近代社会においては、宗教規範と独立した世俗法としての国家法が作られ、宗教や国家の家族への不介入は、場合によっては憲法上の基本的人権として保護されてきた。

　とはいえ、国家は、公的利益の維持の観点から、家族の規制に強いこだわりを持ち、個人の自由は制限され、国境を越えた国際結婚についても基本的に両性平等を前提とした属人法の適用によって規律してきた。ところが、例えば婚姻の形成及び解消についても同性及び異性間の準婚的なパートナーシップの形成及び解消、その人的、財産的効果、親族関係、後見・監護関係等が論じられるようになり、婚姻を基礎とした家族関係についても多様化し、選択可能性が生じてくると、家族関係の双務化が意識され、当事者自治の原則の導入を支持する根拠となる契約類似の関係が生じてくる[1]。

　他方で、家族法についての法廷地法主義のアプローチがコモン・ロー諸国だけではなく、スウェーデンなどの北欧諸国においても有力である。そ

1）Basedow, op.cit., p.232

れらの諸国においては、外国法上の家族を是認することを許容しない意識が強い。例えば、ローマⅢ規則の採用手続の審議におけるスウェーデンの態度がこれを表わしている。スウェーデン法は、6カ月程度の短期間の別居の後、一方的で単独でする離婚を許容し、相手方の同意がある場合にはどのような制限も課すことなく離婚を許容している。これが国内的事例ばかりではなく、国際的事例についても認められてきた。ローマⅢ規則の審議の際に、スウェーデンは、この寛大なアプローチに対するどのような制限も受け入れなかった。オランダも欧州委員会がTFEU81条（EC65条）による最初の提案をした時点ではこれに参加しなかった。オランダもローマⅢ規則の下での外国法の適用が離婚に対する自国の自由主義的アプローチを過度に制限すると信じていたからであった。このような動きが生じることは、EUにおける共同を高めるための手続の面からみれば、不幸な出来事といわなければならない[2]。

連結素は現代社会のグローバル化に対応して基本的に流動化、柔軟化している。住所を常居所に置き換える傾向や国籍法において生地主義を取り入れ、重国籍を容認する方向性があることは、これを表わしている。これに対して当事者自治を導入することによって、より大きな法的安定性が得られること、当事者が将来計画を考慮するのを可能にすること、準拠法決定を当事者に重心を移すことで、国際私法の統一を効果的に行うことが可能になること、夫婦等や相続の財産の管理を容易化すること等も挙げて、当事者自治を支持する見解が有力になっている。さらに、これまでの立法者の態度が当事者自治の貫徹に臆病すぎると批判し、自治の根拠やその貫徹の観点から、2010年の中国の渉外民事関係法律適用法3条にみられるように、量的制限のない自由な当事者自治をより徹底して推進しようとする見解がある[3]。もっとも、量的制限のない当事者自治の原則を個人の生まれながらに持っている自由で根拠づけ、国家がこれを認めるよう義務付

---

2) Basedow, op.cit., p.233
3) Vgl. Basedow, op.cit., p.243

けようとするこのような見解に対しては、法廷地漁りを許容しない実務との関係で議論の余地を残していると指摘する見解がある[4]。以下、夫婦及び登録パートナーシップの財産関係、離婚、扶養及び姓名の問題を取り上げて当事者自治に関するより詳しい分析を試みたい。

第2節

夫婦財産制及び登録パートナーシップの財産制

1 夫婦財産制

(1) 夫婦財産制の諸類型

　婚姻の財産的効力に関するヨーロッパの実質法をみると、その起源を異にする次のような3つの類型に分類することができるように思われる。

　第一の類型は、コモン・ロー諸国やローマ法に従っているスペインのカタルーニャ州のようないくつかの南の法域で行われているものであって、配偶者間の財産の明確な別産制を基礎とした法制である。この法制の下では、配偶者間の財産関係は、基本的にジョイント・ベンチャーや共同プロジェクトに従事している他の私人間の関係と変わらない。それにもかかわらず、イギリスにおいては、裁判官は離婚事件については財産調整命令という方法により配偶者間の財産を再配分する広い権限を与えられてきた。このことは、場合によっては財産据置問題を生じさせると言われてきた。

　第二の類型は、ラテン・アメリカやアメリカ合衆国のいくつかの州で指導的役割を果たしてきたフランス法系の諸法域で行われているものである。

---

[4] Mills, op.cit., p.445

これは、フランク族法のようにゲルマン法を基礎とした法制であって、1804年のナポレオン民法典モデルを提供したパリ慣習法典（Coutume de Paris）を基礎としたものである。これらの法域においては、婚姻中に取得された財産（資産と債務）は配偶者の共同財産となり、若干の法域では、婚姻中に取得された財産だけではなく婚姻前に取得された財産についても配偶者の共同財産とされている。

　第三の類型は、スカンジナヴィア諸国やドイツで行われており、現在多くの国が採用している別産制と呼ばれる法制である。配偶者の資産と債務は、婚姻中はそれぞれ別の財産とされるが、しかし、婚姻の解消に当たっては各当事者は、他方の資産についてそのような資産の移転という方法によってか、補償金の支払いという方法によってかのいずれかの方法で清算される。

(2)　夫婦財産制に関する当事者自治の導入

　実質法上の明確な相違は、16世紀という抵触法の発展からみて早い段階で抵触法上の争点として提起され、この分野における当事者自治の最初の足跡を残している。パリの弁護士であった、チャールス・ディムーラン（Charles Dumoulin, 1500-1566年）は、鑑定意見書を裁判所に提出しており、その考察53を未だに当事者自治の出発点とする見解がある[5]。パリに居住するDe Garey夫妻は、リヨンに所在した不動産を購入した。パリの慣習法の下では、婚姻中に購入した資産は、夫婦の共有財産となるにもかかわらず、当時リヨンで行われていたローマ法に従った別産制に従って夫名義の財産とした。夫婦の双方が死亡した後に、夫側の親族である相続人と妻側の親族である相続人が、その不動産が夫の固有財産か、それとも夫婦の共有財産の一部をなすかについて訴訟で争った。ディムーランは、パリ慣習法が夫妻間で異なる法制度の適用を合意することを許容していることを指摘しながら、問題となる事例におけるように、婚姻に伴う財産契約が

5）Max Gutzwiller, Geschichte des Internationalprivatrechts（1977）S.69ff.

締結されなかった場合に、夫婦がその共同住所地の財産制度を黙示的に選択したと考えなければならず、そのような黙示的契約は明示的契約と同様な効果を持ち、その効果はパリ慣習法が支配する領域内に制限されず、他の法域に所在する資産にも及ぶものとした。

　黙示の契約という独創性のある見解によって現実に当事者自治の肯定と考えることができるかどうかは、疑わしいと後世の学者によって指摘されている[6]。しかし、歴史的正当性と後世の学者による歴史上の展望は区別されるべきである。フランスにおいては夫婦財産に関する当事者自治を一般的にディムーランの著作、とりわけ、慣習考察53によって生じたものとしてみなされていることは疑いのないことである[7]。ディムーランは、夫婦間に明示の合意がない場合における準拠法の決定に関する指針を提供した。フランスの破棄院は、2007年9月19日の判決で、そのような事例において最初の住所地法が夫婦財産を規律するものとして推定される効果を持つことを下級審に指示している。フランスの裁判所は、それによって配偶者間の黙示的合意から、いわゆる不変性の原則を導いた。つまり、夫婦財産制は、婚姻時に確定され、その後の配偶者の国籍、住所若しくは常居所の変更によって影響を受けないものとしたのである。

　フランスの破棄院によって支持された不変性の原則は、婚姻財産制の安定性をもたらすけれども、流動性を犠牲にしたものでもあった。とはいえ、最初の婚姻住所地法の合意を導く推定は、いくつかの事例において反証なく受け入れられた。さらに、配偶者は婚姻中に明示的に異なる法を選択することができる。したがって、つぎのような原則によって、1978年の夫婦財産制に関するハーグ条約以前のフランス法の発展の方向性を示してきた。つまり、①婚姻以前又はそれ以降の明示的な準拠法選択の承認、②そのような明示的選択が欠ける場合における最初の住所地法の黙示的選択の

---

6) Franz Gamillscheg, Der Einfluss Dumoulins auf die Entwicklung des Kollisionsrechts (1955) p.121
7) Basedow, op.cit., p.237

推定、③その推定的な法選択の作用による婚姻財産制の不変性、であった。

　その他のヨーロッパ諸国においては、伝統的に夫婦財産制の問題は、婚姻当時の夫の本国法によるものとされてきた。夫婦財産制の安定がこれによって保護されること、妻が夫の本国で生活することが多いこと、抵触法はいずれの国の法が適用されるかのみを扱うので、夫の本国法の適用が必ずしも妻に不利になるわけではないことなどを、その根拠とされてきた。しかし、例えば、ドイツにおいて学説上は、連結点は中立的であるべきであり、夫と妻の平等を実現する手段として平等に考慮され、実現されるべきと主張されていた。また、1950年代になり国際私法の規定も実質私法の規定と同様に憲法上の原則に拘束されるとする主張がみられるようになった[8]。西ドイツの連邦憲法裁判所（BVG）は、1971年の判決において国際私法上の連結素の選択は憲法上の両性平等という基本的権利に従うべきとした（31BVerfGE 58）。もっとも、この憲法裁判所の判決に適合させるための法改正の前から、裁判所は、夫婦の共通国籍の所在する国の法、夫婦が国籍を異にする場合には、夫婦の共通常居所地法が国籍という連結素に置き換えられるものとしていた。このような段階的連結を採る場合に生じる準拠法予測の困難さなどから、ベルギー、オランダなど一部の国においては、夫婦財産制の準拠法について当事者自治の原則導入への動きがみられた。これがハーグ条約が問題になる前にみられた法的な状況であった。

(3) 夫婦財産制の準拠法に関するハーグ条約の成立とその影響

　夫婦財産制の準拠法に関するハーグ条約は、家族法領域で初めて当事者自治を導入した国際条約として注目される。ハーグ国際私法会議で夫婦財産制の準拠法の問題が初めて持ち出されたのは、1968年の第11回外交会

---

8) Makarov, Die gleichberechtigung der Frau und das internationale Privatrecht 17 Rabels Z.382 (1952) なお、この点についての学説・判例を含めて詳細に検討したものとして、溜池良夫『国際家族法研究』（有斐閣、1985年）3頁以下がある。

議の場で、死亡による相続との関係で、偶然に一般的に検討された。その当時は、殆どの国が夫の本国法か、夫の住所地国の法を夫婦財産制の準拠法としており、当事者自治の原則を採るのはフランスや若干の諸国に限られており、夫婦財産制の準拠法に当事者自治の原則を導入することへの関心は薄かった。ところが、国際私法における両性平等の観点から、これまでの立場を検討することが迫られた。例えば、西ドイツでは前述の憲法裁判所の判決によって夫の本国法主義は両性平等の憲法上の原則と適合しないとされると、ケーゲルの梯子と呼ばれる、段階的連結が問題とされるようになる。しかし、その方法を採ると、連結方法の複雑性や不明確性が問題となり、当事者の予測可能性、法的安定性等を重視する立場から、当事者自治の導入への関心が次第に高まってきた。とりわけ、高齢化社会を迎え、夫婦の将来の財産計画に関する相談を受ける機会が多くなっていた公証人協会や弁護士会からも、当事者自治の導入が求められ始められるようになって来た[9]。ドイツに限らず西ヨーロッパ諸国を中心に類似の問題が提起されるようになった。ハーグ会議の特別委員会で作成された準備草案を基礎として1976年の第13回外交会議で議論が重ねられ、夫婦財産制の準拠法に関するハーグ条約は、1978年3月14日に採択された。

準拠法選択の規定は、婚姻前の選択（3条）と婚姻後の選択（6条）がある。まず、3条は次のように規定していた。

「　夫婦財産制は、婚姻の前にその夫婦により指定された国の法により規律される。

　夫婦は次の法の一つのみを指定することができる。
　（1）　指定時に夫婦のいずれか一方が国籍を有する国の法
　（2）　指定時に夫婦のいずれか一方が常居所を有する国の法

---

[9] 西ドイツにおけるこの間の議論の整理については、例えば、Günther Beitzke, Die 13. Haager Konferenz und der Abkommensentwurf zum ehelichen Güterrecht, 41Rabels Z.457, 461ff.（1977）参照。

(3)　夫婦のいずれか一方が婚姻の後に新しい常居所地を定めた最初の国の法

　夫婦によってこのように指定された法は、その財産の全体に適用される。

　夫婦は、前3項の規定に基づき法を指定したかどうかに拘わらず、不動産の全部又は一部につきその不動産の所在地法を指定することができる。夫婦は、将来取得され得る不動産をその不動産の所在地法により規律されるべきことを定めることもできる。」

　6条も、1項の文言が「婚姻中に夫婦がその夫婦財産制を従前の準拠法と異なる法に服させることができる」として、2項に婚姻中の選択の性質上新しい最初の常居所の設定に関する3号に当たる規定がないほか、3条と類似のものとなっている。

　この両条をみると、夫婦は婚姻前だけではなく、婚姻後も準拠法の選択合意をすることができることになっている（3条1項、6条1項参照）。夫婦が婚姻前に準拠法選択をしなかった場合については、夫婦の双方が最初に新たな常居所を定めた国の法によることを原則とするが（不変性の原則）、しかし、次の場合には、夫婦の共通本国法によるものとする（4条）。①5条に規定される、各国が批准、承認等の前において行う自国法適用の宣言がその国においてなされ、かつ、同条2項により、夫婦双方の5年以上の居住によって、その夫婦への共通本国法の適用が除外されていない場合、②その国が本条約の締約国でなく、その国の国際私法規定によれば、その国の法が適用され、かつ、夫婦の婚姻後の最初の常居所地を a）5条の宣言をした国もしくは b）本条約の締約国でなく、その国の国際私法がその本国法の適用を規定する国に定める場合、③夫婦が、例えば異なる国で勤務する教師や開発協力者などの職にあり、同一国で婚姻後の最初の常居所を定めていない場合である。要するに、夫婦による準拠法選択の合意のなかった場合、一見してやや複雑にみえるが、夫婦の最初に設定した共通常居所地法によることを原則としながら、一定の場合に限って共通本国法を適用する、独自の補充規定を置いている。

選択された準拠法は原則として財産全体に適用され、個々の財産について準拠法選択をすることができないものとする。しかし、不動産については例外的にその不動産所在地法を選択することを認めている。これは不動産について不動産所在地法を適用する国があることを考慮した規定となっている。夫婦の婚姻後の国籍や常居所の変更は、直ちに準拠法変更をもたらさないものとしている（7条1項）。もっとも、夫婦が新たな国籍国や常居所地国の法を選択する合意をした場合には、その選択した新たな法が適用される（7条2項）。このような準拠法の変更は、夫婦が遡及効を合意しない限り、将来的にのみ生じる（8条1項）。夫婦が遡及効に合意した場合にも、第三者の権利に影響を及ぼさないものとしている（8条2項2文）。夫婦の一方の当該財産の処分権限の有無や責任又は保証の範囲等が問題となる場合についても、夫婦財産関係の準拠法を選択している場合には、その法が適用される（9条1項）。ただし、締約国は、開示若しくは登録の要件を満たす場合又は第三者が夫婦財産制の準拠法を知り若しくは知り得べきであった場合を除き、その夫婦の一方が夫婦財産制の準拠法を第三者に対抗することができないものとすることを規定することができる（9条2項）。不動産所在地の締約国は、その不動産について類似の規定を定めることができる（9条3項）。当事者による準拠法の指定は、明示的な条項により又は夫婦財産契約の条項から必然的に導き出される場合に、黙示的に生じるものとされる（11条）。そのような指定は、日付が記載され、夫婦の双方によって署名された書面によってなされなければならない（13条2文）。

夫婦財産制の準拠法に関するハーグ条約は、フランス、ルクセンブルク、オランダの批准によって発効している。批准国が増えなかった点でこの条約を失敗であったとする評価もある。しかし、この条約が家族法における当事者自治を認める最初の条約であり、わが国をはじめこの条約を批准しない諸国も、その条約に学んで、自国の国際私法立法上の当事者自治を許容する規定を置いている国が圧倒的に多数である。米国抵触法第二リステイトメント258条2項も当事者による明示的な準拠法指定を認めており、他のコモン・ロー諸国も同様な態度をとる。当事者自治を依然として否定するか、それを公に認めない国は、1998年のチュニジア法48条、1998年

のヴェネズエラ法22条のようにごく少数である。さらには、客観的連結による準拠法が夫婦に準拠法選択の自由を保障する場合に限って、当事者自治を認めるという不明確で不完全な解決を示すスロバキアやブルガリアのような国もある。これは反致を承認したという以上の意味を持たない。いずれにせよ、これらの点からみると単純にハーグ条約は失敗だったということはできない。

　準拠法の不変性の原則については、すでに40年以上前から「移民国家にとっては、不変性の原則がヨーロッパにおいては今なお広く受け入れられてはいるが、高度に非実用的なものになるであろう」と指摘されてきたところである[10]。不変性の原則は、ヨーロッパにおいてだけではなく世界の他の地域においても同様に根拠を失っている。夫婦は婚姻後の明示的な準拠法選択合意によって準拠法を変更することができるようになっている。さらに、最近の立法例によると、欠缺補充原則によって連結点の変更を認める傾向になっている。連結素としての国籍、住所又は常居所の伝統的使用は、婚姻時に固定されて補充されるのではなく、判決時を基準としてそれまでは何時でも変更することができるから、夫婦財産制についても同様に変動性のあるものになっている[11]。この傾向は、アジアにおける最近の国際私法の法典化に関してだけではなく、若干のヨーロッパ法においても当てはまる。最も急進的で重要な解決は、スイス国際私法55条1項にみられる。それは「反転する不変性（reverse immutability）」と呼べるかもしれない[12]。夫婦が書面をもってする合意によってその遡及効を排除しない限り、住所変更の結果としての準拠法変更について婚姻時に遡って適用することである。その規則によると、不変性の原則の下で夫婦が他の国に移動し、取引や訴訟に係わる場合に、しばしば必要になる時間を消費する外国法の調査を不要とする利点を持つ。これらの発展から明らかになるの

---

10) Fritz Juenger, Marital Property and the Conflict of Laws: A Tale of Two Countries, 81 Columbia Law Review (1981) 1061-1079, at p.1071
11) Basedow, op.cit., p.238f.
12) Basedow, op.cit., p.239

は、夫婦財産関係の不変性の原則と調和させることができない人のより大きな移動性を、現代の立法者が考慮していることである[13]。

　当事者が準拠法を選択しなかった場合についてハーグ条約は本国法主義を採る国に配慮してやや複雑な補充規定を置いている。諸国の立法例をみると、一方で、婚姻の身分的効力の準拠法との関連性を考慮して、これを準用ないし類推を規定する国がある。ドイツ、日本、韓国等である。他方で、ハーグ条約と同様な補充規定の形を取りながらより分かりやすい規定としている国がある。ベルギー、スイス、中国等である。どちらの方法をとるかによって、実際上の結論は異ならない。

(4)　EUにおける夫婦財産制に関する規則

　EUにおける夫婦財産制の法抵触に関する統一規則の試みは2011年から着手されてきたと言われている。2011年に公表されたEUの調査に基づくと、EU域内の1億2千2百万組の夫婦のうち1割近くの約1千6百万組の夫婦が同じ国籍を持たないか、その出身国以外の国に居住していた。このような状況を踏まえて国際私法は、夫婦財産制の安定性、予測可能性を保障しなければならず、かつ国籍、住所、常居所の変更によって夫婦財産制の変更をもたらさないようにしなければならない[14]。とりわけ、共同体の基本的目標である居住・移転の自由の障害とならないようにすることが国際私法の重要な課題となる。その前史を振り返ると、欧州理事会は、2004年11月に採択したハーグ・プログラムとの関係で、欧州委員会に対して「裁判管轄及び相互承認の問題を含む夫婦財産制に関する法の抵触についてのグリーンペーパー」を提出することを要求し、欧州委員会は2006年7月に裁判管轄及び相互承認を含む夫婦財産事件における法抵触に関するグリーペーパーを公表した。これに対する回答やいろいろな委員

---

13) Basedow, op.cit., p.239
14) Vgl. Encyclopedia of Private International Law, Vol.2 (2017) p.1235 (Walter Pinitens, Jens M. Scherpe)

会や公聴会などを開催したうえで、2010年10月に採択された「欧州連合市民権レポート2010」で欧州委員会は、国際的カップルの財産制を取り巻く安定性の欠如を確認して、その障害を取り除くための立法提案を2011年に採択することを公表した。2011年3月16日欧州委員会は、夫婦財産制と登録パートナーシップの財産帰属に関する二つの理事会規則の提案を行った。2012年9月10日の欧州立法決議では提案の修正が採択されたけれども、理事会における全会一致が得られなかった。2015年12月から翌年2月にかけて17の構成国から強化された協力の実施が要請され、2016年3月に強化された協力による規則提案が採択され[15]、同年6月24日に二つの財産制EU規則（2016年第1103号及び第1104号）が制定された。これらの規則はTFEU328条1項に基づくものであり、裁判管轄権、準拠法、判決の承認、執行に関する規定を含む。しかし、本書では当事者自治に関連する準拠法の部分についてのみ取り上げる。

　この規則の序文45項は次のように述べている。「配偶者にその財産の管理を促進するために、この規則は、夫婦財産の準拠法をその財産の所在に係わらず、その領域内に常居所又は国籍があるために密接な関係を有する法のうちから、準拠法を選択する権限を配偶者に与えられるべきものとする。この選択は、婚姻前、婚姻締結時又は婚姻中のいずれの時においてもすることができる。」と。また、序文47項は「準拠法選択に関する合意の実質上及び方式上の規則は、夫婦の情報を得た選択が促進され、司法へのより良いアクセスばかりではなく法的安定性を保障する観点からも尊重されるべきである」とされている。なお、登録パートナーの財産関係規則序

---

15) 17の構成国は次の通りである。ベルギー、ブルガリア、チェコ共和国、ドイツ、ギリシャ、スペイン、フランス、クロアティア、ルクセンブルク、マルタ、オランダ、オーストリア、ポルトガル、ソロバキア、フィンランド、スウェーデン。なお、2016年3月に欧州委員会に対する文書でキプロスが加盟の意思を表示し、加盟が認められている（Cf. Costomza Honorati, Maria Caterina Baruffi, EU Private International Law in Family Matters, Legislation and CTEU Case Law（2022）p.228f.）。

文46項にも同じ説明が行われている。規則22条1項は、配偶者又は将来の配偶者間で夫婦財産制を規律する法を合意できるものとするが、選択することができる法は次のいずれかのみである。

「(a) 配偶者又は将来の配偶者若しくはそれらのうちの一人がその合意締結時に常時居住する国の法、又は、
(b) その合意締結時に配偶者又は将来の配偶者のいずれかの国籍保有国の法」

このように選択された準拠法は、当事者がそれと異なる合意をしない限り遡及的効果を持たず、選択以降の関係にのみ適用される（22条2項）。当事者間の合意によって準拠法選択が遡及的効果を持つ場合であっても、選択以前の準拠法によって取得された第三者の権利に影響を及ぼさない（22条3項）。

もっとも、これに加えて16条は、配偶者又は将来の配偶者の共通常居地国の法の指定を許容している。共通常居所は、各配偶者の常居所でもあろうし、これに言及することは余分なことのようにもみえる。しかしながら、実際上の必要が生じるのは、合意締結時には異なる国に常居所を有するが、第三国に将来共通の常居所を設定することを意図しており、この法を婚姻財産の準拠法としようとする将来の配偶者間で事前の合意がある場合である。

配偶者又は将来の配偶者により選択された法は、夫婦の財産の全体に適用される。例えば、不動産についてその不動産の所在地法によるという指定は、分割指定になるので許容されない。確かに、当事者の選択がない場合に分割指定を望ましくないものとみなして、分割指定を認めないというのであれば理解することができる。しかし、配偶者の双方が合意して準拠法を選択した場合について、そのような制限を加える合理的理由があるであろうか。少なくとも両配偶者が準拠法を合意する場合には、分割指定の利点や不便宜さは理解したうえでのことであろう。もしそうとすれば、そのような制限を課することは、家父長的思想の残影とみられ、合理的理由

がないと言えるのではあるまいか。その点については議論の余地が残されている。

　配偶者が選択することができる法を狭く制限したのは、第三者の利益を保護することを考慮したためといわれている。しかし、不動産所在地法の選択を認める国においては、例えば、法適用通則法 26 条 3 項、4 項の規定のように、第三者の保護を考慮した規定を置くのが通例である。そうとすれば、当事者自治の原則をあまりに狭く量的に制限するのは妥当ではない。

　不変性の原則は、当事者の選択がない場合に関する 17 条に従って客観的連結点に基づいて準拠法を指定する場合にはなお維持されている。その場合における補充的連結点は、最初の共通常居所であるから、配偶者が共通常居所を移転したとしても、準拠法決定に影響しない。配偶者は、18 条の下での事後的合意によって準拠法を変更することは妨げられていない。その場合における準拠法の変更を遡及させる合意が認められているが、旧準拠法によって認められた第三者の権利に影響を及ぼすことはできない（18 条 2 項、3 項）。夫婦財産合意の方式上の有効性については、規則 25 条に定められている。そのような合意は、日付、両当事者の署名のある書面で明示的に行われることを要する。合意の耐久力のある記録を提供する電子的方法による文書は、書面と同様のものとする（1 項）。夫婦が合意の当時共通の常居所を有する構成国がその合意締結時に追加的方式要件を定めている場合には、その要件を満たす必要がある。合意締結時に夫婦が異なる構成国に常居所を有する場合に、それらの構成国が異なる追加的方式要件を定めていても、そのいずれかの法の要件を満たしているときは、方式上有効とする。しかし、これと異なり、夫婦の一人のみが合意締結時にある構成国に常時居住し、この構成国が追加的方式要件を定めているときは、この要件を満たさなければならない（2 項）。夫婦財産制の準拠法が追加的方式要件を定めているときは、これらの要件が適用されるものとする（3 項）。

2　登録パートナーシップの財産関係

　登録パートナーシップの財産関係については、EU 構成国間の国内法の相違や立法例を考慮して、登録国の法が財産関係の全てに適用されるものとし、2011 年の欧州委員会草案のもともとの規定上、準拠法選択は、認められていなかった（委員会草案 15 条参照。）つまり、登録パートナーシップは、ドイツ及びオランダでは婚姻類似の効力を認め、一定の財産上の効果、扶養法上の効果、また相続法上の効果を付与されている。しかし、ドイツ及びオランダ以外のその他の構成国では、登録パートナーシップ自体は認めたとしてもそのような直接的な効果を認めていない。もし、このような状態の下で当事者自治を認めると、法廷地漁りが可能になり、実務上重要な問題を生じさせるとする反対があった[16]。そこで、登録パートナーシップについて各構成国の実質法上相違があることを前提として当事者自治を構成国で禁止しないことにするにとどめ、もともとの規則には当事者自治を保障する規定を入れられてはいなかった。そこで、ドイツにおいては、緩和条項（Auffangklausel）を置くことが決定されていた。それによると、選択された法が登録パートナーシップに関する規定を置かない場合には、補助的に登録パートナーシップの登録地の法が適用されるものとされていた。

　ところが、EU の基本憲章の扱いによれば、準拠法の選択禁止は差別禁止法の観点から基本憲章 20 条、21 条に違反するので、当事者にできる限り広い自治を許容されるべきであるとする FRA（家族法委員会）の意見が提出された。EU 市民の基本権や自由移動の促進については EU の立法者に特別な役割が認められるべきである。2013 年の欧州議会草案の新しいパートナーシップの財産規則 15 条 b、第 1 項によると、次のいずれかの法を選択することができるものとされている。つまり、a) パートナー又は将来のパートナーがその合意の時に常居所を有した国の法、b) パート

---

16) Rauscher ed., EuZPR-EuIPR Kommentar, 4. Aufl. (2015) S.1150

ナー又は将来のパートナーがそのうちの一人がその合意の時に国籍を有した国の法、c）パートナー関係が登録された国の法、である。もっとも、15 条 b 第 2 項によると、指定された法が登録パートナー関係の制度を持たない場合には、前項 a～c 号は適用されないものとし、客観的連結が残るものとした。また、議会草案 15 条 b、第 3 項によると、パートナー又は将来のパートナーが準拠法選択の前にその準拠法選択の法的効果について公証人、弁護士による助言を受けたことを証明することができないときは、第 1 項 b 号は適用されないものとし、このような法を選択しても無効とされていた。もっとも、その準拠法選択について適用される追加的方式規定によって、このような助言が保障されている場合には、この要件が満たされたものとしていた。議会草案 15 条 b、第 4 項によると、当事者が異なる合意をしない限り、登録パートナー関係の財産関係に適用される法は、遡及的効果を持たず、将来的にのみ有効となる。これらの議会草案を経て、現在の規則 22 条の準拠法選択の規定となっている。つまり、22 条 1 項は、議会草案 15 条 b、第 1 項と同じ内容となっている。とくに c 号において「その登録パートナーシップが設定された国の法」の選択を認めたのは、a 号の常居所地法又は b 号の国籍を有した国の法が登録パートナーシップの制度を認めない場合に、この法の選択に意義を認めるべきだからである。議会草案 15 条 b の第 2 項、3 項は、準拠法選択を制限することになるので、削除された。もっとも、準拠法選択の際の助言については、この規定の解釈問題として残るのではあるまいか。議会草案同条第 4 項は、規則 22 条第 2 項とされた。その上、規則 22 条第 3 項に「第 2 項による準拠法の遡及的変更は、この法から導き出される第三者の請求に影響を与えてはならない」としている。

　当事者による準拠法選択がない場合に、議会草案 15 条 1 項は次の法によることを規定していた。つまり、a）パートナーがその関係を築いた時に最初に共通の常居所を持った国の法、又はそれがない場合には b）双方のパートナーがパートナー関係を築いた時に国籍を有した国の法、それもないときには、c）パートナーがその関係を築いた時に全ての事情に鑑みて当事者が最も密接な関係を有する国の法、それもないときには d）パー

トナー関係を登録した国の法を適用するものとする。この場合に、同一当事者間のパートナー関係が複数の国で登録されている場合には、最近に設定されたパートナー関係が登録された国を基準とされていた（草案 15 条 a 号参照）。また、議会草案 15 条 2 項は、指定された法が登録パートナー関係を認めない場合には、前項 a 号、b 号、c 号を適用しないものとし、d 号を適用するものとしていた。議会草案 15 条 3 項は、パートナーがもはや共通の国籍を有しないときに 1 項 b 号は適用されないものとし、c 号以下によるものとしていた。

　しかし、規則 26 条は、より整理され分かりやすい規定とされている。1 項では、「22 条に基づく準拠法選択がない場合に、登録パートナーシップの財産的効力をその登録パートナーシップを設定した国の法により規律する。」とし、2 項では、「例外的に、その登録パートナーシップの財産的効力の問題について管轄権を有する裁判所は、次に掲げる場合に限り、いずれかのパートナーの申立により第 1 項により適用される国以外の国の法が適用されることを決定することができる。すなわち、その国以外の他の国の法が財産的効力をその登録パートナーシップの制度に連結し、かつ申立人が a）そのパートナーが最後の共通常居所を相当長期間にわたりその国に有していたこと、および、b）両方のパートナーがその財産的関係の規律又は計画についてそのような他の国の法によることを熟知していたことを証明した場合である。」とする。それに続けて、「そのような他の国の法は、その登録パートナーシップの設定の時から適用される。ただし、パートナーの一人がそれに同意しない場合はこの限りではない。この最後の場合には、そのような他の国の法は、そのような他の国に最後の共通常居所を設定した時から適用される。」（第 2 項第 2 文）「そのような他の国の法の適用は、第 1 項による準拠法が設定した第三者の権利に影響を及ぼさない」（第 2 項第 3 文）「本項は、パートナーがそのような他の国に最後の共通常居所を設定する前にパートナーシップ財産契約を締結した場合には適用されない。」（第 2 項第 4 文）としている。要するに、登録パートナーシップの準拠法をその登録パートナーシップを設定した国の法によることを原則として、厳格な要件の下での例外的な場合を規定する。

議会草案16条aは、準拠法選択についての方式規定を定めていた。1項では、15条bによる準拠法選択合意は、日付及び両パートナーの署名のある書面が要求される。その合意を証明できる耐久性のある電子的な伝達方法はこの文書の要件を満たすものとすることが定められている。2項では、このような合意は、登録パートナー関係に適用される法又はそこでその合意が締結された国の法の方式規定を満たさなければならないとされている。3項では、両パートナーが合意の時に常居所を有した国の法がその合意の規定について、又はそうではなく婚姻契約について追加的な方式要件を規定する場合には、この方式規定が適用されるべきものとする。この2項、3項は夫婦財産規則19条に対応するものであるが、「婚姻契約」とする点は誤解を招くおそれがあると指摘されている[17]。このような追加的方式要件として例示されるのは、公正証書が要求されることである。また、十分な情報を与えられたうえでの合意が望ましいとする観点から、合意形成の際に弁護士又は公証人の助言を要求する場合がある。4項では、パートナーが準拠法選択時に複数の国にその常居所を有し、これらの国の法が異なる方式規定を定める場合には、それらのうちの一つの国の法規に定める要件を満たせば、その合意は方式上有効となるものとする。この規定の内容は、規則23条で定められている。

　議会草案17条には、夫婦財産規則22条におけると同様に、介入規定が定められていた。その内容は夫婦財産規則22条の場合におけると同じものになっていた（夫婦財産制規則30条参照）[18]。これに相当する規定については、登録パートナーシップ財産関係規則30条に定められている。1項

---

17) Raucher, ed. op.cit., S.1152
18) 1項は、介入規定の定義を定め、「その無視が関係構成国の公序と明らかに相容れない規定」とし、「権限を有する裁判所は、公序留保をEUの基本憲章とりわけ31条により差別として禁止されることに反するように解釈すべきではない」と定める。2項においては、「31条により関係構成国で適用されている取引保護規定は別として、この指令は訴訟が提起された裁判所の介入規定の適用に拘束されない」とする。

では、「この規則は、法廷地法の介入規定の適用を援用することを妨げない」とし、2項ではその定義を定めている。つまり、「介入規定とは、この規則に基づく登録パートナーシップの財産的効力の準拠法に関係なく、その範囲内にあるあらゆる状況に適用される、政治的、社会的又は経済的秩序などの公共の利益を保護するために、構成国によって重要とみなされる規定をいう」としている。パートナーシップを認めていない構成国の裁判所が介入規定を援用し、パートナーシップから生じる財産関係を否定するおそれが残ることになるであろう。この点については、今後の欧州司法裁判所の判断が求められることになるであろう。また、公序については、同規則31条に定められている。つまり、「この規則によって指定された国の法律の適用は、そのような適用が法廷地の公序と明らかに相容れない場合にのみ拒否することができる。」とされている。

第3節

離婚

1 婚姻及び離婚の意義の社会的変化

　法の歴史を通観すると、法が婚姻の成立及び解消に重要な意義を認めてきたことが分かる。婚姻の成立及び解消のための法律要件を、内縁のような他の型の同棲と明確に区別しようとしてきた。中世の封建制の下では、両親の財産及び領主としての地位を受け継ぐことができるのは、婚姻によって生まれた嫡出子だけであった。婚姻なく生まれた子にそのような地位の継承を可能とすると、多数の競い合う子孫を生じさせ、相続関係において競合する系統の子孫間で分裂状態を生じさせ、封建制度全体を危うくする危険性があると認識されてきた。
　近世の産業資本主義の下では、婚姻の機能はいくらかその意義を変化さ

せたが、婚姻は、国民国家の基礎的構成部分としてだけではなく人間社会の核心と考えられるようになった。婚姻は法的に保護された私的な関係として、子弟の教育、老人の監護、諸種の社会的諸価値の伝達、実現の社会的単位と考えられた。国家は、むしろ厳格な方法で婚姻を規律してきた。婚姻の成立については方式の遵守を求めたが、婚姻挙行地法によるのが通常となり、婚姻障害は、重婚と近親婚を除いて廃止され、次第に緩やかになっていった。ところが、婚姻の解消、とりわけ離婚理由については依然として狭く制限されてきた。

現代の婚姻法の発展は、効率的な出産抑制の普及と婦人への平等な権利の付与が誘因となったものであった。婦人たちは、より大きな独立性を獲得し、婚姻における子育て、老人監護などの伝統的な経済的機能を削減させた。現代の多くの諸国において婚姻の解消を容易化する方向への社会的圧力が生じてきた。過去にカトリック教会の強い影響の下で離婚を完全に拒否してきたチリ、アイルランド、マルタおよびスペインなどのような国は、殆ど存在しなくなった。私的離婚を認めず裁判離婚のみを認める場合でも、一定期間の別居のほか、子供がいる場合における離婚後の子供の監護、養育の問題に重点が移ってきている。とはいえ、EU 域内においてすら離婚原因、手続については各国の伝統、文化、公序概念等を反映している。離婚の要件は国によって異なっており、これが域内のおける人の移動の自由を制限する要因の一つとなることがある。そこで、離婚に関する国際私法の統一が重要な課題の一つとみられるようになった。

2 抵触法上の3つの類型とその後の展開

離婚に関する抵触法上の立場は、つぎのような3つの類型に分類することができる。

① コモン・ロー及び北欧の法域、スイスは、法廷地法に従っており、それによって準拠法に関する争点を裁判管轄権の規則に依拠させている。

② ヨーロッパ大陸法系の殆どの諸国は、裁判管轄権と準拠法を異なる問題として、多くのヨーロッパやアジアの諸国は、準拠法に関し国籍主義を採る。
③ 若干のラテン・アメリカの法域は、離婚に関する主要な連結点を住所又は常居所に変更してきた。

　まず、②の国籍主義を婚姻による国籍の重取得との関連でみておこう。外国人と婚姻した婦人が自国籍を喪失しないで夫の外国籍を取得すると、二重国籍が生じる。このような婚姻を起点として国籍単一の原則が覆ることになる。とりわけ1985年の女子差別撤廃条約9条2項の解釈として父系血統優先主義から父母両系血統主義に変化すると、そのような母親から生まれた子が重国籍になることを容認しなければならなくなる。また、第二次世界大戦後の移民の大きな流れもあった。そのため国家の統合政策もあって、一定の条件がある場合には生地主義も容認し、重国籍がさらに増加する。このようになると、国籍がもはや倫理的、文化的、民族的絆を示すものとみなすのに最も適切な連結点としての地位を失って、せいぜい夫婦に共通国籍が存在する場合における段階的連結の第一段階の連結素として使用されるに過ぎなくなる。常居所は、統一した具体的な定義規定も存在せず、居住期間をどのようにするか、居住意思をどのようにどの程度考慮すべきかなど国によって異なる。離婚の場合には、配偶者達はもはや共通の常居所を持たないことが多い。法廷地については、離婚についての裁判管轄規則が広くなりすぎており、法廷地漁りが生じる可能性がある。要するに、婚姻家族の本拠が現代の移動性の強い社会の下では決定が困難になることが少なくない。したがって、離婚に関し実際上「無秩序状態（virtual anarchy）」にあるという指摘がある[19]。

---

19) Basedow, Rühl, Ferrari, Asensio ed., Encyclopedia of Private International Law Vol.1 (2017) p.549 (Dagmar Coester-Waltjen).

3 離婚準拠法における当事者自治の原則の導入

　古来、古代エジプト、ローマ帝国、中世ヨーロッパなどで異宗教徒間の婚姻には、一定の範囲内における当事者の準拠法指定が認められてきたとする証拠がある[20]。現在でもレバノンでは、異宗教の配偶者には、その婚姻の管轄権を持ち、その規範に従って判断することができる宗教組織の指定が認められているといわれている[21]。しかし、婚姻とその解消の可能性は離婚に関する権限が教会から国家に移転した後も慎重に扱うべき問題とされてきた。国家の立法者は、その裁判所で自国民及びそこに居住する人々にのみ自国法によることを原則とみてきた。外国離婚判決の承認についても、承認国の法選択規則に従って適用されると同じ実質法をその外国裁判所が適用したかどうかに係わらせることがしばしばあった。1970年代における比較法上の離婚に関する大規模な研究においても、未だ当事者自治には触れられてはいなかった。ところが、1980年代に入り、次第に現代社会のグローバル化が進展し、社会の流動性が増加し、人口移動はヨーロッパだけではなく世界の至る所で問題となるようになる。このような状況の下で多文化、多宗教、多民族の国家が成立するようになると、離婚について当事者自治を受け入れるべきとする要請が強くなる。

　EUの域内では、初めて離婚の準拠法について当事者自治の原則を規定したのは、1981年のオランダの「婚姻の解消及び別居についての法律抵触規則に関する法律」1条であった。まず、客観的連結を定め、夫婦の共通本国法、それがないときには共通常居所地法、それもないときはオランダ法によって解決される。夫婦の一方が共通本国との実効的な社会連帯を明らかに欠く場合には、共通本国法がなかったものとみなされるけれども、夫婦が共通本国法を選択するか、又は、夫婦の一方による選択を他方が争わなかったときは、その法が適用される（同条2項）。これらの規定にか

---

20) Basedow, op.cit., p.250
21) Basedow, op.cit., p.250f.

かわらず、夫婦がともにオランダ法を選択するか又は夫婦の一方がオランダ法を選択し、他方がその選択を争わなかった場合に、オランダ法を準拠法として適用できるものとする（同条4項）。オランダ法の選択を認めたのは、離婚保護の思想に基づくものであり、これによって本国法上離婚が認められない事例においてもオランダ法は夫婦の意思による離婚を認めているから（オランダ民法154条）、オランダ法を選択することによって離婚が可能になる。この規定は、2012年1月1日から施行されているオランダ民法56条に基本的に引き継がれている。

　ベルギーでは、2004年7月16日の国際私法55条は、1項で段階的連結を定め、2項で当事者自治の原則を定めている。1項は、離婚及び別居を訴訟開始時に夫婦の双方が常居所を有する地の法により（1号）、同一国に常居所がない場合には、夫婦の一方が訴訟開始時に常居所を有することを条件として、夫婦の最後の共通常居所地法により（2号）、それもないときは訴訟開始時に夫婦の双方が国籍を有する国の法により（3号）、その他の場合にはベルギー法によるものとする（4号）。2項は、夫婦の双方が訴訟開始時に国籍を有する国の法（1号）、又はベルギー法（2号）から、夫婦が準拠法を選択することができるものとする。準拠法選択の可能な時期を訴訟開始時に制限したのは、それより前の夫婦の合意による準拠法選択を認めない趣旨と解することができる。この法は2004年10月1日から施行されたが、現在ではローマⅢ規則に置き換えられている。1986年ドイツ民法施行法17条及び14重3項、2003年のスペイン民法9条2項も、離婚について当事者自治の原則を認めていた。もっとも、現在ではこれらの規定もローマⅢ規則に置き換えられている。

4　ローマⅢ規則

　多くの国の抵触規定によると、離婚については当事者自治を認める国が多くはないけれども、これを認める傾向がある程度みられることは明らかである。このような状況の中で、ローマⅢ規則は、当時全27カ国の構成国のうち15カ国で「強化された協力」による方法を利用して成立し、15

カ国（当初参加していたギリシャが脱退し、リトアニアが後に加盟した）で成立し、2012年6月21日より施行されている（リトアニアについては、2014年5月22日より施行）[22]。さらに、2014年1月27日ギリシャ、2016年8月11日エストニアの加盟が認められたので、現在17カ国が加盟している。この規則の最も大きな特徴は、準拠法選択を認め、これを原則とした点である。この点について、ローマⅢ規則5条は次のように規定している。

「(1) 配偶者は、離婚及び法定別居の準拠法を指定するために次に定める法の一つを合意することができる。
(a) その合意が締結された時におけるその配偶者の常居所がある国の法
(b) その配偶者が最後の常居所を有した国の法、ただし、配偶者の一人が合意を締結する時にそこに居住する場合に限る。
(c) その合意が締結された当時いずれか一方の配偶者の国籍がある国の法
(d) 法廷地法   」

離婚及び別居の準拠法決定についてローマⅢ規則5条〜7条に定める当事者自治の原則が中心になっており、当事者の指定がない場合について8条に定めている。配偶者が選択することができる準拠法の範囲は、それまで当事者自治を導入してきたどの構成国の規定より広いものとなっている。国籍国の指定を許したのは、重国籍者の本国法の決定問題を回避するためである。法廷地法の意義については、ブラッセルⅡbis規則との関連でみ

---

[22] ローマⅢが2012年6月21日から発効しているのは、オーストリア、ベルギー、ブルガリア、フランス、ハンガリー、ドイツ、イタリア、ラトヴィア、ルクセンブルク、マルタ、ポルトガル、ルーマニア、ソロヴェニア、スペインの14カ国であり、後に加盟したのはリトアニア（2014年5月22日から）、ギリシャ（2015年7月29日から）、エストニア（2018年2月11日から）である（Cf. Costanza Honorati, Maria Caterina Baruffi, op.cit. p.215)。

る必要がある。ブラッセルⅡbis 規則3条は、両配偶者が常居所を有しており、又はその一人が依然としてその国に居住する最後の共通常居所がある構成国の裁判所だけではなく、共同申告の場合には、いずれかの配偶者が常住的に居住する構成国の裁判所、一方的申告の場合には、申告者が12カ月間その法廷地国に居所を有すれば足り、その者が構成国の国民であれば、6カ月間より多くない期間居所を有すれば、訴えを提起することができる。したがって、その限りで、すべての国の法が法廷地法となり得るのである。

　ローマⅢ規則5条1項d号の文言から必ずしも明確にならないのは、法廷地が原告の能力において選択されなければならないかどうか、つまり、その選択がなされた時に既に原告によって法廷地が選択されている必要があるかどうか、又は、配偶者によって選択された法が最終的に離婚手続決定の時に法廷地法に転換することで十分であるか、である。英語版とフランス語版では明確ではないが、ドイツ語版では、その事例が既に係属している場合に法廷地法の選択を制限しているように思われる。例えば、フランス人とスペイン人の配偶者が婚姻の時離婚の準拠法に関する合意をし、その合意によると、その夫婦が将来的に居住しようとするルクセンブルク法により規律する法選択条項を含んでいたとする。準拠法選択合意の時にはルクセンブルクはもちろん法廷地ではない。その後、その配遇者の一人がルクセンブルクに居住し、この配偶者がブラッセルⅡbis 規則3条に基づいて裁判管轄権があるルクセンブルクの裁判所に離婚申立をしたとしよう。婚姻合意によってなされた選択は、ルクセンブルクの裁判所に係属した時にローマⅢ規則5条1項d号の要件を満たすように思われるであろう。ルクセンブルク法の適用に関する合意は、法廷地法の有効な準拠法選択合意となるであろう。その選択合意は法廷地法の選択と解することができるからである。もっとも、このような見解に対し、少なくともドイツ語版をみる限りは、偶然的要素を含むこのような浮動する合意の効力を認めるべきではないとする反対説も可能である。しかし、準拠法選択合意の有効性が訴訟提起時に確定できるのであれば、当事者意思をそのように解することを否定すべきではないであろう[23]。

参加している構成国で問題となれば、指定された法が参加していない構成国の法であっても適用される（同規則4条、前文（12）参照）。準拠法の指定は、何時でも修正することができるが、遅くとも訴えが裁判所に係属するまでになされることを前提としている（同規則5条2項）。準拠法指定合意の実質的有効性は、その合意が有効であったとしたら適用される法、つまり準拠法として指定することを合意した法による（同規則6条）。準拠法指定の合意の方式上の要件としては、日付、両配偶者の署名のある書面又はそれに代わる電子的手段が必要である。その他に、配偶者が常居所を有する構成国は、例えば、準拠法指定合意を公正証書によることや具体的な法選択条項の作成の際に、公証人や弁護士による十分な情報を与える機会を持つことなどの追加的要件を定めることができる（同規則7条2項）。

離婚の準拠法に新しく当事者自治の原則を導入したローマⅢ規則が成功するかどうかは、これによって実質的に当事者の予測可能性や法的安定性が保障されるかどうかにかかっているように思われる。当事者相互間に相手方の自由意思の形成を阻害する行為を阻止するための法的保障措置やその準拠法の選択によりどのような効力が生じるかについての適切な情報提供を保障する措置を十分に用意することができるかどうかにかかっているように思われる。離婚は感情的問題が絡むだけに、同意の有無についての厳しい争いが生じるおそれもある。そのような争いを予防する措置が十分であるかどうかが問題となるであろう。

ローマⅢ規則における「離婚」に同性間の登録パートナーシップの解消や私的離婚が含まれるかどうかについては議論が分かれる。同性間の登録パートナーシップの解消については、登録パートナーシップが婚姻に準ずる性質を持つことに着目して、ローマⅢ規則を準用しようとする見解がある。これによると、ローマⅢ規則の法廷地法を登録地法に読み替えて、離婚の同じように当事者間で準拠法選択を可能とすることになる。しかし、登録パートナーシップの法的性質については、ドイツやオランダのように

---

23) Basedow, op.cit., p.255

婚姻と同様の効力を持つとする国もあるが、比較法的にみれば婚姻と異なる性質のものとする国が多い。そこで、私的離婚と同じ性質を持つものとして、証拠資料の国際的承認の問題として解決しようとする見解がある[24]。パートナーシップの解消も私的離婚と同様に私的行為の側面があるから、私的離婚と同じように証拠書類とその承認の問題として捉えようとする。この見解によると、1993年5月29日の国際養子縁組における子の保護及び協働に関するハーグ条約におけるように、締約国に中央官庁を設定し、その官庁が正式に認めた旨の書面を作成し、締約国相互間でその書面を承認すればよいとする。しかし、登録パートナーシップについてその認否、要件や効果に各国で相違がある中で、養子縁組と同じような条約を制定することができるかは難しい問題である。むしろ登録パートナーシップの解消手続をその登録国で行うものとして、登録国で行った解消手続を相互に承認する条約を締結することを目指す方が現実的であるようにも思われる。

第4節

扶養

1　親族間扶養の諸類型

　家族関係における経済的給付は、配偶者間、両親と未成熟の子供間だけではなく、広く親族間においても家族関係を支える基本原則とみられてきた。各国の実質法をみると、扶養義務の程度、その期間、夫婦財産制との関連性、扶養に関する債権者や債務者が多数いる場合における優先順位、

24）Basedow, Rühl, Ferrari, Asensio Ede., Encyclopedia of Private Internaional Law, Vol.1, p.554（Dagmar Coester-Waltjen）

扶養執行機関又は社会福祉機関の参加等についてその社会、国家の在り方ともかかわっており、大きく異なった内容を有している。扶養義務の範囲についても、配偶者間や両親と未成熟子間の扶養義務を認めない国は殆ど考えられないであろうけれども、親族間扶養について社会福祉という観点から西欧諸国につき国際比較を行うと、各国の制度観は大きく異なる。

　①　伝統的にイングランドを起源として米国、カナダ、オーストラリアなどの制度観であり、このような扶養を市場中心の問題解決に委ねようとするものであり、家族間の連帯の問題ではなく、国家による救貧法的性質を持つものと捉える考え方である。

　②スウェーデン、デンマーク、ノルウェーなどの北欧諸国の制度観であり、家族の連帯ではなく社会の連帯の問題として解決し、家族が親族を扶養した場合には公的機関から費用償還請求を受けることが基本的になるとする考え方である。

　③　ドイツ、オーストリア、イタリア、オランダ、スペイン、ポルトガルなど西欧諸国を中心としたものであり、これを家族の連帯の問題として捉え、個人の需要を家族が充足し、家族の能力が尽きた場合にのみ国家が関与するという考え方である。そして①及び②の考え方を採る諸国は、これまでの扶養に関するハーグ条約に無関心である傾向が強く、EU がそれに加盟するまではその条約の締約国となっていないと言われてきた[25]。

　扶養料請求は、請求額の割に費用や手数がかかり、とりわけ渉外的扶養料請求事件が各国の裁判所でばらばらに審理される現状の下で、これを実効的に迅速に行うのが困難であった。この困難を克服するために、多数の多様な国際的な統一法が作成されてきた[26]。これらの条約は、扶養に関する外国での償還請求、外国扶養判決の承認や執行、子の奪取条約と類似した締約国の中央組織（中央当局）を中心に裁判所や行政組織を含めた連携を定めるものなど多様である。その中には、扶養義務の準拠法を取り扱い、

---

[25] 横山潤「扶養義務の準拠法に関する法律再考」国際私法年報 20 号（2018 年）3 頁以下、とくに 5 頁参照。

当事者自治の導入に道を開いてきたものがある。

2　扶養に関する法選択規則の諸類型

これらの国際条約や国家法で採用されてきた法選択規則は次のような5つの類型に分類できる。

(1)　コモン・ローの法域においては、扶養請求権を規律するのは、法廷地法である。扶養権利者がその常居所の裁判所に請求を係属することが許容される場合には、法廷地法は債権者の常居所地法と一致することが多いであろう。しかしながら、米国においては、裁判管轄権が専ら債権者の常居所を基礎としていることを合衆国憲法のデュー・プロセス条項と相容れないものと考えられているようにみえる。その条項は、被告保護との関係で法廷地法と何等かの最小限の関連を要求している。統一州際家族扶養法は、それゆえ、米国内の異なる州の裁判所間の協働を規定する制度を採り入れてきた。原告が初めて訴訟を提起した裁判所は、その後、その訴訟を被告が存在する、いわゆる応答する法廷に移送するであろう。応答法廷は、それを取り上げて、その法廷地法に基づいて扶養命令を下すことになる。

(2)　第2の型は、イスラム系諸国などに広がっている考え方であり、扶養義務を債務者の人的身分に関する問題と考え、それを扶養債務者の所属する国家の法により規律させ、または配偶者間の扶養問の扶養事例においては夫の所属する国家の法により規律させる。この型における抵触規則の実際的適用は難しい場合が生じる。とりわけ扶養義務者が外国

---

26)　例えば、1956年6月20日の外国の扶養料回収に関する国連条約、1958年4月15日の子に対する扶養義務の準拠法に関するハーグ条約、1973年10月2日の扶養義務の準拠法に関するハーグ条約、2007年11月23日の子及びその他の親族の扶養料の国際的回収に関するハーグ条約がある。最後のものは、外国判決の承認・執行及び行政協力に関する包括的な条約である。

人である事例においては、外国法の適用が必要になり、宗教規範と法規範が微妙に絡み合っているときは、外国法の調査にもかかわらず、その内容、解釈を明確にすることが困難な場合が生じ、扶養請求の事例における審理が遅延するおそれが生じる。

(3)　第3の型は、現代の政策上の方向性に沿って、扶養債務者から扶養債権者の地位に焦点を絞って考えるものである。扶養債権は、債権者の経済的必要に係わるから、その必要が生じた国で、その債権者の法が扶養に適用されるべきであるとする。この見解が支えられているのは、扶養権利者が扶養を受ける制度は社会保障等の制度と選択的であり、債権者の通常生活している国とかかわりが深いことである。債権者の法といわれるのは時には国籍を有する国の法を意味することもあるが、通常はその者の常居所又は住所の法である。もっとも、離婚後扶養についてはその離婚を規律する法を指すのが通常である。

(4)　第4の型は、なるべく扶養請求が認められやすいように、扶養請求を選択的に連結するか、段階的・補充的に連結する考え方である。1973年のハーグ条約は、扶養債権者の常居所地法によることを原則としつつ（4条）、その法により扶養を受けることができない場合には扶養債権者と扶養債務者の共通本国法により（5条）、その法によっても扶養を受けることができない場合に法廷地法による（6条）。2007年のハーグ改正議定書によると、扶養債権者がその常居所地法により扶養を受けることができない場合には、法廷地法が適用されるものとする（3条、4条）。また、1989年7月15日の扶養義務に関するモンテヴィデオ条約6条によると、裁判所は債権者又は債務者の常居所地法のいずれか債権者により有利な法を適用するものとされている[27]。この点に関し最も

---

27) この条約は、1989年7月1日からモンテヴィデオで開催された第4回汎米州国際私法会議で採択されたものであるので、「扶養義務に関するアメリカ諸国間条約」とも呼ばれる。この条約は、アルゼンチン、ブラジル、コロンビア、エクアドル、グアテマラ、メキシコ、パラグアイ、ペルー、ウルグアイ、ベネズエラの10か国で発効している。なお、この条約の英訳については、56 Rabels Z. (1992) 157参照。

広い選択範囲を示すのは、おそらく 2010 年の中国の渉外民事関係法律適用法 29 条であり、一方当事者の常居所地法、国籍国法又は主たる財産の所在地法のうち、被扶養者の権益の保護に有利な法を適用するものとしている。

(5)　第 5 の型は、2007 年のハーグ改正議定書で扶養問題に当事者自治を許容したように、当事者自治を導入して扶養の準拠法を決定しようとする考え方である。この議定書 7 条によると、債権者及び債務者は、問題となっている国における特定の手続のみを目的として、つまり、係属中又は差し迫った離婚手続において、法廷地法の適用を合意することができるものとされている。

3　EU 扶養規則とハーグ改正議定書

　EU の扶養規則 15 条によると、扶養義務の準拠法を 2007 年のハーグ議定書によって決定するものとされている。このハーグ議定書 3 条 1 項は、この議定書が特にこれと異なって規定する場合を除いて、債権者の常居所地法により規律されるものとする準拠法の一般原則を定めている。同条 2 項は、債権者の常居所の変更に場合に、その変更の時から新しい常居所地法を適用するものとする。

　そのうえで、同議定書は 4 条以下にその特別規定を定める。4 条は、子供の両親に対する債権（1 項 c 号）、両親の子供に対する債権（1 項 a 号）などのように、ある種の債権者を優遇するための補充的連結（第一に挙げた法により扶養請求権が認められなかった場合に当然に次に挙げた法による請求を認める方法）による特別規定を定める。5 条は、配偶者間又は以前の配偶者間の扶養債権に関する特則を定める。このような場合に、債権者の現在の常居所地よりも婚姻により密接な関係がある他の国、とりわけ配偶者間又は以前の配偶者間の最後の共通常居所地国があるときは、その国の法によるものとしている。6 条は、債務者側の抗弁に関する特則を定めている。つまり、親子関係から生じる子に対する扶養債務及び 5 条に定める以外の扶養債務の場合に、債務者は、債務者の常居所地法によっても当事

者の共通国籍国の法によってもそのような債務がないことを理由として、債権者に対して抗弁することができるものとする。

　議定書7条は、3条から6条にかかわらず、扶養債権者と債務者は、ある国の特定の手続のためにのみ明示的に扶養債務の準拠法を指定することができるとして、当事者自治を認める（1項）。そのような手続制度による以前になされた準拠法指定は、両当事者の署名のある書面又は後の参照に使える継受可能な情報、前述の書面と同視することのできる何等かの方法における合意によるものとする（2項）。準拠法選択合意の方式上の要件として両当事者の署名のみを要件として日付の記載を要件としていない。この点は方式要件を定める趣旨からみて疑問がある。さらに、その手続に入って後の準拠法選択にはそのような要件も必要でないものとし、両当事者が裁判所の審問に応えて、準拠法選択の合意があると答えれば足りるものとしている。この点は、ローマⅡ規則が損害の生じた事件発生後の準拠法選択については寛大な要件の下で準拠法選択を認めているのに類似する。

　議定書8条1項によると、3条から6条の規定にかかわらず、当事者は何時でも次の法のうち一つを扶養義務の準拠法として指定することができる。

「a）いずれか一方の当事者が指定当時国民である国の法
　b）いずれか一方の当事者が指定当時常居所を有する国の法
　c）当事者によりその夫婦財産制の準拠法として指定されたか、事実上適用された法
　d）その離婚又は法廷別居に当事者によって準拠法として指定された法又は事実上適用された法」

　準拠法指定の方式上の要件については、議定書7条2項と同様である（8条2項）。7条の場合と異なって8条の場合は、法文上、明示的であることを要件としていない。特定の国の法によることを一般的に言及すれば足りる。合意の実質的有効性、とりわけ詐欺、強迫などについては明文の規定はない。これについて当事者により選択された法によるとする解釈がある。

明文の規定がない以上、このように解するのが妥当であろう。当事者の署名のある書面を要求しているが、日付を記載することは要求していない。署名をした後、長期間経過して準拠法指定の書面が問題となることも考えられる。方式上厳格な様式を要求するのは当事者の真意をそれによって確保しようとする点にある。とすれば、日付を含めて方式上の要件とすべきではなかったか。この点については7条2項の場合と同様に、8条2項の場合にも疑問が残る。

同議定書9条によると、コモン・ロー法系諸国は、8条1項a号の基準として国籍の代わりに住所を基準として適用できるものとされている。

要するに、扶養債務の準拠法について新たに当事者自治を広く認めている。同時に、議定書8条3項から5項にかけて弱者保護の観点より客観的連結による当事者自治からの多くの除外例が規定されている。8条3項によると、当事者自治は18歳以下の人及び欠陥のある成人に関しては利用することができないものとされている。18歳以下の未成年者については、原則として自らの判断で義務を負うことはできず、法定代理人によって行動することになるので、準拠法選択から除外することに合理性が認められる。「欠陥のある成人（vulnerable adults）」という概念は、あいまいで分かりにくいものとなっている。有効に準拠法選択をなした後に欠陥が生じた場合も想定される。当事者の準拠法選択権の尊重という観点からみると、欠陥ある成人の概念は、準拠法選択時に能力の欠缺があるか、不十分とされる場合と狭く解釈されるべきであろう[28]。

議定書8条4項は、1項に従って当事者によって指定された法にかかわらず、債権者が扶養の権利を放棄することができるかどうかの問題は、準拠法指定時における債権者の常居所地法によって決定するものとしている。

議定書8条5項は、つぎのように規定する。「指定の時において当事者が指定の結果を十分に知らされ、又は認識できたのでなければ、当事者によって指定された法は、その法の適用が当事者のいずれかに不公正又は合

---

28) Basedow, op.cit., p.260

理的でない結果を作り出すように導く場合には、適用されないものとする。」これによると、裁判所は、その選択が実際に当事者自治の真の行使であることを保障するために、当事者が特定の準拠法を合意する手続の公正さを綿密に調査することを要求される[29]。

　このような除外例が認められたのは、扶養債務についての当事者自治の導入は新しい試みであったことから提案する側からすると、意見が一致しない部分については慎重に当事者自治から除外する方がよいであろうとする判断に立ったものとみることができる[30]。しかし、当事者自治の原則の根拠を自然人の生まれながらに有する権利に求め、当事者自治の権限をできる限り制限しないようにすべきとする見解からは、余りに広い例外を認めている根拠があいまいであると批判され、この点に関する問題点の解決は欧州中央裁判所の手中にあるとされている[31]。

　選択がない場合における準拠法については、2007年の議定書は扶養を求める債権者を4つのグループに分けて準拠法を規定している。

　① 議定書からみて「支持されたグループ」であり、両親に対して扶養を求める子供が含まれる。このグループの扶養債権者については、まず、扶養債権者の常居所地法により（3条1項）、その常居所が変更された場合には、新しく取得された常居所地法による（3条2項）。常居所地法により扶養請求権が認められない場合には、法廷地法により、それによっても認められない場合には、債権者と債務者の共通国籍を有する国の法による（4条2項、4項）。
　② 両親以外の者に対する21歳未満の子供が債権者となる場合及び親から子供に扶養を求めて債権者となる場合であり、①と④の中間的な

---

29) Mills, op.cit., p.453
30) Basedow, op.cit., p.260; Vgl. Paul Beaumont, International Family Law in Europe-the Maintenance Project, the Hague Conference and the EC: A Ttiumph of Reverse Subsidiarity, 75 Rabels Z.509, 521 Comment 26
31) Basedow, op.cit., p.261

グループである。①の場合と異なるのは、債務者の常居所地法によっても、当事者の共通国籍を有する国の法によっても、そのような義務がないという抗弁を扶養債務者が各段階で主張することができる点である。

③　配偶者間又は以前の配偶者間及び婚姻が無効になった当事者間の扶養債権者のグループである。この場合に当事者の一人が3条の適用に反対し、他のより密接な関係にある法、とりわけ最後の共通常居所地法の適用を主張する場合には、この法が適用される（5条）。

④　それ以外の扶養債権者のグループである。扶養債権者の常居所地法によるが、債務者は、債務者の常居所地法によっても、当事者の共通国籍を有する国の法によっても、そのような債務が生じないという抗弁が可能になる（6条）。

扶養債権は、請求金額が低い割には手間がかかり、判決を貰ってもそれを執行することが難しいことが少なくなかった。扶養規則は、全体として扶養債権の迅速かつ簡易な執行を確保するための規定を設けるとともに、EU構成国に中央当局を設置し、子奪取条約に類似した構成国間の協働により、これを実現しようとする。例えば、扶養債権に関する訴訟を提起しようとすれば、債務者の住所（宛先）、収入や資産などの情報が必要になる（この点については、扶養規則61条2項参照）。宛先が分からなくても訴訟をすることができるとされていたとしても、実際上執行ができなくなるおそれがある。また、訴訟扶助、訴訟援助、相談等の支援も必要になる。この規則の対象となる紛争に関与する当事者に、他の加盟国における効果的な司法へのアクセスを可能とするための法律扶助を提供するものとする（扶養規則44条参照）。とりわけ、21歳未満の子供の親に対する扶養請求については、原則として無償の法律扶助を提供するものとする（扶養規則46条1項）。これらの情報や支援を得られるように構成国の中央当局が協力して、迅速で簡易な判決や行政官庁の決定の執行を実現しようとするのが扶養規則の目標である。

広く当事者自治を捉えるとすれば、準拠法選択合意だけではなく、裁判管轄権の合意、承認・執行における当事者自治の承認が問題となる。準拠

法については、前述のように2007年のハーグ議定書に委ねているが、扶養規則4条は、裁判所の選択合意に関する規定を設け、当事者の常居所を有する加盟国の裁判所、当事者の一方が国籍を有する加盟国の裁判所、配偶者又は以前の配偶者間の扶養義務については、婚姻問題に管轄権を有するか又は少なくとも1年間配偶者が共通の常居所を有した加盟国の裁判所から、当事者間で選択合意をできるものとする（同条1項）。この管轄合意は、当事者が別段の合意をしない限り排他的なものとし、書面によることを要件としているが、当事者の署名やその日付は明文上は要求されてはいない（4条2項）。この点では夫婦財産制の準拠法合意などのように、当事者の署名やその日付の記載を要件として明記すべきとする主張がある[32]。また、被告の出頭による管轄権を認めている（同規則5条）。

　2007年の議定書に拘束された加盟国においてなされた判決は、特別な手続を要することなく、かつ、その承認に反対する可能性なく、他の加盟国において承認される（扶養規則17条1項）。このような加盟国の決定で当該加盟国において執行可能なものは、他の加盟国においても執行可能である（同規則17条2項）。2007年のハーグ議定書に拘束されない加盟国において行われた判決は、特別な手続なく他の加盟国で承認されるものとする（同規則23条1項）。このような判決についても、利害関係人の申立によりその加盟国において執行可能と宣言された場合には、他の加盟国において執行可能である（同規則26条）。当事者自治によって準拠法を決定した外国の判決、決定であっても、これらの点は変わらない。

　この規則は、現在EUの26の構成国（デンマークと英連邦を除く）において効力を有する法であって、2011年6月18日に決定されたものである。

---

[32] Jacqueline Gray, Party Autonomy in EU Private International Law（2021）p.322

第5節

個人の姓名

1 個人の姓名に関する法選択規則の諸類型

　人の姓名は、人の同一性や私的生活の重要な構成要素であって、欧州においては 2000 年 12 月 18 日の EU の基本権憲章 7 条及び 1950 年 11 月 4 日の「人間の権利及び基本的自由に関する欧州条約」8 条によって保護されている。連結素に着目して欧州諸国の法選択規則をみると、次のような 5 つの類型に分類することができる[33]。①殆どの諸国は、姓名の法的安定性、静止性、規定的機能の点から、人の国籍を最初の連結素とし、夫婦の場合にはそれぞれの国籍を連結素とする。例えば、ベルギー、ドイツ、ルクセンブルク、オランダ、オーストリア、スペインである。これは、人がその出身国と最も密接な関係を持つことから基本的に支持されてきた。②少数の諸国、例えば、北欧諸国、スイスは、指導的な連結素を常居所又は住所に求め、夫婦の場合には、最初の共通常居所ないし住所とする。これは、人が現実に居住する国と最密接関係を持つとして、人の新しい環境の下での社会への統合に着目する。③コモン・ロー諸国においては、人の姓名の問題を抵触法体系の外にあるものとみられている。連合王国では姓名に関する実質規定を欠くとすれば、法選択規則は外国人の姓名又は連合王国に居住する外国人の姓名をどのように扱うべきかは、規定が欠欠するものとする。④ローマ法系に属するいくつかの国、例えば、イタリア、フラ

---

33) Kahtrin Krole-Ludwigs, Name of individuals, Basedow, Rühl, Ferrari, Asensio eds. op.cit., p.1283 は、4 つの類型に分類したうえで、当事者自治を採用する国に触れている。本稿ではこれを基礎としながら例示した国としては重複することになるが、5 つの類型に分類した。

ンス、ギリシャは、人の姓名の問題を家族法の問題と法性決定する。姓名の変更の問題は主として家族問題から生じるので、実質的な家族関係の連結素が関連するとすれば、それによって準拠法を決定する。⑤最近は、夫婦や親子間で姓名の準拠法が異なり、異なる姓を名乗ることになると内縁関係やその下で出生した子と思われること、グローバル化によって私的生活が複数の国に関連し、客観的に一つの国の法のみを姓名の準拠法として決定することが妥当でない場合が生じることなどから、当事者による準拠法選択を認める国が増えてきた。例えば、ドイツ、フィンランド、スペイン、スイスである。

2　ドイツ国際私法における個人の姓名

　ここでは、ドイツを中心にみて置きたい。ドイツの国際私法の改正においては、1960年代から1970年代初めにかけて3つの提案が行われていたが、何れにおいても姓名に関して独立の規定を置いていなかった[34]。例えば、婚姻による姓名の変更は婚姻の効力の問題として夫の本国法によることは当然と考えられてきたからであった。この状況を大きく変えたのは、連邦通常裁判所（BGH）の1971年5月12日の決定であったと言われている[35]。まず、この決定から簡単に触れておこう。ドイツ人男性Pとドイツで婚姻したスペイン人女性A.N.V.は、ドイツで婚姻し、子供を出産した。ところが、ドイツの婚姻簿、嫡出子出生簿には、いずれも「A.P. geb. N.V」、と記載されていた。そこで、この女性は、「A.N.V.」とその記載を訂正することを求めて訴えを提起した。争点となったのは、婚姻の効力の問題として夫の本国法であるドイツ法によるべきか、姓名法上の問題として妻の本国法であるスペイン法によるべきか、であった。BGHは、この問題を婚姻の効力の問題とみることに疑義があると指摘し、属人法及び婚姻の効

34）佐藤文彦『ドイツ国際氏名法の研究』（成文堂、2003年）80頁参照。
35）佐藤・前掲書58頁参照。BGHの決定については、58頁以下に紹介されている。

力の準拠法への送致という二重の法性決定をしたうえで、裁判官は実質的正義の観点から抵触法的規律を発見しなければならない、として、適応問題の解決指針を探求する。基本法3条2項の男女同権原則を考慮すると、その者の本国法により認められる姓名を称するべきであるから、夫婦が常居所地法により妻が称すべき姓名を決定する権限を有するとみたうえで、妻の請求を認容する決定をした。この決定により従来の取り扱いを見直す必要が生じた。

そこで、1979年のドイツ国際私法会議の姓名の準拠法に関する提案が公表された[36]。①家族法上の事由による姓名の取得、変更については、その事由の準拠法による（A条）。②準拠法変更があった場合の姓名の変更については、婚姻法13条aの2項ないし4項の準用による（B条）。③非嫡出子の姓名の変更については準正の準拠法による（C条）。④母の夫の命名方式での子の姓名の変更については、婚姻の効力の準拠法か、又は子の本国法による（D条）。この提案には択一的・選択的適用を認めているが、準拠法選択を認めてはいない。

他方で、連邦法務大臣の委任によって作られた1980年のキューネ草案11条は、人事法領域における姓名の変更には、その者の本国法により（1項）、家族法上の事由に基づく姓名の取得、変更については、その家族法上の事由の準拠法によるものとする（2項）[37]。キューネ（G. Kühne）は、当事者自治を採り入れた提案を他の分野では積極的に展開しているが、姓名に関しては草案起草当時当事者自治を未だ展開されてはいなかったのである。

準拠法選択を認める提案は、キューネ草案の対案として提出されたマックス・プランク研究所B案及びドイツ国際私法会議の提案に付随して公表されたシュトルム（F. Sturm）の「ドイツ国際姓名法の改正について」と題する鑑定意見で漸くみられる。

36）佐藤・前掲書81頁参照。
37）佐藤・前掲書83頁参照。Kühne, IPR-Gesetz-Entwurf（1980）S.75

第 5 節　個人の姓名　347

　マックス・プランク研究所 B 案は、ドップテル（Dopptel）、ドローブニック（Drobnig）、ジィーア（Siehr）によるマックス・プランク研究所の提案である[38]。成年者の父母の一方がその国籍又は常居所により定まる法の中から準拠法を選択することができるものとする。その選択は、出生に際し、並びに戸籍上の変更又は国籍若しくは常居所の変更に際してのみできるものとする。(2) 子の命名については、命名者の本国法又は常居所地法を選択することができる。この選択は命名の際に行われる。命名は、子の本国法上、子の承諾を必要とされる場合に、子の承諾が欠けているときは、無効とする。

　シュトルムは、その意見書の中で次のように提案する[39]。「(1) 姓名はその姓名使用者の本国法により規律される。ただし、この者は、常居所の姓名法、配偶者の姓名法、父母の一方の姓名法により、それぞれ規律させる権限を有する。(2) 前項の選択権は、それぞれの準拠法変更に際して新たに発生し、かつその度毎に身分登録官に対する宣言によって行使される。この宣言には、公正証書の作成が必要である。(3) 反致及び転致が考慮されるのは、1 項 2 文による準拠法選択がなかった場合のみである。(4) 先決問題は従属連結される。」要するに、シュトルムの意見書は、姓名の準拠法につきその本国法によることを原則としながら、その例外を夫婦の姓名と子の姓名を区別することなく、制限的当事者自治を認めようとする点に特徴がある。常居所地法の選択について、自己以外の者の常居所地法を選択することができない点でマックス・プランク研究所 B 案と異なっている。また、選択権が準拠法変更の度毎に生じるとする点では、その制限は緩やかになっている。

　このような議論を経て 1983 年に政府草案が作成され、連邦参議院、次いで連邦議会に提出された。その内容は次の通りであった[40]。ドイツの民

---

38) 佐藤、前掲書 83-84 頁参照。ノイハウス、クロッポラーにより提案されたマックス・プランク研究所 A 案がある（佐藤・前掲書 83 頁参照）が、当事者自治を認めていないので省略した。
39) 佐藤・前掲書 85 ～ 86 頁参照。

法施行法草案 10 条が人の姓名を規定しており、1 項では、人の本国法によることを原則とし、2 項では、非嫡出子の姓名について両親の一方又は姓名付与者の本国法によっても与えられることができるものとする。3 項では、夫婦は、複数国籍者の本国法の決定に関する 5 条 1 項にかかわらず、ドイツ国内での婚姻締結時に戸籍役場の官吏に対する表示によって、夫婦の一方が国籍を有する国の法又はそのうちの一方がドイツ国内に常居所を有する場合にドイツ法を選択することができるものとし、その準拠法選択は嫡出子に及ぶものとする。4 項では、少なくとも一方がドイツ人でない夫婦がドイツ国内で婚姻しないで、かつ共通の家族名を有しないような場合に、夫婦の一方がドイツ国内に常居所を有し、又は婚姻法 13a 条 2 項 2 文、3 項により婚姻の一般的効力につきドイツ法が適用されるべきときは、婚姻姓に関するドイツ民法 1355 条 2 項 1 文によって夫婦は婚姻姓に関する表示をすることができるものとしていた。

3　ドイツ及びスイスの草案の討論のためのローザンヌ会議

　これらの草案に関する議論をみるために、1983 年 10 月 14 日〜15 日にローザンヌで行われたドイツ及びスイスの新しい法律草案の討論集会についてみておこう[41]。この集会の第二部が属人法と婚姻法をテーマとしていた。そこで、一定範囲で当事者による準拠法選択を認めながら、本国法を原則するドイツと住所地法を原則とするスイスの草案について、どのような議論が展開されたか興味があるところだからである。

---

40) 佐藤・前掲書 86〜87 頁、桑田三郎＝山内惟介編『ドイツ・オーストリア国際私法立法資料』（中央大学出版部、2000 年）149 頁参照。その解説については、桑田＝山内編・前掲書 251 頁以下参照。

41) Veroffentlichungen des Schweizerischen Instituts für Rechtsvergleichung, Lausanner Kolloquium über den deutschen und schweizerischen Gesetzentwurf zur Neuregelung des Internationalen Privatrechts (1984) なお、ドイツの草案については、同書 289 頁、スイスの草案については 311 頁以下参照。

当時のスイスの国際私法草案は、35条から38条に姓名及びその変更について規定していた。これは、現在のスイス連邦の国際私法典37条から40条に対応するもので、規定の内容自体はその当時の草案と基本的に変わってはいない。35条においては、1項で、スイスに住所を有する人の姓名はスイス法により規律される、外国に住所を有する人の姓名は住所地国の抵触法が指定する法により規律される、とし、2項では、人は、それにもかかわらず、その姓名を本国法に規律することを求めることができる、としていた。36条においては、1項で姓名の変更については、申請者の住所地があるスイスの官庁が管轄を有するとし、2項でスイスに住所を有しないスイス市民は、その本拠州の官庁に姓名変更を申請できる、とし、37条においては、姓名の変更が外国で生じた場合には、その申請者の住所地国又は本国において有効であるとすれば、承認されるであろうとした。38条は、姓名は民事身分登録における登録執務に関するスイスの基本原則に従って登録される、としていた。

　ドイツ法の草案は、本国法主義の原則を基礎として（10条1項）、非嫡出子の出生時（2項）又は婚姻締結時における戸籍役場の官吏に対する意思表示による準拠法選択を認めるが、かなり制限的であった。両親の国籍が異なる場合には、非嫡出子のみにそのいずれか一方の本国法の選択を認める（10条2項）。また、夫婦の国籍が異なる場合には夫婦の一方の本国法がドイツ法であるか又は夫婦の一方がドイツ国内に常居所を有する場合にドイツ法を選択できるものとし、その準拠法選択は嫡出子にも及ぶものとした（10条3項）。少なくとも一方がドイツ人でない夫婦が外国で婚姻し、婚姻後の共通の姓を定めていない場合に、ドイツで常居所を有することなどの要件があるときはドイツ法を選択して、婚姻後の姓を定めることができる（10条4項）。2項の準拠法選択は、両親のいずれか一方の本国法の選択に限られ、3項及び4項の準拠法選択は、当事者の一方がドイツ国籍を有するか、常居所を国内に有していることを条件としてドイツ法の選択のみを認める点で、一方的であった。キューネの報告は、立法者が属人法的連結に服させることによる姓名権の公法性をもはや採らない法政策的な基本的な決定をした点で意義があるものとし、姓名の使用は家族法上の出

来事の結果としてその出来事について適用される法に服させるものとしたので、家族法上の準拠法決定の際に種々の国際私法上の利益、とりわけ、一方では当事者利益、他方では環境との調和を要求する利益間で行われる評価が姓名の問題における連結にもふつうに行われるから、人は、必要な場合には、準拠法選択の要件をも工夫することができなければならない、と説明した[42]。

　スイスは、住所地法を原則としながら、本国法の選択を広く認めたうえで（35条2項）、姓名の変更が外国で生じた場合に、その本国又は住所地国でそれが有効であれば承認されるものとしている（37条）。シュヴァンダー（I. Schwander）報告は、住所地法への主たる連結が連邦裁判所の新しい判例の示すところであるとするとともに、姓名権に関する事実に則した連結を見い出すことは、一方では、姓名はできる限り一つの同一の法に服すべきであり、他方では、特定の家族法上の問題と密接に関連して提起される問題であるので、特に難しい企てであることが知られており、そもそも姓名権を国際私法典で規定すべきかどうかという正統とは言えない問題が生じる、と指摘し、姓名権の連結をスイスの戸籍制度の実務及び関連する政令に暫定的に委ねることができないのか、という疑問を提起した[43]。

　討論においては、第二部の問題に関する原則的連結を住所によるべきか、国籍によるべきかという基本的問題にも向けられた。国籍主義を採ってきたドイツの学者からも住所地によることの検討の必要性が論じられた（A. Flessner）[44]。本国法主義は文化との関係で、住所地法主義は社会学との関係で根拠づけられるが、むしろ政治的、経済的根拠も重要と指摘された（van Loon）[45]。とりわけ姓名権も重要な論点の一つとして取り上げられた。ドイツにおいては、姓名権について大きな法的不安定がもたらされており、何が正当で、何が謬説か誰も正確にいうことができないと指摘したうえで、

---

42) Lausanne Kolloquium, op.cit, S.66f.
43) Lausanne Kolloquium, op.cit, S.86
44) Lausanne Kolloquium, op.cit, S.96
45) Lausanne Kolloquium, op.cit, S.97

スイスの草案は全ての事例を把握する解決を示しているが、ドイツの草案においては、そこで何が変えられるべきであるのか具体的に述べていない、と批判し、もし住所を出発点として肯定するのであれば、スイス草案の基礎にある原則をドイツの連邦憲法裁判所の判決と調和させなければならず、ドイツの連邦憲法裁判所の判例をも考慮した全ての事例を包含する規律をどのようにするのか不鮮明となろう、とし、ドイツの草案についてどのようにできるのかを問題提起した（G. Otto）[46]。また、スイス草案35条2項の趣旨が配偶者のみが準拠法選択権を持つのか、子供も選択権を持つのか、必ずしも明確でないとする指摘があった（B. Bucher）[47]。他方、ドイツの草案が準拠法選択を認める範囲がかなり限定的であることを指摘し、本国法主義の原則をできる限り守ろうとする考え方を維持するとすれば、ドイツで婚姻しようとする人が今後減少するであろう批判され、考慮されるべきは、理論ではなく、とりわけそれにかかわる人であり、時間である、とも指摘された（F. Sturm）[48]。住所主義を採る場合における住所の変更に伴う準拠法変更についても議論され、実効的な連結の観点から新住所地法によるべきとされた（I. Schwander）[49]。キューネは、そのような状況の下で例えば準拠法選択によって補足される解決が考慮されるべきと指摘した[50]。

4　ドイツ民法施行法における個人の姓名の準拠法

このような議論を経て、1986年民法施行法10条は、人の姓名について次のように規定していた[51]。

---

46) Lausanne Kolloquium, op.cit, S.95
47) Lausanne Kolloquium, op.cit, S.95
48) Lausanne Kolloquium, op.cit, S.97
49) Lausanne Kolloquium, op.cit, S.100
50) Lausanne Kolloquium, op.cit, S.99
51) 桑田＝山内編・前掲書412-413頁参照。

「1．人の姓名はその人の属する国の法により規律される。
 2．夫婦は、婚姻の際に将来夫婦が称すべき姓名について次の各号に掲げる法により準拠法を選択することができる。
　（1）第5条第1項にかかわらず、夫婦の一方が属する国の法により、又は、
　（2）夫婦の一方がその常居所を国内に有する場合には、ドイツ法によること。
 3．ドイツ人と外国人の夫婦間においてその婚姻が国内で締結されておらず、かつ、この夫婦が婚姻締結の際に婚姻中の姓名につき何らの表示も行っていない場合は、夫婦のうちドイツ人は、相手方の属する国の法に従って家族に姓を称することを表示することができる。このような表示をすることができるのは、この者が国内に戻って後遅くとも1年が満了する以前に、当該家族の姓がドイツの身分登録簿に登録されるときとする。
　　ドイツ婚姻法13条a第3項及びドイツ民法1617条第2項第2文、3文を準用する。
　　夫婦のうちドイツ人が何らの表示も行っていない場合は、この者は、婚姻締結の際に称していた家族の姓を婚姻中称するものとする。
 4．婚姻が国内で締結されておらず、かつ、少なくともその一方がドイツ人でない夫婦が共通の家族の姓を称していない場合に、次の各号に掲げるときは、この夫婦は、ドイツ民法第1355条第2項第1文に従い婚姻中に称すべき姓についての表示をすることができる。
　（1）夫婦の一方が国内にその常居所を有しているとき、又は、
　（2）ドイツ法がその婚姻の一般的効力に適用されるとき。
　　本条第3項第2文を準用する。
 5．父母のいずれもがドイツ人でない場合において、その子の法定代理人は、その共通の嫡出子が登録される前に、身分登録官に対して、その子が次の各号に掲げる法に従って家族の姓を維持することを決定することができる。
　（1）第5条第1項にかかわらず、父母の一方が属する国の法、

(2) 父母の一方がその常居所をドイツ国内に有するときは、ドイツ法。
　6．非嫡出子は、その父母の一方又はその姓を付与する者が属する国の法によって姓を持つことができる。」

　この規定は、その後、数次にわたり改正され又は新たな規定による補充が行われている[52]。まず問題となったのは、1993年12月16日の「家族の姓の権利の新たな規律に関する法律（Familiennamensrechtsgestz）」による改正である。夫婦が婚姻の際に婚姻後の姓を決定しなかった場合に、夫の出生時に取得した姓を家族の姓とするとした民法第1355条第2項第2文がドイツ基本法3条2項に違反するとした1991年3月5日の連邦憲法裁判所の決定[53]を受けて、民法だけではなく、民法施行法10条の改正が必要になった。この改正に関する政府草案は、この決定との関係で最小限必要な範囲の調整を提案するものであったが、連邦参議院より現在の規定が複雑で分かりにくいところから、婚姻後の姓に関して準拠法選択の拡張を求められた。結局、内国での婚姻に関する第2項、外国での婚姻に関する第3項及びその他の場合における婚姻後の姓の選択に関する第4項が新規定の第2項にまとめて規定されることになった。その際に、第4項の「夫婦のいずれか一方がドイツ人でない場合」という制限が外されるとともに、婚姻中の姓の選択の影響がその母が子の出生当時婚姻していない場合においてもその子に及び得るものとされた（後述356頁参照）。

　つぎに、1998年7月1日に施行された1993年12月16日の「親子関係法の改正に関する法律（Kinderschaftsrechtsreformgesetz）」によって嫡出子と非嫡出子の区別を廃止したことに伴い、国際私法上もそのような区別を廃止し、両親に子の姓名に関する準拠法選択権を付与した。また、2001

---

52) Vgl. Münchener Kommentar BGB, Bd. 10, IPR I, 6. Aufl.（2015）S.2083f.
53) この判決の解説については、例えば、ドイツ憲法判例研究会編『ドイツ憲法判例Ⅱ（第2版）』（信山社、2006年）91頁以下（山下威士）がある。

年2月16日の人の身分籍法の改正に関する法律により同性間のパートナーシップの登録が認められるに伴って、民法施行法第17条b第2項において10条2項について登録パートナーシップの姓についても夫婦と同じ扱いにするものとされている。また、2007年2月19日の身分登録法の改正に伴い、姓の準拠法選択を表示すべき相手方を身分登録官から身分登録役場に改正した。同時に、適応問題という章を設けて民法施行法47条を新設した。

「1．当事者が準拠外国法によってある姓名を取得し、ドイツ法上もそれを主張する場合には、身分登録役場に対する表示によって次のことができる。
　(1) その姓名から洗礼名及び家族名を決定すること。
　(2) 洗礼名又は家族名の欠ける際には、そのような名称の一つを選択すること。
　(3) ドイツ法が規定しないような姓名の部分を改めること。
　(4) 性別又は血縁関係から回避された、姓名の本来的な形式のものを称すること。
　(5) 洗礼名又は家族名のドイツ語的形式を採ること。洗礼名のそのような形式がない場合には、新しい洗礼名を称すること。
　(6) 洗礼名又は家族名のドイツ語的方式を採ること。そのような洗礼名がない場合には、新しい洗礼名を称すること。
　その姓名が夫婦又はパートナーシップの名称である場合には、そのような表示は、婚姻又はパートナーシップの存在する間、夫婦又はパートナーの双方によってのみすることができる。
2．第1項にもとづき準拠外国法によって取得された名前をつくる場合は、ドイツ法によってある姓名をつくるときの規定を準用する。
3．ドイツ民法1617条cの規定が準用される。
4．第1項及び第2項による表示は、それが婚姻締結又はパートナーの登録の際にドイツの身分登録役場に対してなされたものでない場合には、公的に証明され又は登録されなければならない。」

この規定は、抵触規定ではなく、外国準拠法上取得された姓名のドイツの身分登録役場における登録の際の適応問題に関する規定である。

　さらに、2013 年 1 月 29 日の民法施行法の改正によって欧州連合の他の構成国の一つで取得された姓名の選択に関する 48 条が新しく制定された。これは、欧州司法裁判所が 2003 年の Garcia Avello 事件[54]以来、他の構成国で取得された姓名が他の構成国で承認されるべきとする先行判決を繰り返しており、ドイツに係る事例としては、2008 年の Grunkin and Paul 事件[55]があり、この問題を解決するを念頭に置いたものであると指摘される[56]。

---

54) この事件については、中西康「氏名の変更と、EU 市民権としての国籍差別からの自由」貿易と関税　2004 年 12 月号 72 〜 67 頁参照。スペイン国籍の男性 Garcia Avello は、ベルギー国籍の女性 Weber と 1986 年に婚姻し、1988 年と 1992 年にベルギーで二人の子供が生まれた。ベルギーの出生証書には、Garcia Avello という姓（父の姓）で登録されており、ブルッセルのスペイン大使館では Garcia Weber という姓（結合姓）で登録されている。両親は、1995 年に Garcia Avenllo から Garcia Weber に変更するようベルギーの当局に申し立てた。両親は、Garcia Avenllo では子の両親の子ではなく単なる親族という印象を与えると主張している。しかし、この申立は、ベルギーの国内法を理由に拒否された。この決定の取り消しを求められたコンセイユ・デタは、このような申し立てを認めないことが EC 条約 17 条、18 条に違反するかという先決問題を EC 裁判所に付託した。EC 裁判所は、構成国の行政機関が未成年者の姓の変更を拒否することはこの子が他の構成国の法と伝統に従い有する姓を称するためであるときは、EC 条約 12 条（国籍差別禁止）及び 17 条（EU 市民の移動・居住の自由）に違反するとした。
55) この事件については、西連寺隆行［氏名の承認拒否と EU 市民の移動・居住の自由］貿易と関税 2009 年 6 号 75 〜 71 頁参照。デンマークでドイツ人の両親の下で出生し、そこに居住していたドイツ人子は、父の Grunkin、と母の Paul の結合姓である Grunkin-Paul と氏名証明書に記載され、出生証明書にも同様に記載されている。両親は、ドイツ、ニーピュル身分登録役場に子の姓を Grunkin-Paul と家族簿に登録するよう申し立てたが、拒否された。ドイツの姓名に関する民法施行法 10 条が国籍の法によるとしており、国籍の法であるドイツ法によると父母の結合姓を認めていないからであった。そこで両親はフレンスブルク区裁判所に提訴した。区裁判所は欧州司法裁判所に先行問題に関する判断を求めた。欧州司法裁判所は、本件のような事情の下では EC 条約 18 条は自国の国籍のみを有する子の出生以来居住する他の構成国によって付与され登録された姓の承認について国内法を理由に拒絶することは認められないとした。
56) 小池未来『国際家族法における当事者自治』（信山社、2019 年）58 頁以下参照。

「ある者の姓名がドイツ法によって規律される場合に、その者は、身分登録役場に対する表示によって、他の欧州連合構成国で常居所を有している間に取得し、その構成国において身分登録簿し登録された姓名を選択することができる。ただし、その姓名がドイツ法の基本原則に明らかに反する場合にはこの限りではない。そのような姓名の選択は、それが将来に向かってのみ効力を有することをその者が明示的に表示した場合を除き、その構成国における身分登録簿への登録時に遡って効力を有する。そのような表示は、公に認証され又は作成された文書によってなされなければならない。第47条第1項及び第3項が準用される。」

この規定は、ドイツ法を出発点として、他の欧州連合の構成国で取得された姓名を選択することができるものとする。欧州連合の構成国である外国で取得された姓名をドイツ実質法上原則として選択することを認めたものである。この規定が適応問題の章に入れられているところからみると、その構成国に常居所を有することを要件に、そのような外国で取得された個人の姓名をドイツ法上承認することを前提として、その実質法上の選択を認めることによって姓名に関する準拠外国法とドイツ法の間で生じる適応問題を解決しようとした規定とみることができる。

このような改正の結果、現在のドイツ民法施行法10条がどのようになっているかを確認しておこう。

「1．人の姓名はその者が属する国の法に規律される。
　2．夫婦は、婚姻締結の際又は婚姻締結後身分登録役場に対し、次の各号に掲げる法に従って、その今後称すべき姓名を選択することができる。
　　(1) 5条1項の規定にかかわらず、夫婦の一方が所属する国の法、又は
　　(2) 夫婦の一方が常居所をドイツ国内に有する場合にはドイツ法
　　婚姻締結後に行われる表示は、公に認証された文書によって行わなければならない。その選択の子の姓名に対する影響には、民法第

1617条cが準用される。
3．子の配慮義務を負う者は、身分登録役場に対し、次の各号に掲げる法に従って、子が家族の姓を維持すべきことを決定できる。
　(1) 5条1項の規定にかかわらず、父母の一方が属する国の法によって、
　(2) 父母の一方がドイツ国内に常居所を有する場合には、ドイツ法によって、又は、
　(3) その姓名を付与している者が属する国の法によって
　　出生登録後に行われる表示は、公に認証された文書によって行われなければならない。」

　人の姓名に関する準拠法選択は、婚姻締結の際の姓名の選択又は婚姻後の公の認証された文書による姓名の選択については身分登録役場に対する表示によって行われるという特徴がある。それは、身分登録役場に対する姓名選択の表示という形で行われることになるが、このような姓名の選択は民法施行法10条に定めている法に基づいて行われるのであるから、結局姓名について制限的な準拠法選択を認めたことになる。また、その準拠法選択について当事者が重国籍者である場合に、内国国籍を優先する5条1項の規定を適用しないことにしている点についても注意しておく必要がある。
　ローザンヌの会議においても、ドイツの実務家から重国籍者の本国法決定について実務上内国籍優先を当然の前提として定着してきたことを指摘されていたが[57]、個人の姓名権の尊重、EU市民間の姓名に関する平等など観点から、個人の姓名の選択においては、5条1項の適用を除外し、内外国籍の抵触の場合にも、外国法を選択の対象として認めているのである。5条1項のドイツ国籍の優先は、若干の特別な例においては、重国籍者のドイツ以外の国籍を顧慮することを排斥しているわけではない。抵触法上

---

57) Lausanne Kolloquium, op.cit, S.95 における G. Otto の発言参照。

の実質的正義の観点からは、姓名については、ドイツ以外の国籍を有する者につき、その外国籍の法を準拠法として選択することを認めるべきことになる。

5　個人の姓名の準拠法に関する EU 試案

　個人の姓名権は、基本的自由、差別禁止の原則ばかりではなく EU の重要な目的であるが域内における EU 市民の個人の自由移動にも関わるので、EU 規則で統一的な抵触規定を定めるのが適切であるようにみえる。そこで、この点についての動向に関し若干述べておくことにしたい。

　欧州委員会は、2010 年 12 月 14 日「EU 市民のための行政機関の手続簡素化：公文書の自由移動及び身分登録の効果の承認の促進」と題するグリーンペーパーを公表した。しかし、身分登録の相互承認については激しく批判されたので、公文書の自由移動についてのみ立法手続が進められた。このような状況の中で、欧州司法裁判所により、EU 市民のある構成国で取得した姓名の承認を認める先行判決が相次いで出された。2013 年初めに新たな作業グループが創設され、このグループによる「国際姓名法に関する欧州連合規則のための試案」が公表され、マールブルク大学におけるワークショップを経て、2016 年にそれが注釈つきで公表されている[58]。そこで、このグループによる国際姓名法に関する規則試案を紹介しておこう。試案は 13 カ条からなるが、ここでは客観的連結に関する 4 条、準拠法選択を認める 5 条、及び承認に関する 12 条のみをみておこう。

「4 条［準拠法選択のない場合に適用される法］
　1．人の姓名はその常居所地法により規律される。
　2．常居所の変動自体は、姓名の変動をもたらさない。

---

58) Anatol Dutta, Tobias Helms, Walter Pintens (Hrsg.), Ein Name in ganz Europa: Vorschläge für ein Internationales Namensrecht der Europäischen Union (2016)

第 5 節　個人の姓名　　359

　　5 条［準拠法選択］
　1．人は、その姓名をその者の属する国の法によって定めることができる。人が複数の国に属する場合には、これらの国の一つを選択することができる。
　2．新たな準拠法選択は、人の常居所又は属する国に関する身分変動の事実から可能となる。人は、このような場合に、その姓名をその属する国の法又は常居所を有する国の法により規律することを決定することができる。この場合に本条第 1 項第 2 文が準用される。
　3．夫婦及び登録パートナーは、その姓名を次のいずれかの法に規律されることを保障される。
　　a）そのうちの一人が属する国の法、その場合には本条第 1 項第 2 文が準用される。又は、
　　b）そのうちの一人が常居所を有する国の法、
　　新たな準拠法選択には本条第 2 項が準用される。
　4．その準拠法選択は、権限を有する官庁に対し、かつ、明示的に行われるか、その表示又はその事例の諸事情から明らかに生じなければならない。
　5．準拠法選択の成立及び効力はその選択された法による。
　6．権限を有する官庁は、人の準拠法選択の可能性を指示すべきである。
　　12 条［承認］
　1．人の姓名が構成国の権限を有する官庁に登録されれば、この姓名は全ての構成国において承認される。
　2．その登録が他の構成国の一つにおけるより以前の登録と一致しない場合には、第 1 項は適用されない。
　3．構成国は、その承認がその構成国の公序と明らかに調和しない場合にのみ、本条による姓名の承認を拒否することができる。」

　承認規則と抵触規則の統一の関係については、次のように説明されている[59]。EU における統一的な姓名の使用は、抵触法の統一のみでは保障されない。なぜなら、外国法の適用は難しい解釈問題及び適応問題を生じさ

せ、その他に、とりわけ常居所地への連結の際に、異なる判断者に異なる評価が要求されることがあり、また準拠法の欠缺も完全に回避できないからである。それでも、EU 市民は、多くの場合、保護に値する信頼を登録姓名の継続に寄せている。EU 域内における統一的な姓名の使用を保障するためには、多くの事例において権限ある登録官庁の活動も重要な点で統一され、ヨーロッパ域内の一つの承認規則によって、ヨーロッパの姓名に関する統一規定が補充されるべきである[60]。

　しかし、また逆に、抵触規定の統一がない広範な承認規則の定立だけでは問題は解決されない。人の姓名は出生に基づく最初の取得の際だけではなく、その後の身分登録所による家族関係の全てのその後の変動に際しても抵触法の規定によって判断されなければならないから、純粋な承認と執行は、偶然的結果をもたらすであろう。なぜなら、関係者の人的身分がいずれの構成国でその身分変動を証明する文書が作成されるかにかかってるからである。関係者の姓名が非構成国（第三国）で登録されている場合には、初めから考慮の外に置くことになろう。結局、それゆえに、人の姓名に関する承認規則と抵触規則の双方が統一することによってのみ、満足できる結果を導くのである[61]。

　試案5条は、姓名を称する者に制限された準拠法選択権を認めている。

　同条1項によると、人は4条の常居所地法への客観的連結にかかわらず、その姓名に適用される法としてその国籍を有する国の法を選択することができるものとする。人が重国籍である場合には、その有する国籍中から姓名に適用される国の法を選択することができる。これは、2項の新たな準拠法選択と異なって、例えば、婚姻締結や登録パートナーシップの創設、

---

59) Anatol Dutta, Rainer Frank, Robert Freitag, Tobias Helms, Karl Kromer, Walter Pinten, ein Name in ganz Europa — Entwurf einer Europäschen Verordnung über das international Namensrecht, 67 StAZ (2004) 33, ff.（以下、Entwurf とのみ表示する。）
60) Entwurf, S.34 [6]
61) Entwurf, S.34 [7]

離婚、養子縁組のような人の身分的な法的効果と結びついたものではない。欧州司法裁判所は、Garcia Avello 事件判決において、ベルギーとスペインの重国籍者についてスペイン法上つくられた姓名は、ベルギーにおいても使用されてよいとする原則を定めた。この判決を制限的に解し、姓名変更手続をそれに適応させたにすぎない国もあった。しかし、多くの国の判決は、これを広く解する傾向にあり、法廷地の国籍への強行的連結を拒否すべきものとみている。1項はこのような観点から当事者による準拠法選択を認めたものであると説明されている[62]。

同条2項は、人の常居所又は国籍の変動という事実に基づく新たな準拠法選択を認めている。常居所の移動や国籍の変動ごとに新たな準拠法選択権限を付与する点で人の姓名に関する当事者自治の原則を補強し、環境の変化に対応した新たな準拠法を選択できるようにした規定である[63]。

同条3項は、夫婦又は登録パートナーシップに使用される姓名の選択に関する特別規定である。つまり、夫婦ないし登録パートナーに共通の姓名をそれらの者の共同により常居所地法又は国籍保有国の法により規律させる権限を保障している。その場合の準拠法選択は、婚姻やパートナーシップの登録前及び後に何時でもすることができる。その準拠法選択の効力は婚姻ないしパートナーシップの終了まで効力を有する。それらの終了後に姓名の準拠法を選択しようとすれば、2項の新たな準拠法選択によらなければならない。婚姻又は登録パートナーシップの終了は人の身分変動を生じさせるからである[64]。この場合に、身分変動に伴う新たな準拠法選択権が生じることを5条2項第2文で規定している。

同条4項は、準拠法選択の表示が明示的に行われるか、その表示又は事例の具体的事情から明らかにならなければならないことを規定する。これは、法的安全性に配慮したものであり、ヨーロッパ抵触法の基本原則と一

---

62) Entwurf, S.38f. [34] [35]
63) Entwurf, S.39 [38]
64) Entwurf, S.39 [36] [37]

致する（ローマⅠ規則5条1項2文及び相続規則22条）。事例の具体的事情からの準拠法選択の許容は、人が外国である姓名を使用し又は使用していた場合に、とりわけ必要とされるのであって、その姓名の使用が常居所地法によって認められないものであっても、選択された法によって使用することができるようにするためである[65]。

同条5項は、準拠法選択の成立及び効力を選択された法によることを定める。これもヨーロッパ抵触法の基本原則と一致する（ローマⅠ規則3条5項、ローマⅢ規則6条1項、相続規則22条3項）。選択された法が姓名の準拠法選択について規定していない場合には、姓名法上の表示の基準となる法が適用される[66]。

同条6項は、権限を有する官庁は、準拠法選択が可能であることを示す義務があるものとする。当事者が準拠法選択について十分な情報を与えられるようにするためである。そのような指示義務は、提出された文書又は官庁に対して行われた表示に基づいて行えば足り、それについて調査する義務を課するものではない[67]。

6　今後の展望

ヨーロッパの抵触法は、伝統的に姓名に関して強行的な客観的連結を規定してきた。若干の諸国においてのみ準拠法選択を許容してきた。その例として、ドイツ法（民法施行法10条2項、3項）、スイス法（国際私法典37条2項）を挙げることができる。フランス法においては、制定法上準拠法選択は規定されてはいなかったが、事実上それを可能としていた。身分登録官は、関係者がその外国法の内容を証明した場合にのみ、その外国法を適用し、そうでない場合にはフランス法を適用することを要求された[68]。

---

65) Entwurf, S.39 [39]
66) Entwurf, S39. [42]
67) Entwurf, S.39 [41]
68) Entwurf., S.38 [31]

それに対し、イギリスのように、内国における姓名の使用は原則として内国法が適用され、国内実質法上姓名使用者に姓名選択の広い権限を許容する国においては、準拠法選択が全く認められなかった[69]。しかし、国際姓名法に関するEU規則試案5条は、広く準拠法選択を認め、当事者の利益、姓名継続性の利益を保護している。

EU試案は、このように当事者に広く準拠法選択を容認しても、準拠法選択権の濫用の危険性は少ないものと予想している[70]。その根拠とされるのは、第一に、試案は選択できる法を制限しているからである。第二に、準拠法選択権が生じるのは、重国籍の場合（1項）、常居所又は国籍の変更（2項）、婚姻又は登録パートナーシップの締結（3項）に限られるからである。確かに、そのような限定があるにせよ、準拠法選択権の悪用は考えられるので、このような予測が楽観的過ぎるという批判はあり得よう。

欧州委員会は、このような姓名権の調和をもたらすための広い準拠法選択の許容を認める試案を、構成国の反発を意識してか、長い間取り上げて来なかった。2016年6月7日のEUの作業方法に関する条約21条2項の原則に基づいて、ヨーロッパの抵触規定の調和を促進する観点から、またEUの最近みられる平等戦略の中で、この試案が取り上げられることを期待する意見が出されている[71]。EUの掲げる国籍無差別原則や市民の域内における自由移動、居住の自由の原則と各構成国の姓名法の抵触を回避する視点からみても、姓名に関する抵触法の統一は必要不可欠なものといえるから、欧州委員会は、既に公表されている試案をより詳細に検討し、それを個人の姓名に関する統一抵触法とするための規則を制定する準備を進めるべきではなかろうか。

---

69) Entwurf, S.38 [31]
70) Entwurf, S.38 [33]
71) Vgl. Johanna Coroon-Gestefeld, Der Einfluss der Unionbürgerschaft auf das Internationale Familienrecht, 86 Rabels Z 32, 57 (2022)

第6節

相続

1　相続法の歴史的変遷

　相続に関する国際私法においては、人と財産の関係に関する非常に古い概念の足跡を見い出すことができる。とりわけ、不動産相続が所在地法に従うという広く認められている抵触規則は、ヨーロッパ中世の封建社会における歴史的起源によって最もよく説明できる[72]。全ての土地が王に帰属し、私的な保有者はその封土に課せられた期間に限られた権利としてのみこれを取得することができた時代には、土地の法的地位は、分離できない混合的性質をもつものとして規律されていた。現代では、それは君主の主権と個人の私的権利として別個に法性決定されるであろう。この時代には、臣下の地位が君主の法と異なる法により規律されることは有り得なかった。土地を媒介とした封建的絆によって、君主の主権と個人の私権という明らかに別個のものを組み合わせる方法が採られることになっていた。それで、多くの法域では、不動産の相続に所在地法を適用すべきものとしてきた。所在地法への言及は、遺産が異なる法域に所在する土地から構成される場合に、所在地ごとに異なる法が適用され、いわゆる遺産分裂を必然的に生じた。さらに、その分裂は、遺産が不動産と動産から構成される場合には一層深刻になる。動産はその性質からみて所在地が偶然的であり得るので、所在地法により常に規律するのは必ずしも合理的ではない。動産については異なる連結素が必要とされる。「動産は人に従う」として動産について所有者の住所地法若しくは本国法によらしめたのは、その場合の一つの手

---

72) Basedow, op.cit., p.262f.

法であった。今日では、動産の種類によってより多様な連結素が必要とされている。

　国際私法上の現代抵触規則になお影響力を持つ古い時代の原則は、家族構成員の相続権、とりわけ、被相続人の残存配偶者と子孫の相続権及び遺産の相続や順位に適用される規則を遺言などによって修正する個人の能力に影響を及ぼしてきた。死者の資産を家族構成員に遺す古代の規則は、遺言自由の原則の導入によってローマ法ではすでに廃止されていたけれども、ゲルマンの征服者の法においては、その後数百年間残存した。もっとも、それも次第にその影響力を弱め、個人の遺言作成の自由の部分的承認への道を拓いてきた。最初は宗教的事項についてのみ、つまり教会及び修道院の利益のためにのみ、後には個人の受遺者及び相続人のためにも、カトリック教会の教義の漸時的影響がみられた[73]。

　家族の相続権と死者の遺言を作成する自由との緊張関係は、種々の法域で多数の中間的解決を生じさせた。いくつかの国では、遺産の一部分のみ死者の処分に服するものとし、他の国においては、遺言で指定された相続人が相続から排除された家族構成員に金銭的支払いによって保障しなければならないものとし、さらに、その他の国においては、裁判官が家族保護条項を課すことにより、死者の遺言を無効にすることができ、または、相続しない家族構成員のための回収命令についての広い裁量権を持つものとされる。これらの解決は国ごとにかなり大きく異なっており、各国における政策的議論と深くかかわっている。これはまた、何故被相続人による準拠法指定がこのように長期間認められてこなかったかを説明する歴史的な資料として興味深い。

2　当事者自治への傾向

　最近30数年をみる限り、相続準拠法を指定する被相続人の権限を承認

---

73) Basedow, op.cit., p.263

する傾向がみられることは明らかである。もっとも、それは、遺言相続、死因処分における準拠法合意がある稀な場合に限られている。第二次世界大戦後のある時期までは、非常に少数の法域のみが相続準拠法の被相続人による準拠法選択を尊重したに過ぎなかった。また、準拠法選択が認められるとしても、その範囲は極めて狭かった。例えば、ニューヨーク州の遺産権限及び信託法3条5.1の規定をみてみよう。それらの規定によれば、補相続人の相続準拠法の遺言による指定は、次の3つの要件を同時的に満たす場合にのみ有効とされている[74]。つまり、①遺言者が死亡時にニューヨーク州に住所を有しないこと、②遺言者が遺言上の移転に関連する財産をニューヨーク州に有すること、③遺言者がその移転を規律する法としてニューヨーク州法を選択すること、である。

　所在地法の選択を許容する類似の規定は、1986年に改正されたドイツに所在する不動産に関するドイツ民法施行法25条2項に見い出すことができた[75]。この抵触規定は、財産所在地管轄を有するドイツの裁判所においてのみ適用されるから、不動産所在地法の選択を認めることは法廷地法の選択を認めることと同じことを意味する。この種の規定は、被相続人や相続人の個人の利益を考慮したものというよりは、外国人の遺産を扱う国内の機関が国内実質法に従って処理することができるようにするために制定されることが多かった。

　アメリカ合衆国の抵触法は、上述のニューヨーク州法の規定を別にすれば、相続の分野における当事者自治を容認する方向にあるようにはみられない。抵触法第二リステイトメント264条は、遺言の有効性のような実質上の争点ではなく、遺言の解釈に関してのみ遺言による準拠法指定に言及している。これは、統一検認法典2-703条及びルイジアナ州市民法典3531条で採られている立場でもある。これらの規則は、裁判所が遺言の解釈についての類似の規則を適用する場合に、合衆国の州際事例において

---

74) Basedow, op.cit., p.265
75) 現在では、ドイツ民法施行法25条規定はEU相続規則との関係で改正されている。

有用かもしれない。しかしながら、国際事例においては、世界のいくつかの民法典に極めて多くの解釈に関する立法上の規定が見出され、遺言の解釈と有効性が緊密に関連する例があるから、遺言の解釈の準拠法と有効性の準拠法を分離することの妥当性については疑問があると思われる[76]。例えば、裁判官は、A国法に基づいて一定の方法で解釈させられ、その遺言の有効性を規律するB国法と矛盾する結果が導かれるとすれば、それぞれの規定を適用できないものとしなければならなくなる。このようにみると、遺言の解釈について準拠法選択が許容されれば、実質的な争点についてもこれを許容する必要があるということになる。

ドイツにおいては、相続準拠法に関する民法施行法旧24条、25条が被相続人の意思との関係で準拠法を根拠づけるものではなく、ましてや相続準拠法に関し個別的に被相続人の意思を探求して決定する必要がないことは当然であると考えられてきた。ところが、1966年にデレ（Hans Dölle）が「国際相続法における準拠法選択」と題する論文をラーベル雑誌に掲載して以来、解釈論あるいは立法論として、被相続人による準拠法選択が論じられるようになった[77]。この論文は、契約と相続の法律状態の類似性から解釈論としても、被相続人による準拠法選択の自由を認めるべきとする、やや大胆な主張を展開したものであった。この論文の公表後、被相続人の準拠法選択にかかわる多くの文献がみられるようになった[78]。

相続に関する当事者自治についてのより広範な議論が1960年代に生じた。ラテン公証人国際同盟の1963年会議の決議及び万国国際法協会の1967年の決議が採択されることによって、学問的な提案が補強された。そのような議論が1989年のハーグ相続準拠法条約の採択に導く方向性を与えることになった。この条約は、オランダによってのみ批准されたが、条約としては効力を生じなかった。それでも、それが国家のその後の抵触法立法やEU規則に強い影響を与えたことは否定することができない。その内容を

---

76) Basedow, op.cit., p.266
77) 木棚照一『国際相続法の研究』（有斐閣、1995年）55頁参照。

紹介しておこう[79]。

ハーグ相続準拠法条約で定められているのは、およそ次の3点にまとめることができる。

(1) 所在地法に従い動産と不動産の部分を分離することを許容する代わりに、本条約で定められた準拠法は、その財産が何処に所在しようとも、被相続人の遺産全体に適用されるのが原則である（7条1項）。その意味で相続統一主義を原則とする。それでも、所在地法は、それぞれの国に所在する資産に限定した効果を持つものとして、被相続人による準拠法選択の対象となり得るものとされている（6条）。
(2) 本条約における客観的連結による準拠法決定は次の通りとなる。
  （ⅰ）被相続人が国籍保有国に常居所を有する場合、その国の法が準拠法となる（3条1項）。
  （ⅱ）被相続人が死亡するまで5年以上常居所を有した国がある場合には、その国の法による（3条2項本文）。この規定について、移民が5年の居住によって同化されるというのは明らかに妥協的なものであるから、争いのある仮説以上のものではない

---

78) ドイツ語で書かれた主な学位取得書として、Klaus P. Horz, Rechtswahl im Erbrecht im interkantonalen und internationalen Verhaltnis (1969); Gunther Kühne, Die Parteiautonomie im internationalen Privatrecht (1973); Viktor Henle, Kollisionsrechtliche Nachlass im Deutsch-Französischen Rechtsverkehr (1975); Srdian Stojanovic, Die Parteiauthnomie und Entscheidungseinheit (1983); Sabine Linde-Rudolf, Probleme einer Parteiauthnomie im deutschen internationalen Erbrecht (1987); Ursula Kötters, Parteiautonomie und Anknüpfungsmaximen (1989); Veit Stoll, Rechtswahl im Namens-, Ehe- und Erbrecht (1991); Peter Kemp, Grenzen der Rechtswahl im internationalen Ehegüter- und Erbrecht (1999); Karin Dreber, Die Rechtswahl im internationalen Erbrecht (1999) 等がある。
79) 相続準拠法に関するハーグ条約については、原優「ヘーグ国際私法会議第16回期の概要―相続の準拠法条約を中心として」家裁月報41巻6号122頁以下、同「『死亡による財産の相続の準拠法に関する条約』の成立」国際商事法務17巻1号40頁以下、木棚『国際相続法の研究』92頁以下、小池・前掲書70頁以下などがある。

とする見解がある[80]。この見解によると3条2項ただし書の適用を主張することが認められる可能性が強くなるであろう。
- (ⅲ) その他の場合には、被相続人の死亡当時の本国法による（3条3項本文）。

    (ⅱ)(ⅲ) の場合には、例外的事情のある場合の規定がある。(ⅱ) については、被相続人が死亡当時の本国法とより密接な関係を有したことが明らかな場合、被相続人の本国法による（3条2項ただし書）。(ⅲ) については、被相続人が死亡当時他の国とより密接な関係にあることが明らかな場合、その国の法による（3条3項ただし書）。

- (3) 上記 (ⅱ)(ⅲ) の場合において、客観的連結による解決が複雑であり、当事者の予測可能性、法的安定性を欠くおそれが生じることになるので、当事者自治の原則が導入され、被相続人による準拠法選択が認められている。この場合における遺言者の遺言による準拠法指定が有効となるのは、指定当時又は死亡当時に遺言者がその国の国民であるか、その国に常居所を有した場合に限られる（5条1項）。準拠法選択の範囲は、原則として遺言者の国籍保有国法又は常居所地法に限られているけれども、死亡当時だけではなく指定当時を含んでおり、死亡当時になお国籍や常居所を有していることを要件としていない点では、当事者自治の原則の趣旨をより一層生かせるものとなっている。

このような国際相続法の展開は、21世紀に入ってから急速に社会に広まっていった。この展開には、若干の社会学的かつ経済的要素が関連するように思われる[81]。20世紀後半の四半世紀にかけて中産階級の家族にお

---

80) Basedow, op.cit., p.267
81) Encyclopedia of Private International Law, Vol.2 (2017) p.1682 の「Succesion」の項目（Andrea Bonomi）

いてすら重要な財産の蓄積を可能とする社会的安全制度の普及を伴う経済成長がみられた。その後に生じた経済危機は、経済成長を鈍化させてきたけれども、経済成長を停止させるものではなかった。同時に、国際化は、若干の勢いのある諸国の安定した成長ばかりではなく、経済のグローバル化、労働者の自由移動と移住の自由と結合した効果の下で、劇的に拡大された。大量輸送機関や安い料金の航空機の利用もまた重要な役割を果たした。このような状況の中で裁判所や法律の専門家は複雑な国境を越えた相続事例に直面した。国際的財産計画は、少なくとも若干の国においてはより一般的に普及した。欧州委員会の試算によると、毎年45万件の国際相続事例が発生し、1,233億ユーロの財産の相続が欧州で処理されることになるという[82]。しかし、相続実質法の統一はほとんど進んでいない。そこで、このような状況を解決するために、国際的財産計画をも可能とするような統一的な国際私法規則が求められることになる。

3　当事者自治と強行的な相続権による制限

　国際的な相続事例における当事者自治の原則に関するハーグ条約上の規定は、批准国がオランダに限られたため国際法的効力を得ることはできなかったけれども、国家法のレベルでは、実際上影響力を増してきた。さらに、EUにおける相続規則における準拠法決定原則への影響力も考慮しなければならない。

　オランダの国内法は、ハーグ相続準拠法条約に単に言及するにすぎず、この条約は条約としての効力を生じていないにもかかわらず、オランダの裁判所は、国内法としてこれを適用している[83]。カナダのケベック州、ベルギー、フィンランド、ポーランド等における最近の立法は、同じように当事者自治の原則を支持しており、ハーグ相続準拠法条約において定めら

---

82) Cf., ibid. p.1682
83) Basedow, op.cit., p.267

れた被相続人が選択できる法の範囲の列挙をそのまま採用している。注目すべきは、フィンランドの立法者が選択することができる法の列挙の中に被相続人の夫婦財産制の準拠法を含めたことである。これは、相続準拠法の選択を認める際に、夫婦財産制の準拠法との調整が可能となるように配慮したものであり、重要な内容を含んでいる。

　一見するところ、より制限的に相続準拠法として指定することができる法の範囲を限定して遺言者の準拠法指定を認めている立法は、1987年のスイス国際私法90条2項、91条2項、1995年のイタリア民法典46条2項、2022年に裁判管轄規定が追加された韓国国際私法77条2項、2002年3月27日のエストニア国際私法25条、2005年のブルガリア国際私法89条3項などがある。しかしながら、当事者自治に関するこれらの規定とハーグの相続準拠法条約との間の相違は、それほど重要なものとはなっていないように思われる。例えば、国家の立法者が第一次的な連結素として被相続人の国籍を定める場合に、当事者自治の許容性は被相続人の常居所地法の指定に限定されるであろう。逆に、第一次的連結素として常居所を定める場合には、当事者自治の許容性は国籍保有法に限定されるであろう。したがって、実務上遺言者が利用することができる法は、ハーグ条約で定められたのとほとんど同一であるとみることができる。

　より重要な関連を持つのは、ハーグ条約と異なる点である。上述した制定法のうちのいくつかで、本国法か、常居所地法かのいずれかの指定は、関連する連結素が遺言者の死亡当時存在しない場合には無効とされている[84]。上述の抵触規定とは反対に2009年までのルーマニア国際私法においては、遺言者が選択できる法の量的制限がないことが規定されていた。しかし、国籍原則を捨てて被相続人の最後の常居所地法によることを支持したルーマニアの新しい民法典は、遺言者の可能的選択範囲を制限して、その本国法の選択のみを許容する。

　相続に関する量的制限された当事者自治を支持するのが現代の立法の傾

---

84) Basedow, op.cit., p.268

向であることを反映している。それに対し、相続させない旨の遺言からの家族構成員の保護は統一法的方法によっては、少ししか規律されてはいないように思われる[85]。ハーグ相続準拠法条約は極めて制限された留保を定めているにすぎない。ある資産の所在地法の選択は、客観的連結によるか、遺言者の遺言における準拠法指定によるかを問わず、相続を一般的に規律する法の強行法規の適用を免れることはできない。遺産全体に対する相続準拠法に指定は、たとえ配偶者又は子の相続権を奪い、そうでなければ得られたであろう必然相続分や遺族準備金への権利を奪うものであっても、遺言者の準拠法指定の有効性に関する例外は規定されていない。もっとも、締約国はそのような事例について留保することはできる（条約24条参照）。

　国家の立法の観点からみると、その解決は分かれている。フィンランド、エストニア、韓国及びスイスは、このような場合に関する準拠法選択を念頭に置いた特別な制限規定を定めなかった。したがって、公序則による一般的留保のみが問題になる。それに対し、その他の法域は、遺言自由のより一層の制限を定めている。ベルギー、ブルガリア、2009年に改正される以前のルーマニアは、遺言における準拠法指定がない場合に適用される法の強行規定を、準拠法選択がある場合にも制限なく適用するであろう。例えば、2004年のベルギー国際私法79条1項は、被相続人に準拠法指定当時又は死亡当時の国籍保有国法と常居所地法のいずれかを選択することを認めているが、同項ただし書で、そのような準拠法指定がなかった場合に適用される相続準拠法の保障する遺留分に対する権利を相続人から奪う結果を生じてはならないものと規定する。これと比較してより狭い範囲で制限しているのは、イタリアである。イタリアは、イタリア国籍保有者の遺産の相続について、イタリア法によって付与された強行的法定相続権がイタリアに常居所を有する者に有利になる場合にのみ、イタリア法上の権利を保護している。この規定は、特別公序条項であり、一見するところ貧困化したイタリア居住者をイタリアの社会保障費の償還請求の被告となる

---

85) Basedow, op.cit., p.268f.

ことを防ごうとする目的によって動機づけられているようにみえる。それに対し、カナダのケベック州法の場合は、これと異なっている。ケベック州民法典3099条1項によれば、被相続人による相続準拠法の指定は、そのような指定がなければ相続の権利を有したであろう婚姻配偶者又は民事的連合配偶者又は子どもから権利を奪う範囲内でのみ無効とする。この規定は、裁判官に一定の裁量権を認めるものである。遺言作成時と被相続人の死亡時の間に生じる相続財産に属する資産の市場価格の変化がある場合にいずれによるかについて、裁判官に裁量権を認めるものである。ケベック州の規定は、二つの異なる法の下での相続財産の詳細な分析に立ち入ることまでは裁判官に要求していない[86]。

　2012年7月4日の相続事件に関する欧州議会・理事会規則（以下、「EU相続規則」というがローマⅣ規則とも呼ばれることもある、No.650/2012）が2015年8月17日から適用されることになった。この相続規則によって、相続における当事者自治の原則は追加的支持を受けることになるであろう[87]。EU相続規則は、EUの域内市場が円滑に機能することを促進するために、これまで人の移動の自由の障害となっている国際的な相続事件に関連する障害を除去することを目的として、裁判管轄権、準拠法、裁判の相互承認及び執行、並びに欧州相続証明書の導入に関するEUにおける統一的な規定を定めるものである。

　契約債務の準拠法に関するローマ条約におけるラガルド等による報告書に当たるものがその後の規則にはないので、立法者の正確な意思を知ることは難しい。しかし、前文に比較的詳細な説明が付けられているので、さしあたりその説明をみておこう。「EUは、その領域内で人の自由な移動うを確保するために、自由、安全及び法の領域を維持し、発展させる目的を定めている」「EUは、とりわけ域内市場が円滑に機能するために必要

---

86) Basedow, op.cit., p.270
87) Basedow, op.cit., p.270f. この相続規則は、デンマーク、アイルランド、英連邦を除くすべての構成国に原則として適用される。

な場合には、国境を越える民事事件における司法協力の分野における措置を採択しなければならない」(前文1項)。「欧州理事会は、1999年10月15、16日に（フィンランドの）タンペレで行われた会合で」「司法当局による判決及びその他の裁判の相互承認の原則を承認し、」「理事会と委員会にこの原則を実現するための措置についての計画を採択することを要請した。」(前文3項)。「欧州理事会は、相互承認の原則を市民の日常生活に不可欠な分野、例えば、相続法及び遺言法に拡大すべきであり、その際に、公序を含む加盟国の法体系及び国内の伝統が考慮されなければならないことを確認した」(前文6項)。

EU相続規則制定の予備的作業として、欧州委員会は2002年に「EUにおける国際相続法」と題する研究を依頼し、ドイツ公証人協会が中心となってその研究が始められた[88]。これが基礎となって規則制定のための種々の会議を経て、欧州議会・理事会規則となった。この規則の内容は広範に及ぶものである。ここではできる限り、相続準拠法決定についての当事者自治の原則に焦点を絞りたいと考える。

EU相続規則21条1項は、被相続人の死亡による権利承継の全体に関する準拠法として、被相続人の死亡時の常居所地法の適用を定める。同条2項は、1項で定める国と異なる国が明らかにより密接な関係を有している場合は、例外的にこの異なる国の法によることを規定する。常居所については規則で定義をしていないけれども、死者の最後の常居所を確定するためには、死亡時の数年間及び死亡時の死者の生活の全ての環境が考慮さ

---

[88] その内容については、http://www.successions.org でみることができる。Dr. Wolfgang Riering が Prof. Henrich Dörner, Prof. Paul Lagarde の協力の下で行ったものである。これが2005年3月1日の相続及び遺言に関する欧州委員会のグリーンペーパーに反映された。欧州委員会は、2008年6月30日の構成国の専門家会議などで詳しく検討し、さらにこのグリーペーパーについて公聴会を2006年11月30日に開催し、欧州議会に提案した。相続規則の成立過程におけるこの予備的作業を重視する見解として、Mathus ten Woldee, Rome IV Regulation (succession), Basedow, Ruhl, Ferrari, Asensio eds., Encyclopedia of Private International Law, Vol.2 (2017) p.1580ff. がある。

れる。常居所を連結素とするのは、死者が生活の重心を持った加盟国との真実の関係を探求することを保障しようとするものである。したがって、21条は最密接関係の原則を基礎としている。

　規則前文24項では、死者の常居所の決定が困難になる二つの事例に言及されている。第一は、死者が職業的又は経済的理由で長期間外国に出かける場合である。それにもかかわらず、その出身国と密接かつ安定した関係を維持するということが生じ得る。そのような事例において、被相続人はその状況に応じて家族及びその社会生活の重心がある出身国に依然として常居所を有すると考えられる。第二に複雑な事例が生じるのは、被相続人が選択的に複数の国で居住し、又はそれらの国のいずれにも永続的に居住することなくある国から他の国へ移り住む場合である。もし、被相続人がこれらの国の一つの国民であり、又はこれらの国の一つに全ての主な資産を有するとすれば、国籍又は財産の所在地が常居所を決定する際の特殊な要素として考慮されることになるであろう。これらの場合に、国籍保有国と重なるときは、被相続人が、予測可能性を確保するために、その国籍保有国法を相続準拠法として指定することが考えられる。

　EU相続規則22条1項は、被相続人が準拠法選択時又は死亡時における本国法を選択することができるとして、当事者自治の原則を導入し、被相続人による本国法の選択を認めている。同条2項は、複数の国籍を有する被相続人は、選択時又は死亡時の本国法の一つを選択することができるものとする。これは複数国籍者の本国法の決定について現在多くの国で採られている内国国籍の優先の原則に基づく機械的処理を避けるために、当事者にその本国法を選択することを認める趣旨である。この規定によると、例えば、ドイツに常居所を有するドイツ人が複数の国籍を有し、そのうちの一つの国が遺留分に関する規定をもたないとすれば、そのような遺留分に関する規定のない国の法も相続準拠法として選択することができる。これは相続人やその債権者の期待権を侵害することにならないか。被相続人に準拠法選択を許容する趣旨を前文では次のように説明している。「この規則は、相続に適用可能な法の選択により市民が予め適用される法を決定することを可能にすべきである。この準拠法選択は、被相続人と選択さ

た法との関連性が確保され、かつ遺留分権利者の正当な期待を裏切ることを意図した準拠法選択を回避するために、被相続人の国籍を有する国の法に制限されるべきである（前文38項）。」「準拠法選択は、死因処分の方式で明示的に行われるか、又は、そのような処分の条項から明らかにすべきである。例えば、被相続人がその死因処分においてその国籍を有する国の法に特有の規定を引用し、又は、その他の方法でこの国の法に言及していた場合には、死因処分によって明らかにされているとみることができる（前文39項）。」「この規則による準拠法選択は、選択された法が相続事件におけるどのような準拠法選択も認めていない場合にも、有効とみなされるべきである。準拠法選択の実質的有効性は、選択をした者がそのことが何を意味するかを理解して行ったかを含めて、選択された法によって決定されるべきである（前文40項）。」要するに、被相続人の将来の生活計画を可能とする準拠法選択を認めるのが、このようなことが生じる可能性があるとしても、適切とみているのである。例えば、独立した生活能力のない配偶者や未成熟子が存在する場合に、その相続権を無視した遺言における準拠法選択の妥当性は、準拠法選択の量的制限によっても完全に防げるものではなく、あくまで例外的な場合として、公序に関する規定や特別連結等の方法で確保するほかないことになる。

　また、このような準拠法選択の方法に関連し、EU相続規則24条の相続契約以外の死因処分による準拠法選択と25条の相続契約による準拠法選択に分けて規定している。24条2項、25条3項には22条の規定とは別に準拠法選択に規定を設けている。24条2項は、死因処分の許容性及び実質法上の有効性に関する準拠法選択を規定し、25条3項は、相続契約の許容性、実質法上の有効性及びその解消の要件を含む相続契約の拘束力に関する準拠法選択を規定する。22条の準拠法選択が相続関係に関わる包括的な準拠法指定であり、相続統一主義に基づく単一の準拠法指定であるのに対して、24条2項及び25条3項の準拠法選択は、そこに掲げられている問題に関する部分的・制限的な準拠法選択を認めており、その限りでは、遺産分裂が生じ得ることになる。そこで、22条の準拠法選択を「大きな準拠法選択（Große Rechtswahl）」と呼び、24条2項、25条3項の準

拠法選択を「小さな準拠法選択（Kleine Rechtswahl）」と呼んで、これを区別すべきとする見解がある[89]。この区別は、第一次的には被相続人の作成した準拠法選択の文言によるけれども、疑わしいときは「大きな準拠法選択」と解すべきものとする。大きな準拠法選択で選択時又は死亡時の被相続人の本国法を選択しているときにでも、小さな準拠法選択は、例えば、複数の者の間で行われる相続契約や共同遺言の場合に被相続人（達）の中に複数国籍保有者がいれば、その国籍所属国法の部分的選択が認められる。つまり、相続契約の有効性を一定の法を選択することにより安定させ、又は相続法とりわけ遺留分について扱うために、戦略的に部分的な準拠法選択が利用されることがあり得る[90]。

　ハーグ相続準拠法条約と異なる点は、準拠法選択の範囲を選択時又は死亡時の被相続人の本国法に限っている点である。ハーグ条約で認められる被相続人の以前の本国法や将来の常居所地法の選択は許されてはいない。また、夫婦財産制の準拠法や資産の所在地法の指定も認められてはいない。これらの点からみれば、当事者自治の導入は、もっぱら国籍主義を採る構成国をなだめるための欧州委員会の意図から生じたものとみることができ、法を異にする多法域である EU に居住する遺言者の需要を十分に満たしていないと批判される[91]。現実に被相続人が準拠法選択をしなかった場合における準拠法の強行法規のための特別留保条項の具体的な提案が欧州委員会からなかったことが指摘されている[92]。もっとも、30条は、相続財産を構成する資産の所在地法の強行法規を適用することを規定している。

　EU 相続規則20条は、普遍的適用主義を採り、この規則で指定された法が非構成国の法であっても適用されることを規定している。EU 相続規

---

89) Marlene Brosch, Rechtswahl und Gerichtsstandsvereinbarung im internationalen Familien- und Erbrecht der EU (2019) S.125ff. 及びそこで引用されている文献参照。
90) Brosch, op.cit., 128f.
91) Basedow, op.cit., p.270
92) Basedow, op.cit., p.271

則は、欧州委員会の最も困難なプロジェクトのひとつであった。それだけに相続規則の実務的適用の蓄積が重要となり、現時点で最終的な判断を下すのは時期尚早であろう。少なくとも言えるのは、この EU 規則の下で、遺言者は、その常居所を他の国に移動することによってか、遺言その他の死因処分でその本国法を選択することによって、みずからの相続の準拠法を選択する権利を持つことになったことである。これは、遺言者が本国以外の国に居住する場合に、重要な選択肢を与えることになる[93]。

4　欧州相続証明書の創設

　EU 相続規則 62 条から 73 条において新たに統一的な欧州相続証明書の制度が導入された。この点にも簡潔に触れておく必要があろう[94]。欧州相続証明書は、従来各構成国で発行されてきた相続証明書の制度に取って代わるものではなく、義務的に必ずこれを利用しなければならないわけでも

---

93) Basedow, op.cit., p.271

94) この制度を詳細に検討した文献として、例えば、Jens Kleinschmidt, Optional Erbrecht; Das Europäische Nachlasszeugnis als Herausforderung an das Kollisionsrecht, 77 Rabels Z. (2013) 723-785 がある。従来各国で行われてきた相続証明書は、公証人が中心的にかかわる制度として各国で伝統的に運用されてきており、その申立の方式、発行のための要件や発行の効果においても必ずしも一致していなかったことが、新たな選択的制度を制定する一つの理由になっているとみる。例えば、ドイツにおける相続証明書は、正当化機能、証明機能及び善意の第三者保護機能を有し、裁判所が介入して発行されてきたが、他のヨーロッパ諸国では必ずしもそのようになっていない。特に相続財産が複数の国に散在する場合に時には時間と金がかかり、複雑な手続を要する場合がある。そのために申立手続の方式を統一し、裁判所の判断で相続証明書を発行し、その EU 域内での効力を強化することの意義を積極的に評価する。そして、新しい制度について、三つの問題点、つまり、①夫婦財産についての抵触法規定との関係、②欧州相続証明書がある場合に、加盟国の法体系において知られていない法制度を扱うことになることとの関係、③附従問題（先決問題）に適用される法の決定、を指摘する。この制度が現存の各国家の相続証明書と比較してより魅力的なものとし、扱いにくい問題とならないようにすることが必要になるとする。これらの課題については、欧州司法裁判所の先行判決等による統一的判断に導くような工夫が期待される。

ない。ただ、所定の者が追加的に新たにこの制度を選択することができるようにするものである。このような制度の導入の理由を前文67項は次のように説明している。「EU域内における国境を越える相続関連事件の迅速かつ円滑で、効率的な解決をするためには、相続人、受遺者、遺言執行者又は遺産管理人がその地位及び／又は権限を他の加盟国、例えば相続財産が所在する他の加盟国で容易に証明することができるようにする必要がある。この目的のために」「欧州相続証明書の導入を規定した」と。

　要するに、この制度を利用することができるのは、相続人、受遺者、遺言執行人又は遺産管理人であり（63条1項）、これらの者の管轄裁判所への欧州相続証明書発行に関する所定の申立により、所定の審査手続を経て発行される（65条、66条）。このように発行された証明書は、全ての加盟国において特別な手続を要することなく、その効力を生じる（69条1項）。つまり、その証明書は、相続準拠法又はその他の特有の事情に適用される法に従って確定された事実関係を正確に証明するものと推定され、かつ申立人が記載された条件又は制限以外に服しないことを推定する効力を有する（69条2項）。しかし、例えば、その発行を受けた者が、欧州相続証明書に記載された内容が正確でないことを知っていたか、または重大な過失によりこれを知らなかった場合には、その推定の効力が破られる（69条4項）。

5　考察

　相続に関する当事者自治の導入の歴史的な展開をみると、興味ある事実が浮かび上がってくる。1920年代にニボワイエ（Jean-Paul Niboyet）によって、これまで相続財産に関する当事者自治は、真剣に検討されてこなかった驚くべき解決方法として、否定的に紹介された[95]。1950年代にラー

---

95) Niboyet, La theorie de l'autonomie de la volonte, 16 Recueil des cours (1927) 6 footnote 1

ベル（Ernst Rabel）によってニューヨーク州法のかなり限定的な当事者自治を認めた規定を「極めて異例の規則」と考えられ、言及するにふさわしくないとされた[96]ことが想起される。ところが、1966年のラーベル雑誌にデレ（Hans Dölle）が相続に関し当事者自治を肯定する論文を公表して以来、この問題に関する博士論文や教授資格請求論文が公表された[97]。1986年の民法施行法の改正の際にも、当事者自治の導入が議論され、民法施行法25条2項においてドイツに所在する不動産の相続に所在地法であり、法廷地法でもあるドイツ法の選択を認める規定が挿入された。この場合に認められた準拠法選択は極めて狭い範囲であっても、ドイツが相続への当事者自治原則の導入に積極的な姿勢を示すことに意義があったともいわれていた。今日では、遺言者に多くの法の中から相続に関する準拠法を選択する権限が認められることは、国際私法上の新しく認められた原則と考えられている。非政府機関（NGO）に注目される以前は、ホン・オーベルベック（von Oberbeck）等の少数の個人の努力で促進されていた[98]。その努力がハーグ相続条約に取り上げられ、それが後の国家立法のモデルを提供した。EU相続規則は、さらにこの傾向を強固なものにした。

　このような方法の共通の特徴となるのは、遺言者の選択できる法を量的に制限し、その複数の法の中から準拠法を選択すべきとして遺言者の権利を限定していることである。例えば、遺言者の指定時又は死亡時の本国法、指定時又は死亡時の常居所地法、各国に所在する資産については所在地法、さらにあるとしたら、おそらく遺言者及びその配偶者の夫婦財産制を規律する法である。このような制限を設けることとなった起源は、相続を被相続人の住所に関連付けている法域と国籍保有国に関連付けている法域、不動産所在地法の適用を残そうとする法域の抵触規定を調和させようとする意図にあるであろう。

---

96) Rabel, The conflict of laws-A comparative study, Vol.4 (1958) p.462
97) 例えば、注76に掲げた文献参照。
98) Basedow, op.cit., p.271

とりわけ、不動産所在地法の適用を残すと遺産全体を単一の法により規律することができなくなるので、伝統的な遺産分離を生じさせることをできる限り少なくする意図から、妥協的な関連性を与える制度を伴った。遺言者が親密な家族から強行的に認められている相続権を奪うかもしれないという単なる可能性は、選択することができる法を量的に制限しても存在し続けるので、その他の法の選択を排除するための十分な根拠とならないと批判し、次のように主張する見解がある[99]。例えば、A 国の国民又は住民である遺言者が会社や知的財産権を B 国に保有し、それがその人の相続財産の主要部分である場合に、遺産全体を規律する法律として B 国法を選択する合理的な理由があるであろう。さらに、類似の文脈において、相続人及び受遺者が B 国に常居所を有し、将来 B 国の裁判所に紛争が提起されそうな場合には、B 国法が相続を規律するために適切であり得るであろう。また、遺言者がいろいろと検討し、遺産に関する将来の法律関係を予想してより適切な法を選択しようとする場合には、契約法の領域で認められていると同様の無制限の準拠法選択権を認めることが必要になる。遺言者が密接な関係にある家族構成員の保護は、遺言者が選択できる法の範囲を制限する方法によるのではなく、消費者契約や雇用契約において認められるような特別連結規定によって保護するなど、他の方法によるのが適切ではある、と。

　確かに、このような見解にも十分な合理性があり、当事者自治の原則を基本的人権に基づいて推進する立場を徹底すれば、債権契約と同じように量的に制限されない当事者自治の原則を認めるべきということになるであろう。しかし、そのような保護の理論や規定が十分に整備されていない現状の下では、被相続人の選択することができる法を量的に制限することは実際上やむを得ないことでもあるようにも思われる。

　遺留分や必然相続権が古い家族財産の相続に由来する面があることも否定することができないように思われるであろう。1804 年のフランス民法

---

99) Basedow, op.cit., p.272

典における必然相続権に関する913条〜930条によると、財産の所有者は家族のために保有すべきであり、財産の家族的保有に関する例外は、財産の一定部分（4分の1）に限られていた[100]。遺留分制度は、1811年のオーストリア一般法典（AGBG）762条から796条の規定に始まる。763条は、明文で夫と妻の子孫間で区別なく、嫡出子と非嫡出子（その非嫡出子が法律上の相続権を有する限り）間で区別がないように規定されていた。生き残った配偶者には遺留分権は認められていなかった。立法者は、このような配偶者の配慮は嫁資産や夫婦財産契約の方法で保障済みとみたのであり、遺留分権者の範囲を制限し、できる限り広く遺言の自由を保障しようとしたのである[101]。1900年のドイツ民法典（BGB）2309条によると、遺留分権者は、まずは被相続人の直系卑属、父母に限られていた。遺留分は法定相続分の2分の1とされていた（2005条）。これは、プロイセン法と一致するものであり、法的構成としてはオーストリア法の遺留分制度を採用したとはいえ、オーストリア法と必ずしも一致しなかった[102]。

必然相続権は、1853年から1856年のチューリッヒ州の私法典2028条、1907年／1912年のスイス私法典（ZGB）471条、472条において直系卑属、両親、兄弟姉妹、生き残った配偶者に与えられた[103]。ギリシャ民法1840条から1842条も必然相続権を規定するが、その必然相続権がフランスをモデルにしたものか疑わしい。むしろ、1900年のドイツ民法典2333から

---

[100] Reinhard Zimmermann, Pflichtteil und Noterbenrecht in historisch-vergleichender Perspektive, 84 Rabels Z.475f.（2020）なお、主に1800年代初頭から1870年代におけるフランス民法上の被相続人の処分自由に関する制限ないし否定を、単なる前近代的残滓という偶然的事情によるものではなく、その段階の産業資本主義の発展を促進するため国家制定法が重要な役割を果たしたとする観点から、法社会学的観点を入れながらフランス相続法の展開を詳細に検討、分析した稲本洋之助『近代相続法の研究』（岩波書店、1965年）がある。同書によると、被相続人の「処分の自由」を否定し、法定平等相続を原則とするのは、フランス近代相続法の基本原則とされる（同書401頁）。

[101] Zimmermann, op.cit., S.474f

[102] Zimmermann, op.cit., S.487

[103] Zimmermann, op.cit., S.503f.

2335 条（被相続人による遺留分の剥奪）について文言上類似していたと指摘されている[104]。もっとも、BGB の起草者はオーストリアのモデルに従ったけれども、1942 年のイタリア民法、1966 年のポルトガル民法はフランスのモデルを採用した。これが 21 世紀に向けた新しい傾向を示しているように思われる[105]。2003 年のオランダ法、2001／2006 年のフランス法、1991 年と 2008 年のカタルーニャ州法、2018 年のベルギー法等がこの傾向を示すものとして挙げることができる。

　必然相続権者ないし遺留分権者の範囲としては、兄弟姉妹については今日では排除する傾向がみられる。オーストリア、フランス、ベルギー、オランダ、スイス等である。他方では、残存配偶者については、1865 年にザクセン法で認められて以来、一層強く問題とされてきたのであり、例えば、ドイツ、ギリシャ、オーストリア、イタリア、スイスなどでは現在では認められているけれども、フランスではなお認められていない[106]。

　遺留分制度ないし必然相続制度は、西ヨーロッパ諸国においてだけではなく、中央ヨーロッパ、東ヨーロッパ、北欧諸国、南米および中央アメリカの法典にも、相続において強行法規により家族の財産を確保する制度として導入されている[107]。

　日本の周辺国をみても、韓国は 1990 年 1 月 1 日の法律第 4199 号によって民法 1112 条以下に遺留分の規定を設けている。つまり、被相続人の直系卑属、配偶者には法定相続分の 2 分の 1、直系尊属、兄弟姉妹には法定相続分の 3 分の 1 の遺留分が認められ（1012 条）、遺留分権利者は被相続人の贈与及び遺贈により遺留分に不足を生じた場合には、その不足した限度で財産の返還を請求することができる（1015 条 1 項）。もっとも、その

---

104) Zimmermann, op.cit., S.505f.
105) Zimmermann, op.cit., S.537
106) Zimmermann, op.cit., S.540
107) Vgl. Zimmermann, Zwingender Angehörigenschutz im Erbrecht, 85 Rabels Z.1 (20 21). この論文は、前に掲げた論文と区別するために、Zimmermann II として引用する。

返還の請求は、遺留分権利者が相続の開始と返還しなければならない贈与又は遺贈の事実を知ったときから1年以内にしなければ、時効により消滅するものとされている（1117条）。

　台湾は1930年の民法以来1223条以下に遺留分の規定を設けている。つまり、直系卑属、父母及び配偶者には法定相続分の2分の1、兄弟姉妹及び祖父母には法定相続分の3分の1の遺留分が認められている（1223条）。遺留分権者は、被相続人が行った遺贈によりその取得すべき額が不足するときは、不足する額に従い、遺贈財産から差し引くことができる（1225条）。

　また、2020年5月28日全国人民代表大会で採択、2021年1月1日より施行されている中国民法においては、1141条で、遺言は労働能力を欠き、収入源を有しない相続人に対し、必要な分の遺産を留保しなければならないことを定めている。これは中国においては必然相続分の規定と解されている[108]。必然相続分の規定は、遺言者の遺言による処分を制限するものであるから、法定相続に関する対外民事法律適用法31条ではなく遺言の効力に関する対外民事関係法律適用法33条によるべきものと考えられている[109]。この規定によると、遺言者の遺言作成時又は死亡時の常居所地法又は国籍所属国法によるものとされており、そのいずれの法によるかは、裁判所の裁量に委ねられている。

　もっとも、北朝鮮の相続法には遺留分に相当するような規定がない。北朝鮮の人民は相続財産として相続される財産をもたないことが多く、比較的裕福な人民については遺言によることが多いことに関連するであろう。北朝鮮については、1990年の家族法50条ただし書に、「遺言が遺言者の扶養を受けた公民の利益を侵害した場合に遺言を無効とする」規定があった。2002年の相続法においては、その規定は削除され、19条ただし書において「被相続人に対する扶養義務を直接履行した者や労働能力が不足し収入が少ない者についてその相続分を増やし、扶養能力がありながら扶養

---

108) 黄・前掲書128頁参照。
109) 黄・前掲書128頁、最高人民法院解説246頁参照。

義務を果さなかった者の相続分を減らすこと」ができる権限を裁判所に与えている。遺言の無効の確認について 20 条において裁判所の権限に属することを規定する。「扶養を受けた公民の利益を侵害する」場合について規定を欠くことになるが、実際上は具体的事例の事情に応じて適切に判断できる権限を裁判所に与えているものと解することができる。

　問題となるのは、遺言自由の傾向が強いコモン・ロー諸国において家族保護条項がどのようになっているかである。

　まず、イギリス（ここではイングランド法）についてみておこう。イギリスでは 15 世紀頃には完全な遺言自由の原則が存在していたと言われる[110]。しかし、1925 年の遺産管理法によって不動産も遺産管理の対象となるまでは、不動産の相続については 1833 年の寡婦産法（Dower Act）によって寡婦産として被相続人の不動産の 3 分の 1 は被相続人が遺言によって処分することを禁じられ、遺言の自由は制限されていた[111]。寡婦産の制度は 1925 年の遺産管理法によって廃止されたけれども、1975 年の法改正で家族保護条項の人的適用範囲が配偶者や直系卑属に限らず、内縁的なパートナー、配偶者の連れ子、その他被相続人の死亡前に直接扶養を受けていた人に広げられた[112]。このことに関連して生じた事件が 2017 年 3 月のイギリス最高裁の判決があった、Ilott v. The Biue Cross である。被相続人は、総額 486,000 ポンドの遺産を 3 つの動物保護団体に遺贈した。17 歳の時母を捨てて結婚した被相続人の成人の娘は、夫及び 5 人の子供ともに質素に生活していたが、2004 年に母が死亡した後、2007 年 8 月に動物保護団体に対して、家族保護条項に従い訴えを提起した。地方裁判所は総額 50,000 ポンドの返還請求を認めたが、高等法院は 2009 年に裁量の範囲外としてこれを認めず、2011 年の控訴裁判所は高等法院に差戻しの判決をし、その後 2015 年の控訴裁判所は 163,000 ポンドを原告に認める判決をした。

---

110) Zimmermann, op.cit., S.481
111) Zimmermann, op.cit., S.482
112) Zimmermann II, S.42

しかし、2017年の最高裁判決は、50,000ポンドの請求を認めるにとどめた。これに類似した事件が他にも生じており、裁判所の裁量に委ねた家族保護条項の適用をどの範囲で、どこまで認めるかについての基準がこの最高裁の判決にかかわらず明確になってはいないとする批判がある[113]。

つぎに、アメリカ合衆国についてみておこう。アメリカ合衆国は、フランス法系を継受したルイジアナ州[114]を除いて、イギリス法上の遺言自由や寡婦産の伝統の特徴を受け継いで、現在も維持している。被相続人の死亡後生き残った配偶者は、遺言によってその者に遺された財産を承継するか、それとも遺産の一部について強行的又は制定法によりに定められた選択的持分を選択するかに関する選択権を有する[115]。財産、遺言及びその他の寄付による移転に関する第三リステイトメント9.2条は、選択的持分の算出方法を規定する。つまり、婚姻年数1年につき3％、15年を越えると50％としているが、20年までは3％の計算方式を主張できるので、婚姻年数が20年を越える場合には被相続人の純資産の60％を主張することができることになる。この計算方式は夫婦財産制が前提となり導き出されたものであり、1990年の改訂に基づくものであり、最新の改訂2008年の規定によると、統一検認法2-202条から2-207条に定められている。1969年の統一検認法が被相続人の純資産の3分の1とした規定を改めたものである。合衆国のうちの40州で、このような規定により配偶者の権利を保護している[116]。その限りで、被相続人の遺言の自由は制限されている。

---

[113] Zimmermann II, S.47
[114] ルイジアナ州においては、フランス法の必然相続を継受し、遺産の2分の1又は4分の1の必然相続分を規定していたが、1996年の改正で特定の例外的場合以外には廃止された。現在の規定はルイジアナ市民法1617条～1626条に規定されている。1621条によると、成年に達する以前に両親の同意なく婚姻した場合や充分な理由なく2年以上両親との交流がない場合には、必然相続権を喪失するものとされている。また、生存配偶者は必然相続人ではないけれども、2434条において100万ドルを越えるまで、被相続人の資産の4分の1の婚姻上の配分が認められている (Zimmermann II, S.24ff.)。
[115] Zimmermann II, S.56
[116] Zimmermann II S.58

被相続人の子孫やその他の血縁者は、強行的な相続法上の持分を保障されてはいない。ただ、多くの州において遺言作成後に生まれた子について形式的には必然相続権ともいうべき権利を保障する制定法がみられる[117]。また、離婚判決に扶養請求権について言及されている場合には、未成年の子に関し、遺産に対する扶養義務を裁判所が認めることがある[118]。さらに、統一検認法2-402条以下に配偶者が生存していない場合には、23,500ドルから15,000ドルの遺産について、扶養請求権を有する未成年の子供及び独立できていない子に権利を認めている[119]。

紙面の関係もありこれ以上詳しく説明することができないけれども、必然相続権ないし遺留分を認める法制が多くなってはいる[120]。しかし、遺言の自由に対する制限を認めない法制も残っており、制限を認める場合にも法律上その制限を定めるもののほか、裁判所の裁量に委ねるものなど各国の実質法の内容にかなり大きな相違がある。無制限の当事者自治を認めると保護の必要のある子供等の権利を保護できないおそれが生じる。

渉外的法律関係における明確かつ安定的な法的枠組みについての個人の

---

117) Zimmermann II, S.59
118) Zimmermann II, S.59
119) Zimmermann II, S.60
120) 必然相続分制度は、被相続人が必然相続分を侵害するような遺贈ないし贈与をした場合にも必然相続人がその必然相続分に当たる遺産を支配できる制度である。しかし、フランスは2007年以来原則として金銭の給付で行うことができるように規定している（フランス民法典924条及び924条－Ⅰ、Anatol Dutta, Entwicklungen des Pflichtteilsrechts in Europa, FamRZ 2011, Heft 23, S.1829ff., S.1832参照）。必然相続権は現在でも放棄することができないとされている（民法典1130条2項）。もっとも、必然相続人は、相続開始前に申立によって必然相続権を放棄することができるけれども、相続開始時に困窮しており、その放棄がなければ困窮することがなかった場合は、その放棄を取り消すことができる（929条以下、vgl. Dutta, op.cit., S.1835）。遺留分制度は、遺留分を侵害するような遺贈、贈与が行われた場合に、受遺者や受贈者に対しその減殺を請求する権利を遺留分権者に認める制度である。現在では遺留分侵害額請求権という債権的請求権とする立法例が多くなっており、短期消滅時効を定めていること（例えば日本民法1048条）に注意する必要がある。

需要と調和させることが困難な、いくつかの国家の制定法において共通するもう一つの特徴は、被相続人によって選択された常居所地法や本国法について死亡時にもその常居所ないし国籍が維持されていることを準拠法選択の有効要件としていることである[121]。遺言者がその遺産の将来を注意深く計画し、相続を規律する法として常居所地法を選択した場合でも、その後常居所を移動せざるを得ないことがある。例えば、遺言者の死亡までの面倒をみることを予定する息子又は娘の居住する国に移動する場合である[122]。このような場合における遺産についての全体計画が遺言者の選択した法ではなく遺言作成当時考慮に入れなかった異なる国の法によることになるのか。その理由は、おそらく従来の国際私法が被相続人の遺産計画や相続準拠法の選択によって遺言者の親密な家族構成員の相続権を奪うおそれがあるので、準拠法選択の範囲をできる限り制限しようとしてきたからではあるまいか。しかし、相続に関する当事者自治の導入は、できる限り被相続人の予測するように効果的で適切に遺産を処理しようとすることを可能とする法的手段として認めたことに他ならない。このような見解からみれば、当事者自治の濫用は、当事者自治の排除ではなく、その他の方法によって防止するほかない。

相続権に関する強行的な国家の規定が渉外性を有する事例において強行されるべきかどうか、どの程度強行されるべきかは不明確である。そのような疑問が生じるのは、必然相続権が家族的なつながりによる経済的生産の原始的な方式にその一部は起因するからである。そのような時代には人の遺産は、その家族に帰属すると考えられた。現代では、個人の財産はむしろ契約上の結合に依拠して、その個人によって生み出されたものである。強行規定の背後にある正当性が既に消滅している法制度を渉外的事例についてまで強行しようとするのは時代錯誤であり、やめるべきであるとする

---

   121) 韓国国際私法77条2項も被相続人の常居所地法の選択が効力を生じる要件として指定時ばかりではなく、死亡時までその国に常居所を有したことを規定している。
   122) Basedow, op.cit., p.273

意見がある[123]。被相続人の指定によって決定された相続準拠法と必然相続権の規定を含むその指定がなければ適用されるであろう法の相違が重要ではなく、原則の問題ではなく程度の問題に過ぎない場合には、公序条項により処理する方がより適切に処理することを裁判所に可能とするであろうというのである[124]。公序条項の適用によれば、親密な家族構成員が選択された法の下で受ける現実的な利益と被相続人による指定がなければ適用される法に基づいて与えられる利益の相違を裁判所が適切に評価することを期待できる。そのような判断の必要性についてはケベック州市民法典3099条によって的確に示されている。

とはいえ、公序条項による場合には、従来の伝統的な見解によると、法廷地国との最小限の関連性が要求されることをはじめとする例外条項としての適用に関する厳しい要件が問題となり、訴訟を提起してみなければわからないところが残る。また、ケベック州の民法典のような強い裁量権が常に裁判所に与えられているわけでないことも考慮しなければならない。さらに、本稿でも取り上げたように、家族財産の保護から出発した国と被相続人の遺言自由の原則から出発した国の間には、現在では接近した部分が生じているにせよ、必然相続分や遺留分に関する各国の実質法の相違を、原則としてではなく程度の相違に過ぎないと捉えてよいかには、なお疑問が残る。公序条項によって被相続人の準拠法選択の濫用が全て救済できるわけではない。理論的に不徹底という批判を受けたとしても、差し当たり、当事者自治を量的に制限することによって、被相続人に適切な準拠法選択を促す方法を採らざるを得ないのではあるまいか。

---

123) Basedow, op.cit., p.273
124) Basedow, op.cit., p.273

第7節

当事者自治の拡張的推進とその検討

　バセドーの当事者自治の理論的根拠の検討から始めることにしよう。バセドーは、まず当事者自治の根本的な根拠をカントやルソーなどの啓蒙思想家の考えを引用し、当事者自治の理論的根拠としている。また、1789年8月26日のフランス人権宣言が、ルソーやカントの導いた定式を引用して「人は、自由かつ権利に関し平等に生まれ、生存する」とすることを指摘する。さらに、その150年後の1948年12月10日の国際連合総会を通過し、宣言された世界人権宣言1条第1文が「すべての人間は、生まれながらにして自由であり、かつ、尊厳と権利とについて平等である」とする。人間の生まれながらに有する自由に関する権利を根拠として、国際私法における当事者による準拠法選択が認められるのは、マンチーニのように私的自治という実質法上の原則に根拠を求めるのではなく、より深く遡り、このような人間が生まれながらにして有する権利に基づくものとすることによって、理論的に従来の議論を見直そうとしている[125]。むろん、このことから直ちに国際私法における当事者自治の原則を導くものではない。国際私法において当事者自治の原則が認められるためには、各国における合意に基づく国内法又は国際条約に認められた当事者自治を承認する原則が必要である。しかし、このような国家以前の個人の生まれながらに持つ自由や基本的事件を持ち出すのは、国家に当事者自治の原則を見直させるための理論的根拠を基礎づけようとするものである。同時に、場合によっては、それが国家に当事者自治の原則の承認を迫る理由づけとなるのである。

---

125) Basedow, op.cit., p.146ff.

そこで問題となるのは、①人はそもそも自由意思を有するのか、②人が生まれながらに有する権利ないし自由が社会契約論という一種の擬制から生じるものとする立場に対して、その擬制の正当性をどのように根拠づけ、説得力のある議論として受け入れられるものとするか、である。このような哲学的、抽象的な議論を本格的に展開する能力は、残念ながら現在の私にはない。そのことは認識しながら、このような問題に深くかつ詳細にわたり取り組んだ来栖三郎『法とフィクション』（東京大学出版会、1999年）等の日本の学者の見解を拠りどころとしながら、若干考え、手掛かりをつかむことを試みたいと思う。

①の問題については、自然現象の因果則との関係でこの問題を取り上げた量子物理学者の見解を考察された「フィクションとしての自由意志」（来栖・前掲書283頁以下）を手懸りとして若干考えてみたい。自然科学における因果法則と人の意志の自由との関係は、量子物理学者が種々議論されてきたようである。その詳細な紹介は、私の手に負えるものではなく、来栖の著書に委ねざるを得ない。私の注目するのは、来栖が「結び」として、量子物理学における因果法則（決定論）と自由意志論の論争の中で重要と思われるのは、いずれも決定論又は自由意志論を正しいと論証することができないとしている点である。自由意志論者であるウイリアム・ジェイムズ（William James, 1942-1910年）は、「意志の自由であることを証明しようとする要求をきっぱりと放棄する。せいぜいのところ私は、意志の自由をかりに真とみなし、あたかもそれが真であるかのようにふるまうと、どういうことになるかを示そうとするだけである。」とする[126]。さらに、決定論の正しいことを論証できないとし、自由意志の存在も論証できないとしつつ、なお自由意志の存在を主張しようとすると、その行為の性質をどのように解するべきかが問題となる。来栖は、この行為は結局フィクショ

---

126) 来栖三郎『法とフィクション』（東京大学出版会1999年）317頁；ジェイムズ・福鎌達夫訳『ジェイムズ著作集2　信ずる意思』（日本評論社、1961年）「決定論ディレンマ」190頁以下参照。

ンであることを表現しているのではないか、とする[127]。しかし、フィクションを実在からの任意的離反であるとすれば、自由意志の不存在を前提としなければならないのに、これを論証することができないとするのであるから、厳密にみればフィクションとみてよいのかどうかが問題になる。これをフィクションとすれば、「実在」からの任意的離反という要件自体を緩やかに解することになる。確かに、自然現象の因果関係論と自由意志論の関係に関する議論からみれば、そのようになるのであろう。自然の因果法則に人間の自由意志がかかわることがあるのか、かかわるとしたらどのようにかかわるのかという量子物理学の問題設定がそのまま持ち込まれているようにみえる。しかし、ここで問題としている法律学における意思の自由というのは、自然の因果法則に影響を与え、変更を加えるような人間の行為ではない。我々が日常的な生活の中で体験している人間の行為であって、純粋に理論的にみれば無限の可能性の中からの自由な選択にみえるけれども、実際には当事者が予見できるいくつかの選択肢の中から選択する自由を意味するにすぎない。このような意味における個人の意思の自由は、実在するとみることができるものであって、これを敢えてフィクションという構成を採る必要がないのではあるまいか。

　②については、社会契約論における自然状態（ルソー）又は原初状態（ロールズ）を前提としている。社会契約論自体一種のフィクションであるとされている。この点については、来栖「フィクションとしての社会契約」（前掲書・327頁以下参照）を素材として若干考えてみよう。来栖は、社会契約論のうち人民主権を提唱するルソーの社会契約論とロールズの正義の基準を求める社会契約論を、議論の内容を異にするが社会契約論として共通に考えられるものがあるみている。

　ルソーの社会契約論について、その前提となる自然状態を捉えてフィクションかどうかを論じる見解もある[128]。確かに、自然状態も歴史的事実ではなくフィクションというのも間違いであるとまでは言えない。しかし、

---

127) 来栖・前掲書325頁参照。

社会契約論において自然状態自体が独立の意味を持つものではなく、自然状態の仮定の上に社会契約によって人民主権の原理が打ち立てられたという点に意味があるのであるから、自然状態を取り出してフィクションとするよりは、社会契約自体をフィクションと考えるのが妥当であろう[129]。

それでは、社会契約を何故フィクションと考えるべきなのか。それは、現実に社会契約がなされたということは考えられないのに、一定の目的を達成するために社会契約がなされたように仮定するからである。それによって、人民主権の原理を導き、あるべき国家形態を提示し、国家の現状を変更するために社会契約があったかのように仮定するからである。そこにおけるフィクションは、直観的に作られたものではなく、法的に練り上げられたものであり、説得力を持つように多面的考察の中で構成されているものである。社会契約はフィクションであると言っても、それは単に架空のものではないのである[130]。

ロールズの社会契約論は、原初状態において全員一致の合意によって正義の諸原理が選択されたとするところにあり、そこから「公正としての正義」の原理を引き出そうとするものである[131]。そこから導き出されるのは自由原理と格差原理という正義の2原理である。第一原理は、各人は全ての人々に対する自由と相容れる限り、最も広範な自由への平等な権利を有するとするものである。第二原理は、種々の不平等はそれらがすべての人々の利益となるであろうと期待するのが合理的でない限り、あるいはそれらの原因となり得る諸々の地位や職務が、全ての人々に開かれていない限り、恣意的であるとするものである。これらは、自由、平等、公益に貢献する役務に対する報酬の複合体としての正義を表現していると言われる。さらに、第二原理との関係で社会的、経済的不平等が容認されるのは、①

---

128) 例えば、白石正樹『ルソーの政治哲学上巻』（早稲田大学出版部、1983年）34～35頁、51～53頁参照。
129) 来栖・前掲書329頁参照。
130) 来栖・前掲書329～330頁参照。
131) 来栖・前掲書341頁以下参照。

正義に適う貯蓄原理と矛盾せず、最も恵まれない人の便益を最大化すること、②公正な機会の均等という条件の下で、全ての人に解放されている義務や地位に付随していることが条件となる。このような内容を定める社会契約は、原初状態における自由で独立した人々の合意に基づくものであり、契約者である合理的な人々の完全性と平等な主権を反映したものである。合理的な人々であれば、ある制度が自分自身の利益に及ぼす影響と無関係に、その制度が利益の総体を最大化するという理由だけで、それを受け入れたりしはないであろうとして、従来有力であった効用原理を正義の原理として拒否する。このようなロールズの社会契約説は、合意のうちに真理や客観性の尺度を見出そうとする現代哲学を基礎としていると評価されている[132]。

しかし、いずれにしても社会契約論は、国家のような集団において集会を開き、全員一致の合意を成立させることを前提としているとみるべきことに変わりはない。そして、そのような全員一致の合意の成立は現実的にありそうもない。それにもかかわらず社会契約が存在するとするのは、人民主権国家の原理または正義の諸原理を提唱して、規範的現状を変更しようとする目的を達成するための手段としてであり、それは現実に合理的根拠を持った理想を提唱するためのものであるから、架空のものと考えるべきではない[133]。カントの哲学的思想は、社会契約説に立つものではないにせよ、理論的前提として自由意志を想定するのであるから、余りに雑駁な議論は慎むべきとしても、これも広い意味においては、一種のフィクションを使用した理論である点で、変わらないとみることも可能ではあるまいか。

それでは、このようなフィクションを当事者自治の根拠として用いることについてはどうであろうか。それには、まず、そのような擬制を用いるのももっともだと思われるような状況があることが必要である。19世紀

---

132) 来栖・前掲書 358 頁
133) 来栖・前掲書 358 頁

から20世紀初めの民族国家の成立期の社会においては、そのような擬制を用いて当事者自治の原則の導入を説くこと自体が許されなかったであろう。法というのは、この時代においては民族の合意によって作られる国家法であった。私的な当事者は法の規律の対象でしかなく、法を作ることは国家に委ねられた事項であり、私人である当事者が法の適用に創造的役割を果たすことが原則として認められないとする19世紀末から20世紀初めの国民国家の社会においては、このようなフィクションを用いて当事者自治の原則の導入を働きかけるということは許されないことであったであろう。そのようなフィクションを用いることがもっともであると思われる場合に当たらないからである。

　ところが、グローバル化が進んだ現代の社会においてはどうであろうか。WTOのような国際機関を通じて国際分業が推進され、国際的人口移動の自由が人権の問題として捉えられるようになり、交通・通信革命によっても国際的な人・物・金・役務・情報の移動が容易になり、国境なき医師団、各種の技術指導のためのNGOの活動などによって、20世紀末から21世紀にかけて新しい社会現象が生じてくる。外国からの移民の流入に伴って、従来の民族国家は、多民族、多文化国家に変質し、NGOをはじめとする民間国際団体が法の作成や変更にも重要な役割を果たすようになると、国家の側からも私人の積極的活動を引き出す法政策が求められてくる。つまり、国家の役割として、積極的に私人の行動を促す政策が採られることが要請されている。そのような現代社会の状況を踏まえるならば、当事者自治の理論的根拠づけとして社会契約論等のフィクションを持ち出すのももっともと思われる状況が存在するということができる。しかし、フィクションを法的に用いる場合に注意すべきことは、その提唱者からみればフィクションを用いることが正しいとしても、全ての人によって受け容れられ、是認されるとは限らないことである。また、フィクションが当該目的の実現に適合したものでなければならない[134]。フィクションを利用したバセドーの当事者自治の理論的根拠づけは、私のように当事者自治推進論者には強力な理由づけのようにみえるが、当事者自治の反対論者ないし慎重論者においてはどのように映るのであろうか。フランス人権宣言、世界人権

宣言においてもその内容が承認されているという客観性により補強されているとしても、フィクションを用いる根拠づけには主観的色合いを持つことは否定することができないように思われる[135]。社会契約論で使用されているフィクションは、国際私法における当事者自治の原則の理論的根拠としても利用することはできるであろうが、もともとは当事者自治を根拠づける目的で行われたフィクションではない。そのように拡張的に転用することが認められるには、国際私法における当事者自治がそれ自体フィクションを利用してでも促進する価値のある理想であることのより詳しい説明が必要になるのではないであろうか。

　バセドーは、この理論的根拠を基礎として、現代のグローバル社会、バセドーの言葉でいえば「開かれた社会」における国境を越えたほとんどの問題に、当事者による法選択権が何らかの形で影響を及ぼしているとする。最も密接な関係を示す法を客観的な連結素を一つだけ取り上げて準拠法を決定するのが適切ではない法律状態は、契約の分野だけに限らず、これまで紹介してきたように広く他の分野にも広がっている。例えば、従来当事者自治の原則が問題となり得ないと考えられてきた物権、債権の第三者に対する効力、家族関係や相続関係において広がっているだけではなく、当事者が準拠法を選択しなかった場合においてさえ、訴訟の段階で準拠法を実際上選択できる方法があることを指摘する[136]。そうして当事者自治の原則との関係で、①当事者が制限なく自由に準拠法を選択できる場合、②当事者が限られた何らかの関連がある法のうちから準拠法を選択することができる場合、③当事者自治の行使要件について類型的に制限のある場合、例えば、不法行為の準拠法の事前の合意について要求される当事者間の自由な交渉や準拠法の明示的指定が要求される場合、④国家の公益との属地的関連性が強く、当事者自治が完全に排除されている場合に分け、一般的

---

134) 以上のフィクションに関する以上 3 つの論点については、来栖・前掲書 270 頁以下参照。
135) 来栖・前掲書 271 頁参照。
136) Basedow, op.cit., S.274ff.

にみれば、当事者による自由な法選択を認める方向にあるものとされる[137]。とりわけ、②については、家族法、相続法の分野では、量的制限論が広く認められているが、その意図が弱者保護にあるとしたら量的に制限したとしても弱者保護が達成されない場合があることを挙げて[138]、当事者の準拠法選択権を推進する立場から、無制限の当事者自治を認める方向が採られるべきであるとする。②及び③の制限については、弱者保護は契約における当事者自治の原則における場合に学び、その他の方法（弱者に密接な関連を有する地への特別連結、国際的な実質法規定による保護、一般的な公序規定の適用の可能性など）を検討すべきことを提唱する[139]。要するに、当事者の準拠法を選択する権利の保護を一貫して人権保護の観点から大きな疑念なく促進しようとされている。

　しかし、当事者の人権保護を直ちに当事者の準拠法選択の自由に結びつけてよいであろうか。確かに、当該契約に関する情報、例えば、自分が置かれている立場、福祉の増進にどのような効果を持つか、その契約を締結することが自己の信条との関係があるか、等を最もよく知っているのは当事者であって立法者ではない。それだからと言って、当事者の自由意思自体が内在的価値を持ち尊重されるべきとし、当事者自治を疑念無く受容することを国家に対して求めるとすれば、結局国家の主権を当事者の自由意思に置き換えて、当事者に自らの法を作る権限を与え、当事者に個人的な立法主権を認めるのと類似する効果を持つという批判が生じるであろう。また、このような主張の基礎となる神話を作り出し、それに基づいて説得しようとするものであるとする批判も可能になるであろう[140]。さらに、

---

137) Basedow, op.cit., p.281f.；もっとも、Basedow は、①〜③の3つの類型を挙げている。④は私が付けくわえたものである。
138) Basedow, op.cit., p.282
139) Basedow, op.cit., p.281ff.
140) H. Muir-Watt, "Party Autonomy" in international contracts: from the marking of the myth to requirements of global governance (2010) 6 (3) European Review of Contract Law 250, at 256-257

このような考えをユートピアン（理想主義者）の考えであるとの批判もあり得よう[141]。自己の自由意思による決定が最も妥当な結果を導くと常に言えるかは、啓蒙的哲学者の観念的議論も場合によっては必要としても、我々の日常生活における体験からも導き出せる問題ではなかろうか。

　個人が生まれながらに有している自由権ないし自治の権利は、実質私法上は私的自治の原則として現れる。マンチーニは、私的自治つまり個人が自由に法律関係を形成することができる権利を各国が尊重すべき国際法上の義務を負うものと認め、さらに私的自治によって直接当事者自治をも基礎づけようとした[142]。私的自治の原則は、近代国家の形成期以来、広く認められてきた原則であった。しかし、当事者自治の原則は、国際私法における原則であり、実質私法上の原則から直ちに根拠づけられるものではない。国際私法上の原則としての当事者自治の原則は、国際私法上広く認められるべき原則としてではなく、例えばドイツにおいてはケーゲルによれば「やむを得ない場合の一時しのぎの解決策（Verlegenheitslosung）」として債権契約に限定された、どちらかといえば例外的な連結方法として位置づけられてきた[143]。ところが、1980年代後半からの現代社会のグローバル化に伴う人・物・金・役務・情報の自由な移動によって生じる各国家における多様化とりわけ多民族化、多宗教化、多文化化等が促進され、最も密接に関連する客観的連結点を一つだけ選んで準拠法を決定することが困難になってくると、当事者自治を債権契約だけではなく不法行為等の

---

141) Jacqueline Gray, Party Autonomy in EU Privat Autonomy in EU Private International Law（2021）p.22；なお、Robert Nozick, Anarchy, State and Utopia! 1974）は、ユートピアニズムを3つの類型、つまり帝国主義的ユートピアニズム、伝道主義的ユートピアニズム、実証主義的ユートピアニズムに分け、前二者はそうできないであろうとして（p.319f.）、最後の考え方に従い、国家の権力を最小限にとどめ、同じ尊厳を有する他の個人との自由意思による共同の助けを借りて実現しなければならないと結論付ける（p.334）。この本では、ユートピアという語は必ずしも悪い意味でのみ使用されてはいない。

142) Nishitani, op.cit., S.317ff.

143) この点については、第1章第2節②注16（12頁）参照。

契約外債権、家族関係や物権などの強行法規の多い分野においてすら、当事者自治の原則をそのような例外的な方策ではなく、個人が国家以前の権利として有する自由権に基礎づけられた国際私法上の重要な原則の一つとして位置づける見解が有力に主張されるようになる。このような見解は、当事者自治を基礎づける抵触法上の利益、当事者の予測可能性の利益、例えば夫婦の将来の財産計画を安定的なものとする利益、当事者に最も適切な準拠法を選択することができる利益、渉外的法律関係形成促進の利益、法廷地法の選択を認めることによる準拠法適用の容易化の利益、人の自由移動を保障する利益、常居所地法主義及び本国法主義を補完し、修正する利益、当事者自治が広く認められることによる判決の国際的調和の利益等の抵触法上の利益の観点からも基礎づけられる[144]。

　確かに、当事者自治の原則を当事者の生まれながらに有する自由な決定権と結びついているものとして捉えることは、説得の技術として必要かつ有益な場合がある。しかし、それを絶対的に尊重されるべき人権の一つとして保護すべきというとことから単純に結論を出すことができない問題を含むことも事実である。個人が生まれながらに持つという自由な決定権は、あくまで他人の自由を害さない限度での自由であり、自由と平等が不可分的に結びついた権利であるというべきである。しかし、このような人権を当事者自治の根拠の一つとして挙げること自体は不適切のものとは認められない。そうとしても、当事者自治の原則をそのような人権に根拠をもつものであるから、国家の側からこれを無制限に広く認めるべきであるという主張を疑念なく受け入れるべきというのは楽観的すぎるように思われる。当事者自治に関する考察においては、抵触法における国家法の立法及び司法による解釈の問題と深くかかわっている。できる限り広く制限のない当事者自治の原則を認めるべきとするバセドー自身、人間が生まれながらに

---

144) 中野俊一郎「国際親族・相続法における当事者自治の原則」神戸法学65巻2号（2015年）1頁以下、とりわけ30頁以下、同「当事者自治原則の正当化根拠」立命館法学339=340号（2012年）とりわけ320頁以下参照。また、Yuko Nishitani, op.cit., S.316ff. とりわけ、S.319ff. 参照。

持っている自由な決定権から直接に当事者自治の原則を導き出すものではなく、当事者自治の原則がどの範囲で、どこまで、どのように認められるべきかは、各国の抵触法に関する立法、司法、行政等の機関における判断の問題であることは認めたうえで、それらの機関が当事者自治の原則を是認するための説得の手段として、当事者の生まれながらに持っている自由な決定権、個人の自治の権利を持ちだしているように思われる。これを普遍的な神話を作り出すもの、理想主義者の考え方等とする批判は、このような論法が無反省に当事者自治の原則の広範な是認を疑念なく許容するとすれば生じる危険性を指摘したものとしては傾聴すべき点を含むとみることができる。しかし、そのような批判が当事者自治の原則否定の方向に導こうとするものであるとすれば、現実的な社会的要請に背を向けるものとなる可能性を持つということを指摘することができるであろう。

ただ注意すべきであるのは、EUにおける民事事件、とりわけ家族問題や相続問題についての国際私法規定の統一の議論がEUの域内における人・物・金・役務・情報の自由移動を最大限に保障するEU自体の基本的目標実現の手段として、当事者自治を利用している側面があることである。それゆえに、伝統的に採られてきた各構成国の建前から生じる激しい対立、例えば、属人法に関する本国法主義と住所地（常居所地）法主義の対立を回避する手段として、EUがいずれかの立場を肯定し、他の立場を否定する態度を採らずに、当事者による準拠法選択を認めつつ、共同体としての域内市場の統合の成果をあげるための方法を採っていることである。EUにおける人の移動の自由は、もともとはEU域内で経済的な目的で積極的に活動する人の自由権の保護について認められてきたものであった。ところが、EUの立法機関や司法裁判所等の動向をみると、その後当初の目的、つまり積極的に経済活動をする人の移動の自由から、その家族の移動の自由に拡張され、さらにEU市民の一般的権利として認められるべきとの議論に発展している[145]。そのような中で、民事事件に関する国際私法の統一が当事者自治の原則の導入を核として推進されている側面がある。しかし、東アジアにある島国の、EUのような強力な権限を有する共同体が存在しない日本において、EUの議論が現在そのまま妥当するかについては、

慎重に検討される必要がある。もちろん、現代の国際機関、例えば、世界貿易機関（WTO）において推進されている国際分業の下で労働者の国際的移動の自由の課題があり、日本においても EU と類似する課題があることを認めたとしても、EU と WTO においては、その目標、到達実績それを実現する機関等に大きな相違があることも認めざるを得ないのである。また、国際家族法、国際相続法、国際物権法等に無制限な当事者自治を拡張してゆくというのであれば（そのような場合に量的制限論を採る現在の私の考え方よりより徹底した、筋の通った考え方といえるかもしれないとしても）、同時にヴェングラーにより提唱された特別連結論をより精緻化し、これらの分野にも利用することができるように、理論化するように検討を深める必要があると思われる。

　ヴェングラーの特別連結論の適用における 3 要件がある。まず、この点から述べておこう。①当該外国強行法規自身の適用意思、②当該外国と法律行為の間に現実的に充分に密接な関係があること、③法廷地国の公序に反しないこと、である。①は、法律行為の内容に関する外国強行法規の適用意思の範囲内で、できる限りこの外国強行法の適用を承認しようとするものである。国際司法共助の思想を基礎として内外法の平等の取り扱いを徹底し、判決の国際的調和を得ようとするのである。②は、他国への司法共助を理由あらしめるために要求されるものである。法律行為と弱い関係しか持たない外国の立法者は、たとえ自身がその強行法規を適用する意思を有するとしても、「権限外（ultra vires）」とみなされ、その強行法規は適用されない。しかし、この要件に当てはまる国が複数生じ、複数国の強行法規の適用が問題となるときがある。このような場合には、より強い制裁を定める国の強行法規が適用されることになる。この要件を緩やかに解すると、外国強行法規に特別連結される範囲内では、当事者自治が認めら

145）例えば、EU の司法裁判所の判決の傾向や課題については、Gray, op.cit., p.23ff. 参照。姓名について伝統を異にする父母から生まれた二重国籍者の子の姓の選択、会社設立に厳格な構成国の規定を回避するために設立に緩やかな制度を採る国での会社やその部門の設立が EU の基本政策や目標との関連で議論されている。

れないと同じ結果となるので、ツィーテルマンの当事者自治否定論の導く結論に近いものになってしまう。ヴェングラーは、これを船舶が外国の港湾に寄港しようとすると全て寄港する国の規定に従って航海堪航能力検査を受けなければならないことを例に挙げて正当化しようとする。しかし、国際契約の場合と国際的な船舶の航行の問題と同じ性質の問題と捉えてよいのであろうか。この要件を常に一つの国の強行法規への特別連結に絞ることができないとしても、当事者自治を認める以上、その自治を公序の段階で制限する場合においても、あくまで例外的な事例に関するので、できる限りその制限を認める要件を狭く解する方向での努力が要求されるのではないであろうか。③は、法廷地の消極的公序を問題としたものと思われる。その要件として法律関係と法廷地の密接関連性を問題にすることになる。しかし、②の要件で法廷地の積極的公序を理由に特別連結された外国強行法規の適用について、さらに法廷地の消極的公序の要件を要求する必要があるのであろうか[146]。少なくとも特別連結される場合においても一般的な公序規定が適用されるとすれば、公序をこれと別に特別連結の要件として挙げる必要があるのであろうか。もし問題とするとすれば、②の外国強行法規への特別連結という結論が法廷地の国際私法の観点から許容されるかどうかであろう。法廷地国際私法による強行法規への特別連結は各国で広く認められているけれども、ヴェングラーの理論にもかかわらず、外国強行法規による特別連結については、必ずしもそうではない現状があり、法廷地の国際私法によってそれが認められるかどうかを問い直されることが少なくない。

　仮に、制限のない当事者自治を拡張しようとする立場に立つとしたら、国家の規制意思とのバランスからみて、特別連結理論を採り入れる必要性が高まる。その場合には外国強行法規の介入要件については、当事者自治が拡張される分野について、具体的により詳しく検討すべき課題があるよ

---

146) Vgl. Wengler, Sonderanknüpfung, positive und negative ordre public, JZ 1979 Nr5/6, S.177

うに思われる。これらの点をも踏まえながら、わが国をめぐる現状をできる限り正確に把握したうえで、当事者自治を認める利点をできる限り生かし、欠点をできる限り最小化する立法、解釈の方法を見出して行かなければならない。そのための指針を見い出すには、これらの点に関する比較法的なより詳細な考察も必要になる。本研究は、そのために必要となる基礎的作業のあくまでその試みの一つとして、当事者自治の原則の採用の現状と課題を明らかにすることを目指したものである。

第 7 章

わが国の法適用通則法 7 条の意義の再検討と解釈試論

第1節

はじめに

　ヨーロッパの国際私法における当事者自治の拡張とその制限の問題は、わが国においてもすでに多くの比較国際私法上の研究がみられ、議論が盛んに行われているところである。それらの多くは、わが国における将来的な課題としてヨーロッパにおけるEUの規則その他の立法、その解釈に関する欧州司法裁判所の判例の紹介とその各構成国の国際私法に与える影響に関するものである。これらは、ヨーロッパにおける統合の現状と課題に関する議論を紹介し、これを検討する価値があるとみて、これをわが国の国際私法に関する将来的課題を明らかにし、その立法上の方向性を探ろうとするものである[1]。もっとも、アジアの諸国における経済的、政治的統合はなお遠い将来の課題である。東洋の島国である日本においては従来通り各国国際私法の比較検討に重点が置かれるべきであり、EUという特殊な組織における立法や司法上の解決の展開は、日本の将来の方向を指し示すものではないという考えもあり得よう。

　しかし、例えば、現代社会のグローバル化は、人・物・金・役務・情報の交流を促し、このような交流を通じて21世紀後半には世界中どこでも国境が低くなり、地域的共同体を通じていろいろな政策の調整やその実現が図られるようになると予測して、そのモデルとしてEUを捉えようとする見解がある[2]。このような見解からは、従来の19世紀的国民国家観を、産業革命を経て経済を飛躍的に発展させる過程で民族としての一体感と祖

---

1) 例えば、小池未来『国際家族法における当事者自治』（信山社、2019年）は、将来の立法論的提案に役立てようとするものである。
2) 西原春夫『日本の進路　アジアの将来　「未来からのシナリオ」』（講談社、2006年）16頁以下参照。

国愛に働き掛けて国民化することを通じて、自国の優越性を強調する国家観として捉えられる。このような国家観においては、対外的には、資源や安い労働力と市場を求めて植民地獲得競争に乗り出し、対内的には、その競争に打ち勝つために軍事力を含む国力を強化することを重視する。このような国家観が太平洋戦争終結前の日本を支配していた。

　それに対して、このような国家観を克服して、グローバル化に伴う地域的対話と協調を基礎とした21世紀的国家観を新たに提唱し、現実に21世紀に入ってからの東アジアをめぐる動向の中に、東アジア共同体の出発点を見い出そうとする見解がある[3]。例えば、2005年12月12日の東アジア首脳会議（アセアン加盟10カ国）＋中国、日本、韓国の3首脳会議）における「クアラルンプール宣言」の採択[4]や同14日における東アジア首脳会議（アセアン＋3に加えてオーストラリア、ニュージーランド、インドを加えた16カ国）における「クアラルンプール宣言」の採択[5]にその萌芽として捉えようとしている。もっとも、これによって東アジア共同体が具体的に日程に上がったとみるのは全く早計であり、地域的超国家組織ないしその発展形式としての共同体の実現は21世紀後半以降とする[6]。この見解に関するより詳しい言及は、本書の研究対象とするところではない。ここではあくまでこのような将来を見越したEUを含む地域的統合の立法論上の研究の重要性を示す根拠となる見解の一つとして紹介するにとどめたい。

　ところで、本書の研究はこのような将来における立法の参考となるであろう資料を提供することにとどまるものではない。私は、かつて法例7条

---

3) 西原・前掲書31頁以下参照。
4) この宣言は、「地域的及び国際の平和と安全、繁栄及び進歩の維持に貢献する東アジア共同体を長期的目標として実現していく共通の決意を改めて表明」している。
5) この宣言では、「東アジア及び世界の平和、安全及び繁栄の達成に共通の関心を有していることを認識し」「東アジア首脳会議がこの地域における共同体の形成に重要な役割を果たし得るとの見方を共有し」「この地域における共同体形成を推進する東アジア首脳会議の努力は、アセアン共同体の実現と整合的に、かつ、これを強化する地域的枠組の不可欠な一部を形成する」とした。
6) 西原・前掲書32頁参照。

1項が「法律行為ノ成立及ヒ効力ニ付テハ当事者ノ意思ニ従ヒ其何レノ国ノ法律ニ依ルヘキカヲ定ム」という極めて包括的な、法律行為の一般原則を定めるような規定の仕方をしている点に着目し、国際相続法における被相続人による準拠法選択を考察した[7]。その中で、一方では当事者自治の根拠を契約自由の原則ではなく私的自治の原則に求め、強行法規の存在が必ずしも遺言における当事者自治の原則の導入の障害とならないことを示すとともに[8]、他方では、法例7条1項、法例27条、26条との関係でこれらの規定を支える国際私法上の当事者の利益、とりわけ当事者の予測可能性の利益等の分析を通じて、遺言における当事者自治の原則の導入の妥当性を論じたうえで[9]、法例7条1項の解釈として被相続人による準拠法選択を許容できるものと考える解釈論を提示した[10]。これは、一方において、法例7条1項が1890年（明治23年）の旧法例5条の改正として規定されたものであり、旧法例立法の際に参考にされ得る例として1865年のイタリア民法典9条が「贈与及ヒ臨終ノ意思ノ規律ノ実質及ヒ効果ハ本国法ニ依リテ処理セラレルモノト見做ス・・・何レノ場合ニ於ケルモ反対ノ意思ヲ明示スル余地存ス」とあり、贈与と並んで遺言の準拠法について当事者の明示的準拠法指定を認めていたことに注目するものであった。他方において、諸外国においては、1914年のオーストリアのバルカー草案7条のように「当事者は明示的又は黙示的に一定の法により規律させることができる。但し、本法で別に定める原則によりその法律関係に適用される法律の強行法規に反する場合には、この限りではない」とする一般規定を置く例がみられた。そこで、法例7条1項の「法律行為ノ成立及ヒ効力」の一般規定を相続に関する遺言の成立及び効力にも適用することができる

---

[7] 木棚照一『国際相続法の研究』（有斐閣、1995年）167頁以下、230頁以下参照。
[8] 木棚・前掲書198頁以下参照。
[9] 木棚・前掲書204頁以下参照。もっとも、その議論はケーゲルのいう連結困難があるかどうかという視点からの議論であった。その点では本書のように当事者自治をより積極的に位置づける視点にはこの時点では立っていない。
[10] 木棚・前掲書230頁以下参照。

と考えると、どのようになるかを試論的に論じたものであった。

しかし、立法過程やそれに関する学説の展開の考察が簡潔に過ぎて不十分であり、相続に関する遺言に限ったために、そのような解釈が何を目指しているのか明確にすることができなかったこともあってか、あまり注目されることもなかった。そこで、現代社会のグローバル化の中で、国際私法上の当事者自治の原則の位置づけが見直され、連結点を決定するための重要な要素として当事者意思を捉え直そうとする傾向があることを明らかにしようとする本書の結びに当たり、もう一度この解釈問題に挑戦することを許して頂きたい。前述の著書で十分に展開することができなかった部分を補充し、本書での考察を単に将来的な立法の参考資料として残すだけではなく、少なくとも部分的には解釈論として活かすことを目指すためである。それにより一層現実的な問題として当事者自治をめぐる問題を議論することができるであろう。

本章の構成は、まず、法適用通則法7条の立法史的考察から始める。つぎに、明治期の学説に遡ってその解釈論的展開をみる。さらに、本書において行った比較法的考察から生じる結論をまとめたうえで、最後にその中の典型的な問題について試論としての解釈論を展開したい。

第2節

法適用通則法7条の立法史的考察

法の解釈のために重要な要素となるのは何であるかについて、わが国においても19世紀のドイツ学説の影響があり、立法者意思説と法律意思説の対立があった。法律の草案が議会の審議を経て法律として成立すると、もはや立法者の意思を離れ、法律の客観的解釈に委ねられるべきものであり、これによってはじめて、その法律が社会の変化に対応した普遍的な意義を与えられ、解釈学の展開を通じて法律がその命を吹き込まれるもので

あると私は考える。その点では、私はどちらかというと法律意思説に立つものである。しかし、その立場に立ったとしても、立法者の意思が明らかにできるのであれば、明らかにし、それを解釈の一つの出発点とすること自体に反対するものではない。ドイツにおいては、草案とともに詳細な理由書が付けられて議会に提出されており、立法者の意思はその理由書から確認できることが多い。ところが、日本においては、草案に対する簡単な説明書が付されるのみであるのが通常であるから、立法者意思を確認することは容易ではない。明治31年の法例については、山田三良による『法例修正案理由書』があるが、これも博士自身の見解を述べた簡潔な説明書であるので、立法者の意思を確認するのは難しいことが少なくない。結局、立法者の意思を確認するためには、明治30年11月20日〜同年12月13日までの7回の会議のほかに、番外の明治30年12月17日の整理法例議案として同年12月16日に配布されたものについての法典調査会における速記録に遡るほかないであろう[11]。

　ここにおける草案は、起草委員の穂積陳重が起草委員補助の山田三良の協力を得て起草されたものであり、できあがった法例草案を起草委員梅謙次郎が目を通し、話し合い納得できるところはそのまま法典調査会に提出されている。ところが、法典調査会における穂積陳重と梅謙次郎との委員の間で見解を異にすることが少なくなく、この場合における立法者の意思をどのようにみるかが問題となる。法典調査会では、意見が分かれるところは採決を採り、多数意見が採用されることになっていたので、多数意見を立法者の意思とみざるを得ないであろう[12]。しかし、多数意見に賛成し

---

11) この方法を採って法例の各条の趣旨を確認しようとした先駆的文献としては、久保岩太郎『国際身分法の研究』(有信堂、1973年) 3〜91頁がある。
12) 例えば、とりわけ「法律行為ノ成立及ヒ効力」に「消滅」という文字を入れるかどうかについての議論にみられる。穂積陳重起草委員は、消滅ということが極まれば成立がなくなるから、「成立」の中に入っていると回答した(『日本近代立法資料叢書26』118頁以下)のに対し、梅謙次郎起草委員は、「消滅」という言葉をいれて考えれば消滅時効の問題のこの中に含めることになるので、妥当ではないと主張した(前掲書121頁以下参照)。

たとしても理由が異なる場合があり、そのような場合には、立法者の意思の確認は困難にならざるを得ない。

　法例7条1項の基礎となった規定に関する議論は、明治30年12月8日の第5回議事速記録に掲載されている。議論の対象となった草案は次の通りであった。

「第10条　契約ニ因リテ生スル債権ノ成立及ヒ効力ニ付テハ当事者ノ意思ニ従ヒ其何レノ国ノ法律ニ依ルヘキカヲ定ム
当事者ノ意思分明ナラサルトキハ行為地法ニ依ル法律ヲ異ニスル地ニ在ル者ノ間ニ為シタル契約ニ付テハ申込ノ通知ヲ発シタル地ヲ行為地トス
……」

　この草案の規定は、明治23年に成立した旧法例5条に修正を加えたものであると説明されている[13]。旧法例5条は、「外国ニ於テ為シタル合意ニ付テハ当事者ノ明示又ハ黙示ノ意思ニ従ヒテ何レノ国ノ法律ヲ適用ス可キヤヲ定ム」「当事者ノ意思分明ナラサル場合ニ於テハ同国人ナルトキハ其本国法ヲ適用シ又同国人ニ非サルトキハ事実上合意ニ最大ノ関係ヲ有スル地ノ法律ヲ適用ス」と規定し、意思主義を採用している。この点については近世諸国の立法例に於いても例外が極めて少ないので、外国において行った合意に限らないものとしたうえで、その主義を採用したと説明されている。起草委員穂積陳重は、この規定の説明の際に「意思ニ任セルト云ウ即チ『オートノリー』ノ主義ヲ採ツテ居ルノデアリマス」としている[14]。つまり、当事者自治の原則を根本的には「個人の自治」の原則に由来し、それが実質法的には私的自治の原則として現れ、国際私法的には当事者自治として現れると考えていたのではないかとも理解することができ

---

13) 法例第5回議事録、冒頭における穂積陳重起草委員の説明参照（『日本近代立法資料叢書26』115頁以下）。
14) 法例第5回議事録（前掲13）書113頁）参照。

る発言がみられる。このような理解があったからこそ、本条1項が7条1項に移された際に、委員河村謙三郎の発言を契機として、法律行為に単独行為等を含む法律行為の一般原則とする見解に展開して行ったのではあるまいか。旧法例5条2項は、イタリアの法例に倣って本国法主義を採っていると考えられるが、国籍の確認は必ずしも容易ではなく、同国人が必ずしも国籍を確認して取引をするのではないので、行為地法による方が多い、当事者の意思に適うと言うところから、行為地法主義を採り入れました、行為地法主義を採ると難しい問題が出るのが隔地的契約の場合でありますので、草案10条2項2文以下に発信地主義に関する規定を置いた、と説明されている[15]。

この草案10条1項の規定によると、契約により生じる債権となって、単独行為について規定を欠くことになるが、それでよいのかという質問が委員河村謙三郎より出されたと言われている。この点は、明治30年12月13日の第7回法例議事速記録、明治30年12月17日の法例議事整理会議事録における起草委員穂積陳重の発言から明らかになる[16]。この発言を受けて、単独行為を含む趣旨で7条1項において「法律行為ノ成立及ヒ効力」とし、10条2項1文は7条2項とし、10条2項2文以下に隔地的法律行為の行為地に関する規定として9条に独立の規定を置くように整理したと言われている[17]。

第7回の法例議事速記録をみると、単独行為としてどのようなものが考えられるか、起草委員穂積陳重の発言にも戸惑いがみられるように思われる。つまり、諸国の立法例をみると贈与や遺贈のような単独行為は載っており、本草案においてもそれが含まれている、その他にどのようなものがあるかというと、最も通常に起こります通知、催告のようなものは、その

---

15) 法例第5回議事速記録（前掲書113～115頁）参照。
16) しかし、『日本近代立法資料叢書26』に収められている「法典調査会法例議事速記録」には、その発言内容とそれに対する応答は記載されていない。
17) 法例整理回議事速記録は、整理法例議案としてその内容を掲載している（前掲16）書188頁以下参照）。

債権に関するものであるから、その権利の準拠法によればよい、その他に寄附行為のようなものが考えられるが、これもその権利の準拠法によればよいとも考えられるが、理論上から考えてみますと、河村君の質問は御尤もなことでありまして、この規則ではどうしても判断できない場合が稀ではありますが、あり得ることである、として、判例等を探してみましたならばその内に一つ二つ出て来るかも分かりませぬ、単独行為に関する条項を置くかどうかを決して頂きたいと述べ、置く方に発議いたしますので決定して頂きたい、とされる。

若干の議論が行われた後に賛成多数で単独行為を含むようにすることが決定されている[18]。もっとも法律行為の方式に関する草案7条の起草者の説明においては、単独行為の例として寄附行為が挙げられており、財団の設立に関する寄附行為を法律行為の方式における例としている[19]。もし単独行為の方式の例として寄附行為を考えるとすれば、法律行為としての寄付行為の成立及び効力に関する準拠法がどうなるかを考えるのは自然ともいえる。そして、ここに起草者が「債権的」という言葉を入れずに「法律行為」とのみした一つの理由があると考えることができないであろうか。つまり、法例7条の法律行為を現在の通説のように債権的法律行為を意味する、という合意が起草者の間においても少なくとも明示的に意識されてあったといなかったのではあるまいか。むしろ「個人の自治」という一般原則から、単独行為を含む法律行為の一般原則を定める点に重心が置かれていたとみることができる。

現在の見解からみれば、単独行為の例として寄附行為を挙げ、当事者の自由意思で準拠法を選択することができるとみるのは、法人の設立について設立準拠法主義を採り、設立地を当事者が自由に選択できることからすると、法例7条1項、法適用通則法7条の規定と趣旨と矛盾しないとみることができる。ただ、公益法人である財団法人については、公益性の概念

---

18) 第7回法例議事速記録（前掲書161〜162頁）参照
19) 法例第5回議事速記録（前掲書99頁）参照。

が各国において異なることもあり、実質法上は外国法人の認許に関する規定（現在の民法35条）によって制限されている点は無視することができない。おそらく立法者の意思からみれば、会社の設立行為のような合同行為については、後に制定されるであろう商法ないし会社法等の特別規定によるものであるから、法例7条1項に含まれないと考えられていたのではないかと推測される[20]。しかし、そのような見解に立ったとしても、その延長線上に複数の者によって一つの財団法人を設立することは考えられるのであり、そのような意味における一種の合同行為を含めて法例7条1項を解釈することができるのではないか。

このようにみると、法例7条1項における法律行為の成立及び効力という中には、贈与や遺贈についてだけではなく、単独行為を含む将来生じ得る独立に準拠法決定をしなければならないかもしれない法律行為の成立及び効力に関する一般原則を定めたものとみることもできるのではあるまいか。ここで主張しておきたいのは、仮令このように解することが法例制定時における起草者の意思と合致するとまでは断言することができないとしても、相反するとまでは言えないことである。このような理解に従えば、例えば、物権的法律行為及び家族法上の法律行為や相続法上の法律行為については、それぞれ特別な規定が存在するから、その一般原則の適用が排除されており、その結果、主として債権的法律行為の成立及び効力に関する規定となっているとみられていたに過ぎない。しかし、特別に定められた物権や家族法の規定が法律行為の一般原則とどのような関係にあるとみるべきか、明確に、意識的に議論されてきたのであろうか。この点については、学説上どのようにみられ、展開されて行ったかに着目し、以下より

---

[20] 起草者は法例の適用される範囲を民法が適用されるような法律関係に限定して考えていたのではないかということは、穂積陳重起草委員の説明から読み取れる（第1回法例議事速記録、前掲書2頁以下参照）。しかし、商法、会社法に特別の規定がないとすれば、法例に定める一般原則が適用されると解釈することは全く不自然ではない。したがって、法例7条1項、法適用通則法7条を法人の設立準拠法主義の根拠とすることも不可能ではないであろう。

詳しくみてみよう。

第3節 学説における解釈

　法例上の契約準拠法については、詳細な研究が櫻田嘉章によって既に発表されている[21]。私の研究もそれに依拠しているところが大きいが、視点が異なる部分があるので、重複をおそれず敢えてこの問題について考察してみたい。もっとも、旧法例5条に関する学説については、櫻田論文に委ねたい。学説史は、法例7条を念頭に置いて解説したものとみることができるところからは始めたい。

　まず、法例7条1項の立法成立に比較的近い頃からみておこう。立作太郎講述の『国際私法　完』（東京法学院、発行年不詳、櫻田前掲論文によると、明治33年（1900年）とされている。）13頁〜14頁に次のように述べられている。「我法例第7条ニ於テハ法律行為ノ成立及ヒ効力ニ付テハ先ツ当事者ノ意思ニ従テ其何レノ国ノ法律ニ依ルヘキカヲ定メ当事者ノ意思カ分明ナラサルトキニ於テ行為地法ニ依ルコトヲ規定シタリ而シテ此第7条ノ条文ハ一見其範囲極メテ広ク法律行為全体ノ成立及ヒ効力ニ関スル規定ノ如シト雖モ其適用ニ至リテハ法例ノ他ノ条項ノ為ニ大ニ狭メラルルモノナリ即チ第10条ニ依リテ動産及ヒ不動産ニ関スル物権其他登記スヘキ権利ニ付テハ第7条ノ適用ナキコトトナリ亦第13条乃至第26条ノ規定ニ依リテ親族編若クハ相続編ノ規定ニ依ルヘキ権利関係ニ付テモ亦第7条ノ適用ナキコトトナルカ故ニ結局第7条ノ適用ヲ見ルモノハ主トシテ債権関係ニ限

21）櫻田嘉章「我が国における契約準拠法の歴史的検討」法学論叢146巻3・4号26頁以下参照。

ルルニ至ルヘシ然リ而シテ債権関係中最モ適用多キハ契約ニアルコト論ヲ俟タサルナリ法文ニ所謂行為地法トハ之ヲ契約ニ付テ云ヘハ締結地法ニシテ我法例ハ契約ニ付テハ関係的締結地法主義ヲ採用シタルモノト謂フヘシ但シ単独行為ニ付イテモ亦此規定ノ適用アルコト勿論ナリ例ヘハ催告、追認等ノ如シ」とする。

　つぎに、入江良之講述『国際私法』（出版年不詳、櫻田前掲論文によると明治37年、38年頃（1904年〜1905年）とされている）は、法例7条について一般的に説明したうえで、360〜361頁に次のように述べている。「以上ハ例ヘハ贈与ノ如ク法律ニ於テ本来ノ準拠法ヲ定メス準拠法ノ選択ヲ当事者ニ任セタル法律行為ノ場合ニ対スル通則ニ過ギスシテ法律ニ本来ノ準拠法ヲ定メタル法律行為ニ関スル規定中ノ或ル事項カ補充的規定ナルトキ当事者カ其補充的事項ニ付キ多ノ法律中ノ一ヲ選択スル場合ニハ之カ解決ヲ異ニセサルヲ得ス例ヘハ遺言ナル法律行為ハ当事者カ準拠法ヲ任意ニ選択スルヲ許サスシテ本来ノ準拠法ヲ法律ハ本国法ト指定セリ（法例第26条）故ニ遺言ニ付イテハ遺言者ハ本国法以外ノ法律ヲ選択スルヲ得スト雖遺言ニ関スル規定中受遺者カ果実ヲ取得スル規定ノ如キハ遺言者ニ意思ノ自制ヲ認メタル補充規定ナリトス（民法第1094条）右果実取得ノ点ニ付キ準拠法選択ノ意思ヲ表示スル場合ニハ右遺言ニ要スル方式ト同一方式ニ依サルヘカラス何トナレハ遺言ノ方式ノ規定ハ強行的規定ニシテ当事者ノ意思ヲ容レス」とする。遺言に付いては遺言者に準拠法選択が認められないことになっているが、遺言の対象となっている財産の果実については、法律行為の一般原則に還り、遺言の方式で果実取得に関する準拠法を選択することを認めている点が注目される。

　また、山口弘一『日本国際私法論』（三書楼、明治43年（1910年））162〜163頁をみておこう。「本条ニ所謂法律行為ナル語ハ債権ノ原因タル法律行為ノミヲ指定スルニ非スシテ親族法上及ヒ相続法上以外ノ法律行為（仮ニ財産的法律行為ト名ツクヘシ）ヲ広ク指示スルモノナリト雖モ本条ノ最モ多ク適用セラレルハ素ヨリ債権ノ原因タル法律行為ナルカ故ニ本節ニ於テハ債権ノ原因タル法律行為ノ準拠法ニ付キ説明ヲ試ムヘシ今本条ヲ適用シタル一例ヲ挙クレハ日本ニ於テ日本人ト英国人トカ或契約ヲ為シタル場合

ニ其当事者ハ英国ノ法律ヲ準拠法トスルモ仏蘭西ノ法律ヲ準拠法トスルモ将タ日本ノ法律ヲ準拠法トスルモ自由ナリ然ルニ当事者カ契約ノ際此ノ点ニ付キ何等ノ意思表示ヲ為ササル時ハ日本カ契約地ナルノ故ヲ以テ日本ノ法律カ準拠法トシテ適用セラルルナリ而シテ此事タルヤ当事者ノ意思ノ推定ニ過キサルヲ以テ反証ヲ挙クルコトハ素ヨリ差支ナシ」「本条ニハ法律行為ノ成立及ヒ効力と聯記セルカ故ニ法律行為成立ノ準拠法ト其効力ノ準拠法トハ必ス同一ナラサル可ラサルカコトシト雖モ親族法上ノ法律行為ノ成立及ヒ効力ノ準拠法スラ同一ナルコトヲ要セサル我法例ノ精神ニ徴スレハ意思ノ自由ヲ広ク認メタル（即チ自治ノ原則）法律行為ニ在リテ当事者カ成立ノ準拠法ト効力ノ準拠法トヲ分離シ得ヘカラサル理由ナシ」とし、個人の「自治の原則」の趣旨から法律行為の成立の準拠法と効力の準拠法の分割指定を認めてはならないとする理由がないとする点が注目される。

また、佐々野章邦『国際私法』（日英堂、初版大正9年（1920年）、訂正7版大正15年（1926年））184頁は次のように述べている。「凡ソ法律行為ハ自由意思ニ基ク法律行為上ノ意思活動ニ依リテ行ナハルルヲ原則トス。之ヲ自治ノ原則（le paincipe de l'autonomie）ト称ス。現今ノ学説及ヒ立法ハ一般ニ此原則ヲ認メ、債権法上ノ法律行為ニ関スル準拠法ハ当事者ノ自由ノ意思ニ定ムル所ニ依ル。我法例モ亦之ニ従ヒ」（7条1項引用）「其意思活動ノ明示タルト黙示タルトヲ問フコトナシ。」「物権ノ設定移転ニ関スル法律行為、親族相続法上ノ法律行為ニツイテハ特別ノ規定アリ。或ハ所在地法ニ依リ（法例第10条）或ハ本国法ニ依ル（法例13条以下）」とする。ここでも自治の原則から7条1項を解釈している点に注目される。

遠藤登喜夫『国際私法』（巌松堂書店、昭和2年（1927年））224〜225頁に次のように述べられている。「法律行為ニ因ル渉外的債権ノ準拠法ニ付テハ」「法律行為一般ノ原則タル法例第7条乃至第9条ニ依リ之ヲ定ムヘキモノ」としたうえで、「債権ニ付随スル単独行為ト雖モ其準拠法ハ第一、法例7条乃至9条ニ依リ独立シテ先ツ当事者ノ意思ニ因リテ定メ意思不明ノ場合ニ行為地法ニ因ルモノアルトモ多クハ第二、先ツ当事者意思ニ因リ其準拠法ヲ定メ得ヘク意思不明ノ場合ハ債権自体ノ準拠法ニ依ルヘキモノ第三、常ニ債権自体ノ準拠法ニ従ハサルベカラサル場合ノ三者ニ区別ス

ルコトヲ得ヘシ。例ヘハ相殺ノ意思表示ノ如キハ第二ノ種類ニ属スルモノニシテ先ツ当事者ノ意思ニ因リ其準拠法ヲ定メ得ヘク、之ヲ定メサリシトキハ債権自体ノ準拠法ニ依ルモノニシテ、解除ノ如キハ第三ノ種類ニ属シ必ス債権自体ノ準拠法ニ従ハサルヘカラサルカ如シ。」ここでは債権に付随する単独行為について場合を分けて考察している点が注目される。

河邊久雄『国際私法』（厳松堂書店、初版昭和4年（1929年）、5版昭和8年（1933年））は次のように述べている。「法例7条ハ」「全テノ法律行為ヲ包含スルカ如シト雖モ、本条ニ所謂法律行為ハ債権発生ノ原因タル法律行為ニ限定セラルルモノト解スヘキナリ。何トナレハ物権法上ノ法律行為ハ法例10条ニ、親族法上及相続法上ノ法律行為ハ第13条以下ニ、各特別ノ規定ヲ存スルカ故ナリ。又手形行為ニ付テハ商法施行法第125条、第126条ニ特別ノ規定ヲ設ケ其準拠法ヲ定ムルカ故ニ、手形行為モ亦第7条ヨリ除外セラレルヘキモノトス。」（290頁）「民法第1094条ノ如ク果実取得ニ対スル補充規定ニ付テハ、遺言本来ノ準拠法カ本国法（法例26条）ト法定セラレタルニ拘ラス、当事者ハ右果実取得ノ点ニ付キ其準拠法ヲ選択シ得ルモノナリト雖モ、遺言ノ要式ニ従テ其選択ノ意思ヲ表示スルニ非サレハ其準拠法選択ノ意思ハ無効ニ帰スルモノトス。」（294～295頁）としている。果実取得に関する準拠法指定について前掲入江良之と同じ立場に立って遺言による準拠法選択を認めている点が注目される。

久保岩太郎『国際私法論』（三省堂、昭和10年（1935年））は、229～231頁で次のように述べている。「法律行為は種々なる立場より分類し得るが、国際私法上法律行為の一般問題としての準拠法を論ずるためには、先づこれを独立的法律行為と非独立的法律行為とに分類するを最も適当であると信ずる。茲に独立的法律行為とは独立の実質的内容を有する法律行為にして、単独行為について云えば、寄附行為・債務の免除・相殺・物権の放棄・私生子の認知・遺言・手形の振出等之に属し、契約について云えば売買賃貸借等の債権契約・物権契約・婚姻・養子縁組相続契約等の親族法相続法上の契約総て之に属し、合同行為について云えば社団法人の設立行為・法人の理事選任の決議・親族会の相続人選定の決議等が之に属する。非独立的法律行為とはその法律行為自体に於ては何らの実質的内容を有

第 3 節　学説における解釈　419

せずただ他の法律要件の効果を補充・破壊又は確定する条件たる効力を有するに過ぎざる法律行為にして、単独行為にその例多く、契約には之無きが如く、合同行為にはその例がある。詳言すれば、他の法律要件の効力を補充する法律行為例えば法定代理人又は保佐人の同意・夫の許可・無権代理行為の追認・第三者のためにする契約における第三者の受益の意思表示のごとき単独行為、及び継父母又は嫡母が子の婚姻に同意せざる場合又は継父母又は嫡母が子に代わりて縁組を為す場合における親族会の同意の決議（民773条、843条）の如き合同行為。他の法律要件の効果を破壊する法律行為例えば法律行為の取消・撤回・追認の拒否・解除。相続の放棄の如き単独行為。及び他の法律要件の効果を確定する法律行為例えば選択的債権における選択・不特定物給付の債権における指定の如き単独行為。の三種類がある。」「単独行為たると、契約たると、合同行為たるとを問わず、債権行為（自治行為）は当事者の意思に依りて定まる準拠法に、物権行為は目的物の所在地法に、親族法相続法上の法律行為は当事者の本国法に、依るべきものと云ひ得よう。」とする。法律行為を独立的法律行為と非独立的法律行為に分け、非独立的法律行為は契約には例がないけれども、単独行為に例が多いほか、合同行為にもその例があるとして、これらが法例7条の法律行為に入ることを明確に認めている点が注目される。

　山田三良は多くの講義録を残しているが、それらの総まとめと思われる『国際私法』（有斐閣、昭和15年（1940年））537〜538頁の内容を紹介しておこう。「法例七条に規定せる法律行為について注意すべきことは、茲に所謂法律行為とは一般の法律行為を意味するに非ずして、唯債権発生の原因たる法律行為を意味するに外ならざることである。蓋し我法例は第十条に於いて物権を設定し又は移転する法律行為即ち物権行為に就いては所在地法に依るべきものと規定し、婚姻、縁組、認知等親族法の規定に従ふべき法律行為及び相続、遺言等相続法の規定に従ふべき法律行為についてもまた法例十三条以下に各特別の準拠法を規定して当事者の自治行為によって自由に之を選定することを許さざる趣旨を明らかにしてゐる。然るに法例第七条は当事者の自治を前提として法律行為の準拠法を自由に選定せしむる原則を規定してゐるのであるから、茲に所謂法律行為とは唯債権発生

の原因たる法律行為のみを意味するものと解釈せざるを得ないのである。而し債権の発生の原因となる法律行為は通常相対行為たる契約である。特に我民法に於いては贈与も亦一種の契約であるから、法例七条に所謂法律行為に代わるに契約なる文字を以てし、契約の成立及び効力については云々と規定するもあえて失当なりということを得ないのであるが、贈与を単独行為とするものもあるのみならず債権発生の原因たる法律行為は必ずしも之を契約に限定することを得ないから、国際私法規定としては寧ろ汎く法律行為と云ひ、苟も債権発生の原因たる法律行為たる以上は、契約たると単独行為たると問わず、同一の準拠法に従ふべきものとするを以て妥当なりとせざるを得ないのである。」このように法例7条の規定を法律行為により生じる債権に関する規定とみているのであり、この学説が現在に通説に影響を与えていると思われる。それならばなぜ、法例7条1項に「法律行為」ではなく「債権的法律行為」と明確に規定することができなかったのか。起草委員補助として起草委員穂積陳重を補助する立場にあったのであるから、その点を明確にする責任があったはずであるが、その点については明確に言及されてはいない。おそらく法例7条1項を基礎づけるのは「自治」の原則であり、これは実質法上は私的自治の原則として現れ、抵触法上は当事者自治の原則として現れるとみていたからではないであろうか。起草委員穂積陳重が法律行為をできる限り将来問題となることが予測されるあらゆる法律行為を含めた広い意味のものとする意向をもっており、「債権的」と限定することに反対されたからではないかと推測できる。もっとも、それを示す明確な直接的証拠を、速記録からは見い出すことはできなかった。

　本章においては、法例7条1項を法律行為の基本原則とみる法例制定時から太平洋戦争前までの学説を中心に、できる限り簡潔にみてきた。法例7条1項を債権的法律行為だけではなく、法律行為の基本原則とみる見解が立法当初はむしろ有力であったことが分かる。もっとも、このような見解に立ったとしても解釈論としては、物権や親族相続に特別規定が置かれており、これらの規定により法例7条1項の適用は排除されると考えるとすれば、これを法律行為により生じる債権に関する規定とみる見解と実際

上はあまり変わらないように思われる。その中で、単独行為、合同行為について新しい分析を試みる見解があること(久保)や、遺言の対象となった財産の果実については、法例7条1項の趣旨に戻り、遺言による準拠法選択を認めた見解(入江、河辺)があったことは、注目に値する。また、立法の際に問題となった財団法人の設立に関する寄附行為を単独行為の例として「法律行為」の中に含めるだけではなく、合同行為も広く「法律行為」に含まれるとする見解(久保)が生じていた点にも着目すべきである。とはいえ、法例7条1項でいう「法律行為」を債権的法律行為に限るとみる見解も明治31年の立法前後から主張され[22]、現在は通説的な見解となっている[23]。それでも、本書で様々な角度から論じてきたように、現代社会のグローバル化に伴って当事者自治の原則の拡張と制限が論じられ、当事者自治の原則を国際私法の基本的原則の一つと捉える見解が有力に主張されている。ヨーロッパをはじめとする諸国の立法、諸種の機関の判例、学説上の解釈の傾向からこれまで述べてきたようにこの点が読み取れる。そのような状況がみられる現在の時点に立って、敢えてこれに異を唱えるとすれば、法例7条の立法の際の議論及びその後の学説の展開からみても、法例7条1項さらにはそれを継受した法適用通則法7条の解釈として、債権的法律行為だけではなく、広く契約、単独行為、合同行為を含む法律行為の基本原則を示した規定とみることができないか。物権や親族相続に関

---

[22] 例えば、法典調査会の委員でもあった寺尾亨『国際私法』(和仏法律学校、明治30年初版、明治31年3版)593頁以下は、債権のところで契約と契約以外の原因によるものに分け、契約の効果については、「苟モ公ノ秩序善良ノ風俗ニ関セサル規則ハ個人ノ自由ノ意思ヲ以テ其法律ニ違フコトヲ得ルモノナリ」とし、「当事者ノ意思ノ判定ハ一ニ裁判官ノ職権ニ任セサルヘカラス」とされている。

[23] 例えば、山田鐐一『国際私法 第3版』(有斐閣、2004年)325頁は、法例7条1項について「ここに法律行為とは債権的法律行為を意味することはいうまでもない」とされ、溜池良夫『国際私法講義[第3版]』(有斐閣、2005年)349頁も法例7条1項について「法律行為といっているが、他の条文との関係で、これは債権行為を意味すると解される」とされている。第二次世界大戦後のわが国の殆どの学説はこれに倣っているように思われる(櫻田嘉章=道垣内正人編『注釈国際私法 第1巻』(有斐閣、2011年)183頁以下(中西康)参照)。

する特別規定が果たして法律行為の基本原則を全面的に排除する趣旨のものと解すべきであるかどうか。物権や親族相続の分野に当事者自治を導入するとすれば、それらに関する法律行為が債権的法律行為と異なる点を考慮して何らかの条件、例えば選択することができる法の範囲の量的制限、明示的な準拠法指定に限るか、そのような制限を課する合理的理由があるかなどをより詳しく検討しておく必要があるように思われる。

第4節

比較法的考察から生じる暫定的結論

　以上のような視点から、法適用通則法7条の解釈を試論的に展開する前に、本書で試みた比較国際私法上の考察を結論的にまとめ、解釈論、立法論の指針とすることができるものが何であるかを、これまでの研究から導かれる範囲においてまとめておこう。
　まず、産業資本主義が発展し、国内の消費の需要からみると余剰に生産された商品の国際的流通の法的手段として契約をはじめとする法律行為が重要な問題と認識されるようになる以前から、当事者自治の原則が提唱されている点に着目しておきたい。ディムーランが法規分類学説に立ちながら当事者の意思は人的であり、当事者の所在する国以外においても尊重されるべきと主張したのは、夫婦財産契約についてであり、債権契約ではないこと、しかも、当事者の明示的意思について問題としているのではなく黙示的意思の推定に関したこと、あくまで夫婦間の財産の処分権限の問題であったことに注意しておく必要がある。ディムーランの鑑定意見書が、個人の自由を尊重する風潮が次第に強まったその後のフランスの判例・学説に影響を与え、それが1978年の夫婦財産制の準拠法に関するハーグ条約によって当事者自治の原則を導入する契機となったことは、否定することができない事実であろう。現代的な当事者自治の概念からみて、ディム

ーランが当事者自治の原則の最初の提唱者とみるのが妥当かどうかについて疑問を呈する研究成果も発表されている[24]。しかし、学説史をみる場合に、現代からみたその概念的定義からその提唱内容を評価することには疑問がある。ディムーランの見解は法規分類学説に立脚するものであるから現代的な当事者自治の原則とその内容を異にするのはむしろ当然である。しかも、当時の社会の状況からすれば、当事者の意思が明示的に表示されることは殆どなく、あくまで黙示的意思の解釈問題として論じられるのはやむを得ないことではあるまいか。その時代には債権契約は未だ社会に重要な役割を果たしてはいなかったのである。

　また、ドイツの産業資本主義の急速な発展過程で登場したサヴィニーの見解も、当時のドイツにおける自治の概念が封建的組織を擁護するために使用されることが少なくない点を考慮して、当事者の「自治」の概念を使用することに反対している。そのためサヴィニーが当事者自治の反対論者のように捉えられることがある[25]。しかし、彼の法律関係の本拠説が当事者の黙示的意思の推定、つまり当事者の任意の意思による本拠の設定を基礎として構成されている点に注意する必要がある。契約については履行地法説を原則としているけれども、明示の意思が表示される場合には、黙示意思の推定に優先するものとして、当事者により明示された意思に従うべきとされている点に注目すべきである[26]。サヴィニーの生きた19世紀前半の時代は、ドイツにおける産業資本主義の形成、展開期に当たり、ドイツ国内に小さな王国を中心にした邦が分立した時代であり、邦間の国境の壁は比較的低く、小さな邦が産業資本家の自由な活動を制限することが難

---

24) Vgl. Franz Gamillschag, Der Einfluss Dumoulins auf die Entwicklung des Kollisionsrechts (1955) S.112ff., S118；本書第 2 章 3 ディムーランの末尾の部分参照。
25) バセドーも、2016 年秋に国際私法年報 16 号（2014 年）175 頁以下に書いたサヴィニーに関する論文の抜刷を持参しハンブルクの研究室を訪問した際に確認したところ、サヴィニーをそのように捉えているようであり、何故今頃サヴィニーと研究するのかという反応であった。
26) 本書の 91 ～ 92 頁参照。

しかった時代であったと言われている。その意味で現代社会におけるグローバル化の時代と類似した現象がみられた時代であったとも言えるのではあるまいか。もっとも、取引実務上明示的な準拠法指定にはほとんど言及されていなかった時代である点で現代と異なっている。現に1980年代後半に至るまでドイツにおいては、債権契約についてすら当事者自治を定める明文上の規定が存在せず、当事者自治の原則が「やむを得ない例外的手段」として遠慮がちに主張されていたに過ぎなかった。

　ところが、現代社会のグローバル化が進むにつれて当事者自治の原則が国家以前の人間の有する自然権に関する思想や憲法上の当事者の有する人権との関係で議論されるようになると、当事者自治の原則のより積極的な側面からの理由づけが試みられ、その原則の適用範囲が拡張していった。現代社会における当事者自治の原則を考察するためには、そのように展開して行く現実を冷静に直視、観察しながら、そのような議論に対する反対論を含めて検討し、その展開の方向性を見定めなければならない。本書の基礎となったバセドーの書物では、そのような現代社会の変化が「閉ざされた社会」から「開かれた社会」へという標語で表現されている。これで社会の変化のすべての現象を説明できるかどうかは現在の私には分からない。ただ、現代社会におけるグローバル化の進展がそれに深くかかわるであろうことだけは予測できる。

　つぎに、現代のグローバル化の中における国家の役割が19世紀後半から20世紀初頭にかけての国民国家の成立期と異なって来ていることを認識する必要がある。国民国家の形成期においては、法をつくるのは国民を代表する議会等の国家機関であり、私人はそのようにしてつくられた法の規律対象にしか過ぎず、法の作成に関与するという積極的な役割は認められていなかった。ところが、21世紀の現在では国際連合やそれに関連する国際組織やEUなどの地域連合が形成され、それらの活動に依拠しなければ解決することができない問題が生じてきた。それだけではなく、国際取引、地域的な問題解決などについては国際商工会議所などの国際的な民間組織や非政府組織（NGO）、非利益団体（NPO）等従来規範形成の主体と認められてこなかった組織が国境を越えて活動し、問題解決に必要な規

範形成に重要な役割を果たしている。また、先進資本主義国における出生率の低下とも絡み、若くて有能な労働者を確保することが国家の重要な課題となり、厳格な国境管理政策が次第に緩やかになって、国民国家から多民族、多文化国家に変容してきている事実も直視する必要がある。このような国際的環境の中で、国家主権を確立し国内的な国民の一体性を確保するための従来の国民国家の時代の国家概念を見直し、新しい時代に即応する国家の役割が提唱されている。例えば、本章の最初に引用した早稲田大学元総長の西原春夫の「21世紀的国家観の確立」という主張も一つの現代を代表する見解として注目すべきである。西原春夫は、「不可避的な科学技術の発展に伴い、21世紀後半には世界のいたるところで国境が低くなり、各地域で段階的に最初は協議体が、ついで共同体が形成されてくるという歴史予測を、政府と国民とが享有する基本的認識とし、自国の国益を考える場合につねに周辺諸国や世界との関係に配慮する国家」と21世紀的国家観を定義している[27]。ここでこの見解を引用するのは、この見解の当否を議論するためではない。19世紀的国家観と異なる新しい国家観が必要になると考え、その例示として引用するにとどめる。勿論、このような国家観の確立のためには、国民的議論を通じて国民的合意を形成する必要がある。もっとも、19世紀的国家観は各国になお強く残っており、例えば、2022年2月のロシアのウクライナ侵攻をはじめとする世界の各地で生じている地域紛争に現存の国連をはじめとする国際機関が適切に対応し切れておらず、解決の糸口が見えていないことも、事実として受け止めなければならない。そのような国家観の克服は重要な課題であり、新しい国家観を目指す立場からは、このような国家観と闘ってゆかなければならないであろう。

　新しい21世紀の国家観からすれば、私人の意欲を引き出し、積極的に活動できる環境を整備することが国家の関心事になるであろう。私人間の生活関係における紛争解決については、公的命令による解決から私的な合

27）西原・前掲書238頁参照。

意による解決へという方向性がみられるようになるであろう。私的な和解、調停、仲裁など多様な紛争解決手段が発展するであろう[28]。このような解決方法を採る場合には、当事者の積極的役割を認め、当事者自治の原則を採り入れる傾向が生じる。裁判所における解決においてもこのような解決方法における傾向に支配される可能性が生じる。裁判による解決がこのような当事者の積極的役割を認める解決方法とあまりにも異なる結論を採ることは、裁判による解決方法そのものへの当事者の信頼や満足度が低下するおそれが生じるからである。

　また、EUのように多くの構成国が共同体を形成する場合に、それぞれの構成国が自国で行われてきた伝統的な主義、例えば、属人法に関する本国法主義と住所主義ないし常居所地法主義の対立がある場合には、そのいずれかの主義によって統一国際私法を形成することが困難になる。このような場合に、当事者自治の原則を導入して当事者にそれらのいずれかの準拠法を選択させることにすれば、そのような構成国間の合意が得られやすいことも指摘されている。さらに、当事者自治の原則については、学説上の理論的説得性よりも現実的な社会的必要性に裏付けられて展開されてきた面が強い。最近では、当事者自治の原則を国家以前の個人の人権に根拠を求める見解が有力になり、従来の伝統的な当事者自治の位置づけ、つまり当事者自治をやむを得ない場合における差し当たりの解決を示す例外的な原則とする消極的な見解から、当事者自治をより積極的に位置づけ、国際私法の一般原則として位置づける見解が有力に主張されるようになっている。このようにして当事者自治の原則は、本書ですでに述べたように、契約や不法行為だけではなく、例えば、代理、動産に関する物権、証券取引、知的財産権等や家族法や相続法のように第三者の利益に絡み、強行法規が多くみられる分野においても取り入れられるようになっている。

---

[28] この点に関する重要な文献の一つとして、中野俊一郎『国際仲裁と国際私法』（信山社、2023年）が出版されている。仲裁における脱国家化、国際的平準化、世界法化の特徴を明らかにし、これが仲裁抵触法の解釈や適用に影響を及ぼすだけではなく、一般国際私法の解釈に影響を及ぼすことを主張されている。

この点について諸国の立法も含めてより詳しくみておこう。債権契約の成立及び効力が法例7条1項、法適用通則法7条に含まれることには争いがない。債権契約についても、かつては中南米諸国や中東諸国のように、地域的には当事者自治を認めない傾向がみられた。現在の時点でみれば、中南米諸国は1996年12月15日から発効しているメキシコ・シティ条約や1986年の物品の売買契約の準拠法に関するハーグ条約などの影響を受けて、当事者自治の原則を採り入れる方向にある。中東諸国も、1948年のエジプト民法19条ただし書で若干消極的な規定の仕方ではあるが、当事者自治が認められていることを受けて、債権契約につき当事者自治を容認する方向にあることをみた。

　このように債権契約の準拠法に当事者自治が全世界的に認められてきたことに伴って、この原則の根拠が見直され、その適用範囲が広がってきたことをみた。わが国においては平成18年の法適用通則法に制定の際に、不法行為については法適用通則法21条によって、事務管理及び不当利得については法適用通則法16条によって、当事者自治が導入されている。もっとも、そこで認められているのは、事後的な準拠法の変更であって、事前の準拠法選択は認められてはいない。これには弱者保護の考慮が働いたと言われているが、例えば、対等な立場にある大企業間の契約において予め損害賠償限度額などを決めておくことも企業実務上必要性があると思われる。しかし、事前の準拠法選択をどのような条件でどの範囲で認めるかは、立法論上の問題となるに過ぎないであろう。同様に、法適用通則法26条2項の夫婦財産制の準拠法についても、同性婚の登録パートナーシップ間での財産関係にこの規定が準用されるかどうかなどの問題は、この規定の解釈問題あるいは立法問題となる。

　本章で扱う法律行為の成立及び効力の問題は、このような明文規定がない場合に、法律行為の一般原則と考えられる法適用通則法7条によってどのように、どこまで当事者による準拠法選択を認められると解することができるかに関する。例えば、物権や家族法、相続法に関する規定は、当事者自治の原則を当然に排斥するものではなく、それらの規定の背後にある根拠が失われている場合には一般原則に戻り、法適用通則法7条の解釈問

題とて処理することを許容できないか、さらに、それらの規定を当事者が準拠法を指定しなかった場合の規定、つまり、法適用通則法 8 条と類似した機能を持つ規定とみることができないかである。

このような見解は、国家が物権や親族相続の問題に公益的利益を有しており、当事者の意思を介入させる余地がないとみる立場からは、そもそも解釈論としてはあり得ないとみられるであろう。しかし、本書で明らかにしてきたように、法例 7 条の立法過程からみて、このような解釈が唐突な根拠のないものとして斥けられるべきではなく、比較法的にも当事者自治がこのような分野を含めて広く認められてきていることを直視して、法例 7 条 1 項、さらにそれを承継した法適用通則法 7 条を、法律行為の一般原則として見直すことはできないであろうか。それが本章の重要な視点である。

さらに、当事者自治の原則の適用範囲の拡張に伴い、それが認められる根拠や趣旨とりわけ当事者自治を個人の国家以前から有する自由権の一種として、あるいは憲法上の規定を根拠として基礎づけようとする見解からみて当事者意思の合致が単なる形式的なものでは不十分であり、十分な情報を与えられ得るのに与えなかった場合には、当事者の準拠法指定そのものを無効とする主張も傾聴に値するように思われる[29]。例えば、契約当事者間に情報量の格差がある場合には、情報を持っている当事者が契約条項等で必要な情報を伝達する努力が十分行われたかを問う方法である。また、姓名に関する準拠法選択については、身分登録官の面前での選択宣言が求められることになるが、その場合に、身分登録官ないし身分登録役場が当事者に十分情報を与えたかが問題とされ、その情報が与えられていない場合には、準拠法選択そのものを無効と主張することを認める見解もあり得る。同様に、公正証書を作成する場合に、当事者がその書面において準拠法選択をするときは、準拠法選択により生じる結果を公証人ないし弁護士から十分説明を受けたか否かが問われることになる。もっとも、この点

---

[29] Jacqueline Gray, Party Autonomy in EU Private International Law, Choice of Court and Choice of Law in Family Matters and Succession (2021) p.318ff.

は、場合によって当事者の意思を無効にする主張であるだけに、誰が、どのように、どの程度の情報供与の必要があるのかを明確にしておく必要がある。これを解釈論としてどこまでどのように主張・展開することができるかは、慎重な検討を要する問題というべきである。

第5節 試論としての解釈論

　法適用通則法の解釈論との関係で試論を展開する場合に、どの問題をどのように扱うかという問題が生じる。ここではあくまで典型的な例をいくつか取り上げて考察することにしたい。
　まず、家族法、相続法の分野に限ってみてみよう。この分野における当事者自治の導入については、夫婦財産制、登録パートナーシップの財産関係、離婚、扶養、個人の姓名及び相続の問題を扱い、主にEU構成国における最近の動向に着目した。ここで問題としたすべてについてここで法適用通則法7条との関係で解釈の試論を展開しようとするものではない。例えば、離婚の準拠法については、アジアの近隣諸国で実質法上協議離婚を認めてきたこと、EUのような人の自由移動を保障する共同体が未だ成立の目途も立っていないこともあって、離婚準拠法について当事者自治の原則を導入しようとする要請は、EU諸国と比べれば強くないように思われる。また、扶養準拠法についても現在のところ1973年のハーグ条約を国内法化された「扶養義務の準拠法に関する法律」（昭和61年法律第64号）が適用されており、格別の不都合が生じていないとみられている。EUにおけるように、扶養義務の準拠法について当事者による法廷地法の選択を認める2007年のハーグ議定書を批准しようとする要請は、日本の場合にはEUほど強くないように思われる。何れにせよ、扶養準拠法については解釈ではなく立法による解決がされているのであるから、日本が新しい議定書を批准し、立法機関により新しい法が制定されない限り、当事者自治の

原則が導入されることはないものと解される。

　それに対し、同性婚ないし同性パートナーシップの登録やその財産関係については、家族法関係では夫婦財産制について唯一の当事者自治を認める規定がある（法適用通則法26条2項）ので、その規定との関係をどのようにみるべきであろうかが問題となる。わが国における民法上は、婚姻とは異性婚を意味し、同性婚を未だ認めていないと解されている。しかし、2015年に東京都の渋谷区と世田谷区で始められたパートナーシップの登録ないし認定制度は、その後急速に他の地方自治体に波及している。渋谷区虹色ダイバーシティの2023年5月31日時点での全国共同調査によると、328の地方自治体、日本全体の人口カバー率からみれば70.9％とされていた。しかし、より最近の資料によると、2024年5月31日の段階で少なくとも458の地方自治体（都道府県で導入された場合も1と計算して）で導入され、その地方自治体の日本全体の人口比からみれば、既に85.1％になるといわれている[30]。これは、わが国の現代社会において個人の性的嗜好に多様性があり、異性婚のみを婚姻とみなすことの妥当性が疑われていることを示すものである。近隣諸国をみても、儒教の影響が強い台湾において2019年5月24日より同性婚法が施行され、アジアで最初に同性婚を認める地域となった[31]。欧米の先進諸国を中心に同性婚に婚姻ないしそれに類似する効果を認めるのは、これによって31の国又は地域となり、このような国ないし地域はその後も増加し続けている。とはいえ、地方自治体による登録制度は、あくまで地方自治体の権限の範囲内でパートナーシップの便宜と安定化を図ろうとするものであって、国家の制度として登録パートナーシップを認めるものではない。訴訟によってこの状況を変えようとすれ

---

30) NPO法人虹色ダイバーシティの全国パートナーシップ制度共同調査：https://nijibridge.jp/data/2388/ この調査においては、各地方自治体の制度的相違を反映して同性パートナーシップだけではなく、異性パートナーシップや家族関係の確認のための宣誓・登録を含んでいる。

31) この点については、鈴木賢『台湾同性婚法の誕生―アジアLGBTQ＋燈台への歴程（みち）』（日本評論社、2022年）参照。

ば、少なくともまず同性婚を認めない民法を改正しようとしない国家の不作為を憲法に違反するとする判決が確定することが必要になるであろう。このような訴訟が現に札幌、大阪。名古屋、東京、福岡などの地方裁判所ないし高等裁判所に係属しているといわれている[32]。このような判決を得たうえで、国家に法改正を迫るほかないであろう。確かに、この段階で登録パートナーシップの財産関係を論じるのは、純粋に国内的事例についてみると時期尚早とも言えよう。

　しかし、渉外的な事例についていえば、外国で適法に登録されたパートナーシップの登録の承認やそれに基づく財産関係の主張は、実際に生じ得る問題である。少なくともパートナーシップの登録を認めて、これに婚姻ないしそれに類似する法的効果を認める外国で、その登録を受けた者が、わが国においてパートナーシップの承認を求め、その財産関係に関する権利を主張することは想定できる問題である。そこで本書においては、この問題を含めて考察することにする。

---

[32] 鈴木・前掲31)書326頁以下、331頁参照。なお、法適用通則法24条1項の「婚姻」の概念を異姓婚に限らず同性パートナーシップを含むものと考え、各当事者の本国法を適用すべきものとして、各当事者の本国法が同性婚ないし同性登録パートナーシップを認める以上、「婚姻」が成立しているものとする見解がある（櫻田嘉章＝道垣内正人編『注釈国際私法　第2巻』（有斐閣、2011年）10頁（横溝大）、林貴美「同性婚・登録パートナーシップをめぐる国際私法問題」二宮周平・渡辺惺之編『国際化と家族（現代家族法講座5巻）』（日本評論社、2021年）136頁以下）。この見解によると、両当事者の本国法上認められている外国で行われた同性婚ないし同性登録パートナーシップは、日本法上も「婚姻」として成立していることになり、夫婦財産制や相続の権利も認められるべきことになる筈である。しかし、効力や解消については規定がないところから、法適用通則法33条によるものとする（同林・前掲32)論文137頁）。そうとすれば、夫婦財産制や相続について両当事者の本国法上もそのような権利が認められることが必要になる。外国で行われた同性婚ないし同性パートナーシップの保護について民法上同性婚を認めていない以上、準拠法アプローチから考えることに限界があることは明らかである。
　ところが、法務省は、2013年18年10月28日、両当事者の本国法が同性婚を認めている場合に限り、外国で有効に同性婚を締結した者について、人道上の観点から「特定活動」による在留資格を認めている（林・前掲32)論文145頁参照）。国際的協調が求められる現代においては、より広く承認アプローチからの保護が必要になるのではあるまいか。

その他に、相続準拠法、遺言準拠法と法適用通則法7条との関係及び個人の姓名の準拠法と法適用通則法7条の当事者自治の原則との関係を考察する。また、物権の準拠法については、運送中の物のように所在地を決定し難い場合や帳簿上の記載のみで管理され、現実に証券が発行されていない間接保有証券の準拠法については、物の所在地法を物権準拠法とみるのを適当としない法律関係とみるべきであるから、原則に戻って法適用通則法7条の当事者自治の原則との関連を考えてみたい。

　第一に、外国で適法に登録された同性婚ないし登録パートナーシップの財産関係の準拠法の問題を考えてみたい。もっとも、その前に外国で登録されたパートナーシップがわが国で承認されるかどうかの基準が問題となろう。外国の権限を有する身分登録機関のパートナーシップの登録がいかなる基準でわが国において承認されるかである。この点について直接に規定する制定法規は見当たらない。そこで、外国判決の承認に関する民事訴訟法118条が家事事件手続法79条の2で準用されているから、この規定を参考として考えてみよう。まず、1号との関係では、その身分登録機関が当事者の居住地の権限ある機関であることが要求される。例えば、カナダ法は当事者がその地域に居住していなくとも同性パートナーシップの登録を認めている唯一の法とされている。当事者がその国に居住していないのに登録が認められたとしても、そのような登録はわが国においては承認されないであろう。2号との関係では、このような身分登録は両当事者の出席の下で行われるから、とくに問題は生じないであろう。とくに問題となるのは、3号の「判決の内容及び訴訟手続が日本における公の秩序又は善良の風俗に反しないこと」に関わる。日本の民法の同性婚を認めないと解される規定は強行法規である。このような規定に反し、同性パートナーシップを認めることはわが国の公序良俗に反しないかである。もっとも、ここで問題とする公序は外国の行政行為によるパートナーシップの登録のわが国における承認の問題であり、対比すべきは外国判決の承認における公序の問題であり、外国法の適用排除のそれではない。

　外国判決の承認における公序は、外国判決の内容が公序に反するかどうかの問題（実体的公序違反）と問題となる外国の手続がわが国の公序に違

反するかどうかの問題（手続的公序違反）に分けて論じられる。まず、前者の問題について考えれば、わが民法上の強行法規である婚姻を異性婚とする原則と抵触するような同性婚の登録を認める外国の行政行為の内容がわが国の公序に反するかである。前に述べたように、英米法や EU 法のような西欧諸国の実務が同性婚の登録を認め、アジアにおいても台湾をはじめ若干の国で同性婚の登録を認めている。わが国においても、法改正が未だ行われてはいないが、地方公共団体におけるパートナーシップの登録を国家として黙認してきており、そのような登録を認める地方公共団体の数だけでみれば、未だ過半数には達しているとはいえないけれども、居住人口の割合からすれば、すでに 80％以上に達しているといわれている。このような状態で純国内的なパートナーシップの登録は日本の国家法上認められないとしても、国境を越えた、渉外的なパートナーシップの登録を承認することを日本の公序に反するとみることは、すでにグローバル化されている日本社会の要請と乖離しており、妥当ではない。つぎに、後者の問題との関係でみれば、本国法上一般的にパートナーシップの登録を許容しているとする虚偽の事実を内容とする書面を作成し、または当該事例につき本国法上登録を許容されているとする虚偽の内容を含む書面を取得・作成して、外国でパートナーシップの登録を受けた場合に、わが国の手続的公序に反しないかが問題となる。確かに、婚姻の実質的成立要件を当事者の本国法による国でそのような行為によってパートナーシップの登録を受けた場合には、手続的公序に反するとみることができることもある。英米法における判決の詐取の考え方を日本法の解釈に持ち込もうとする見解である。もっとも、このような場合であっても、問題となるのは文書の真否ではなく、相手方が文書の偽造を主張する適正な機会を与えられたかどうかであるとする見解もある[33]。また、比較法的にみれば、婚姻の実質的成立要件を婚姻挙行地法による国（連合王国など）や当事者の常居所地法な

---

33) 木棚照一＝松岡博＝渡辺惺之『国際私法概論（第 5 版）』（有斐閣、2007 年）354 頁（渡辺）参照。

いし住所地法による国（EU構成国など）も少なくない。このような国においては、その国の法規に基づいて登録が認められるのである。たとえ、虚偽の内容を含む書面を提出して、その外国においてパートナーシップの登録を得たとしても、そのような書面が行政官庁の判断に影響を及ぼさないのであるから、手続的公序を持ち出してこれを承認しないとすることは行き過ぎであり、妥当とはいえない。4号は身分的法律関係については関わらない規定と解されている。このようにみると、外国で適法に登録されたパートナーシップは、上記の要件を満たさない例外的場合を除き、原則としてわが国においても承認されるべきことになる。わが国で承認されるべきパートナーシップは、単なる内縁とは異なり、国家的な身分制度に登録し、自らの法的地位を安定したものにする意思を表示しているのであるから、準拠法によって財産法的効果も認められるべきである。

　この点で参考とすべきであるのは、登録パートナーシップの財産的効力に関する2016年6月24日のEU規則（2016／1104）である。この規則により適用されるものとして指定されている法がEU構成国の法であるかどうかを問わないものとして、普遍的適用主義を採用している（20条）。パートナー又は将来のパートナーは、次の法の一つから登録パートナーシップの財産関係に適用される法を指定し、又は変更することができるものとしている（22条1項）。つまり、パートナー又は将来のパートナー又はその一方がその合意を締結した時における常居所地国法（a号）、パートナー又は将来のパートナーのいずれか一方のその合意を締結した時における国籍を有する国の法（b号）、登録パートナーシップがその国の法によって創設された国の法（c号）、である。パートナーが別段の合意をしない場合には、登録パートナーシップの財産関係に関する準拠法の変更は将来においてのみ効力を生じる（22条2項）。同条2項に基づく準拠法の遡及的変更は、その法から生じる第三者の権利に不利に影響を及ぼさないものとする（3項）。

　それでは、例えばこのような規則が適用されるEU構成国の一つで創設された登録パートナーシップのわが国における財産関係がどのように規律されるべきであろうか。法適用通則法26条は、夫婦財産制に関する規定

であり、登録パートナーシップの財産関係については規定されていない。これを登録パートナーシップに関する財産関係について法適用通則法7条の一般原則によることを排除したものとみるべきであろうか。これまでも外国で創設された登録パートナーシップを日本で登録することを認めている地方公共団体は、前にも述べたように、既に458に達していると言われている[34]。これらの登録パートナーシップの財産関係については、現在のところ公正証書による契約か、公正証書遺言によっていると言われている。しかし、このような処理は、法定相続人や受遺者が他にいる場合などに不安定な地位に置いていることがある。この点を改善する法解釈論上の試みが必要とされるように思われる。

　法適用通則法7条を法律行為の成立及び効力に関する一般原則とみて、26条との関係をどのように捉えるべきであろうか。登録パートナーシップの財産関係の準拠法をできる限り制限のないものとすべきとする立場から、26条はあくまで夫婦財産制に関するに規定に過ぎず、登録パートナーシップの財産制に関するものではないので、法律行為の一般原則に戻るべきであり、7条の原則の適用を否定すべき根拠もないとみれば、当事者自治の原則を国家以前の個人の自由の問題とみて、当事者自治を世界のどのような国の法からも自由に選択することができるとする見解も成り立ち得るであろう。しかし、登録パートナーシップが夫婦関係に類似した身分関係であり、夫婦の財産関係についてはすでに26条があり、この規定を7条の特別規定としてみる立場からは、この規定と均衡が取れるように解釈することが、当事者の予測可能性、弱い当事者の保護などの観点からも望ましいのではあるまいか。このような立場に立ち、EU規則を参考にして法適用通則法7条の解釈を考えるとすれば、当事者の一方の国籍保有国法、常居所地法又はパートナーシップを創設した地の法から選択すること

---

[34] 日本の地方公共団体の総数は1700を越えている。458（2024年6月28日時点で）と言われる数字は必ずしも多数といえないようにも見えるけれども、その中には日本の全体の人口でみると85.1％の人々が居住していると言われている。

を認めることになるであろう。さらに、わが国の法適用通則法 26 条 3 項 3 号を考慮するとすれば、不動産所在地法を選択できるものとみることができる。これは、1978 年 3 月 14 日の夫婦財産制の準拠法に関するハーグ条約 3 条 4 項が、前項で当事者により指定された法は夫婦の全財産に適用されるとする規定の例外として、不動産の全部又は一部を不動産所在地法によることができるとしていることを参考に規定されたものであろう。夫婦財産関係についてと同様に、登録パートナーシップの財産関係においても不動産が主要な財産となる可能性が高い。しかも、不動産所在地が当事者一方の国籍を有する国や常居所地と一致しない事例も少なくないことが想定される。類似の規定は、韓国国際私法 65 条 2 項 3 号、中国渉外民事関係法律適用法 24 条（不動産ではなく「主要財産の所在地法」とする）などにもみられる。そうとすれば、登録パートナーシップの財産関係についても不動産については不動産所在地法の選択を認めるべきである。

　さらに、EU の登録パートナーシップの財産関係に関する規則 22 条 1 項 c 号のように登録パートナーシップについては、その創設地として当事者が選択した法も選択することができるようにすべきである。登録パートナーシップを法的に適法なものとして認めるかについては現在のところ各国の見解が分かれている。この提案は、当事者自治を認める根拠として個人の特性を尊重し、保障する精神が基本にある。

　また、準拠法の選択の方法として夫婦財産制に準じて当事者による署名と日付のある書面によればよいか、それとも公正証書による選択という加重要件を要求すべきかについても問題になる。登録パートナーシップの法律関係が夫婦に準じる法律関係とみるとすれば、夫婦財産制の場合と区別して加重要件を定めるべきとすることに賛成することはできない。

　法適用通則法 26 条の 3 項においては、内国取引保護主義を採り、外国法を準拠法とする夫婦財産制については、善意の第三者に対抗することができないとし、4 項において外国法に基づいてなされた夫婦財産契約は日本において登記した時は、第三者に対抗することができるとする。しかし、外国において適法に成立した登録パートナーシップの財産契約についてこれを登記する制度は日本にはない。地方公共団体におけるパートナーシッ

プの登録においても財産契約を登録する制度は準備されていない。たとえ、地方公共団体が条例によってそのような登録を認める制度にしたとしても、国家的制度と異なるから 26 条 4 項の規定を類推適用するわけにはいかない。

そうとすれば、夫婦財産制の準拠法について登録パートナーシップの権利を認める準拠法をパートナーシップの財産関係の法と指定したとしても、日本で行われた法律行為や日本に所在する財産については善意の第三者にその外国法による財産関係の効果を対抗することができないことになる。しかし、相続についてはこのような内国取引保護規定がないから、遺言で被相続人が選択できる準拠法の範囲内でパートナーシップの相続権を認める準拠法を選択しておき、かつそのような準拠法選択が認められない場合に備えて、準拠法選択と矛盾しないようなパートナーシップの実質的権利を認める条項を挿入しておくことで、日本で承認されるパートナーシップの財産法上の権利を確保するほかないと考える。

第二に、相続に関する遺言について考えてみる。この場合に問題となるのは、法適用通則法 7 条と同法 36 条、37 条の関係である。わが国の通説は、遺言とは、遺言者がその死後に一定の法律効果を発生させることを目的としてなす相手方のない意思表示であるとしたうえで、37 条の規定は、このような意味での意思表示の成立及び効力のみに関わる規定とみている[35]。つまり、通説によると、遺言の実質的内容となる法律関係については 37 条に関わるところではないと解する。例えば、遺言の内容となる法律行為が相続に関するときは、相続準拠法が適用され、認知や養子縁組であるときは、それぞれ法適用通則法 29 条で定められた認知の準拠法、法適用通則法 31 条で定められた養子縁組の準拠法によるものとされる。換言すれば、その行為を遺言ですることができるかどうか、その内容となる法律行為がどのような要件で成立し、どのような効果を生じるかを含めて、そのよう

---

[35] 江川英文『国際私法（有斐閣全書）―改訂―』（有斐閣、1957 年）303 頁、山田鐐一・前掲書 586 頁、溜池良夫・前掲書 547 頁、櫻田＝道垣内編・前掲書 215 頁（林貴美）等参照。

法律行為の準拠法によるとする。これは法適用通則法の規定をできる限り矛盾なく合理的に解釈しようとするものである。

　しかし、私見によると、遺言の効果は死者の死亡により生じる効果に関するものであり、その行為の許容性や効果は死者の財産にのみ関わるから相続の準拠法によれば足り、ただその法律行為に一定の要件が要求される場合に、その要件を満たしているかどうかについてだけ、その法律行為の準拠法によれば足りる[36]。つまり、遺言の実質的内容をなす法律行為は、いずれも専ら相続ないし相続財産に影響を及ぼすために行われるか、結果的に影響を及ぼすものであるから、実質的に遺贈ないし相続人の指定と同一の機能を持つものとみて、少なくとも遺言者が遺言によって一方的に行おうとする行為の内容的効力は全て法適用通則法36条によって定まる準拠法によれば足りると考える。この見解によれば、例えば、養子縁組、認知、寄附行為のように、遺言者の一方的行為以外に一定の要件が必要である場合にのみ、その要件に関し、それぞれの法律行為の準拠法によれば足りることになる。したがって、相続について当事者自治が導入されるのが妥当とみれば、遺言の実質的内容となる法律行為に関する多くの問題は、遺言者が遺言ないし相続契約において指定した準拠法によって解決されるべきことになる。EUの相続規則をはじめ多くの国においては、相続について当事者に準拠法選択を認めている。例えば、2022年の韓国国際私法77条2項においては、被相続人に遺言に適用される方式により、明示的に次の各号のいずれかに該当する法を指定したときは、第1項にもかかわらず（第1項には、「相続は、死亡当時の被相続人の本国法による」とされている）、その法によるものとする。つまり、第1号「指定当時の被相続人の常居所地法、ただし、その指定は、被相続人の死亡当時までその国家に常居所を有した場合にのみ効力を生じる。」第2号「不動産に関する相続に対しては、その不動産の所在地法」とする。77条2項1号にただし書による制限があるものの、韓国国私法にこのような準拠法選択規定ができた

36）木棚照一『国際相続法の研究』（有斐閣、1995年）387頁以下参照。

ので、在日韓国人の相続問題について遺言により日本法を指定しておけば、反致によって日本法が相続準拠法となる。従来から議論されてきた「定住」外国人の相続問題はこれによって解決される。平成18年（2006年）の法適用通則法制定に関する議論においても、相続に関する法適用通則法36条の内容は以前のまま、口語体に改めたにとどまった[37]。しかし、このような消極的な立法態度については疑問がある。例えば、「在日韓国・朝鮮人」といわれる人には、従来北朝鮮を本国と主張してきた人たちが含まれている。北朝鮮の対外民事関係法45条は、「不動産相続には、相続財産の所在する国の法を適用し、動産相続については被相続人の本国法を適用する。ただし、外国に住所を有する共和国公民の動産相続には被相続人が住所を有した国の法律を適用する」と定めている。北朝鮮の公民が日本国外に有する不動産の相続や被相続人の住所が日本に認められない場合、例えば、老後の生活地を日本以外の南の物価の安い国で生活しようとする人の相続

---

[37] 立法作業の一段階としてハーグ相続準拠法条約をわが国が批准し、扶養義務の準拠法に関してと同様に特別法によるとすれば、どのような立法が適切かを検討した（国際私法改正研究会　代表池原季雄）の「相続の準拠法に関する法律試案」の公表があった（国際法外交雑誌92巻4＝5号合併号147頁以下）。しかし、このハーグ条約の規定には疑問とすべきところが多数あり、その批准については消極的な意見が多数であったため、その作業はそれ以上進められなかった。2006年の「法の適用に関する通則法」の制定の際にも、法例26条（相続）、27条（遺言の成立及び効力）の改正について多くの意見が公表され、公表された意見の中ではそのほとんどが被相続人による準拠法選択を肯定するものであった（この点については、木棚照一「国際私法における遺言の効力と遺留分」久喜忠彦代表編集『遺言と遺留分〔第3版〕第2巻』〔日本評論社、2022年〕470頁注2所掲の文献）。それにもかかわらず、このような消極的な立場にとどまった理由の一つとして、被相続人による常居所地法の選択を許すとすれば、公証人が被相続人の常居所を認定する必要が生じるが、公証人の認定と異なる判決が生じるおそれがあり、公証人の判断が覆されるおそれが生じるので常居所地法を選択できるとする案を取り入れることができないとする議論があったといわれている。しかし、平成元年の法例改正の際の基本通達（平成元年10月2日民2第3900号民事局長通達）第8に常居所の認定に関する行政解釈が既に示されており、これに関わる判例もある。新しい制度を導入する場合には常にこのような問題が生じる可能性があるのであり、公証人の判断の難しさは理解できるとしても、このことを当事者自治の導入に反対する理由として主張することは妥当ではないように思われる。

問題がわが国の裁判所で発生した場合に、準拠法について懸念が生じる。実際には韓国に居住する親戚等を頼りに韓国に戸籍を作って貰い、遺言で相続準拠法として日本法を指定する事例も生じているようである。さらに、最近の若年労働者不足への対策として、政府が従来の政策を見直そうとしていることとも関連して、東南アジアの諸国をはじめ外国人労働者が増加している。このような人々の中には、日本に家族を呼んで定住し、財産を残して死亡する事例も増加することが予想される。今後、このような人々の相続準拠法の問題が生じるであろう。このような事例に対処するために、法適用通則法7条の法律行為を相続上の法律行為を含めて、広く法律行為の一般原則を定めたものとみて、相続法上の法律行為についても解釈論として当事者自治の原則を導入し、法適用通則法36条は、被相続人が相続準拠法を指定しなかった場合に適用される法にとどまるとみることはできないであろうか。

　この点に関する現在の段階における私の試論を示して置きたい。当事者自治の原則を人間の生まれながらに持っている選択権ないし憲法上の自由権に求める見解から契約についてと同じように量的に無制限な当事者自治を認めるべきとする見解もある[38]。しかし、相続の問題は被相続人の権限の問題だけではなく、相続人や受遺者、被相続人の債権者等多くの利害関係人が問題になる関係であり、これらの利害関係人との利害の調整も無視することができない。このような観点から、その性質上、あるいはこれまでの比較法的な検討の結論からみても、解釈論として当事者自治を導入する場合には、被相続人の選択することのできる法律には量的制限を課さざるを得ないように思われる。選択の対象とすることができるのは、指定時又は被相続人の死亡時における被相続人の本国法又は常居所地法、不動産相続については不動産所在地法及び夫婦財産関係の準拠法であると考える。夫婦財産関係と相続関係は夫婦の財産計画において密接に関連するものであり、準拠法選択によって夫婦財産制の準拠法と相続準拠法を一致させる

---

38) Basedow, op.cit., p.273

ことができるようにすることが、夫婦の財産関係を予測できるものとし、安定したものとする観点からも望ましい。また、不動産所在地法の選択は相続統一主義を採るヨーロッパ大陸法系諸国の国際私法に照すと疑問もあるかもしれないが、被相続人をめぐる相続関係の計画可能性、予測可能性、安定性の観点からは、準拠法選択の対象となるものとみるべきである。

　このような私の見解に対しては、まず、明治31年の法例制定に遡り法典調査会における議論やその後の学説の展開を概観した。結論としてそのような解釈を引き出すことができるかが問われるであろう。法典調査会における議論でも穂積陳重起草委員の発言の中には遺贈や寄付行為のような単独行為、今後独立に成立及び効力の準拠法が問題になる法律行為が十分予測できない中で、できる限り広く法律行為として法例7条1項に含ませて置こうとした意図をもっていたことが読み取れる。遺言における準拠法選択が認められていなかったにもかかわらず、学説上は、少なくとも遺贈財産の果実については、遺言者が遺言によって準拠法を選択することを認める学説が存在していたことをみた。現代社会のグローバル化により明治期の法例制定当時とは社会が大きく変化している。現在の時点で相続について当事者自治を導入する国が多くなってきており、隣国韓国の国際私法においてもそれが認められている法状況の下では、このような解釈を唐突不稽のこととして切り捨てることができないのではあるまいか。私が敢えてこの試論に挑戦したのは、比較法的な考察からみて妥当な結論を導くことができる法適用通則法7条の規定があるのに、解釈論の問題としないで単に立法論上の問題とすることが、法の解釈論からみて適切な態度であるかに疑問を持っているからである。法の解釈論においては現在の社会における現象を適切に分析したうえで、古い立法上の規定に新しい命を吹き込むことも解釈論の重要な使命ではないかと考える[39]。

　このような重要な問題を新たに立法によると言うのならともかく、被相

---

39) 松岡は、「新しい酒を古い革袋に盛らなければならない苦渋」を指摘している（松岡博「国際私法における法選択規則構造論」（有斐閣、1987年）273頁参照。

続人に準拠法選択を認めるという解釈論として展開するのは、法的安定性を害し、妥当ではないとする批判も考えられる。確かに、早急に立法による解決が可能であれば、規範内容を明確化し、社会における法的安定性を確保する観点からも、立法により解決することが望ましい。急速にグローバル化し、社会が変化して行くなかで、制定以来120年以上も経過した規定を当時の立法者の意思を尊重し、解釈するのでは、今後生じてくる多様な相続問題を妥当に解決することができないことも少なくないであろう。既にみたように、当事者自治の原則は理論化され、立法上認められたというよりも、実務的要請により判例によって認められてきた側面が強く存在することは否定することができない。また、日本の国内においては戸籍によって相続人が権利を証明することが認められている。しかし、渉外的関係が増加すると、戸籍は必ずしも正確な渉外的身分関係を証明する資料とならないことが多くなる。外国で行われた身分的法律行為は、行為地法上有効であれば日本法上も方式要件を満たし、方式上有効とされている。ところが、外国で行われる身分行為は日本の戸籍吏又は在外公館への報告的届出を義務付けているが、現実に行われないことも少なくない。相続の前提となる身分関係が明確にならない場合には、相続に関する紛争が多くなる。このような場合に、被相続人による準拠法選択を認めることによって、相続関係が予測可能になり、安定化する可能性が増大する。法適用通則法の規定内容が改正されない場合には、いろいろな解釈の可能性を示し、判例上取り入れられるように努力することが解釈学の一つの使命である。具体的な紛争の適切な解決を目指す判例等の積み重ねによって、法的安定性や予測可能性もたんに抽象的な理念としてだけではなく、より具体的に保障されてゆく面があることを指摘しておきたい。

　さらに、試論に対する最も実質的な反論は、被相続人による準拠法選択を許すことによって非嫡出子等弱い立場にある近親者の遺留分等による保護の利益が害されるおそれが生じるという点であろう。しかし、既に述べたように、必然相続や遺留分の制度は相続財産が家の財産として家族の保護のために所有されるべきものとされた時代に由来する制度である。現在のように相続財産が主として被相続人の才覚で蓄積された財産である時代

からみれば、古い時代の残影とも言える。弱い立場にある相続人を保護する必要性が全面的に否定されるものでないとしても、それを理由に被相続人の準拠法選択を全面的に否定するのは本末転倒と言えよう。被相続人による準拠法選択の範囲は合理的に制限されており、準拠法選択を認めることによって被相続人の老後に向けた財産計画の設定が可能になり、それを法的に安定したものとすることができるのである。それでも極めて不都合な結果が生じる場合には、法適用通則法42条の公序によって選択された外国準拠法の適用は排除され、救済することもできる。被相続人によって扶養されていた未成熟の子供やその他扶養を要する者がいる場合には、場合によっては、介入規定による特別な連結によって救済を受けることも可能である。そもそも法適用通則法36条は、被相続人の本国法に連結しているのであり、相続をめぐる問題の主役は被相続人とされているのに、その主役自身によって選択された法律を適用すべきでないとするのはなぜであろうか。相続人や相続債権者の保護は、主役である被相続人の当事者の利益に基礎づけられて決定される準拠法の枠内でのみ保護されるのが原則とされているのであって、それ以上ではないはずである。

　第三に、姓名の問題は、儒教的精神に基づいて姓不変の原則、つまり姓に関し血統を表わすものとして婚姻によっても姓を変えることができないとする法制を採る国が日本の周辺には多いこととも関連して、実際上も重要な問題となる。姓を公法上の問題と捉え、私法上の準拠法決定の対象としない戸籍実務上の観点から、「戸籍上の姓」を民法上の氏を反映したものとし、それ以外の姓の取得・変更を「呼称上の姓」とし、準拠法上の姓と峻別する戸籍法上の実務がある。しかし、姓が問題となる通常の生活関係は私法上の生活関係であり、呼称上の姓と戸籍上の姓は本来一致すべきものである。このような観点からみれば、ドイツ、スイス、スペイン、フィンランド等において姓名の決定の際に準拠法選択が認められており、EUの規則草案としても学者グループによる提案がされていることは興味深い。姓名は人の人格権に関わるものであり、その属人法によるべきことは広く認められている。一方では、どの国においても同一の姓名が使用できる必要があるが、属人法について本国法主義と常居所地主義の対立があ

り、どの国の法によるべきかについて一致していない。他方では、姓名についてはその生活関係に順応させる必要があるけれども、その点について身分行為による効果として姓名の変動が行われるとする見解も強く存在し、姓名がいかなる範囲で変更できるかについての実質法上の統一は存在しない。

　昭和59年5月25日法律第45号による国籍法の改正によって国籍選択制度が導入されたが（国籍法14条から17条）、戸籍法も一部改正され、外国人と婚姻した者はその者につき新戸籍が編成され（戸籍法16条3項本文）、配偶者の氏に変更しようとするときは婚姻の日から6カ月以内に限り届出のみでできることになった（戸籍法107条2項）。また、この届出により氏を変更した者が離婚などで婚姻を解消した時は、その日から3カ月以内に限り届出のみで変更前の氏に服することができる（戸籍法107条3項）。法務省は、このことを「戸籍上の氏」と「実体法上の氏」の峻別によって説明しようとする。つまり、このような改正は「呼称上の氏」の改正に過ぎないから、「実体法上の氏」とは関係せず、氏の準拠法とは無関係であるとする[40]。しかし、この説明はいかにも不自然で、戸籍を専門とする者以

---

40) 戸籍実務上採られている「戸籍上の氏」について説明しておこう。戸籍上の氏の取得・変更は原則として民法により所得・変更が認められていることが必要である。例えば、婚姻の際の夫婦の氏の決定に関する民法750条は、「夫又は妻の氏を称する」ことを規定するが、この規定は日本人間の婚姻についてのみ適用されると戸籍実務上考えられている。このような考え方からすると、日本人が外国人と婚姻した場合に、氏の変更は生じない。日本人が外国人配偶者の氏を称することを希望するときは、「やむを得ない事由」による氏の変更として、家庭裁判所の許可の審判を経て届出によることが必要であった（戸籍法107条1項）。ただし、昭和59年（1984年）の国籍法が父母両系血統主義を採用したことに伴い、外国人と婚姻した日本人女性に独自の戸籍が編製されることになり、婚姻から6カ月以内に限り家庭裁判所の許可を得ないで届け出ることにより夫の氏によることができるとするなどの例外が認められた（戸籍法107条2項、3項）。しかし、このように設定された氏は、民法上の規定による氏の取得・変更ではないので、「呼称上の氏」と呼ばれる。前述の戸籍法107条3項による氏の変更は、その意味では「呼称上の氏」に関するものであって、氏の準拠法による実体的氏の変更とは関係がないとする見解が戸籍実務上は採られている。

外には理解が困難であるように思われる。むしろこのような戸籍法の改正は、当事者が常居所地法などとして日本法を選択した場合における実質法規定を整備したと説明した方が理解しやすいように思われる。

　姓名の設定変更は身分登録官や身分登録官庁への意思表示として行われる。このとき同時にどの準拠法によってその姓名を名乗るかを選択してい

　これは、個人の呼称としての姓名の取扱は各国さまざまに異なっており、その変更事由もわが国と異なることが多く、法律によらず慣習又は習俗に委ねている例も少なくないこと、戸籍の窓口で直接判断が求められれば、外国法による判断が難しい場合があることなどを考慮し、戸籍法は民法上の氏の取扱いに従うものとされてきた戸籍上の従来からの慣行に由来する。戸籍法 107 条の氏の変更は、民法の規定による氏の変更ではなく、「やむを得ない事由」により戸籍法が呼称上の氏を変更したに過ぎないから、戸籍実務上は民法上の氏の変更と区別して「呼称上の氏」の変更の問題とされてきた。しかし、昭和 62 年（1987 年）法律第 101 号で民法 767 条 2 項が新たに加わり、離婚すると旧民法的に言うと家を去るのであるから婚姻前の氏に復するのが原則であるが、離婚の日から 3 カ月以内に戸籍法の定めるところにより届け出ることによって、家庭裁判所の許可の手続を経ないで離婚の際に称していた氏を称することができるものとされた。これは離婚した者の社会生活上の便宜を考慮したものであった。このような婚氏続称の氏は、民法に規定されてはいるが、戸籍法 107 条の特則としての性質を有するものであって、戸籍実務上は「呼称上の氏」の問題とされる。しかし、このようにいうと、「民法上の氏」と「呼称上の氏」の関係が明確にならないことを認めざるを得ないであろう。
　そもそも国民国家成立期に形成された戸籍の古くからの考え方、つまり民法による氏の取得・変更が認められる場合にのみ、戸籍上の氏が取得・変更できるとする考え方が、家制度を廃止した現行憲法の下においても、戸籍実務において少なくとも部分的に継受されてきたことを示すものといえるのではあるまいか。現代のグローバル化された社会において、そのような氏に関する日本における戸籍実務上の特殊な取扱いが妥当かどうかを改めて議論する必要がある。
　国際私法においては、姓名についての裁判管轄権、準拠法が論じられ、わが国の判例や学説だけではなく、広く外国の実質法、国際私法を含む比較法的知見が蓄積されてきている。現代のグローバル化された社会では、裁判においてだけではなく、戸籍の実務上の取り扱いも、日本法上の氏の特殊性を強調するのではなく、このような国際私法上の議論を基礎としてなされるのが望ましいのではあるまいか。確かに、姓名の準拠法に関する伝統的な議論を基礎とすると、現在の戸籍実務上の便宜的な取扱いを維持することが困難になるおそれがある場合が生じる。しかし、当事者による準拠法選択を柔軟に導入することができれば、その点に関する不都合は解消することができるのではあるまいか。
　なお、これらの点については、小池・前掲書 185 頁以下、戸籍実務については青木惺「民法上の氏と呼称上の氏」家裁月報 41 巻 5 号 126 頁以下参照。

るものとみるのである。

　わが国においては、姓名権に関する国際私法上の規定は存在しない。グローバル化の進行に伴って姓名の準拠法をどのようにすべきか問題が生じている。姓名権を各人の人格権に基づくものであるとみてその属人法によるべきであるとしても、例えば、中国の法律適用法15条は、人格権の内容は権利者の常居所地法によるとしており、姓名権も本人の自由意思に基づくものについてはその者の常居所地法によるべきものと考えられる。その点は、台湾、韓国、北朝鮮においては本国法が適用されることになる。問題となるのは、婚姻、養子縁組、認知がどの身分的行為に伴う姓名の変更についてである。これについては、その身分行為の効力の準拠法によるとの見解がある[41]。しかし、他方で現代社会の状況からみれば個人の人格的側面を中心に考えるべきとする見解がある[42]。また、姓名は個人のアイデンティティに関わる問題として、どこの国に行っても従来から称していた姓名を称することができる必要がある。他方において人の姓名はその生活環境にできる限り順応できるものとする必要がある。さらに、姓名を親子関係など身分関係の効力とみる見解が強く残っている。それらの要請を満たすためには、当事者に本国法、常居所地法、場合によっては婚姻、養子縁組、認知など関連する身分行為の準拠法を含めた中で当事者に準拠法の選択を認め、その姓名を自ら決定する権限を認めるのが妥当であろう。このような姓名選択に関する法律行為も法適用通則法7条の法律行為に含まれるものと考え、その性質上前述のように量的に制限される準拠法の中から選択することができるものとみるべきであるように思われる。

---

41) 山田鐐一は、身分変動による氏の変更については家族法的側面が存在することを否定することができないとして、一律に本人の本国法による説にも合理性があることを認めながらも、身分行為の効力に関する準拠法による多数説を支持する（山田・前掲書562頁注4参照）。
42) 溜池良夫は、夫婦の氏は民法上婚姻の効力の問題とされているけれども、国際私法上は各個人の氏名権の問題とみるべきとして、本国法によるべきとする（溜池・前掲書444頁参照）。

第四に、財産的法律行為については、本書において指摘したように、当事者自治が導入され、又は導入しようとする試みがあるものがある。ここではそのうち物権的法律行為についてみておこう。法律行為の一般原則に関する法適用通則法7条以外に特別規定、つまり同法13条がある。物権的法律行為については法適用通則法7条の原則の適用は排除され、物の所在地法によると解されている。確かに、不動産については、所在地の公益が重要になり[43]、国際私法上の利益からみても法的実効性を確保することは必要となるから、物の所在地法によると言う原則は維持されるべきである。しかし、動産については所在地が変更され得るので、疑問が生じる。とりわけ、運送中の物や船舶、航空機、自動車などの運送手段として用いられる動産に関しては、絶えず所在地が変更するので、所在地法の適用について特別な考慮が必要になると言われてきた[44]。また、債券が集中管理され、そもそも証券が発行されない事例や担保物権が証券化され、証券として流通する場合も生じている。さらに、IT技術を利用したサイバー空間における暗号資産等の独自の資産形成も行われている。このような資産が例えばハッカー等による盗難に遭い、転々と市場で流通している場合に、真正の権利者がその資産を取り戻そうとするときは、物権準拠法上そのような権利が認められるか否かが重要な争点になる。従来このような場合に、

---

[43] ここでは、従来一応有力とされてきた公益説によっておく。つまり、物権が物についての直接の支配権であり、目的物の所在地の経済・社会政策と密接に関連し、また、所在地における登録制度等公示方法と関係し、取引の安全、第三者の権利保護など所在地の公益と重要な関連があることを根拠としている。サヴィニーは、所有者による所在地法への任意的服従にその根拠を求めている。このいずれの説に従うかで所在地法原則の例外をどのような場合に、どのような条件で認めるかについて差異が生じる可能性がある。

[44] 西谷祐子「物権準拠法をめぐる課題と展望」民商法雑誌136巻2号24頁以下、とりわけ29頁以下参照。比較法的にみれば、動産に関する物権準拠法の決定基準が多様化し、柔軟化しつつあり、2006年の法適用通則法制定の際にも当初は特則を置くことも検討されたが、議論の蓄積が十分でないとされ、2007年の要綱中間試案においては例外条項を置く案のみが示されていた。しかし、例外条項は法的安全性を損なう危険性があるところから、明文規定が置かれなかったとされている（同論文30～31頁参照）。

所在地法の原則の適用範囲外と考え、条理によって準拠法選択を認める見解と所在地法の原則の適用範囲内とみながら、目的物の所在地の解釈を柔軟化し、妥当な解釈を導こうとする見解の対立があると考えられてきた[45]。このような場合には、もはや法適用通則法13条1項によって常に擬制的所在地を設定することによって妥当な解決が得られるかは、大いに疑問が生じるところである。私見によると、法適用通則法13条1項の背後にあり、その合理性を支えている所在地における公益がこのような場合には重要な意義を失っているものと考え、法適用通則法7条の法律行為に関する一般原則を排除する合理性が明確にならないので、法律行為の一般原則に従い当事者による準拠法選択を認めるべきことになる[46]。ただ、債権的法律行為とは異なる物権的法律行為については、その性質上選択することができる法がその物権に密接に関連する国の法に量的に制限されることになる[47]。例えば、運送中の物については、発送国法、仕向地法の他、倉庫に長期間保管されている場合などに現実の所在地国法を選択することが考えられる。とりわけ、船荷証券等の運送証券が発行されている場合には、そのような証券所在地法もその運送証券の裏面約款等において選択することができると考える。ただし、万人に対する権利である物権に関する準拠法選択であるから、明確性、確実性が必要になるので、明示的か、それに準じるように、明確になされることを要する。

この点では、2010年10月28日制定、2011年4月1日施行の中華人民共和国渉外民事関係法律適用法（以下、「中国法律適用法」と略する。）38条

---

[45] 櫻田嘉承＝道垣内正人編・前掲書373頁（竹下啓介）参照。
[46] 西谷・前掲論文はこのような解釈を「解釈論の枠を超える」とされる（前掲論文38頁）。
[47] 岡本善八「国際私法における動産物権」同志社法学40巻6号1頁以下、とりわけ、合理的理由がある限り当事者の準拠法選択を拒否すべき理由がないと主張されるが、スイス国際私法104条2項を援用して、準拠法選択は第三者に対抗できないとされる（41頁参照）。河野俊行「国際物権法の現状と課題」ジュリスト1143号45～48頁は、当事者自治を認める点では同旨であるが、第三者に対する効力を否定するのであれば、選択できる法の範囲を限定する必要がないとされる。

においては、「当事者は、合意により運送中の動産の物権に生じる変動に適用する法を選択することができる。当事者が選択しなかったときは、運送の目的地法を適用する。」と定めている。さらに、動産物権については、中国法律適用法 37 条において、「当事者は、合意により動産物権に適用する法を選択することができる。当事者が選択しなかったときは、法律事実の発生時の動産の所在地法を適用する。」と定められている。もっとも、法の文言からいえば「動産物権」とされているが、「動産物権の変動」のみを意味すると解するのが合理的であるとする見解がある[48]。何れも合意による準拠法選択を定めており、単独行為による準拠法指定は認められていないことに注意する必要がある。

　また、2010 年 5 月 26 日に公布され、公布から 1 年後に施行された中華民国渉外民事法律適用法 41 条は、運送中の動産の物権準拠法について、目的物所在地法により定まるとしながら、43 条 1 項は、「貨物証券によって生じる法律問題は、当該貨物証券に記載された適用すべき法律による。貨物証券に適用すべき法律が記載されていないときは、関係が最も密接な地の法律による。」と定めている。さらに、中華民国渉外民事法律適用法 44 条によれば、有価証券が集中管理者によって保管されているとき、当該証券の権利取得、喪失、処分又は変更は、集中管理契約に明示された準拠法によることが定められている。

　集中管理されている有価証券については、わが国においても所在地法によるのではなく、同じように集中管理契約で定めた準拠法によるべきとすることが解釈論として妥当である。従来株式、社債に関する権利保有や担保権の設定譲渡などを株券や債券によってなされるのが通常であり、その物権的側面は、その証券所在地法によるものとされてきた[49]。ところが、

---

48) 黄ジンテイ『中国国際私法の比較法的研究』（帝塚山大学出版会、2015 年）143 頁参照。
49) 折茂豊『国際私法各論［新版］』（有斐閣、1972 年）91 頁以下、山田鐐一『国際私法［第 3 版］』（有斐閣、2004 年）311 頁、溜池良夫『国際私法講義［第 3 版］』（有斐閣、2005 年）342 頁以下等。

現在の証券取引においては、大券といわれるものが1枚だけ発行、預託されるに過ぎなかったり、さらに物理的に存在する券面が発行されず、口座管理機関のオンラインで繋がれている電子帳簿上の記録によって行われることが多くなっている[50]。わが国の実質法上「株券の保管及び振替に関する法律（昭和59年5月15日法律第30号）」「社債等の振替に関する法律（平成13年6月27日法律第75号）」等によって国内的に法制度が整えられ、現在では「社債、株式等の振替に関する法律」（平成16年法律第88号）が適用されている。その中においては、従来のように証券所在地法や現実の所在地法によることはもはや適切ではない。ハーグ国際私法会議は、2006年7月5日の「口座管理機関によって保有される証券についての権利の準拠法に関するハーグ条約」（以下、「間接保有証券条約」と略する）を採択した[51]。この条約の目的は、金融資産の質権設定、譲渡担保、完全な権利移転などの処分が行われる場合について、各国の国際私法の相違が不安定要素とならないように国際私法原則を統一するとともに、金融資産を預かる口座管理機関等の金融機関が倒産した場合において、預けた者の権利が十分に保護されるような準拠法を選択するのを認めることによって、預けた者の権利を保護しようとするところにある。この条約においては、関連口座管理機関所在地アプローチと呼ばれる新しい発想によったうえで[52]、限定的な当事者自治が採用されている。つまり、口座管理契約において契約準拠法として明示的に指定された法によるものとし（4条1項）、その指定

---

50) 西谷・前掲民商法雑誌論文41頁参照。
51) このハーグ条約については、神田秀樹＝早川吉尚「口座管理機関によって保有される証券についての権利の準拠法に関する条約」国際私法年報5号（2003年）230頁以下（巻末の258頁以下に英文の条文とともに翻訳が掲載されている。）、葉玉匡美＝和波宏典「口座管理機関によって保有される証券についての権利の準拠法に関する条約の概要」商事法務1697号83頁以下、草案段階については、早川吉尚「口座機関によって保有される証券についての権利の準拠法に関する条約草案」商事法務1642号（2002年）4頁以下がある。
52) もっとも、1998年5月19日の「支払及び証券決済システムにおける決済の終局性に関するEC指令（Drective 98/26）9条2項において証券保有者の権利を口座管理機関所在地の構成国法によって判断するものとされている。

できる範囲を4条1項a号、b号で定めた事務所所在地国法に限定している。a号で定めた事務所は、単独で又は他の口座機関と共同して①証券口座への記録を行い又はモニターしているか、②口座番号、バンクコードその他特定の手段により証券口座を当該国で管理しているか、③その他証券口座を当該外国で管理することを営業又は通常の業務としているものをいい、b号で定めた事務所は、口座番号、バンクコードその他の特定のための手段により証券口座を当該外国において営業していることが特定されるものをいうとされる。4条2項でこれに当たらない事務所を列挙している。

間接保有証券条約の規定はかなり複雑である。同ハーグ条約は、2017年4月1日にモーリシャス、スイス、アメリカ合衆国の3カ国の批准によって発効した（条約19条1項）。EUにおいては、口座管理機関が口座を維持している国の法律とするEU金融指令や登録簿、口座又は中央預託期間が所在する国とするEU決済ファイナリティ指令と微妙に異なるところがあり、署名が遅れている表面的な原因の一つと言われている[53]。しかし、実際にはこの条約の発効によって法的に進んでいるニューヨーク州法やイングランド法が殆どの場合に選択されるのではないかという懸念に起因する部分もあるようである[54]。日本においても法制審議会で個別的事例を想定した検討が行われ、アメリカやEUが加盟した場合に備えて準備されてきた。しかし、アメリカやEUなどの動向を見守っているようである。この条約にわが国が加盟していない段階で、当事者による準拠法選択を認めるとしたら、より分かりやすい単純な規則が必要である。解釈論として準拠法選択を認めるかについては議論が分かれている[55]。口座管理機関によ

---

53) ISDA, Credit Support Annexes (2009) 78頁以下参照。
54) 早川吉尚「金融取引における預かり資産をめぐる国際私法上の問題」日本銀行金融研究所、金融研究2013年1号18頁参照。
55) 例えば、北坂尚洋「間接保有された有価証券の権利関係の準拠法―2002年EU指令、UCC及びハーグ条約草案のアプローチについて―」阪大法学52巻3・4号351頁以下は、当事者自治を導入することに反対し、条理として口座が管理されている地の法によることを主張する。それに対し、楢﨑みどり「ドイツ国際物権法に

って間接保有されている有価証券については少なくとも個々の権利を表彰する有価証券が発行されていない以上、証券所在地法によることができない。債権の現実の所在地の決定もオンラインで繋がれている帳簿上の操作によるだけに決定が困難である。

　もはや所在地法主義による物権関係の規律が不可能である以上、法律行為の一般原則である法適用通則法7条に戻るべきである。しかし、物権的法律行為に関するから、無制限の当事者自治を認めるべきとは考えていない。当事者自治を物権的法律関係についてまで拡張するとすれば、当事者の利益だけではなく関連する第三者の利益も考慮せざるを得ず、契約関係と異なって関連する法がおのずから制限されてくる。また、物権的側面に関し、明確性、確実性の要請があるから、明示的な準拠法選択か、それに準じる選択があることが必要になる。そのような有価証券の記録・管理等を業務内容とする事務所所在地の法の中から、当事者が口座管理契約の際に合意した地の法によるべきである。このような実務は、すでに取引にお

ける『当事者自治』の構成について（1）（2・完）」法学新報100巻7・8号181頁以下、100巻9・10号167頁以下は、当事者自治を導入するドイツの学説を紹介し、当事者自治を採用する根拠、採用する対象、準拠法選択の第三者に対する効力、選択可能な法の範囲に分けて整理する。もっとも、ここでは国境を越えて行われる動産物権取引に焦点が当てられ、口座管理機関により間接保有された証券の問題には触れられていない。

　「口座が管理されている地」がインターネット環境の下で明確に特定することができるのであれば、敢えて条理といわずそれを証券所在地とみなせば足りるのではないであろうか。それがインターネットで繋がれていて少なくとも外部からみればどの国の口座管理機関が管理しているか特定が困難であって所在地法原則をもはや維持することができないところに当事者自治を導入する根拠があるのではないか。私の立場からすれば、間接保有された有価証券については法適用通則法13条の所在地法主義によって法適用通則法7条の適用を排斥する根拠を失っているものとみて、法律行為の原則にかえり法適用通則法7条による。物権関係については債権契約と異なり強行法が支配し、関連する国の法が限定されることを考慮して、法適用通則法7条の解釈として限定的当事者自治を導入し、明確化のために明示の指定を要求するのが適切であると考える。したがって、当該口座管理機関の有価証券の記録、管理等を業務内容とする事務所の所在国法の中から、口座管理契約において当事者間で明示的に合意された国の法が準拠法となると考える。

いても行われているように思われる[56]。日本の証券の間接保有に係わる機関は、ニューヨークやロンドンにも事業所を有するのが通常であるので、ニューヨーク州法やイングランド法を準拠法とする明示の契約フォームも使われているようである。当事者が明示的な準拠法選択を行わなかった場合には、取引をした事務所の所在地法、それが明確にならない場合にはその法人の設立準拠法によるべきである。

　船舶、航空機、自動車についても一見類似の議論が可能なようにみえる。しかし、これらの動産については、対象となる動産の価値が高価であり、そのような物をめぐる関係が関連国の公益と重要な関係を持ち、殆どの諸国で不動産についてと同じように、登記や登録が物権設定、移転そのものの要件又は第三者に対する対抗要件とされている。したがって、特別の考察を具体的事例に則して行うべきであるから、運送中の物や間接管理されている有価証券等と同様に考えるわけにはいかないであろう。

---

[56] ISDA・前掲書75頁以下参照。なお、日本法以外を準拠法とする場合には、「当該法律の専門家に相談して下さい」としている。

人名索引

〈あ行〉

愛知正博····················54, 55, 56, 57
アゴー（Roberto Ago）················54
アッセル（Tobias Michael Carel Asser）
　······························24, 97
ヴェヒター（Carl Georg von Wächter）
　···························87, 89, 106
ヴェングラー（Wilhelm Wengler）
　······122, 123, 135, 136, 137, 139, 401, 402
エーレンツヴァイク（Albert Ehrenzweig）
　······························216, 217
オーベルベック（Alfred von Overbeck）
　······························233, 280

〈か行〉

柏木千秋····························54
カリー（Branerd Currie）··············3
カント（Immanuel Kant）
　···························98, 203, 390, 394
キューネ（Gunther Kühne）····12, 346, 349
来栖三郎··························391
ケーゲル（Gerhard Kegel）
　······················12, 198, 253, 398
小池未来·······················iii, 443

〈さ行〉

サヴィニー（Friedrich Carl von Savigny）
　······2, 9, 70, 71, 87, 88, 89, 96, 106, 138, 208,
　　　　　　　　　　　　　　　　249, 423
櫻田嘉章··························413
実方正雄····························i
ジィーヤ（Kurt Siehr）··············347
ジェイム（Erik Jayme）············34, 204
ジェイムズ（William James）·········391
ジッタ（Daniel Josephus Jitta）········i
シモニーズ（Symeon C. Symeonides）
　······························234, 235, 236
シュヴァンダー（I. Schwander）········350
シュトルム（F. Sturm）··············346
シュナイダー（Anton K. Schnyder）····234

〈た行〉

ダイシー（A. V. Dicey）·············239
田中耕太郎·······················4, 107
溜池良夫··················i, 313, 419, 446
ダルジャントレ（Bertrand d'Argentré）
　································81
ツィーテルマン（Ernst Zitelmann）
　··············107, 108, 114, 136, 139, 203
ディムーラン（Charles Dumoulin）
　······80, 82, 84, 85, 86, 98, 138, 311, 422, 423
デレ（Hans Dölle）··············ii, 367, 380
ドップテル（Depptel）················346
ドローブニック（Ulrich M. Drobnig）
　································346

〈な行〉

中野俊一郎······················iii, 33, 426
西谷祐子······················iii, 33, 67, 447
西原春夫·························406, 425
ノイマイヤー（Karl Neumeyer）
　···························42, 43, 44

〈は行〉

ハウデック（Wilhelm Haudek）
　···························117, 122, 139
バセドー（Jurgen Basedow）
　··············iii, 22, 34, 204, 235, 236, 390, 424
バール（Ludwig von Bar）············87, 136
バルトルス（Bartolus de Saxoferrato）
　···························73, 74, 79, 80, 86, 138
ビール（Joseph H. Beale）···········3, 154
ブーヒャー（Andreas Bucher）·········234
ボアソナード（Gustave Boissomade）
　································12, 16
ボルフ（Martin Wolff）·················122

〈ま行〉

松岡博··························11, 441
マンチーニ（Pasqual Stanislao Mancini）
　······2, 16, 24, 96, 97, 98, 99, 101, 104, 106,

　　　　　　　　　　　　　　　390, 398
ミルズ（Alex Mills）……………147, 236
メーレン（Von Mehren）………169, 190

〈や行〉

山本草二………………………………43, 44
山田鐐一……………………i, 54, 419, 446

〈ら行〉

ラーベ（Leo Raape）……………………217
ラーベル（Ernst Rabel）………………379
ラガルド（Paul Lagarde）………169, 171, 373
ルソー（Jean-Jacques Rousseau）
　…………………………………203, 390, 392
レワルト（Hans Lewald）………………122
ロールズ（John Bordley Rawls）……392, 394

人名索引　455

事項索引

〈あ〉

アルゼンチン民商法典の国際私法規定（2014年10月7日法律第29994号）…………150
暗号資産………………………………16, 306

〈い〉

域外適用積極説………………………………62
イギリス国際私法の雑規則（1995）………214
イギリス最高裁の判決 Ilott v. The Biue Cross（2017年3月）…………………………385
イギリス人の相続問題………………………78
異宗教徒間の婚姻…………………………329
遺言者の準拠法指定を認めている立法……371
遺言自由の原則の導入……………………365
遺言の解釈に関してのみ遺言における準拠法指定……………………………………366
遺言の解釈の準拠法と有効性の準拠法を分離することの妥当性………………………367
遺言保護（tavor testamenti）の原則……102
イスラム金融…………………………………36
イタリア法
　——51条（1995）……………………286
　——によって付与された強行的相続権がイタリアに常居所を有する者に有利になる場合…………………………………372
一時しのぎの解決策（Verlegenheitlosung）
　…………………………………198, 201
一種の循環論………………………………113
一般慣習法……………………………………90
一夫多妻婚……………………………………38
移動中の物に関する特別な抵触規定………282
イラン民法典968条（1935）………………150
遺留分の規定………………………………383
インコタームズ…………………………32, 35
インターネット法……………………………13
インターネットを利用した知的財産権侵害罪
　…………………………………………58

〈う〉

ウィーン条約………………………168, 170
疑わしいものとして法廷地法による………87
ウルグアイにおける国際私法の現代化……147
運送手段に関する物権……………………282

〈え〉

エジプト民法19条（1948）………………150
援用可能統一規則……………………36, 186

〈お〉

欧州委員会の試算…………………………370
欧州諸国の法選択制の5つの類型………344
欧州相続証明書の導入……………………379
欧州特許条約60条1項……………………298
欧州連合（EU）…………………………27, 424
欧州連合市民権レポート2010……………319
欧州連合の構成国である外国で取得された姓名……………………………………356
大きな準拠法選択（Groβe Rechtswahl）
　…………………………………………376
オーストリア最高裁1983年12月14日判決、6. IPRax [1985] 165……………………283
鬼子的な存在…………………………………70
鬼子的な位置…………………………………96
オランダ最高裁判所の1997年5月16日判決
　…………………………………………275

〈か〉

外国強行法規適用の3つの要件……………136
外国強行法規の適用範囲…………………128
外国刑法を場所的に適用する類型…………56
外国口座税務コンプライアンス法（Foreign Account Tax Compliance Act）………48
外国公法不適用の原則………………………67
外国人の遺産を扱う国内の機関が国内実質法に従って処理することができる………366
外国仲裁判断の承認及び執行に関する条約（ニューヨーク条約）…………………………21
外国で行われた性配分や名前の変更………266
外国の強行規定の拡大的適用……………136
外国の強行法規の適用……………………130
外国の強行法の適用の前提………………132

外国法の方が軽い刑罰を規定する場合……57
海上物品運送に関する船主の責任制限立法
　……………………………………………131
加重的生地主義………………………………18
化石化条項……………………………21, 36
家族関係の選択可能性……………………308
家族関係の双務化…………………………308
家族関係の多様化・選択可能性…………308
家族の移動の自由…………………………400
家族の姓の権利の新たな規律に関する法律
　（Familiennamensrechtsgestz）（1993年12
　月16日）…………………………………352
家族の能力が尽きた場合にのみ国家が関与
　……………………………………………335
家族の連帯ではなく社会の連帯の問題…335
家族の連帯の問題…………………………335
家族法における当事者自治を認める最初の条
　約…………………………………………316
家族保護条項………………………………385
家族保護条項を課すことにより死者の遺言を
　無効………………………………………365
ガバメンタル・インタレスト……………158
カルテル禁止の実効性………………………61
環境侵害……………………………………228
韓国国際私法
　――32条…………………………………271
　――51条…………………………………242
　――52条（2022）………………………220
　――53条…………………………………242
　――54条…………………………………274
　――改正法（2001年法律第6465号）…158
韓国法律第4199号（1990年1月1日）…383
慣習考察……………………………………312
間接指定主義を原則としながら当事者による
間接的に当事者が選択した法による例…220
鑑定意見「ドイツ国際姓名法の改正について」
　……………………………………………346
関連する仲介者の場所のアプローチ（Place
　of the Re levant InterMediary's Approach,
　PRIMA）…………………………………291

〈き〉

企業犯罪に関するわが国の姿勢……………62
規則22条の準拠法選択……………………323
規則26条……………………………………324

北朝鮮対外民事関係法（1995年9月6日、最
　高人民会議常設委員会決定第62号）
　……………………………………………165
既得権理論の立場から当事者自治を否定
　……………………………………………154
規範的現状を変更しようとする目的を達成す
　るための手段……………………………394
基本的な利益を共有する人々による社会契約
　で結合した国家…………………………198
客観主義………………………………………70
客観的属地主義………………………………59
キューネ草案11条（1980）………………346
旧東ドイツの西ドイツへの併合…………179
窮余の策（Verlegenheitslosung）……12, 201
「強化された協力」による方法…………331
強行規定の特別な連結………………………71
強行法規が渉外的法律行為に適用されない事
　例…………………………………………127
強行法規の介入要件………………………139
強行法規の固有の場所的適用意思………127
強行法規の特別連結による制限…………136
強行法規の特別連結論………………………41
共同住所地の財産制度を黙示的に選択…312
許可的条例……………………………………77
虚偽の抵触（false conflict）………………3, 157
巨大IT企業のデジタル・プラットフォーム
　ビジネス……………………………………49
禁止的条例と許可的条例……………………77
近代国際私法の父……………………………9
金融機関による口座を有する非居住者情報提
　供契約…………………………………48, 49

〈く〉

来栖三郎『法とフィクション』（東京大学出
　版会、1999年）…………………………391
グローバル化…………………………………22
グローバル化による法多元性………………40
グローバルなビジネスモデルを確立する課題
　………………………………………………26

〈け〉

刑法上の先決問題……………………………57
刑法適用法の歴史……………………………54
契約債務準拠法に関するローマ条約（1980）
　……………………………………………145

契約準拠法と不法行為準拠法の関係………221
契約上の債務関係の準拠法に関するヨーロッパ経済共同体のローマ条約……………171
契約類似の関係………………………………308
結果発生地説……………………………………57
血統を中心とする民族国家……………………18
ケベック州民法典 3099 条 1 項……………373
言語・習俗などの客観的要素を共通にする民族的共同体……………………………………98
現実に密接な関係を有する国の法…………131
現実に密接な関連を有する国………………130
原初状態………………………………………392
原則として選択することを認めた…………355
現代社会のグローバル化
　……………………………4, 24, 34, 179, 309
現代社会のグローバル化に伴う国際私法上の課題………………………………………68
現代のグローバルな多民族・多文化社会
　…………………………………………………248
権利を付与した国内における属地的な効果
　…………………………………………………295

〈こ〉

合意が有効であったとすれば適用されるであろう法……………………………………181
行為地説…………………………………………57
公益説…………………………………………281
効果主義…………………………………………59
効果理論……………………………………51, 61
口座管理機関によって保有される証券についての権利の準拠法に関するハーグ条約
　………………………………………291, 450
　──4 条 1 項…………………………………305
　──の発効……………………………………293
口座契約の中で特定された準拠法…………290
構成国の国内抵触法に委ねられている債権移転の第三者効………………………………276
構成要件の個々の要件又は要素への該当性につき外国刑法を場所的に適用する類型
　……………………………………………………56
公法・私法二元論………………………………14
公法の域外適用……………………51, 52, 53, 59, 68
公法の属地的適用………………………………51
効用原理を正義の原理として拒否…………394
効率性の議論…………………………………202

高齢化社会を迎えた夫婦の将来の財産計画
　…………………………………………………314
国外でなされたカルテル………………………61
国際機関によるガイドライン…………………13
国際行政行為の 3 つの種類……………………44
国際行政連合（19 世紀後半）…………………42
国際刑事司法共助の要請………………………56
国際刑法…………………………………………54
国際契約に関する汎米州条約（1994）……175
国際契約の準拠法に関する 2015 年国際契約法（2015 年 1 月 14 日法律第 5393 号、2015 年 1 月 20 日公布）………………………149
国際債権契約における当事者自治…………142
国際裁判管轄権に関する規定を加えた韓国国際私法改正法（2022 年法律第 18670 号）
　…………………………………………………159
国際私法学の祖…………………………………74
国際私法上の指定と実質法上の指定の相違
　…………………………………………………106
国際私法上の重要な原則の一つ……………399
国際私法における強行的債務法の連結比較法的考察（Die Anknüpfung des zwingenden Schuldrechts im internationalen Privatrecht. Eine rechtsvergleichende Studie）……124
国際私法における重層性……………………115
国際私法における当事者意思の位置づけ
　……………………………………………………67
国際私法における当事者自治がそれ自体フィクションを利用してでも促進する価値のある理想……………………………………396
国際私法における両性平等…………………314
国際私法に関する一般法（Ley Generai de Derecho lnternacional Privado）………147
国際商事契約原則（UPICC）…………………32
国際商事契約の準拠法選択に関するハーグ原則……………………………………31, 176
国際条約による犯罪……………………………54
国際姓名法に関する欧州連合規則のための草案…………………………………………358
　──5 条…………………………………………359
　──12 条………………………………………359
国際的協同著作の合意………………………300
国際的財産計画………………………………370
国際的司法共助の思想………………………128
国際的な行政の連携・共助……………………44

事項索引　459

国際的な子の奪取の民事上の側面に関する条約（1980）……………………………………29
国際物品売買契約に関する 1980 年の国際連合条約→ウィーン条約
国際物品売買契約の準拠法に関する条約（1986）……………………………145, 168
国際不法行為法に関する準拠法合意の事後的達成……………………………………217
国際法説…………………………………………10
国際法の一分野としての国際行政法………43
国際法の基礎としての民族性………………97
国際法の積極的介入の傾向…………………59
国際養子縁組における子の保護及び協働に関するハーグ条約…………………………334
国籍離脱の自由……………………………100
国内的公序……………………………………20
国内的国際私法の併存……………………108
国民国家…………………………………………7
個人のアイデンテイティー………38, 40, 63
個人の姓名の選択においては、5 条 1 項の適用を除外し、内外国籍の抵触の場合にも外国法を選択の対象として認めている
……………………………………………357
子奪取条約→国際的な子の奪取の民事上の側面に関する条約（1980）
国家以前の権利としての当事者の選択の自由
……………………………………………203
国家による救貧法的性質…………………335
国家の役割として積極的に私人の行動を促す政策…………………………………………395
国境なき医師団のような NGO……………25
コモン・ローの二重の訴訟の可能性（double actionability）……………………………208
婚姻後の選択………………………………306
婚姻前の選択………………………………306
婚姻の財産的効力に関するヨーロッパ実質法の 3 つの類型……………………………310
婚姻の履行地…………………………………93
混合法…………………………………………82

〈さ〉

債権譲渡のための登録制度の創設………278
債権譲渡の 3 つの関係……………………273
債権の移転に関する第三者に対する効果の準拠法…………………………………………274
財産所有者の影響力の時間的延長…………93
財産法に当事者自治を許容する立法……284
財産、遺言及びその他の寄付による移転に関する第三リステイトメント 9.2 条………385
最低限の実質法上の基準…………………295
サイバー・スペース上の証券………………16
サイバー・スペース上の知的財産権………16
最密接関係国法…………………………3, 190
債務者の任意的服従…………………………92
産業的活動…………………………………230
三段階基準…………………………………152

〈し〉

自国の適用規範による外交公法の適用
………………………………………………68
事後的な準拠法選択………………………243
事後的な法廷地法の選択…………………242
事後的に当事者自治を許容する制定法上の規定…………………………………………217
事実上の規範形成……………………………46
事前の合意の意思…………………………211
事前の準拠法指定…………………………225
事前の準拠法選択の 5 つの要件（ローマⅡ規則 14 条）………………………………223
実在からの任意的離反……………………392
実質法上の指定と抵触法上の指定………115
実質法的指定………………………………139
実質法的な条項としての当事者指定（die Parteibestimung als materiallrechtlicher Satz）……………………………………108
私的自治………………………98, 408, 411, 420
自動的な情報交換制度………………………46
自筆証書遺言………………………………102
私法統一国際協会（UNIDROIT）の国際統一契約原則…………………………………36
死亡による財産の相続の準拠法に関する条約（1989）…………………………………28
自邦法適用の利益（governmental interest）
……………………………………………157
自邦法適用の利益の分析（governmental interest analysis）………………………ⅱ
社会あるところに法あり（Ubi societas ibi ius）…………………………………………6
社会契約論…………………………………198
――における自然状態……………………392

弱者保護の名の下に事前の準拠法選択を制限 …………………………………245
シャリーア原則への一般的言及 …………38
自由意思による服従 ………………………70
重国籍者の本国法の決定 …………………250
重要な財産の蓄積を可能とする社会的安全制度の普及を伴う経済成長 ……………370
主観主義 ……………………………………70
主権国家の共存 ……………………………14
主権に関する国際法上の一般原則 …………99
種族法を確定するための法律宣言（professio iuris）……………………………………248
出身国と最も密接な関係を持つ …………344
シュトゥッガルト高裁 1974 年 3 月 18 日の判決（IPR spr. NO.7 EGBGB42 条）………243
シュトルム鑑定意見 ………………………347
準拠法選択が可能であることを示す義務 …………………………………362
準拠法選択合意の方式上の要件として両当事者の署名のみを要件 ………………339
準拠法選択条項を禁止する立法 …………199
準拠法選択の範囲を法廷地法に限った ……218
準拠法選択の表示 …………………………361
準拠法選択の量的制限 ……………………196
準拠法選択は、死因処分の方式で明示的に行う ………………………………………376
準拠法として指定される法を各国の国家法とみる見解 ……………………………72
準拠法の不変性の原則 ……………………317
準拠法変更による第三者への影響 ………188
譲渡債権の準拠法による考え方 …………274
商人の運送中の商品 ………………………91
情報通信技術革命 ……………………………4
条例ないし慣習法の法規の主語 …………79
条例の域外適用 ……………………………80
職務発明 ……………………………………298
諸国間の国際法的共同体 …………………90
所在地主義の根拠としての公益説 ………281
所在地法の原則 ……………………………280
女子差別撤廃条約の批准 …………………17
親族間扶養の諸類型 ………………………334
信託の準拠法及びその承認に関するハーグ条約 ……………………………………301
——における準拠法決定規則 …………302
人的不統一法国法の指定 …………………253

真の抵触 ……………………………………158

〈す〉

スイス国際私法
　——55 条 1 項 …………………………317
　——132 条 ………………………………218
全ての人に対する権利 ……………………280
スポーツ法 …………………………………13

〈せ〉

正義の 2 原理 ………………………………393
成人の国際的保護に関するハーグ条約 15 条 2 項 ……………………………………304
製造物責任 …………………………………226
成年後見人の実務 …………………………265
成年者の保護に関するハーグ国際私法条約 …………………………………………264
性の配分と名前の選択 ……………………265
姓名に関する草案 5 条 ……………………360
姓名に関する抵触法の統一の必要不可欠性 …………………………………………363
姓名に適用される法としてその国籍を有する国の法 …………………………………360
姓名を称する者に制限された準拠法選択権 …………………………………………360
世界人権宣言 1 条第 1 文 …………………390
『世界法の理論』全 3 巻 …………………107
世俗法としての国家法 ……………………308
絶対的強行法規 ………………………32, 200
　——の定義 ……………………………200
説得の手段として当事者の生まれながらに持っている自由な決定権 …………………400
セーフガード条項 …………………………65
占有の移転なくドイツの銀行に付与された信託上の所有権をめぐるオーストリアの事例 …………………………………………283
占有論 ………………………………………88

〈そ〉

相互承認の原則 ……………………………374
相続規則
　——21 条 1 項 …………………………374
　——22 条 1 項 …………………………375
相続事件に関する欧州議会・理事会規則（ローマⅣ規則、No.650/2012）……………373

相続準拠法条約→死亡による財産の相続の準
　拠法に関する条約（1989）
相続に関する当事者自治の導入…………388
双罰性が認められる範囲………………………56
属人法及び婚姻の効力の準拠法への送致とい
　う二重の法性決定……………………………345
属人法として本国法主義……………………249
属地主義の原則…………………………………297
訴訟手続と訴訟の実体の問題……………………75
租税条約等に基づく情報交換………………47
ソフト・ローによる国際私法の統一……177
ソ連の崩壊と旧社会主義国のEU加盟……179

〈た〉

第一次的グローバル化…………………………4
対外民事関係法20条………………………166
代理に関する準拠法選択……………………272
代理の準拠法に関するハーグ条約
　——11条……………………………………269
　——14条……………………………………270
多数団法選択……………………………………186
タックスヘイブン国との関係………………46
多文化共存社会……………………………………19
タラーク離婚………………………………………38
単純連結………………………………………………11
団体の規約制定…………………………………184

〈ち〉

地域的不統一法国………………………………251
　——法の指定の3つの方法………………252
小さな危険に関する保険契約………………183
小さな準拠法選択（Kleine Rechtswahl）
　…………………………………………………377
知的財産権侵害…………………………………229
知的財産権における担保権…………………296
知的財産権の最初の所有関係………………298
知的財産高等裁判所合議部の令和5年5月
　26日判決………………………………………58
中華人民共和国渉外民事関係法律適用法
　……………………………………………………162
　——16条……………………………………271
　——17条……………………………………303
　——17条から19条…………………………270
　——38条……………………………………288
　——42条2項………………………………299

　——44条………………………………219, 290
中華民国渉外民事関係法律適用法（1953年6
　月6日総統令公布、同日施行）…………164
　——25条……………………………………220
　——37条……………………………………287
　——38条……………………………………288
　——42条2項………………………………299
　——44条………………………………219, 290
　——47条……………………………………241
中国合同法（契約法10条）（1999）……181
中国国際私法模範法〔第6次草案〕（2000年）
　……………………………………………………161
中国民法通則（1986年4月12日第6期全国
　人民代表会議第4回会議で採択、1987年
　1月1日施行）145条1項…………………160
仲裁において非国家法の指定………………185
超国家的国際私法………………………108, 114
超国家的国際私法の一般規定に優先する特別
　規定……………………………………………116
調停の国際的承認、執行に関するシンガポー
　ル条約……………………………………………21
直接指定…………………………………………258
直接保有制度から間接保有制度への転換
　……………………………………………………289

〈つ〉

ツィーテルマン
　——の超国家的国際私法の内容…………108
　——の当事者自治否定論…………………115
　——の理論の重層性………………………115
　——の理論の特徴…………………………114

〈て〉

抵触法革命………………………………ii, 154
抵触法上の利益の観点………………………399
抵触法第一リステイトメント………………154
　——145条…………………………………210
　——178条…………………………………182
　——187条コメントd………………………263
　——221条…………………………………240
　——222条…………………………………286
　——264条…………………………………366
　——453条…………………………………239
抵触法第二リステイトメント………………155
　——6条……………………………………210

──145条·····················210
──178条·····················183
──187条··············156, 185, 257
──222条·····················285
──258条2項···················316
──264条·····················366
──のアプローチ················154
抵触法的規定としての当事者指定（diePartei bestimmungalsKollisionsnorm）·········108
抵触法的指定の有効性は法廷地の国際私法によって決定·····················122
抵触法の実験室·················154
データ理論····················209
転換した性にふさわしい名前の変更·······304

〈と〉

ドイツ及びスイスの草案の討論のためのローザンヌ会議·····················348
ドイツ国際私法会議の姓名の準拠法に関する提案（1979）··················346
ドイツ帝国裁判所1882年7月8日判決（RGZ9, 225）·······················144
ドイツ帝国裁判所1885年11月13日判決（RGZ14, 235）···················144
ドイツ民族の国家から多民族、多文化国家へ·························198
ドイツ民法施行法（EGBGB）···········8
──10条··················351, 356
──14条2項··················250
──25条2項（ドイツに所在する不動産、1986年改正）·················366
──46条··················261, 284
──47条·····················354
──48条·····················355
ドイツ連邦憲法裁判所1991年3月5日決定·························353
東京高裁平成28年1月29日判決········60
動産取引における権利留保については当事者に仕向地法の選択を許容············287
動産についてもものの所在地法によるべきとする同則主義·················281
動産の国際的売買に関するハーグ条約2条2項（1965）··················190
動産の国際的売買の準拠法に関するハーグ条約·······················166

動産は人に従う·················364
当事者意思による国家法の適用排除······135
当事者意思を中心とした先駆的な理論
·························72, 96
当事者が指定した非国家法の準拠法の性格
······························67
当事者自治採用に関する法的モデル······31
当事者自治による方法··············27
当事者自治の原則·············70, 201
──になじまないもの·············229
──の現状と将来の展望············197
──の最初の提唱者············86, 98
──の承認·····················196
──の積極的な理論的根拠··········201
──の否定の方向················400
──を基本的人権に基づいて推進する立場
····························381
当事者自治の正当化根拠·············33
当事者自治の否定論の克服··········143
当事者自治の理論的根拠づけ········395
当事者自治否定の根拠·············114
当事者自治否定論············108, 139
当事者自治否定論からの批判········181
当事者自治を国際私法全体に関わる基本原則であるとする見解··········204, 206
当事者自治を支持する見解··········309
当事者自治を導入して扶養の準拠法を決定
····························338
当事者ないし契約との客観的・実質的関係
····························194
当事者ないし契約との客観的関連性·····183
当事者に事後的準拠法選択を認める立法
····························219
当事者により選択された法は、万人に対して有効なもの···················285
当事者による事後的準拠法選択·······219
当事者による準拠法選択············345
当事者による準拠法選択（不当利得及び事務管理）·······················241
当事者による準拠法選択の時期、方法、強行規定との関係················231
当事者による準拠法選択の成立及び有効性
····························194
当事者による分割的選択············186
当事者による明示的な特定の強行法の排除

事項索引　463

……………………………………134
当事者の合意による法廷地法の選択……242
「当事者の選択した地」の法………………67
当事者の選択を重要な要素として考慮…261
当事者の任意的服従……………………95, 96
当事者の明示的準拠法選択………………181
当事者の黙示的意思の領土外的効力………82
当事者の黙示的な選択……………………188
同性間登録パートナーシップの解消・私的離婚………………………………………333
登録がある場合には譲渡人と譲受人は自由に準拠法選択が許容……………………278
登録の際の適応問題に関する規定………355
登録パートナーシップ財産関係規則
　　——30条………………………………325
　　——33条………………………………259
特殊な不法行為と当事者自治の原則の制限
　……………………………………………225
特殊な不法行為についての抵触規定の採用
　……………………………………………211
特殊な不法行為への準拠法選択合意の適用
　……………………………………………218
特徴的給付の理論…………………192, 194
特定の準拠法を合意する手続の公正さを綿密に調査する……………………………341
特別連結により弱者保護…………………245
特別連結論…………………………139, 402
　　——を支持する立法論………………137
閉ざされた社会………………………………71
都市条例間の抵触問題…………………73, 75
都市条例の域外的効力問題……………75, 77
特許を受ける権利…………………………298

〈な〉

内国強行法と外国強行法の取扱いの相違
　……………………………………………125
内国国籍優先主義…………………250, 357
内国と現実に密接な関係にない場合には法廷地強行法は介入しない………………126
内国民待遇の原則…………………………295

〈に〉

西ドイツ連邦憲法裁判所1971年判決…313
二段階基準…………………………………152
ニュージーランドの2017年の国際私法11条

2項C号……………………………………215
ニューヨーク州の遺産権限及び信託法3条5.1
　……………………………………………366
任意法規（dispositiven Rechtsatz）………111

〈の〉

能力外（ultra vires）………………………130

〈は〉

配偶者の共同財産…………………………311
ハイジヤックや国際的テロなどの世界法的犯罪……………………………………………55
売買価格の完済まで権利を留保する売買契約
　……………………………………………282
ハーグ原則（2015）………149, 177, 181, 195
　　——2条………………………………177
　　——2条4項…………………………183
　　——3条…………………………177, 186
　　——4条………………………………177
　　——5条…………………………178, 182
　　——11条………………………………178
ハーグ国際私法会議…………………………27
ハーグ信託条約→信託の準拠法及びその承認に関するハーグ条約
ハーグ相続準拠法条約
　……………………………301, 305, 368, 370, 372
　　——と異なる点………………………377
　　——の採択（1989）に導く方向性……367
ハーグ代理準拠法条約
　　——14条………………………………272
　　——15条………………………………273
場所的法への任意的服従……………………89
パリの慣習に従って夫婦協同財産制によることを黙示的に合意……………………83
パリの慣習を取り入れた黙示的な契約……83
バルトルス理論の承継者……………………86
万国海法会（Comite maritime international: CMI）…………………………………………23
万国国際法協会（Institut de Droit International）
　……………………………………………97, 123
　　——決議（1967）……………………368
反転する不変性（reverse immutability）
　……………………………………………317

〈ひ〉

非国家法の準拠法指定……………………40
　——の有効性……………………………66
非国家法の選択可能性…………………186
被相続人による準拠法選択………369, 442
被相続人の将来の生活計画を可能とする準拠
　法選択……………………………………376
必然相続権………………………………382
人の国籍を最初の連結素………………344
人の姓名に関する準拠法選択…………357
人の姓名に関する承認規則と抵触規則
　………………………………………………360
標準契約書式（ロイズの海上保険約款等）
　………………………………………………189
開かれた社会………………………………71

〈ふ〉

フィクションを用いて当事者自治の原則の導
　入を働きかける……………………………395
フィクションを持ち出すのももっともと思わ
　れる状況……………………………………395
夫婦財産関係規則………………………259
夫婦財産制に関する当事者自治の導入……311
夫婦財産制に関するハーグ条約（1978）以前
　のフランス法………………………………312
夫婦財産制の準拠法の追加的方式要件
　………………………………………………321
夫婦財産制の準拠法に関するハーグ条約
　……………………………………313, 314, 316
　——3条…………………………………306
　——6条……………………………86, 306
　——の発効………………………………308
夫婦財産制の準拠法について当事者自治の原
　則導入への動き……………………………313
複数の法秩序の重畳的適用……………132
附従的連結………218, 219, 220, 221, 241, 242
「付随的担保の帳簿記載」に関する抵触法
　………………………………………………290
付随的担保の帳簿記入の財産的効果……290
不正競争行為及び自由競争を制限する行為
　………………………………………………227
二つの財産制EU規則（2016年第1103号及
　び第1104号）………………………………319
ブッキング・システム…………………289

物的権利に関する準拠法選択合意………284
不当利得及び事務管理に当事者による準拠法
　選択を認める………………………………241
不当利得の準拠法について当事者自治の原則
　を二つの方法で承認………………………241
不動産の担保価値の証券化……………305
船荷証券裏面約款上の準拠法条項……144
普遍主義的国際私法学……………………94
普遍主義的国際私法理論……………………2
普遍人類社会の法……………………………7
不変性の原則……………………………312
普遍的公序論…………………………19, 20
普遍的国際私法と国内的国際私法の重層的な
　構成……………………………………………139
普遍的国際私法の特別規則……………139
不法行為の準拠法の事前の準拠法選択を許容
　しない理由…………………………………234
父母両系血統主義………………………17
扶養規則4条……………………………342
扶養義務の準拠法に関するハーグ改正議定書
　(2007)………………………………………338
　——4条…………………………………343
　——7条1項……………………………339
　——8条1項………………………257, 339
　——9条…………………………………340
扶養に関する法選択規則の5つの類型……336
扶養を求める債権者の4つのグループ（2007
　年議定書）…………………………………341
扶養義務に関するアメリカ諸国間条約6条
　………………………………………………337
ブラジル仲裁法（1996年法律第9302号）
　………………………………………………146
ブラッセルⅡbis規則3条……………332
フランスの金約款法……………………127
フランチャイズ契約……………………191
古い家族財産の相続……………………381
文化財の不正取引の抵触法問題…………68
文法学派……………………………………78

〈へ〉

米国抵触法第二リステイトメント258条2項
　………………………………………………316
米国における主要な4つのアプローチ
　………………………………………………154
米国の金約款法の適用…………………128

事項索引　465

別産制と呼ばれる法制·················311
ペルー民法典 2095 条·················180
ベルギー国際私法（2004）·········299
　　——55 条·····························330
　　——93 条·····························299
ベルヌ条約 5 条 2 項···················296
偏在説·······································55, 57

〈ほ〉

法学者に助言を求める制度（consilium sapientis）································74
法規の場所的適用範囲を普遍主義的な立場···································86
法規の文言には立法者の意思が宿る·········79
法規分類学説·····························138
法廷地漁り································328
法廷地強行法の適用···················125
法廷地の強行法規························92
法廷地の公序に係わる強行法規···126
法廷地の絶対法···························90
法廷地法主義のアプローチ·········308
法廷地法の意義·························331
法廷地法の強行法の適用範囲·····126
法適用通則法
　　——7 条·································64
　　——14 条·····························242
　　——16 条·····························242
　　——23 条·····························274
　　——36 条·····················261, 440
法律関係の本拠説·························3
法律関係の本拠（Sitz）の探求·····89
他の者との間で、行われた事柄は、その他の者を害することはない（res inter alios acta alter; non nocet）·······························267
保護国法（lex lociprotectionis）·······295
　　——の原則···························296
補充法規（erganzendes Recht）·········111
本人と第三者の間における代理に関する準拠法合意·································272

〈ま〉

マンチーニ
　　——の鑑定意見書······················99
　　——の国際私法理論··················97

〈み〉

未遂犯の犯罪地···························58
身分登録役場に対する表示·········357
民事死···90
民主的な国家の課題···················199
民族共同体·································16

〈む〉

無制限の当事者自治を認める方向·······397
無能力者の保護と市場参加者の信頼の保護とのバランス·····························262
ムラーバハ（murabaha）·············36

〈め〉

明治 31 年法例 11 条···················208
明示的意思·································92
明示的な準拠法指定···················139
明示的に合意された国の法律·····291
メキシコ・シティ条約
　　·············145, 149, 175, 176, 185, 195
　　——7 条 1 項 2 文··················188
　　——9 条·······························193

〈も〉

黙示的意思と仮定的意思·············181
黙示的契約·································82
黙示的契約を認めて当事者意思を広く考慮···87
問題性の軽減の 1 つの方法として当事者自治の原則の導入·······························280
モンテヴィデオ条約············145, 317
　1889 年の国際私法に関する——34 条から 39 条···································147

〈や〉

やむを得ない場合の一時しのぎの解決策（Verlegenheitslosung）··················398

〈ゆ〉

輸出契約における所有権保留条項·········286
ユダヤ教徒の離婚の扱い················38

〈よ〉

ヨーロッパ契約法原則（PECL）·······32, 36

ヨーロッパ中世の封建社会における歴史的起源……364

〈ら〉

ラスト・ショット・ルール……178
ラテン公証人国際同盟会議（1963）……367
ラプ・ラタ（La Pla ta）契約……120

〈り〉

利益的条例と不利益的条例……77
利益分析のアプローチ……154
離婚に関する抵触法上の3つの類型……327
立法の効率化をもたらすとする経済分析……35
リヒテンシュタイン法を信託の準拠法とする合意……135
量子物理学における因果法則（決定論）と自由意志論の論争……391
量子物理学の問題設定……392
両性平等を前提とした属人法の適用……308
量的制限のない自由な当事者自治の原則……309, 381
旅客運送契約……183

〈れ〉

連邦通常裁判所（BGH）決定（1971年5月12日）……345
連邦憲法裁判所（BVG）1971年判決……313

〈ろ〉

ローマ条約3条第二文（1980）……188
ローマⅠ規則……172, 181, 183
　──3条2文……189
　──4条1項……191
　──13条……264
　──22条1項……253
ローマⅡ規則
　──4条1項……209
　──4条3項……222, 224
　──14条……224, 243
　──14条1項……255
　──14条1項の5つの条件……244
　──25条1項……255
ローマⅢ規則
　──4条1項……209

　──5条……331
　──5条1項d号……332
　──5条-7条……331
　──14条a号……255
　──14条b号……255
　──14条c号……256

〈アルファベット〉

ALI原則
　──301条……300
　──302条……300
ADRによる解決……63
Boys v. Chaplin, [1971] AC 356……213
Conte Samamaの遺言……102
Cosilium53（de Ganey事件）……81, 82
Cosilium53鑑定書（1524）……82
Edmunds v. Simmonds [2001] 1 WLR 1003……214
EU域内で経済的な目的で積極的に活動する人の自由権の保護……400
EU域内での労働人口の移動……179
EU基本憲章
　──20条……322
　──21条……322
　──22条……323
　──26条……324
EU規則の下での遺言者の相続準拠法選択権……378
EU構成国に中央当局を設置し、子奪取条約に類似した構成国間の協働……342
EUの相続規則……380
EU相続規則36条……259
FATCA（Foreign Account Tax Compliance Act）……48
FFI契約……48, 49
Grunkin and Paul事件（2008）……355
Hawk E nterprises, Inc. v. Cash America International, Inc. [2012], [2012] 282 P. 3rd 786……238
Knieriemen v. Bache Haisey Stuart Shield [1980], 427 N.Y. S. 2d. 10 [1980]……238
lex mercatoria……13, 35, 185, 186, 193
Morin v. Bonhams and Brooks [2003] EWCA cir. 1802……214
NGOの積極的役割……26

OECD モデル租税条約……………………46
Phillpes v. Eyre 事件……………………212
Red Sea Insuranc Co. v. Bouygues SA［1995］
　1 AC 190………………………………213
Samama 事件におけるマンチーニの意見鑑
　定書…………………………………99, 105
Trufigura Beheer BV v. Kookmin Bank Co.
　［2006］EWHC 1450……………………215
UNIDROIT のファクタリング・モデル法の
　作業部会………………………………279
Vita Food Products Inc. v. Unus Shipping
　Co. Ltd.［1939］………………………151
WTO のパネル及び上級委員会……………26

著者略歴

1941 年 5 月	石川県鳳至郡鵜川町（現鳳珠郡能登町）爼倉に生まれる。
1964 年 3 月	金沢大学法文学部法科 1 類卒業
1968 年 3 月	名古屋大学大学院法学研究科修士課程修了（法修第 68 号）
同年 4 月	名古屋大学法学部助手
1970 年 4 月	立命館大学法学部助教授
1976 年 4 月	立命館大学法学部教授
1979 年 1 月	マックス・プランク無体財産研究所（ミュンヘン）共同研究員（1980 年 9 月まで）
1991 年 3 月	法学博士（立命館大学、博士乙第 110 号）
1993 年 10 月	マックス・プランク外国私法・国際私法研究所（ハンブルク）客員研究員（1994 年 3 月まで）
1997 年 4 月	早稲田大学法学部教授
2002 年 10 月	早稲田大学比較法研究所長（2006 年 9 月まで）
2007 年 3 月	ハーバード大学ライシャワー研究所客員研究員（2008 年 3 月まで）
2012 年 3 月	早稲田大学定年退職
2013 年 4 月	名古屋学院大学法学部教授（2017 年 3 月退職）
現在	弁護士（東京第二弁護士会所属）、早稲田大学名誉教授（第 814 号）

https://kidana-lawoffice.com

主要業績

【単著】『国際工業所有権法の研究』（日本評論社、1989 年）、『国際相続法の研究』（有斐閣、1995 年）、『逐条註解　国籍法』（日本加除出版、2003 年）、『国際知的財産法』（日本評論社、2009 年）、『逐条解説　国際家族法—重要判例と学説の動向』（日本加除出版、2017 年）、『国際知的財産法入門』（日本評論社、2018 年）、『逐条　国籍法—課題の解明と条文の解説—』（日本加除出版、2021 年）【共著】『国際私法概論〔第 5 版〕』（有斐閣、2007 年、初版 1985 年）（松岡博、渡辺惺之共著）『誰もが行ける 80 日間世界一周旅行』（東京図書出版、2018 年）（木棚まり子共著）【編著】『国際知的財産侵害訴訟の基礎理論』（経済産業調査会、2003 年）、『演習ノート　国際私法〔改訂第 2 版〕』（法学書院、2004 年）、『演習ノート　国際関係法（私法系）』（法学書院、2010 年）、『国際取引法〔第 2 版補訂版〕』（成文堂、2011 年）、『知的財産の国際私法原則研究—東アジアからの共同提案—』（早稲田大学比較法研究所叢書 40、2012 年）『国際私法』（成文堂、2016 年）、『実践　知的財産法—制度と戦略入門』（法律文化社、2017 年）【共編著】『基本法コンメンタール　国際私法』（日本評論社、1994 年）（松岡博と共編）『プライマリー　国際取引法』（法律文化社、2006 年）（中川淳司、山根裕子と共編）他多数。

《著者紹介》
木棚 照一(きだな しょういち)　早稲田大学名誉教授、弁護士

現代社会のグローバル化に伴う国際私法原則の研究
——当事者意思の位置づけ試論

2024年9月30日　第1版第1刷発行

著　者——木棚照一
発行所——株式会社　日本評論社
　　　　　〒170-8474 東京都豊島区南大塚3-12-4
　　　　　電話 03-3987-8621（販売：FAX－8590）
　　　　　　　 03-3987-8592（編集）
　　　　　https://www.nippyo.co.jp/　振替　00100-3-16
印刷所——株式会社平文社
製本所——牧製本印刷株式会社
装　丁——図工ファイブ

JCOPY 〈(社)出版者著作権管理機構　委託出版物〉
本書の無断複写は著作権法上での例外を除き禁じられています。複写される場合は、そのつど事前に、(社)出版者著作権管理機構（電話03-5244-5088、FAX03-5244-5089、e-mail: info@jcopy.or.jp）の許諾を得てください。また、本書を代行業者等の第三者に依頼してスキャニング等の行為によりデジタル化することは、個人の家庭内の利用であっても、一切認められておりません。

検印省略　Ⓒ 2024　KIDANA Shōichi　　　　　　　　Printed in Japan
ISBN978-4-535-52798-0